本教材获浙江省省级重点教材立项资助
获浙江省“十一五”优秀教材奖

法学课堂“五步教学法”系列教材

公司法学 第二版

GONGSIFAXUE

梁开银　彭真明　主编

法律出版社
LAW PRESS·CHINA

第二版修订说明

《公司法学》(法学课堂教学“五步教学法”教材)是浙江省新世纪教育教学改革项目的成果,被列入省级重点教材建设项目。该教材以我国2005年修订后的《公司法》为基础,结合“教”与“学”方式方法创新的要求,紧扣公司法学的基本知识和基本原理,充分体现“法律思维”培养导向和“便教易学”的教学原则精心编制而成。在使用过程中,得到了全国有关院校的支持和好评,2017年获得浙江省“十一五”优秀教材奖。

人类进入21世纪,世界各国和地区掀起了公司法改革的浪潮。欧盟、英国、日本以及我国台湾地区先后对公司法进行了系统修订或法典化。我国为了进一步适应经济市场化改革,在2005年对1993年《公司法》[1]进行了全面修订后,又分别于2013年和2018年对公司资本制度和股份回购制度进行了系列改革。其间,我国最高人民法院及时总结司法实践,相继于2016年和2019年也出台了最高人民法院《关于适用〈中华人民共和国公司法〉若干问题的规定(四)》(以下简称《公司法司法解释(四)》)和最高人民法院《关于适用〈中华人民共和国公司法〉若干问题的规定(五)》(以下简称《公司法司法解释(五)》),就有关公司决议效力与股东权益保护等案件适用法律作出了具体司法解释。为了及时反映这些立法成果和司法解释意见,结合使用过程中师生们的相关建议,我们组织力量对《公司法学》(第一版)进行了全面和系统的修订。相关修订主要集中在以下几个方面:

一是吸收最新立法成果,不断完善教材体系。这次修订增设了“公司资本制度(二)”,将原来的“公司资本制度”一章分解成两章,便于吸纳立法上对资本制度和股份回购制度修订的内容,有利于更加全面讲授和分析我国公司资本制度的改革与发展,也有利于集中学习股份有限公司股份的相关知识。同时,在“公司治理结构及其构成”一章增设了“公司瑕疵决议及其效力”专节。公司决议是公司意思形成的主要方式,公司治理效率在一定意义上取决于公司决议的效率。所以,公司决议的相关内容应该成为公司治理章节的重要内容。最高人民法院《公司法司法

---

[1] 本书对我国现行法律法规的名称均省略“中华人民共和国”,如《中华人民共和国公司法》本书均称为《公司法》,《中华人民共和国私营企业暂行条例》本书均称为《私营企业暂行条例》。——编者注

解释(四)》对《公司法》相关内容进行了一定的拓展,也要求教材和教学内容及时调整和修订。

二是体现“便教易学”的教学原则,努力提升教材的可读性和直观性,减少师生“教”与“学”的负担。这次修订,坚持凸显公司法“双基”教学,紧扣“问”“读”“议”“结”“践”五个环节展开教材内容,力求编排简明扼要。并且,特别在相关章节增加了图表,在书末附录中增列了穿插司法解释的《公司法》条文附录,采用表格的方式对比列举了有限责任公司与股份有限公司的异同;细致修改了原教材多处较为烦琐的表达和语句;对于来自数据资源库的案例添置了微信二维码,进一步增加了教材的可读性和直观性,更加接近实现便于师生“教”与“学”的目的。

三是关注最新科研成果和司法判例,及时更新“拓展阅读”的文献与“司法实践”环节的案例。这次修订,在继续保持各章节“拓展阅读”相关性的基础上,及时吸纳和更新了阅读文献,实现了科学研究成果与教学内容更新的同步,保证了教材内容的前沿性。司法判例,特别是最高人民法院公布的相关指导性案例在司法中具有重要意义,一定意义上弥补了成文法之不足,应该成为教学案例的来源。这次修订,特别关注了与《公司法》相关的指导性案例,保证指导性案例的优先选用,进一步提升了教材内容和教学内容的鲜活性。

除此之外,这次修订工作,克服了时间紧和任务重的困难。编写人员和使用本教材的师生通力合作,对书中所涉《公司法》条文都进行了认真比对,对原教材中存在的文字和标点错漏以及其他若干表述瑕疵在经过反复讨论后作出了妥当的修订。在此,特别感谢浙江师范大学2014级、2015级民商法专业硕士研究生承担的烦琐的校对工作,感谢赵先飞和吴玲玲同学对《公司法》条文与司法解释的细致整理以及繁重的资料收集与部分章节的整理工作,感谢所有在使用本教材过程中提出了宝贵意见或建议的老师和同学们!没有他们辛勤的工作和无私的奉献,本教材的修订工作将难以圆满完成。

我们将不断修订和优化教材的内容,努力提升教材质量,唯以此感恩所有关心、支持和参与《公司法学》编写的朋友们和同学们!

编　者

2019年6月6日

前言(第一版)

综观市场上发行的公司法教材,可谓百花齐放,璀璨夺目。但是,这些教材在力求反映最新理论成果,追求体系和结构完备的同时,不可避免地存在两个方面的不足:一是注重公司法学的知识体系,而忽视学生的认知特点及法律思维形成过程的展现;二是注重公司法学的内在逻辑,而忽视教育学原理和方法对教程的要求。一言以蔽之,现行公司法教材没能完全实现教学内容与教学方法、教学过程与教材结构安排的有机统一,没有充分体现"便教易学"的教材编写原则。所以,如何以先进的教学理念和方法统领或贯穿教材的编写过程,以及如何科学地将公司法学的理论或学科体系转化为适应大学本科生课堂教学的教材体系,特别是,如何将公司法学的基本知识按照教学的逻辑呈现或编排出来,遵循或反映本科生的认知特点和法律思维培养要求,实现教材结构、教学过程与学生思维流程的三者统一,则应当是教材编写过程中需要探索和解决的问题。

正是基于以上判断和认识,本教材以法学课堂"五步教学法"的理念和方法为指导,[1]

---

[1] 法学课堂"五步教学法",从优化课堂教学结构入手,通过"问""读""议""结""践"五个课堂教学环节的设计和展开,有效地将阅读、思考、法律实践和学术兴趣培养等几个方面结合起来。具体步骤和内容是指:第一步,"问"。用能涵盖教学单元的一个或几个思考题或现实案例,提出问题,导入新课,开启学生积极思考的心理状态,引导学生进入"读"的环节。第二步,"读"。可以分为两个部分:一是基础知识阅读,根据情况可以要求学生在课外预习或课堂上完成;二是拓展阅读,包括学术观点与争鸣,或有关判例等资料的阅读。要求学生在阅读过程中思考和求证问题,独立形成自己的见解和观点,并阐述理由,锻炼学生独立分析问题、求证问题的能力,也在一定意义上实现法官和律师"寻法"思维的培养和训练。第三步,"议"。就是讨论和辩论,围绕"问题",运用阅读材料,主张自己观点,反对他人观点,训练学生表述自己观点和反驳他人观点的能力,培养学生法庭辩论的思维和表达能力。第四步,"结"。教师对代表性观点可以评述,同时介绍学界的主张,让学生感受学术思辨的魅力,激发学生学术兴趣。第五步,"践"。就是参与实践教学环节,教师可以根据教学实际,对重点章节知识点展开模拟法庭教学,或根据条件,通过法律诊所和法律援助办理真实案件,在指导学生办案的过程中培养学生的法律思维和法律职业能力。对于一般的教学章节,教师可以要求学生查阅法院相关判决和最高人民法院司法解释,让学生感受司法实践。上述五个教学环节紧扣"问题"逐步展开,既相互独立,也相互联系和照应,构成一个由"问题"出发而回归"问题"的思维不断深化的过程。在这个过程之中,不仅传统课堂理论讲授、案例教学、模拟法庭和法律诊所教学方式可以有效地对接,而且法学课堂教学的五项任务——传递与创新法律知识、训练和提升法律技能、养成和改善法律思维方式、培育法律职业道德以及培植法律信仰在教学过程之中也可以有效地实现。

坚持以法律思维培养为中心,努力将教法与学法的要求贯彻于教材的编写之中,力求在一定程度上创新公司法学教材的编排体系和方法。本教材具体体现了以下三个方面的特点:

1. 以基本知识和基本原理为重心,不断提炼和优化教学内容。具体而言,就是紧扣公司"设立—营运—清算"三个发展阶段,牢牢把握"公司—股东—债权人"三个主体之间的权利义务关系,凸显"股权关系—债权关系—代理关系"之法理,结合中国公司法立法和司法实践,简要阐述了公司法的基本知识和基本理论,避免内容安排上的繁茂芜杂。

2. 以自主性和研究性学习理念为指导,具体运用"五步教学法"(以"问""读""议""结""践"五个环节展开教学),分"内容导读""问题思考""基础阅读与拓展阅读""问题讨论""司法实践"等五个部分来组织编写,努力实现教程内容编排与教学过程、教学方法的有机统一,可有效激发学生学习兴趣,调动学生自主性学习和研究性学习潜能。

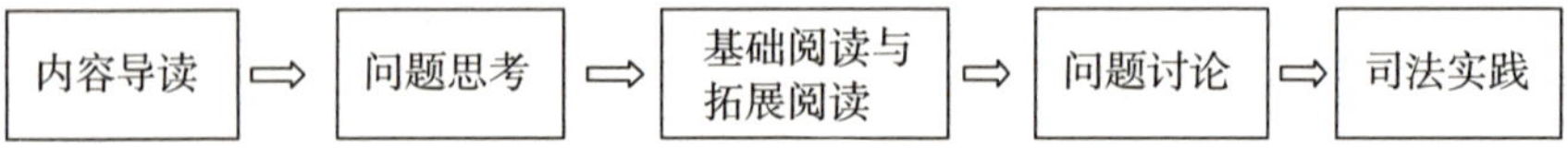

3. 以培养法科学生法律思维能力为中心,以学生的个性心理特征与学习过程中的思维和心理流程为导向,努力实现教学过程与司法过程中的法律思维阶段有机统一,避免了现行公司法教材过分关注知识逻辑而忽略学生认知水平的不足或缺憾。

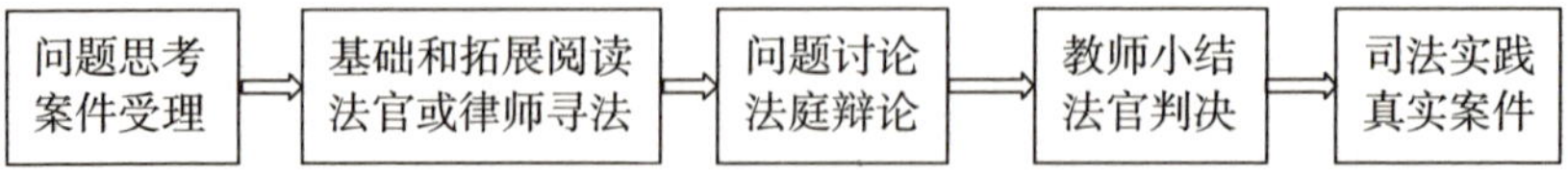

说明:方框内上排文字表明教学过程环节;下排文字表明模拟法律思维环节。

当然,结合法学课堂"五步教学法"的教改实验,创新公司法的教学方法和教材编写体例仍处于一种大胆尝试和探索的过程之中,其成熟和完善尚需假以时日。所谓本教材的三个特点,也只是我们在教材编写或建设中努力实现的宏大目标,我们所想要做的与我们所实际做到的或许存在很大的距离。但是,我们还是默默期待此教材出版,能够引发更多法学教师和学者对于法学教材建设的进一步思考,能够直接为讲授和学习公司法学的师生提供一本"便教易学"的教本和读本。果如是,将甚感欣慰!

本教材由梁开银教授和彭真明教授主编,方桂荣博士和郭勇老师副主编,各章节编写的分工如下:梁开银,第一章、第四章、第六章、第七章;郭勇、彭真明,第二章、第三章、第五章;方桂荣、梁开银,第八章、第九章、第十章、第十一章;全书最后由梁开银教授审稿、修订。本教材在编写过程中参考了国内外公司法研究的许多成果,特别借鉴了彭真明教授主编,文杰、梁开银副主编的高等院校法学专业规划教材《公司法教程》(2007 年对外经济贸易大学出版社出版)的相关内容,恕不一一列出,在此谨向有关作者一并表示感谢!同时,也恳请广大师生和专家不吝赐教,多提批评意见。

梁开银

2013 年 6 月 15 日

目　录

第一章　公司法导论

【内容导读】

公司法是商法的重要组成部分，在调整商事关系中发挥着不可或缺的重要作用。世界各国都高度重视公司立法，力图通过构建完善的公司法体系，促进经济和社会健康发展。公司法有形式意义的公司法和实质意义的公司法之分。从性质上看，公司法是兼具公法属性的私法、兼具行为法内容的组织法、兼具程序法内容的实体法和兼具国际性的国内法。从世界范围来看，关于公司法的地位主要有四种立法模式：民法典模式、商法典模式、单行立法模式和地方立法模式。公司法与民法、经济法、商法、证券法和破产法既有联系又有区别。现代公司法的发展趋势表现为由公司的社团性、独立人格发展到允许设立一人公司和确立公司人格否认制度；由单纯准则主义发展到严格准则主义；由法定资本制发展到授权资本制、折中资本制；由股东会中心主义发展到董事会中心主义；由只规范单个公司发展到规范单个公司和关联公司；由保护资本家利益发展到强化职工参与公司治理。

【问题思考】

案例

某年8月19日，华裔荷兰公民余某以德意志联邦共和国德荷东方贸易有限公司（GERMAN DUTCH ORIELOPMENT DEVELOPMENT COMPANY，以下简称"德荷贸易公司"）董事长的名义向温州市文成县人民政府申请在文成县独资创办"达丰贸易有限公司"。某年10月3日，余某出具一份委托书，委托王某全权处理其回国独资创办企业事宜，若获批准，则聘请王某担任总经理，全权主持企业工作。其后，王某作为德荷贸易公司的外事顾问来温州洽谈投资事宜。某年12月27日，余某与温州经济技术开发区管理委员会（以下简称"开发区管委会"）签订了温经开地合字(90)002号《土地使用权有偿转让合同书》，该合同书约定：开发区管委会同意将位于温州经济技术开发区西片11号小区东北角（经七纬一路交叉口地段）的土地使用权转让给余某使用；转让地块的用途限定为建设工业厂房以及附属设施；土地使用权转让金共计443,808元人民币；合同书签订之日，余某必须以现汇向开发区管委会缴纳6万元人民币作为履行合同的定金（该定金可冲抵转让金);等等。该合同书于次年2月21日由温州市公证处予以公证。在签订合同书的当日,王某即以余某的名义缴纳了土地使用权有偿转让定金计6万元人民币。次年5月3日,余某向开发区管委会缴纳土地使用权转让费340,496.96元人民币,开发区管委会向德荷贸易公司(余某)开具了一张土地使用权转让费收入凭证,金额为443,808元人民币。次年10月20日,王某代余某签署了外资企业美丽时公司章程,该章程写明:余某以私人资本在温州独资创业美丽时公司;该公司的企业类别为外资企业、有限责任公司,投资者为余某;公司总投资额为80万美元,注册资本为56万美元,其中固定资产投资46.33万美元,流动资金9.67万美元;公司设立董事会,董事会由五名董事组成,董事长一名,副董事长一名;出席董事会会议的法定人数为全体董事的4/5,不够4/5人数时,其通过的决议无效;等等。美丽时公司拟定的首届董事会成员有:董事长余某、副董事长王某、董事胡某、陈某、李某。同时,王某和李某分别被任命为总经理和副总经理。次年11月29日,浙江省对外经济贸易厅以(91)浙江经贸资三字36号文批复同意设立美丽时公司。次年12月25日,温州市工商行政管理局以温工商外核(1991年)56号"核准登记通知书"核准美丽时公司成立。第三年1月18日,美丽时公司又向开发区管委会缴纳土地使用权转让费103,311.04元人民币。第三年4月15日,温州会计师事务所出具(1992)会温验字088号验资证明书(第三次),证明余某于次年2月21日、3月12日和4月10日分三次从中国银行卢森堡分行汇入中国银行温州分行其个人账户现汇共计290,655美元作为美丽时公司的实收资本,连同第三年1月10日和2月22日该所分别以会温验字033号和016号两次验明的投入资本100,262.79美元,余某共计投入资本390,917.79美元。第三年6月12日,温州会计师事务所出具了(1992)会温验字135号分次验资证明书(第四次),验证余某于第三年5月12日从中国银行卢森堡分行汇入美丽时公司在中国银行温州分行开设的外币账户10万美元。此后,王某与余某之间因出资问题发生矛盾。第三年9月30日,王某向开发区管委会和美丽时公司董事会提出辞去美丽时公司总经理职务,但保留副董事长的职务。第三年10月5日,余某以美丽时公司的名义向温州市工商行政管理局提交了美丽时(92)01号《要求更换副董事长、董事及总经理的报告》,在报告中,余某以美丽时公司投资者和董事长的身份同意王某辞去总经理职务,并要求:(1)收回对王某任公司副董事长、陈某任董事的委派,重新委派赵某为公司副董事长、余双某为董事;(2)由余某兼任公司总经理;(3)收回对王某的全权委托。第三年10月9日,温州市工商行政管理局以温工商外变(1992)39号《变更登记核准通知书》核准美丽时公司变更登记的申请。对此,王某和李某、陈某以美丽时公司副董事长和董事及董事会的名义发布声明,对前述变更不予承认。第四年10月6日,温州经济技术开发区审计师事务所(以下简称"开发区审计师事务所")作出温开审事(93)02号《关于美丽时(中国)服装有限公司财务收支审计查证报告》称:美丽时公司实收资本为430,917.79美元;公司账面没有王某投资和介入资金的依据和记录。第六年4月20日,温州会计师事务所出具(1995)温会验字365号验资报告书,美丽时公司实收资本累计56万美元,至此,美丽时公司的注册资本已全部到位。同年4月30日,受龙湾区人民法院的委托,温州会计师事务所出具了(1995)温会验字416号查账鉴证报告书,该报告指出,王某为美丽时公司的基建工程投入了309,986.15元人民币,但该款不应作为投入资本,而应转入公司其他应付款。对王某的垫资数额,余某以美丽时公司的名义提出了异议。但王某坚持要求法院判决其拥有美丽时公司30%的股权,双方发生了争执,起诉至人民法院。

问题一:上述案例中的哪些法律关系属于公司法的调整范围?

问题二:公司法与外商投资企业法在适用上的关系如何?

问题三:公司法与其他民商事法律规范的关系如何界定?

【基础阅读】

了解公司法的历史沿革,理解公司法的概念和调整对象,掌握公司法的特征、地位和发展趋势。

第一节　公司法的概念、调整对象和特征

一、公司法的概念

公司法有形式意义的公司法与实质意义的公司法之分。形式意义的公司法,亦称狭义的公司法,是指冠以"公司法"名称的公司法,即以制定法或法典形式表现出来的公司法。例如,中国《公司法》、法国《商事公司法》等。实质意义的公司法,亦称广义的公司法,是指调整公司设立、组织、经营和解散以及其他与公司组织关系有关的对内对外关系的法律规范的总称。显然,实质意义的公司法并不专指公司法典,而是以其为核心,包括证券法、破产法、保险法等众多法律中有关公司的法律规范,最终形成一个独立的部门法。本书采用实质意义上的公司法概念。

二、公司法的调整对象

从前述公司法的概念中,我们可以看出公司法的调整对象包括以下几个方面:

(一)公司的全部组织关系

公司法是主要规范公司组织及其地位的法律,因而公司的全部组织关系受公司法调整,主要表现为以下四种情况:

1. 公司发起人之间或股东之间的关系

这种关系存在于公司设立、变更和解散的全过程。公司设立时,表现为发起人

之间的关系;公司合并、分立和解散时,体现为股东之间的关系。从内容上看,这种关系包括财产关系和人身关系。

2. 股东与公司之间的关系

公司成立后,基于所有和经营相分离的原则,股东享有股权,一般不参与公司的管理,但股东与公司之间仍有着千丝万缕的联系,尤其是人合公司的这种关系表现得更为密切。股东与公司之间的关系体现为以股东自益权为内容的财产关系和以股东共益权为内容的管理关系。《公司法》第 151 条、第 152 条还赋予少数股东提起针对公司高管诉讼的权利。

3. 公司内部组织机构之间的关系

公司内部组织机构一般包括股东会、董事会、监事会和经理。这些组织机构是管理公司的中枢。在公司运作过程中,它们之间必然产生种种关系。为了保证公司组织活动的有序进行,形成有效的相互配合、相互制约的机制,公司法必须规定公司内部组织机构的地位及权利义务。

4. 公司与政府管理部门之间的关系

部分学者将这种关系称为公司外部组织管理关系。公司在设立、变更和解散等活动中,不可避免地与政府管理部门之间发生管理与被管理的关系。这涉及公司的法律地位,公司经营资格的取得,公司的合并、分立和解散等内容,与公司的组织特点密不可分。

(二)公司的部分经营关系

公司的经营活动丰富多彩、纷繁复杂,公司在经营过程中所发生的经济关系也是多种多样的。尽管各国公司法对公司的经营活动的调整范围不尽相同,但都不调整公司的全部经营活动,只调整与公司组织关系有密切联系的经营关系。例如,公司在发行股票、公司债券过程中产生的与认股人、债券持有人之间的经济关系;公司在合并、分立、解散过程中产生的与其债权人之间的债权、债务继承与清偿关系。那些与公司组织无关的公司经营活动不由公司法调整,而由其他法律规制。例如,公司与其他经营者之间的买卖合同关系、加工承揽关系等则由民法调整。

三、公司法的特征

(一)公司法是兼具公法属性的私法

在大陆法系国家和地区,法律部门的基本分类是公法与私法。公法与私法主要存在以下几种区别:(1)从利益保护的重心来看,公法以维护公共利益即“公益”为主要目的,私法则以保护个人或私人利益即“私益”为依归。(2)从调整的社会关系即对象来看,公法调整的是国家与公民之间、政府与社会之间的各种关系,主要体现为政治关系、行政关系及诉讼关系等。私法调整私人之间的民商事关系即平等主体之间的财产关系和人身关系。(3)公法以权力为轴心,严守“权力法定”

的定律;私法则以权利为核心,适用“权利推定”的逻辑。(4)公法奉行“国家或政府干预”的理念,私法遵循“意思自治”“私法自治”的原则。(5)公法以政治国家为作用空间,私法以市民社会为规范对象。

公司法是调整公司组织及其行为的法律规范。公司作为一种基本的商事组织,其设立和运行主要是建立在当事人自愿平等、意思自治的基础上的,因此,公司法在本质上应属于私法的范畴。但是,随着市场经济的发展,自由竞争的资本主义逐步为垄断资本主义所取代。为了维护交易安全,国家不断加强对经济生活的干预,公司的设立和活动也日益被当作超出股东利益范围而直接影响社会利益的事情。许多在传统公司法领域被视为私权的领域,随着国家干预的扩大而带有明显的公法色彩。例如,公司资本法定、公司机关设置法定以及公司法定事项的公示主义等。不过,尽管公司法公法化的趋势非常明显,但仍改变不了公司法的私法本质。

与此相关的问题是,公司法究竟是强行法还是任意法?对此,学术界存在争议。有的学者认为,公司是由许多自愿缔结合约的当事人——股东、债权人、董事、经理、供应商、客户——之间的协议,而公司法从本质上看则是一套示范文本。由于公司规则的公共产品性质,它只能由国家(立法和司法机构)来提供,也适宜由此类机构来提供。既然公司是当事各方自愿缔结的合约机构,如果这种合约没有造成消极的外部成本,那么法律就应该对之采取尊重和宽容的态度,即公司法应是任意法。也有学者认为,由于特权主义的存在,历史上的公司法通常包含有大量的强制性规范,公司法自古以来就是强制性的,属于强行法。尽管后来随着市场化进程的加快,各国纷纷调整其公司政策,特许主义逐步从公司法中退出。但由于公司在社会经济中的重大作用和影响,公司设立原则的变更不但没有使各国公司法中的强制性规范随之减少,相反随着准则主义的兴起,各国公司法中的强制性规范却与时俱增,因此公司法应是强制法。[1]

客观而论,上述两种观点均有可取之处。但因为公司要面对千变万化的市场,公司法也要面对形态各异的公司,一个公司从成立、发展到终止的各个时期的情势也大不相同,因而将公司法断言为强行法或任意法都难免有偏颇之处。在现代私法中,已越来越多地包含了强制性规范,而公司法中的强制性规范相对占比较高。基于公司法的私法性质,为体现意思自治原则,在不损害第三人和社会公共利益的前提下,公司法允许当事人通过自愿协商,对强制性规范之外的公司法规范予以选择适用与变通。公司法的重要使命是通过对公司内外关系的调整,实现对股东、公司、债权人利益的保护和社会经济秩序的维护。这决定了公司法应是强行法和任意法的结合。就规范的设计而言,调整公司内部关系的规范应主要是任意法的规

---

〔1〕 汤欣:《论公司法的性格——强行法抑或任意法》,载《中国法学》2001年第1期。

范,而调整公司外部关系的规范应主要是强制性规范;仅涉及股东和公司利益的规范应主要是任意法的规范,而涉及第三人,尤其是债权人利益的规范应主要是强制性规范。

我国1993年《公司法》存在的突出问题是强制性规范过多而任意性规范不足。对于只能采取发起设立的有限责任公司来说,更应注意和强调其规范的任意性,减少其强制性规范的范围。[2] 2005年《公司法》则充分考虑了公司法的私法属性,赋予了公司与股东较多的自治权,尤其是对有限责任公司的管制更为放松。

(二)公司法是兼具行为法内容的组织法

法律上存在组织法与行为法的划分。相对于行为法而言,组织法又称主体法,指规定某种社会组织的设立、变更、终止、内部组织机构及其运作的法律规范的总称。行为法又称活动法,指调整由法律主体的行为或活动而产生的社会关系的法律规范的总称。

公司法在内容和形式上都具有组织法的特征。各国公司法普遍规定了公司的设立及其条件、公司的法律地位、公司内部组织机构的设置与运作、公司的变更与终止等内容,这些内容都与公司作为一种社会组织的产生、运作与消灭密不可分。因此,公司法首先是组织法。具体而言,公司法作为主体法或组织法,主要表现在:(1)公司法确认了公司的法律地位,赋予其法人资格;(2)公司法对公司从创建到终止整个过程的各种法律关系和活动都作了具体、详尽的规定,包括公司的设立和变更、公司的解散、公司的经营业务、公司章程、权利能力和行为能力、财产结构和组织结构、管理机构的组成及其职权、会计事务的管理、公司与股东以及股东相互之间的关系、股东在经营管理和盈余分配中的权利等;(3)公司法还对公司名称、住所等具有一定人身属性的内容作了规定。

公司法人与其他法人的最大不同点就在于它的营利性。既然公司是以营利为目的,就要直接参加经营、交易活动,这种经营、交易活动就是公司的对外关系。公司法作为调整公司活动的行为法,并不是指公司法要规范公司的全部经营活动。公司的活动范围很广,可以分为两类:一类是与公司组织特点有关的活动,如股票、债券的发行和转让等;另一类是与公司组织特点无关的活动,如商品买卖、借贷关系等。前者应该由公司法调整,后者不由公司法调整,而是由其他相应有关的法律调整。

(三)公司法是兼具程序法内容的实体法

按照法律规定的内容不同,可将法律分为实体法与程序法。实体法是指规定法律主体权利、义务的法律。程序法是指规定实现权利和履行义务有关程序的法

---

[2] 赵旭东:《有限责任公司的改造与重塑——〈公司法〉相关内容的修改建议》,载《政法论坛》2003年第3期。

律。公司法首先是实体法,涉及实体的规定包括:股东权利和义务,公司组织机构职权,公司董事、监事和高级管理人员资格和义务,公司财务会计制度和法律责任等。前述内容在公司中占有中心地位。公司法还是程序法,涉及程序的规定有:公司设立的程序,公司组织机构行使职权的程序,公司资本发行和转让程序,公司合并、分立、增资和减资程序,公司解散和清算程序等。作为商事特别法,公司法将实体法与程序法有机结合在一起,有利于形成较为完备的部门法体系,在司法和执法中得到严格实施。

(四)公司法是具有一定国际性的国内法

由于公司法只调整本国公司以及外国公司在本国分支机构的组织和活动,并在本国主权范围内发生效力,因此公司法就其本质而言属于国内法。随着经济全球化加强,各国经济间的相互依赖程度日益增加,公司作为商事活动的重要主体,其活动范围势必具有一定的国际性。为减少经济交往中的法律障碍,各国在公司立法中非常重视吸收公司法的普遍原理和各国公司立法的先进经验,逐步形成了一些各国共同的法律制度,使公司法呈现一定的国际性。例如,各国公司法关于公司的概念、类型、组织机构及其职权、股份与债券的发行、解散与清算等内容都大同小异,并日益趋同。

此外,在公司法领域虽然没有出现国际统一立法,但产生了区域性统一公司法的立法动向。自1968年欧共体部分成员国签署《公司法及法人相互认许公约》以后,欧共体(含后来取代欧共体的欧盟)理事会又颁布了《欧共体理事会关于欧洲经济利益集团(EEIC)的规则》(1985)、《欧共体理事会关于控制公司集中行为的规则》(1989)等多项规则以及涉及股东、其他利害关系人权益保护、公司设立、资本制度、公司组织、母子公司关系、一人公司、公司年度财务会计以及公司公开收购等指令或指令草案。[3] 1970年欧共体委员会正式向理事会提出了欧洲公司法草案。经过多年的起草,欧洲《公司法》最终于2001年10月得到欧盟批准,并于2004年10月生效。

第二节　公司法的地位

所谓公司法的地位,是指公司法在整个法律体系中的定位问题,而立法模式是法律内容载体的形式。公司法的地位是公司法学中最为重要的基础理论问题之一,必须从公司法的立法模式以及公司法与其他法律的关系两个方面加以分析。

---

〔3〕 刘俊海:《欧盟公司法指令全译》,法律出版社2000年版,目录第1~4页。

一、公司法的立法模式

从世界范围来看,公司法的地位主要有以下四种立法模式:

(一)民法典模式

采用这种模式的国家主要是意大利和瑞士等部分欧洲国家。这些国家实行民商合一的立法模式,只制定民法典而不制定商法典,将公司法看作民法典的一个重要组成部分专门加以规定。如意大利的公司法内容规定在1942年的意大利《民法典》第五编第五章之中;瑞士的公司法内容最早规定在1872年的瑞士《债务法》中,1911年瑞士债务法归入瑞士《民法典》的第五编之中。但是,为了适应公司的发展,在民法典之外另行制定单行的公司立法已经逐渐成为民法典模式国家公司立法的一个发展趋势。

(二)商法典的模式

采取这种模式的国家主要是大陆法系国家,如法国、德国等。这些国家实行的是民商分立的立法模式,既制定民法典,又制定商法典,而将公司法作为商法典的一个重要组成部分专门加以规定。但公司法在商法典中的地位却有所不同,如在法国《商法典》中,公司法的有关内容规定在第一编"通则"的第二章"公司"之中,而在德国《商法典》中,公司法的有关内容规定在第二编"商事公司及隐名合伙"中的第一章至第四章中。需要说明的是,这些国家的商法典并没有规定全部的公司形式,各国大都另行制定了有限责任公司法,因为有限责任公司是在商法典颁布之后才出现的公司形式。

(三)单行立法模式

采取这种模式的国家主要是英美法系国家。最典型的是英国,既没有典型的民法典,也没有独立的商法典。为了适应资本主义经济的发展需要,其在判例法的基础上制定了成文法。早在1844年,英国就颁布了《合股公司法》,首次允许私人以注册方式组织公司,并在1856年新的《合股公司法》中确立有限责任公司,成为英国历史上第一个现代意义的公司法。其后,1862年、1908年和1929年英国又陆续颁布和修改了几部公司法。1948年,英国将历年的公司法加以整理修订,颁布了统一的英国《公司法》,该法经1967年、1976年、1981年、1985年、1989年等多次修改,成为一部典型的囊括公司所有制度的公司法典。

(四)地方立法模式

采用这种模式的国家主要是美国。美国属于英美法系国家,但其公司法又与英美法系的其他国家有着明显的区别,更不同于大陆法系国家。依照美国宪法的规定,美国联邦议会不享有公司法的立法权,公司立法权分别由各州的议会行使。所以,在美国没有一部全联邦统一适用的公司法,而美国各州都有自己的公司法,故美国的公司法采用的是地方立法模式。为了协调各州的公司立法,美国统一州法委员会于1928年制定了《统一商事公司法》,供各州立法参考,但收效甚微。

1950年,美国全国律师协会公司法委员会起草了美国《示范商业公司法》,对当代美国公司制度影响较大,但该法属于示范法性质,对各州没有直接的法律约束力。

在我国,对于公司法在法律体系中的地位问题,学术界有着不同的认识。有的主张公司法应为商法的组成部分;有的认为公司法应作为民法的特别法,归属于民法;还有的认为公司法应归属于经济法,是经济法中企业法的一部分。[4] 我们认为,公司法应属于商法的范畴。不论从主要大陆法系国家的传统做法看,还是从我国发展社会主义市场经济的现实需要出发,都应将商法作为一个独立的法律部门对待。改革开放特别是党的十四大以来,《公司法》、《保险法》和《票据法》等大量单行商事立法相继出台,一个独立的商法体系业已形成。从公司法的历史地位、调整对象、规范性质、调节机制等方面综合考察,公司法归属于商法更为合理。从我国立法实际看,采用的是民商合一的立法原则,没有制定商法典,公司法以单行立法模式存在,但这并不影响其商事特别法的地位。

二、公司法与其他法律部门的关系

为了进一步认识公司法的地位,有必要对公司法与民法、经济法、商法、证券法和破产法等其他法律部门的关系进行分析和界定。

(一)公司法与民法

民法是公司法的基础。民法是调整平等主体间人身关系和财产关系的基本法,而公司是股东间以营利为目的基于平等关系的自愿联合。民法所确立的一些基本制度和基本准则同样适用于调整公司股东间的关系及股东与公司的关系。例如,民法中的法人制度对于确认公司的法律地位具有重要作用;股东的股权在各国仍被视为是一种重要的民事权利;设立公司的行为,尤其是招股、认股等行为,都适用有关民事法律行为的制度;经理人的法律地位适用民法的委托代理制度;公司发起人之间的关系以及无限公司股东间关系均适用民法的合伙制度;公司债适用民法的债权制度;股东(包括发起人)、董事、经理等给公司或第三人造成损失时适用民法的侵权赔偿制度。

(二)公司法与经济法

公司法与经济法的关系一直存在尖锐的分歧,认为公司法属民商法的意见通常否定经济法与公司法的种属关系,而相反的意见则认为公司法属于经济法的组成部分。界定公司法与经济法的关系首先需要确定经济法的内涵。迄今为止,人们对经济法的内涵仍存在诸多分歧,但对于经济法属于公法,学者们并无太大争议。公司法从性质上看有公法的属性,国家干预色彩浓厚,由此看来,公司法与经济法具有共通性。主张经济法为独立部门法的学者大都把公司法归入经济法之中。

---

〔4〕 范健、王建文:《公司法》,法律出版社2006年版,第86页。

(三)公司法与商法

商法是调整商事关系的法律规范,商事关系由商事主体和商事行为构成,因此通常将商法分为商事主体法和商事行为法,或称商业组织法和商业活动法。商事主体分为商自然人、商事合伙和商法人,商自然人即个体商人,商法人则主要是各种商事公司。主张公司法为私法的学者认为,公司既为商人或商业组织,公司法即属于商法中的商事主体法或商业组织法。

传统大陆法系国家的商法体系是由商法的一般制度和公司、破产、票据、海商、保险几个部分组成的,公司法是其中基本的组成部分。尽管各国立法和理论对商法的范围和内容有不同的规定和解释,对以上几个部分是否归入商法有不同的规定,但都确认公司法是商法的主要部分,公司法是重要的商事法律。

(四)公司法与证券法

广义的证券法是指与证券有关的一切法律规范的总称,既包括专门的《证券法》,也包括公司法、票据法等其他法律中涉及证券内容的部分。狭义的证券法是指专门对债券发行、交易、管理及相关行为进行调整的法律规范体系。因此,从广义角度分析,公司法与证券法联系密切,两者在调整对象和范围上具有交叉的内容。关于公司法与证券法的关系,我国学术界有两种观点:一种观点认为,证券法是公司法的"关系法",公司法的主要宗旨在于规范公司的组织与行为,而证券法则侧重于投资者的利益保护;另一种观点认为,证券法是公司法的"特别法",公司法与证券法类似"姐妹法"或"母女法"。[5]

我们认为,从内容上看,公司法与证券法都有关于公司股票和债券发行、转让的规定,但从本质上讲,二者仍为不同的法律部门。公司法是规范公司的组织及有关行为的法律,而证券法则是规范证券的发行、交易及相关行为的法律。可见,公司法与证券法既有紧密的联系,又存在本质的区别。

(五)公司法与破产法

公司法与破产法有着密切的联系。公司不能清偿到期债务,被依法宣告破产即为公司终止的原因之一。一般来说,公司法仅就公司破产作原则性规定,而具体的公司重整、和解、清算制度则由破产法作出具体规定。例如,我国《公司法》第187条第1款规定:"清算组在清理公司财产、编制资产负债表和财产清单后,发现公司财产不足清偿债务的,应当依法向人民法院申请宣告破产。"因此,公司法与破产法是一种相互配套的关系,公司法所规定的公司组织形式构成了破产法所规定的公司破产制度的基础,而破产法又使公司法律制度获得了延展。

---

〔5〕 雷兴虎主编:《公司法学》,北京大学出版社2006年版,第34页。

第三节　公司法的历史沿革与发展趋势

一、公司法的历史沿革

(一)外国公司法的历史沿革

早在1673年,法国就颁布了世界上第一部商事法律——《商事条例》,该条例的商人部分首次专门规定了无限公司的法律问题。至今,外国公司法已经有三百多年的历史。国外的法律制度一般可分为两大体系:以英国和美国为代表的英美法系,奉行英美法系的国家和地区主要是过去曾受英国殖民统治的国家和地区,如澳大利亚、印度、新加坡等;以法国和德国为代表的大陆法系,奉行大陆法系的国家和地区主要是欧洲大陆国家及亚洲的一些国家和地区,如日本等。由于两大法系法律传统的不同导致受其影响的国家在法律观念、立法体系、具体法律制度上的差异,不同国家的公司法也难免打上英美法系或大陆法系的烙印。即使属于同一法系的国家,公司法的差异也较大,因而,英美法系还可分为英国法系与美国法系,大陆法系还可分为德国法系与法国法系。以下仅对几个代表性国家的公司立法历史沿革进行介绍。[6]

1. 英国公司法

英国是资本主义经济发展最早的国家,也是股份公司出现最早的国家,但直到19世纪资产阶级革命胜利之前,英国都没有成文的公司法,公司设立必须经过国王或国会的特许。英国关于私人注册公司的制定法是从19世纪三四十年代开始的。随着自由放任主义成为资本主义经济的主导思想,为了适应资本主义经济迅速发展的需要,英国国会于1844年颁布了具有深远意义的《合股公司法》,首次允许私人以注册方式成立公司。

《合股公司法》虽然开辟了私人注册公司的先河,但并未明确规定股东的有限责任原则。直到1855年,英国国会才通过《有限责任法》,第一次明文规定了有限责任原则。在此基础上,1856年通过新《合股公司法》,成为英国历史上第一部现代意义的公司法。英国公司法修改频繁,分别于1862年、1908年、1929年又陆续修订颁布了几部公司法,现均已废止。1948年英国将过去历年所颁布的公司法加以整理修订,形成英国《公司法》,共计462条。该法虽然几经修订,但其主要部分被保留下来适用至今。除公司法法典外,英国还制定了一些单行法,如1949年《公司清理规则》、1958年《防止欺诈(投资)法》和1963年《股份转让法》等。

---

〔6〕 江平主编:《新编公司法教程》(第2版),法律出版社2003年版,第9~10页;沈四宝:《西方国家公司法原理》,法律出版社2006年版,第38~42页。

英国公司法一个重要的法律渊源是欧盟统一公司立法。1972 年欧共体国家通过《欧洲共同体法案》,构成对英国公司法重要的补充和修正。英国在修订其公司法时参照了欧盟公司法指令。

除成文法外,判例也是英国公司法的重要渊源,其公司法的很多重要原则均是由判例确定下来的。

2. 美国公司法

如前所述,根据美国宪法,联邦国会不享有公司立法权,公司立法权属于各州议会。因此,美国没有一部统一适用的联邦公司法,但各州都有自己的公司法。为减少各州之间因立法差异而导致的冲突,美国统一州法全国委员会曾于 1928 年制定了《统一商事公司法》,以供各州立法参考。1950 年美国律师协会公司法委员会起草了美国《示范商业公司法》,虽然该法本身没有法律约束力,但是对各州公司法的制定有很大影响。到目前为止,该法的大部分内容已为绝大多数州所采纳,成为各州公司法的主要内容。

美国虽然没有统一的联邦公司法,但联邦法院对于洲际公司间的纠纷拥有管辖权。另外,美国国会近几十年来制定了许多调整公司行为的联邦法律,如适用于公开持股公司的证券发行和交易行为的 1933 年《证券法》和 1934 年《证券交易法》,防止公司进行垄断的《反托拉斯法》等。

除了成文法之外,美国公司法还有一个重要的渊源是判例法。美国很多公司法律原则来自法院的判例,如英美公司法上著名的“揭开公司面纱”原则。这些主要由法院判例构成的公司法律规范被称为普通公司法。美国普通公司法的很多原则继承了英国公司法的判例原则。

3. 法国公司法

法国奉行民商分立的法律体制,法国国王路易十四于 1673 年颁布的《商事条例》被认为最早的商法,其中包含的有关无限公司的规定堪称西方国家公司立法的先锋。依据公司从事活动的性质,法国公司分为民事公司和商事公司。民事公司适用法国《民法典》第九编的规定。商事公司包括合股公司、两合公司、有限责任公司、股份有限公司和股份两合公司,商事公司适用 1867 年《公司法》。在《商事条例》的基础上,1807 年颁布的法国《商法典》,该法典第一编“商行为”的第三章对公司的种类(人的公司和物的公司)和规则等作了规定。法国《商法典》明确了股东的有限责任和公司设立的许可主义。此后,为适应经济发展的需要,法国又陆续颁布了几部有关的单行法规。最重要的一部是 1867 年的《公司法》,该法对有限责任公司以外的所有形式的公司都作了规定,并对股份有限公司的旧规定作了全面修改。1925 年,法国制定了《有限责任公司法》。1966 年,法国制定了适用各种形式公司的《商事公司法》。该法颁布后,法国过去有关公司的法律均相应废止。

4. 德国公司法

德国的公司法体系较为健全,既有涵盖各类公司形式及企业运作整个过程的综合性立法,也有针对具体公司形式或具体事务的专门立法。

颁布于1897年的德国《商法典》是一部综合性立法,其中第二卷商事公司及隐名合伙部分主要涉及无限责任公司、两合公司、股份公司、股份两合公司以及隐名合伙,第三卷贸易法分为通用规定、资合公司的规定以及银行、保险、金融服务等特定行业规定几个部分。

针对特定注册形式公司的专门立法主要有:(1)1892年颁布的《有限责任公司法》,该法最近一次修改时间为2002年,其明确、具体地对有限责任公司的成立、公司及股东法律关系、组织结构、公司章程修改以及解散、破产和注销的各项事宜进行了规范。(2)1965年颁布的《股份及股份两合公司法》,详尽地对股份公司的成立、机构设置、管理、业务开展、解散等作出了规定。(3)1994年颁布的《自由职业人员合伙公司法》,对自由职业者如何成立合伙公司、合作伙伴之间的法律关系等作出了规定。(4)1994年实施的《工商业合作社法》,对如何成立合作社作出了规定。另外,德国《民法典》对人合公司的最基本形式——民法公司也作出了规定。

关于公司具体事务的立法有1994年颁布的《破产法》和1976年制定的《雇员共同决定法》。前者对企业申请破产的条件、过程进行了规定,后者则对资合公司以及两千人以上的企业中雇员的参与权进行了规定。1969年颁布的《特定企业及企业集团账目公布法》,对超过一定规模的企业如何公布账目作出了规定。

(二)我国公司法的历史沿革

我国的公司立法始于清末,当时处于崩溃边缘的清政府试图变法图强。光绪二十八年(1902年)成立商部,任命沈家本、伍廷芳为法律大臣。1903年成立修订法律馆,同年,清政府指派戴振、袁世凯和伍廷芳负责起草公司法。光绪二十九年12月(1904年1月)《公司律》颁行,这是中国历史上第一部公司法。这部公司法以英国1856年《合股公司法》、1862年《公司法》以及1899年日本《商法典》为蓝本,所以它是英美法和大陆法的混合产物。由于该法过于简单、粗糙,并且存在相互矛盾之处,1908年清政府决定修改。从1908年到1910年重新拟出了包含《公司律》的《大清商律草案》,但其尚未通过,清政府就灭亡了。

中华民国成立后,仍援用1904年《公司律》。1914年1月13日,北洋政府以大总统批令形式颁布了《公司条例》。该法在结构上效仿日本《商法典》,内容上则主要采用德国《商法典》的规定。

南京国民政府于1927年成立后,立法院采用民商合一体例编制统一的民法典,对法典不能包容的部分另外制定单行法,并于1929年12月26日颁布了《中华民国公司法》。该法共233条,另有《公司法施行法》33条。该法经多次修订,至今仍在我国台湾地区适用。

中华人民共和国成立后,原政务院于1950年、1951年先后颁布了《私营企业暂行条例》和《私营企业暂行条例施行办法》,规定了无限公司、有限公司、两合公司、股份有限公司和股份两合公司5种公司形式。改革开放以来,我国颁布了许多法律法规。1979年通过的《中外合资经营企业法》第4条明确规定,合营企业的形式为有限责任公司。国务院于1988年发布的《私营企业暂行条例》第6条也明确规定有限责任公司是私营企业的一种法定形式。1992年原国家经济体制改革委员会发布的《有限责任公司规范意见》和《股份有限公司规范意见》以及其他有关配套法规,为《公司法》的诞生奠定了基础。1993年12月29日第八届全国人大常委会第五次会议通过了《公司法》,该法于1994年7月1日起正式实施。

由于我国公司立法背景的历史局限性和公司法理论储备的相对不足,在经济体制改革不断深入、市场经济体制逐步完善的新时期,原公司法逐渐滞后于我国经济与社会发展的需要,出现了不少问题:(1)公司设立的门槛过高,难以满足社会资金的投资需求;(2)公司治理结构不够完善,股东会、董事会、监事会和经理的权利义务需要进一步明确;(3)对股东尤其是对中小股东合法权益的保护机制不够完善;(4)对利益相关者缺乏有效的保护和协调机制;(5)对上市公司监管中出现的新情况、新问题缺乏有效的应对措施;(6)缺乏对公司及董事、监事和高级管理人员诚信义务和法律责任的规定,不能满足建立社会信用制度,维护交易安全的要求;(7)对维护社会公共利益缺乏有效的保护手段,没有确立公司的社会责任;(8)价值取向具有一定的片面性,如重安全轻效率、重防弊轻兴利、重管制轻自治、重国有轻民营、重倡导轻操作等一系列弊端。[7]

1999年12月25日第九届全国人大常委会第十三次会议对《公司法》进行了第一次修改,这次修改涉及两个方面:一是增加了国有独资公司设立监事会的规定;二是增加了支持高新技术股份有限公司发展的规定。2004年8月28日第十届全国人大常委会第十一次会议对《公司法》进行了第二次修改,删除了《公司法》第131条第2款关于"以超过票面金额为股票发行价格的,须经国务院证券管理部门批准"的规定。

在认真总结十多年来《公司法》施行的经验与教训的基础上,2005年10月27日第十届全国人大常委会第十八次会议又对《公司法》进行了修订,修订后的《公司法》自2006年1月1日起实施。本次修改主要包括:(1)完善了公司设立和公司资本制度。较大幅度地下调了公司注册资本的最低限额,降低了公司设立的"门槛";将原来注册资本"全体股东实缴的出资额"改为"全体股东认缴或认购的出资额",并允许分期缴纳;扩大了股东出资的范围与形式;取消了原《公司法》中"以工业产权、非专利技术作价出资的金额不得超过有限责任公司注册资本的百分之二

---

〔7〕 刘俊海:《新〈公司法〉的制度创新》,载《法制日报》2005年11月1日,第3版。

十”这一限制性规定，放宽了知识产权出资限额，而主要规定了“全体股东的货币出资金额不得低于有限责任公司注册资本的百分之三十”；取消了 1993 年《公司法》有关转投资额度的限制。(2)完善了公司法人治理结构的规定。完善股东会、董事会、监事会的召集和主持规则；完善了董事、监事任期和改选制度；对股东会、董事会的表决方式作出明确规定；强化监事会的监督职权；增加规定股份有限公司股东大会选举董事、监事可实行累积投票制；增加规定上市公司设立独立董事制度，并授权国务院制定具体办法；增加规定上市公司董事会秘书的法律地位与具体职责；对公司董事和高级管理人员对公司的义务以及违反义务的责任，作出了具体的规定。(3)健全了对股东尤其是中小股东利益的保护机制。明确赋予并完善股东知情权；明确赋予股东对股东会议的请求权、召集权和董事会临时会议提议权；增加规定股份有限公司股东临时提案权；赋予股东会或者股东大会对公司经营管理层的质询权；依法赋予股东转股权；规定股东对股东会、董事会的决议依法请求无效或可撤销制度；规定了股东代表诉讼提起权和股东直接诉讼提起权；确认了出现公司僵局时股东享有解散公司诉讼权。(4)建立公司法人人格否认制度。这为防范滥用公司制度的风险，保证交易安全，保障公司债权人的利益，维护社会经济秩序，提供了必要的制度安排。(5)完善公司合并、分立、解散、清算制度和法律责任机制，对股东、公司、债权人利益保护予以平衡。(6)强化公司的社会责任，加强对职工利益保护。(7)对一人有限责任公司作出特别规定。(8)对原《公司法》中“国有独资公司”进行修改和完善，并作出特别规定。

在理念上，这次《公司法》的修订也有重大突破。一是改变了将公司法作为“治乱的法”“管理的法”“国有企业改革的法”等片面的认识，将其作为对所有公司关系进行调整的市场主体法，鼓励投资、推动公司设立、促进资本市场发展和繁荣构成公司法的重要目标。二是给公司更大的自治空间，对公司法的强制性与任意性规范予以合理界定。这次公司法的修订注意和强调了公司法的任意性，减少了其强制性规范的范围。[8] 2013 年《公司法》主要对公司资本制度作出修订，包括采取注册资本认缴制，对公司注册资本的首次出资额不再设最低标准；取消除法律、行政法规特别规定之外的其他各类公司的最低注册资本限额等，放宽了公司设立门槛，有利于贯彻“市场起决定性作用”的原则，鼓励个人创业，刺激个体经济发展。2018 年《公司法》完善了公司股份回购制度，包括增加允许股份回购的情形；简化股份回购的决策程序等，允许上市公司为维护公司整体利益及中小投资者股东权益进行股份回购，有利于提升公司投资价值，促进公司建立长效激励机制，也进一步拓展了公司自治的空间。

---

〔8〕 范健、王建文：《公司法》，法律出版社 2006 年版，第 85 页。

二、公司法的发展趋势[9]

(一)由公司的社团性、独立人格发展到允许设立一人公司和确立公司人格否认制度

传统公司法认为,公司是由两个或两个以上的股东共同出资组成的社团法人。既然公司是一个社团法人,其股东就至少应为两人;公司作为法人,具有独立人格,应以其独立财产对外承担民事责任。因此,在传统公司法中,要求公司在设立时发起人必须为两人或两人以上,而且均明确规定在公司成立后运营的过程中,因某种原因(如股东死亡、股权转让等)而导致股东仅剩下一人时,该公司即应解散;要求公司对其债务以公司财产承担责任,有限责任股东仅以其出资额为限对公司债务承担责任。

随着各国经济的发展和公司实践的丰富,关于法人理论和制度的不断完善,现代公司法不再严守公司的社团性、独立人格,允许设立一人公司,并确立了公司人格否认制度。

以判例形式首先确认实质上的一人公司的是1897年英国衡平法院对萨洛蒙诉萨罗蒙有限公司一案的判决。而以判例形式首先确认形式上一人公司的则是新西兰最高法院对李诉李氏空中农业有限公司一案的终审判决。[10] 允许设立一人公司的先例首开于20世纪50年代前后的美国艾奥瓦州、密歇根州、威斯康星州等少数几个州。[11] 为了适应公司立法的这种发展趋势,由美国律师协会公司法委员会制定的美国《示范商业公司法》也允许设立一人公司。

后来,作为大陆法系代表的法国和德国也不再恪守公司社团性的规定,通过修订公司法,允许设立一人公司。根据法国1985年7月11日第85—697号法律的规定,公司得在法律规定的情况下依一人的意志设立,有限责任公司可以由一人或若干人仅以出资额为限承担损失而设立。德国1980年修订的《有限责任公司法》明确规定,有限责任公司可以依照该法规定为了任何法律允许的目的由一人或数人设立。我国1993年《公司法》对一人公司采取了"原则禁止、例外允许"的立法态度,即原则上禁止自然人、法人设立一人公司,破例允许设立"国有独资公司"。虽原则禁止设立"自然人一人公司"和"法人一人公司",但也允许国有一人公司的存在,因为1993年《公司法》第190条并没有规定股东仅剩一人是公司解散的法定事由之一。现行《公司法》顺应了公司立法的发展

[9] 雷兴虎:《现代西方国家公司法的发展趋势与中国公司法的选择》,载《法学评论》1998年第4期;聂德宗:《公司法人治理结构的立法模式与发展趋势》,载《法学评论》2000年第6期;张新民:《公司立法的发展趋势及我国公司法的完善》,载《现代法学》2000年第1期。

[10] 王天鸿:《一人公司制度比较研究》,法律出版社2003年版,第17页。

[11] 江平主编:《新编公司法教程》,法律出版社1994年版,第127~128页。

趋势,承认了一人有限责任公司的合法性。但我们认为,在条件成熟时还应承认一人股份有限公司的合法性。

公司人格否认制度又称为“公司法人资格否认”制度、“股东有限责任待遇之例外”,在英美法国家称为“揭开公司面纱”或“刺破公司面纱”,在德国称为“直索责任”,在日本称为“透视理论”,由美国法院所创立。在 1905 年美国诉密尔沃基冷藏运输公司案(U. S. v. Milwaukee Refrigerator Transit Co.)中,美国法院明确表示,除非有充分的反对理由,原则上公司的人格是被承认的。但法人的观念若被用来破坏公共利益,或使不法正当化,或维护欺诈,或保护犯罪,法律将视公司为数人之组合。〔12〕 除判例外,美国“揭开公司面纱”制度还体现在成文法之中。美国《示范商业公司法》第 6. 22 条 b 款规定,在例外的情况下,股东可以由于其自身的行为而对公司的行为或债务承担个人责任。其后,英国、德国等国家的公司立法也对公司人格否认制度进行了规定。英国 1980 年公司法规定,如果公司股东人数少于法定人数,股东应对公司的债务承担连带责任;1985 年公司法和 1986 年破产法规定,当公司解散清算时,如果发现股东或董事会对公司的欺诈性交易或非法行为负有责任,则应当对公司的资产作出资助;公司董事或其他管理人员如果滥用公司名称或不依法使用公司名称或者雇用不适格董事或过早交易,应对公司的债务承担个人责任;税法规定,如果股东利用公司形式规避缴纳附加税、资本税、资产转移税、印花税等纳税义务,就可以适用“揭开公司面纱”原则。〔13〕 德国《股份公司法》第 117 条规定,利用自己对公司的影响力致使公司受到损害的任何人,包括股东在内,都要对公司、公司股东以及公司债权人负损害赔偿责任。

我国 1993 年《公司法》未规定公司人格否认制度,但现行《公司法》适应公司立法的发展趋势,对公司人格否认制度作了规定,即其第 20 条第 3 款规定:“公司股东滥用公司法人独立地位和股东有限责任,逃避债务,严重损害公司债权人利益的,应当对公司债务承担连带责任。”第 63 条规定:“一人有限责任公司的股东不能证明公司财产独立于股东自己财产的,应当对公司债务承担连带责任。”

（二）由单纯准则主义发展到严格准则主义

传统的公司法在不同的历史时期和不同国家与地区,对公司设立的基本立场是不同的。概括起来是,先由自由设立主义至特许主义,又转为核准主义,再采用单纯准则主义。自由设立主义盛行于欧洲中世纪末的自由贸易时代;特许主义最早由 17 世纪的英国、荷兰等国采用;核准主义最初产生于法国路易十四时代颁发的《商事条例》;单纯准则主义最早是由 1862 年的英国《公司法》所创设的,为 19

〔12〕 朱慈蕴:《公司法人格否认法理研究》,法律出版社 1998 年版,第 80 页。

〔13〕 沈四宝:《西方国家公司法原理》,法律出版社 2006 年版,第 23 页。

世纪西方各国公司法所普遍采用。单纯核准主义即公司的设立只要符合国家公司立法所规定的条件,就可成立公司,并取得法律上的独立人格。由于当时法律规定的设立条件过于简单,故称为“单纯准则主义”。

由于单纯准则主义的实施导致了公司滥设的严重后果,现代西方公司法采取了严格准则主义,即严格限定公司设立的法定条件,加重设立人的法律责任并加强司法机关、行政主管机关对公司的监管。

我国1993年《公司法》规定的公司设立制度是严格准则主义和核准主义的结合。即对于设立有限责任公司,符合公司法规定条件的,一般适用严格准则主义,直接办理登记手续,但对于涉及国家安全、公共利益和关系国计民生等的特定行业和项目,法律、行政法规规定需要审批的,则应当履行审批手续,适用核准主义。对于设立股份有限公司,考虑到其股份发行涉及社会资金流向和众多股票投资者的利益,一般适用核准主义,由国务院授权的部门或省级人民政府审查批准。1993年《公司法》区别对待股份有限公司与有限责任公司的设立原则,既不符合国际惯例,也缺乏理论支撑。因此,现行《公司法》对有限责任公司和股份有限公司的设立原则均采用严格准则主义,仅对法律、行政法规要求报经批准的,才实行核准主义。

(三)由法定资本制发展到授权资本制、折中资本制

传统大陆法系国家公司法实行法定资本制,即在公司章程中明确规定公司的资本总额,在公司成立时必须一次发行完毕,即全部由投资者(股东)认购。法定资本制强调公司成立之初公司资本的确定、完整和独立,以保证公司对外的基本信用,保障公司的债权人利益。但法定资本制又不可避免地存在缺陷,如不利于公司成立、不利于公司资本的变更等。鉴于此,后来多数大陆法系国家纷纷采用授权资本制,或借鉴授权资本制对法定资本制进行修改,形成了折中资本制。[14] 例如,在德国、法国,公司设立时章程中记载的资本额,必须一次发行完毕,即设立时仍保留法定的资本制;而在此后一定年限、一定金额范围内的增资行为,则授权公司董事会根据需要分次发行,即在增资时采纳了授权资本制。

我国1993年《公司法》实行严格的法定资本制,即公司的资本必须记载于公司的章程,并由出资人全部认购和缴足,否则公司不能成立。从现行《公司法》第26条和第81条的规定来看,我国公司资本制只是对有限责任公司及采取发起方式设立的股份有限公司的股东缴纳出资的时间作了灵活性规定,即允许分期缴纳出资。但从长远来看,我国公司资本制应逐渐走向折中资本制。

(四)由股东会中心主义发展到董事会中心主义

传统的公司法依照“委任”理论来处理股东会与董事会之间的关系。按照这

---

〔14〕 赵旭东等:《公司资本制度改革研究》,法律出版社2004年版,第9页。

种理论,董事会是股东会的代理人,由股东会选举产生,并受股东会的委托管理公司事务。因此,各国公司法都规定股东会有权选任和解任董事,并对公司的经营管理享有广泛的决定权,董事会则居于股东会之下,受股东会支配,对股东会负责。但进入20世纪后,特别是近几十年来,"有机体"理论代替了传统的"委任"理论。依此理论,公司是一个有机整体,公司组织机构的权力是由国家法律赋予的,并非来自股东会的委托。据此,现代西方国家公司法出现了削弱股东会权力而强化董事会权力的趋势,以不同的方式将公司的经营管理权划归董事会行使。例如,1937年德国《股份公司法》规定,董事会是股份有限公司的领导机关,除法律另有规定外,无论是公司的章程还是股东会决议,都不能限制董事会对公司业务拥有的专属领导权。同时,考虑到经理管理的灵活性,公司开始由股东会中心主义发展到董事会中心主义。

我国1993年《公司法》在配置股东会与董事会权力时,忽视了现代公司法的这一发展趋势,给股东会配置的权限很大,甚至包含了一些本应由董事会行使的职权,如公司经营方针和投资计划的决定权、公司债券发行的决定权等。现行《公司法》则强化了董事会的职权范围,有利于提高公司的运作效率。

(五)由只规范单个公司发展到规范单个公司和关联公司

传统公司法以单个公司作为规范对象。但是,随着关联公司的出现,单纯规范单个公司不能满足市场经济的发展,因此又增加了规范关联公司的内容。所谓关联公司,是指两个以上的独立公司因相互之间具有控制、从属或投资关系而形成的公司群体。最早对关联公司作出立法规范的是德国。德国于1965年颁布的《股份公司法》第三编就是关联公司的内容。按照德国现行《股份公司法》第76条和第119条第2款的规定,关联公司是法律上相互独立的公司,这些公司在相互关系上属于拥有多数资产的公司和占有多数股份的公司、从属公司和支配公司、康采恩公司、相互参股公司或互为一个企业合同的签约方。法国也从1967年开始对关联公司作了相应规定。

我国1993年《公司法》仅以单个公司为规范对象,虽然也涉及母公司、子公司和公司投资的问题,但缺乏对相关公司之间关系的全面系统调整。而2005年《公司法》借鉴国外成功立法经验,将关联关系纳入我国公司法的调整范围,这主要表现在现行《公司法》第21条、第124条和第216条的规定中。

(六)由保护资本家利益发展到强化职工参与公司治理

传统公司法保护的重点是资本的利益,不涉及职工参与公司治理的规定。但随着市场经济的发展、西方人权思想的影响和工人运动的不断高涨,职工参与公司经营决策、监督公司生产经营活动的要求日益突出。为了适应这种民主管理的客观需要,现代西方公司法对职工参与公司治理作出了规定。德国公司立法首创了职工参与制。根据德国1951年《职工参与决定法》、1972年《企业委员会法》和

1976年《参与决定法》的规定,职工有权选派代表进入公司的监事会,对公司的生产经营活动行使监督权,有权通过其他形式在工资、工时、辞退等方面与资方共同研究决定等。在德国立法的影响下,法国、日本、美国等也加强了职工参与公司治理的立法规定。

我国1993年《公司法》对国有公司的民主管理形式、职工参与制也作了一些规定,但存在许多缺陷,如职工代表大会制度与公司组织结构不协调、职工监事制流于形式等。现行《公司法》加强了有关职工参与公司治理的规定,主要体现在《公司法》第17条、第18条、第44条、第51条、第70条、第108条和第117条的规定中。

【拓展阅读】

进一步了解人类进入21世纪以来,主要国家公司立法的最新发展动态。

[1]王保树:《从法条的公司法到实践的公司法》,载《法学研究》2006年第6期。

[2]赵玲:《我国〈公司法〉修改中的二元理论》,载《法学杂志》2011年第8期。

[3]蒋大兴、谢飘:《公司法规则的回应力——一个政策性的边缘理解》,载《法制与社会发展》2012年第3期。

[4]冯果、李安安:《投资者革命、股东积极主义与公司法的结构性变革》,载《法律科学》(西北政法大学学报)2012年第2期。

[5]黄辉:《略论公司法一体化:中国视角及启示》,载《比较法研究》2013年第5期。

【问题讨论】

1. 公司法和市场经济发展有什么内在联系?
2. 现代公司法修订中,为什么增加了大量授权型和补充型规范?
3. 我国现行公司法的立法体例应当如何进一步完善?

【司法实践】

案例一:与公司法强制性规范冲突的公司章程条款无效

【案件名称】湖北开元化工科技股份有限公司诉枝江力元化工有限公司公司决议纠纷案

【案件字号】(2013)鄂枝江民初字第00684号

【案件来源】【法宝引证码】CLI. C. 16975496

【案情简介】

2013年1月11日，被告向两股东发出《关于召开“力元公司”临时股东会和股东年会的通知》，决定于2013年1月30日至31日在南京召开公司临时股东会和股东年会。2013年1月14日，原告致函被告，对会议地点、会议材料及其他事项提出意见。2013年1月21日，被告对原告的意见进行回复，会议地点仍确定在南京，原告所需资料会尽力满足，如实在满足不了，将在会议前3天另行通知延期召开，如果没有通知，则股东会正常召开。2013年1月23日，原告向被告及第三人发出《关于力元公司股东会的再次函告》，对股东会议题、执行董事报告内容、材料等提出异议。2013年1月25日，被告致函两股东，因原告未书面确认更改的会议召开时间、地点，公司的临时股东会和股东年会将按“原通知”如期召开。2013年1月30日，被告力元公司召开临时股东会，在原告开元公司缺席的情况下通过股东会决议，诉争条款主要内容如下：(1)第1条第1款第1项，按投资协议的规定，被告与第三人签订有关采用对苯二酚路线生产四氯苯醌技术的《技术转让合同》，转让价120万元。(2)第1条第1款第3项，该决议生效并履行完毕后，以上转让方在公司销售两年内转让所持股权，则所得转让款应向公司全部退还或按无形资产已使用时间占两年期限的比例进行剩余价值部分的退返……

【裁判理由】

2013年1月30日被告股东会决议第1条第2款第1项、第2项违反公司法、公司章程关于表决方式的规定，应予以撤销。根据被告公司章程，股东会会议由股东按照出资比例行使表决权，股东会作出修改公司章程，必须经代表2/3以上表决权的股东通过。第三人桑力厂出资比例为60%，占表决权的60%，在原告缺席的情形下，第三人的单方表决权达不到章程规定的2/3表决权，却通过该决议第1条第2款第1项、第2项对公司章程进行修改，违反公司法、公司章程的规定。2013年1月30日被告股东会决议第1条第1款第1项违反公司法的规定应为无效。根据原告与第三人签订的《投资协议书》，第三人合计出资600万元，其中现金出资480万元，四氯苯醌生产技术等无形资产作价120万元。四氯苯醌生产技术既已作为无形资产出资，其本应为被告力元公司资产，第三人再次以120万元价款所谓转让该技术，实则为公司收购股东股权。根据《公司法》第75条之规定，被告力元公司的收购行为并不符合上述规定，且根据《公司法》第36条的规定，股东不得抽逃出资。故2013年1月30日被告股东会决议第1条第1款第1项条款违反公司法的规定，应为无效条款。2013年1月30日被告股东会决议第1条第1款第3项、第1条第2款第3项违反公司法规定，应属无效。该两条款主要针对股东的股权转让和转让所得作出限制性规定。根据《公司法》第72条之规定，不仅股东之间可以相互转让股权，也可以向股东以外的人转让股权。公司章程对股权转让另有规定的，从其规定。被告公司章程对股权转让并无特别规定，则公司股东关于股权的转让应按公司法的规定执行,可以转让其所持股权。

案例二

【案件名称】中国金属再生资源(投资)有限公司等诉中金再生资源(中国)投资有限公司公司登记纠纷案

【案件字号】(2015)沪一中民四(商)终字第S414号

【案件来源】【法宝引证码】CLI. C. 6246844

学习心得

第二章　公司发展及种类

【内容导读】

公司是依法设立的以营利为目的的社团法人。作为当代最重要的市场主体，公司从产生到最终成为组织健全、体系完善的商事主体，经历了一个漫长的发展过程。在西方国家，无限公司是最早产生的公司类型，随后，两合公司、股份有限公司、股份两合公司和有限责任公司相继诞生。经过长期的发展演变，有限责任公司和股份有限公司成为现代公司的两种主要形式。清朝末年，公司制度传入中国，但发展缓慢，新中国成立以后特别是改革开放以来，公司迎来了发展的春天。尽管由于法律传统上的差异，大陆法系和英美法系关于公司的概念不尽相同，但就公司的法律特征看，一般都认为公司具有营利性、法人性和社团性三个基本特征。作为市场经济的主要参与者，公司与合伙企业和个人独资企业既相互联系又存在明显的区别。按照不同的标准，可以对公司进行不同的分类。有限责任公司、股份有限公司、一人公司和国有独资公司是最常见的公司类型，也是我国公司立法重点关注的对象。

【问题思考】

案例一

原告章进是某合伙企业的合伙人之一，委托被告某公司办理5个货柜的进口清关手续，并根据该公司的要求以银行转账的方式于2012年5月24日向该公司的法定代表人何某的个人账户汇付了共计1,091,382.61元人民币。被告某公司为原告办理了5个货柜的进口清关手续，但仅向原告出具了4张面额共计人民币146,382.61元的上海海关进口增值税专用缴款书。原告多次要求被告某公司对办理上述货柜的进口清关手续的费用进行结算，并出具相应的票据。被告某公司的经理沈某曾于2012年6月29日通过短信确认其中4个货柜的进口清关手续已经办理完毕，费用为人民币99,920元。由于被告某公司一直没有将多收取的清关手续费用退还原告，原告要求被告某公司返还其人民币945,000元，并支付人民币945,000元，自2012年5月24日起至法院判决生效之日止按中国人民银行同期贷款利率计算的利息损失，何某系某公司的法定代表人，其个人资金与被告某公司的资金混同,应当承担连带清偿责任。

问题一:合伙企业与公司有什么区别?

问题二:公司法定代表人与合伙业务执行人的法律地位有什么不同?

问题三:本案中,何某是否应当承担连带清偿责任?为什么?

案例二:东印度公司,又称不列颠东印度公司或英国东印度公司,有时也被称为约翰公司,是一个股份公司。1600 年 12 月 31 日英格兰女王伊丽莎白一世授予该公司皇家特许状,给予它在印度贸易的特权而组成。实际上,这个特许状给予东印度公司在东印度贸易的垄断权 21 年。随时间的变迁,东印度公司从一个商业贸易企业变成印度的实际主宰者。到 1858 年被解除行政权力为止,它还获得了协助统治和军事职能。它由一群有创业心和有影响力的商人所组成。这些商人在 1600 年 12 月 31 日获得了英国皇家给予他们的对东印度 15 年的贸易专利特许。公司共有 125 个持股人,资金为 7.2 万英镑。[1] 据此思考下列问题:

问题一:东印度公司与现代意义上的股份公司有什么不同?

问题二:东印度公司在公司发展史上有何意义?

【基础阅读】

了解公司的历史发展,理解公司的概念、基本特征,掌握公司与独资企业、合伙企业的区别,了解公司的分类。

第一节 公司的历史演变

现代公司,是一种组织健全、结构完善、管理科学的企业形式,是最重要的市场主体。我国《公司法》第 2 条规定:"本法所称公司是指依照本法在中国境内设立的有限责任公司和股份有限公司。"有限责任公司和股份有限公司是现代公司的两种主要形式,也是两种高度完善的公司形式。然而,公司从最初产生到如今的相对完善,经历了一个漫长的发展过程。"历史背景知识的匮乏,将导致无法领会有关公司法的精髓。"[2] 因此,我们有必要详细考察公司的历史发展,为公司法的学习提供一个更为坚实的认知基础。

一、外国公司的历史演变

公司并不是自古以来就有的,它是商品经济发展到一定阶段的产物,形成和发

---

〔1〕 百度百科:东印度公司,载 http://baike.baidu.com/view/33842.htm,最后访问日期:2012 年 11 月 8 日。

〔2〕 L. C. B. Gower, *Gower's Principle of Modern Company Law*, British, Sweet & Maxwell, 1992, p. 3.

展于资本主义时期。19世纪末20世纪初,随着资本主义从自由经济向垄断经济的过渡,公司这种企业组织得到迅速发展,并发挥了积极的社会效用,成为市场经济条件下最为普遍和重要的企业形态。

（一）公司的萌芽阶段

关于公司的萌芽时期,学术界存在争议。有学者认为,公司的萌芽可以溯源至古罗马时代。据文献记载,早在罗马帝国时期,就存在公司或类似于公司的组织。第一个类似于公司的组织以股份有限公司的形式出现,向公众出售股票,以便履行为支持战争而签订的政府合同。[3] 当时的船夫行会也被认为是类似于公司的组织。“现在我们还可以看到有些流传下来的关于第三和第四世纪船夫行会的重要文献;当时这些团体在帝国的大部分沿海城市中都可找到。它们主要被雇佣于运入粮食,它们的经营和资本雄厚的商社相勾结着,而那些被禁止经商的罗马元老往往是这些公司的匿名股东。”[4]在依靠战争扩大疆域、聚敛财富的古罗马,需要巨额资金维持庞大的国家机器的运转和支付战争费用,因而面临着巨大的财政压力。为减少财政支出,古罗马被迫许可某些大商人联合起来组成“包税商”,承包过去由政府控制的贸易、工程乃至税收职能。这种“包税商”设有内部组织机构,因而这种组织被一些学者称为公司组织。[5]

大多数学者认为,公司起源于欧洲中世纪的意大利及地中海沿岸的商业城市。中世纪的意大利和地中海沿岸的商业城市商业发达,海上贸易频繁。与此同时,出现了两种经济组织形式:其一,家族经营团体。当时,城市兴盛、商业繁荣,经商逐渐成为一项置产兴业的恒久职业。作为经商业主的家长死亡后,其家庭成员或家族成员便继承了父辈的遗业,从而形成了家族经营团体。由于子孙共同继承了父辈遗业,而且仍然沿用原有的商号,且在商号之前,又冠以全体股东或其中数人的姓名,以示区别,各继承人对于经营团体必须承担无限连带责任,这就孕育了无限公司的萌芽。其二,康曼达组织。按照康曼达契约,资本所有者以其商品或资本委托航海者(船舶所有者、商人或他人),航海者以其自己的名义从事贸易活动,盈利时按出资额分配,亏损或遇风险时,则由航海者以其出资的财产和自己的全部个人财产负无限责任,而资本所有者仅在其出资范围内负有限责任。这种形式的合作,既可以鼓励资本所有者出资,又可以为航海冒险者筹集到足够的资金,借以从事海上贸易。这两种组织形式开始仅限于海上贸易,后来又推广到陆上贸易。一般认为,两合公司就是起源于地中海沿岸盛行的康曼达组织。同时,资本所有者仅以其出资额为限对商事组织承担责任,这又为有限责任公司和股份公司的形成奠定了

---

〔3〕［美］丹尼尔·A.雷恩:《管理思想的演变》,孙耀君译,中国社会科学出版社1986年版,第21页。

〔4〕［美］詹姆斯·W.汤普逊:《中世纪经济社会史》,耿淡如译,商务印书馆1961年版,第2页。

〔5〕夏炎德:《欧美经济史》,上海三联书店1991年版,第90页。

基础。

(二)公司的形成时期

在所有的公司形式中,最早形成的是无限公司。一般认为,无限公司最早形成于13世纪。首先,对无限公司进行规范的成文法是1673年法国国王路易十四颁布的《商事条例》,该条例将无限公司称为"普通公司"。之后,1807年法国《商法典》又将其改名为"合名公司",并作了更完备的规定。此后,许多国家的立法纷纷仿效。所谓合名公司,意指公司名称中必须包含所有股东的姓名。后来,随着股东人数的增多,将所有股东的姓名都纳入公司名称已不现实,于是德国将其称其为"开名公司",即不必将所有股东的姓名都纳入公司名称,但仍然必须将其公开。这种不必包含所有股东姓名的规则逐渐得到各国立法的响应。原本有合名要求的立法也纷纷作了相应修订,使"必须合名原则"变更为"选择合名原则"。如法国《商事公司法》第11条规定,合股公司〔6〕由公司名称表示。公司名称中得加上一位或数位股东的名字,并在其开头或紧随其后注明"合股公司"字样。

随着无限公司的发展,日益集中的银行资本逐渐融入其中,而以投资为业、只想坐收利益的保守的银行资本家无意于直接参与公司的经营管理,无限公司的无限责任更使其望而生畏。无限公司股东之间利益的冲突与对公司控制权的争夺,也使其难以进一步扩大规模。无限公司便逐渐吸收中世纪普遍存在的康曼达组织关于有限责任的内核而向两合公司发展。一般认为,两合公司形成于15世纪。在立法上,早期法国和德国的商事立法都对两合公司作了规定,并将其与隐名合伙并列,但德国不承认其法人资格。法国、日本等其他大陆法系国家与地区也对两合公司作了明确规定。在英美法系国家,也有类似于两合公司的有限合伙的法律规定。

在两合公司向股份有限公司发展的过程中,还发展出了一种兼具股份有限公司与两合公司特点的股份两合公司。这一公司形态实际上是两合公司的一种变化形式。股份两合公司是法国实践中为规避法律关于股份有限公司极其烦琐的设立与运行程序而创造的一种公司组织形态。法国以立法形式最早确认了股份两合公司制度之后,大陆法系国家纷纷借鉴其立法对该公司形式作了明确的法律规定。不过,这种公司形式事实上很少被采用,除法国等少数几个国家和地区还继续保留该公司形式外,目前已被多数国家和地区所废止。

随着生产力的迅速提高、企业经营规模的日益扩大和对资金需求的不断增长,公司的人合性逐渐发展为资合性,形成了股份有限公司这一公司形式。关于股份有限公司的真正起源,学术界争议较大。通说认为,最早的股份有限公司是英国于1600年成立的东印度公司。但也有学者认为,最早的股份有限公司可追溯至1555

---

〔6〕 即无限公司。——笔者注

年英国女王特许设立的专与俄国进行贸易的俄国公司。[7] 英国的东印度公司是1600年依照伊丽莎白女王颁发的为期15年的法人公司特许状设立的。该特许状中规定，只准东印度公司与东印度进行贸易，严禁其他公司与印度直接地或间接地进行贸易，违者罚款。[8] 于是，东印度公司便取得了掠夺印度和垄断远东贸易的特权。从1601年至1617年，东印度公司从英国到印度一共进行了12次贸易航行，每次贸易航行都获得了高额的利润，将印度变成了英国原始资本积累的重要源泉。尽管东印度公司作为最早成立的股份有限公司，是为殖民扩张的需要服务的，在对殖民地国家的掠夺中，留下了臭名昭著的历史，但就其组织形式而言，毕竟为现代股份有限公司的发展奠定了基础。

到18世纪，股份有限公司已发展到法国、德国等欧洲大陆国家，并从19世纪起推行于世界各地。在业务范围上，股份有限公司也从对外贸易业发展到银行业、保险业、制造业等其他商业。在美国，股份有限公司首先从银行业中产生，1791年先后成立的合众国银行、北美银行、纽约银行都是股份有限公司性质的银行。接着，保险业中的股份有限公司也发展起来。[9] 在制造业中，随着工业革命的发展，股份有限公司的数量更是急剧上升。在英国，1897年股份有限公司已发展到4975家。美国到20世纪初，拥有资产达100亿美元以上的股份有限公司已有100家，它们主要分布在钢铁工业、农机制造业和农产品加工业。[10]

有限责任公司是最晚出现的一种公司形态。有限责任公司产生于19世纪末的德国。与其他公司形态相比，有限责任公司不是产生于经济生活实践，而是由法学家、经济学家和立法者联合设计出来，属于制度创新的产物。1884年，德国对1861年的《商法典》作了修订。该修正案严格限制了股份有限公司的设立，使股份有限公司不再十分适合于规模不大的企业，经济生活实践迫切要求为小企业设计一种股东同样承担有限责任的新的公司形式。[11] 于是，1892年4月20日德国颁布了《有限责任公司法》，将有限责任公司以立法的形式正式确立起来。此后，有限责任公司以惊人的魅力，在德国乃至在世界各地很快发展起来。

（三）公司的发展时期

公司的产生和形成历史悠久，但公司的充分发展却是从19世纪末20世纪初资本主义从自由竞争向垄断的过渡时期开始的。因为在自由资本主义时期，社会奉行以个人为本位的原则，即使1804年法国《民法典》也没有关于法人制度的规

[7] 冯晓光主编：《公司法》，中国和平出版社1994年版，第26页。

[8] 刘淑兰：《英国产业革命史》，吉林人民出版社1982年版，第32页。

[9] 赵旭东主编：《公司法学》，高等教育出版社2003年版，第28页。

[10] 周友苏：《公司法通论》，四川人民出版社2002年版，第25页。

[11] [德]托马斯·莱塞尔、[德]吕笛格·法伊尔：《德国资合公司法》（第3版），高旭军等译，法律出版社2005年版，第8页。

定。垄断产生以后,生产的集中、资本的积累,使公司这种企业形式得到了空前规模的飞速发展,公司已成为资本主义市场经济条件下占主导地位的企业形式。特别是股份有限公司和有限责任公司的迅猛发展,对于资本的积累和社会生产力的发展起到了重大的推动作用,使公司进入了充分发展的黄金时期。

在这一时期,公司立法的完善为公司的发展提供了有利的条件。在德国 1892 年颁布有限责任公司法后,法国于 1919 年仿效德国制定了《有限责任公司法》,后来该法被并入 1966 年统一的《商事公司法》中。日本也于 1938 年制定了有限公司法。英国 1909 年颁布的《公司法》中,也规定了类似于有限责任公司的"封闭式公司"。1897 年德国颁布的《商法典》,专门规定了商事公司的种类,如无限公司、两合公司、股份有限公司、股份两合公司等。许多国家纷纷仿效,使公司进入了规范化、制度化的发展时期。

二、我国公司的历史演变

(一)旧中国公司的历史演变

关于我国公司的起源,学术界有不同的观点。有的学者认为,早在春秋战国时期,在采矿业、铸造业等具有一定规模的生产领域,就已出现了具有合股经营性质的生产方式。不过,由于我国古代历来实行重农抑商政策,合股经营的组织发展受到严重限制,直到清朝才有所发展,最后未能发展成为现代意义的公司组织。也有学者认为,明朝末年,我国才有合股经营的企业组织形式,到了清朝,该组织有了进一步的发展,而这种具有合伙企业性质的组织类似于欧洲早期的在康曼达和家族精英团体上发展起来的合伙经营团体。[12] 但一般认为,我国现代意义的公司产生于清朝末年的 19 世纪中叶。当时,我国公司主要由外国资本、官僚资本和民族资本创办。早在鸦片战争之前,西方国家就已开始在我国设立公司,当时人们多称为"洋行"。如 1825 年英国东印度公司在广州设立"商馆",后又于 1932 年设立了"怡和洋行"等。在鸦片战争之后,外国资本大量涌入我国,外国商人纷纷在我国建立各种各样的洋行,并仿效欧美,以发行股票的方式筹集资本,使公司组织形式在我国盛行起来。

始于 19 世纪 60 年代的"洋务运动"促成了我国最早公司的设立。1872 年李鸿章创办的轮船招商局,核定资本 100 万两,并将 100 万两分作 1000 股,每股实收 500 两。这是我国第一家以西方股份制公司为学习对象,通过向民间发行股票筹集资金进而兴办的股份制企业。此后十几年中陆续成立的一批股份制企业,大体均仿效轮船招商局兴办。甲午战争前后,一些民族工商业者也开始了集资合股创办公司组织的尝试。1882 年由广州商人合股创办的广州造纸厂、1886 年创办的天津自来水公司以及 1891 年创办的上海棉利公司等,构成了我国最早一批由民族资

---

〔12〕 黄速建:《公司论》,中国人民大学出版社 1989 年版,第 71 页。

本创办的公司。1904 年清政府制定了《大清公司律》,确立了公司设立的准则主义,促进了公司的迅速发展。据统计,截至 1910 年,在商部注册的企业共计 245 家,其中股份有限公司占 197 家。[13]

清朝灭亡后,北洋军阀统治时期,北洋政府也创办了一些公司,如 1915 年成立的华新纺织公司、河北斋堂煤炭公司等。在国民党统治时期,以蒋、宋、孔、陈四大家族为代表的官僚资本创办和控制了当时中国绝大多数的优势企业,使官僚资本性质的公司完全控制了国家经济命脉。此外,国民党政府的各个部门、地方政府等也经营了许多公司。至 1949 年新中国成立时,国民党政府核准登记的公司总数为 11,298 家,其中股份有限公司为 8108 家,占公司总数的 71.76%;有限责任公司为 1195 家,占公司总数的 10.58%;无限公司为 1250 家,占公司总数的 11.06%;两合公司为 158 家,占公司总数的 1.40%;股份两合公司为 36 家,占公司总数的 0.32%。在当时合计约 130 万家工商企业中,公司所占比例尚不及 1%。[14]

(二)新中国公司的历史演变

新中国成立后,政府对官僚资本办的公司加以没收,使其转为国营企业,其余的公司则允许其继续存在和发展。当时全国尚有 11,298 家国民党政府时登记的私营公司。为了限制私营公司的自发性,1950 年 12 月政务院通过了《私营企业暂行条例》,明确了在国营经济的领导下,鼓励并扶助有利于国计民生的私营企业发展的总原则,并规定私营企业具有独资企业、合伙企业和公司制企业三种组织形式,其中公司又包括无限公司、有限责任公司、两合公司、股份有限公司和股份两合公司 5 种组织形式。除此之外,为了加快建设步伐,政府在工业、商业、物资、外贸、交通等部门组建了一批国营公司。

从 1953 年开始,我国开始进行大规模的社会主义改造。国家对资本主义民族工商业实行公私合营,政务院于 1954 年 9 月通过了《公私合营工业企业暂行条例》,原有私营企业在经济性质与股份结构上都发生了重大变化。公私合营企业的股东对企业承担有限责任,企业利润在扣除交给国家的利润、企业公积金及工人福利奖金后剩余的 1/4 按公股、私营各自所占比例分配,因而其仍在很大程度上具有资合公司的性质,在某种意义上讲,其仍可称为有限公司。从 1955 年起,国家开始对资本主义工商业实行全行业公私合营,至 1956 年社会主义改造完成,企业组织形式已逐渐变为全民所有制和集体所有制两种形式,私营公司也就退出了历史舞台。

在计划经济体制下,名为公司的企业虽然总数不多且有严格的行业限制,但还是存在一些。当时,除工厂、经济联合体之外,企业组织形式还包括专业公司与联

---

〔13〕 李玉:《晚清公司制度建设研究》,人民出版社 2002 年版,第 272 页。

〔14〕 江平主编:《公司法教程》,法律出版社 1987 年版,第 43 页。

合公司两种名为公司的企业组织。专业公司是在商业、钢铁、纺织、建筑等行业特色鲜明的公司。20 世纪 60 年代后,这类公司发展较快。1962 年,在水泥工业系统恢复和建立了各级专业公司,如五金机械公司、百货公司等。联合公司是由若干个企业联合而成的公司。1964 年,国家试办了十多家全国性工业联合公司,如中国烟草公司、中国医药公司等。[15] 这些公司虽然名为公司,但也都仅仅具有公司的某些特征,而并不具有公司的本质特征。这些公司并非真正意义上的公司,而是对经济活动进行管理的行政组织。

改革开放后,传统的“一大二公”的单一所有制结构得到了调整,逐渐形成了以公有制为主导,多种经济成分并存,相互促进、共同发展的格局,公司得到了迅速发展。《中外合资经营企业法》实施后出现了中外合资有限责任公司,继之是伴随着企业走经济联合之路,出现了一批全国性的专业公司和各种规模的联合公司。20 世纪 80 年代中期以后,公司制受到了理论界和政府的重视,被作为经济体制改革的有效手段大规模推行。1984 年 11 月,上海飞乐音响公司首次向社会公开发行股票,从而成为新中国成立后第一家比较规范的股份有限公司。公司的原则在实践中得到了使用,显示了其功能,从而使公司在更大的范围内得以推行。1992 年邓小平“南方谈话”发表以及其后中国共产党十四大明确提出建立社会主义市场经济体制的目标后,我国的公司发展进入高潮。1992 年年底,全国公司总数已达 486,700 家,而在 1991 年年底全国仅有公司 258,000 家。[16] 1993 年 12 月 29 日我国正式颁布了《公司法》,2005 年 10 月 27 日第十届全国人大常务委员会第十八次会议对《公司法》进行了全面的修订,2013 年第三次修正,2018 年第四次修正,公司发展由此进入了前所未有的鼎盛时期。

第二节　公司的概念与法律特征

一、公司的概念

在现代经济生活中,公司已成为使用非常普遍的概念。然而,由于法制传统和法律体系上的差异,不同国家和地区对公司概念的界定,存在较大的差异。

(一)英美法系的公司概念

英美法系素来不注重对法律概念的严格界定,因而也缺少明确的公司概念。正如英国著名法学家高维尔(L. C. B. Gower)指出:“尽管公司法在法律领域已是公认的法律部门,有关这方面的著述也是汗牛充栋,但却依然无法准确把握其范

[15] 赵旭东主编:《公司法学》,高等教育出版社 2003 年版,第 28 页。

[16] 范健、王建文:《公司法》,法律出版社 2006 年版,第 54 页。

畴,因为公司一词并没有严格的法律含义。"[17]

一般而言,英国称公司为"company",而美国称公司为"corporation"。根据《布莱克法律词典》的解释,"company"一词泛指一切由个人组成的以从事工商事业或者其他事业为目的的社团或者联合体。这种社团或者联合体可能具有法人资格,也可能不具有法人资格;可能具有营利目的,也有可能不具有营利目的。"corporation"一词则专指法人团体,包括市政法人(municipal corporation)、独任法人(corporation sole)、商事法人(business corporation)。[18] 尽管如此,英美学者仍然强调公司是区别于合伙的社团,强调公司的法人性和有限责任性。[19]

(二)大陆法系的公司概念

大陆法系国家的公司立法对公司进行定义的做法各不相同,总体来说,可以分为以下三种情况:

1. 对公司作明确统一的规定。例如,日本《商法典》第 52 条规定:"本法所谓公司,指以经营商行为为目的而设立的社团",并且进一步规定:"依本编规定所设立的以营利为目的的社团,虽不以经营商行为为业者,也视为公司。"我国台湾地区"公司法"第 1 条规定:"本法所称公司,谓以营利为目的,依照本法所组织、登记成立之社团法人。"法国《商事公司法》没有对公司作出概括性的定义,只在序章中规定商事公司指合股公司、简单两合公司、有限责任公司和股份公司,并规定了其中有限责任公司的定义。该法第 34 条规定:"有限责任公司是由一人或若干人仅以其出资额为限承担损失而设立的公司。"

2. 不就公司作统一定义,而是对各类公司分别下定义。如意大利《民法典》分别对无限公司、普通两合公司、股份两合公司、股份公司和有限责任公司的概念作出明确规定。

3. 法律没有给公司下一个明确的定义,而是仅仅规定了公司设立的目的、性质,使人们能够从中概括出公司的定义。如德国《股份公司法》第 1 条"股份公司的性质"规定:"股份公司是具有独立法人资格的公司。公司仅得以公司的财产对公司的债务负责。股份公司具有一种划分股份的基本资金。"德国《有限责任公司法》第 1 条"设立目的"规定:"有限责任公司可以依照本法规定为了任何法律允许的目的由一人或数人设立。"第 13 条"有限责任公司的法律性质"规定:"有限责任公司独立地享有权利和承担义务。有限责任公司可取得所有权及其他不动产上的物权;可以起诉和应诉。对于公司债务,仅以公司财产向公司债权人承担责任……"从以上规定中,我们基本上可以对德国股份公司和有限责任公司的概念

---

[17] L. C. B. Gower, *Gower's Principle of Modern Company Law*, British, Sweet & Maxwell, 1992, p. 1.

[18] 施天涛:《公司法论》,法律出版社 2005 年版,第 4 页。

[19] 周友苏:《新公司法论》,法律出版社 2006 年版,第 42 页。

有一个清晰认识。

(三)我国的公司概念

在汉语中,“公”含有无私、共同的意思,“司”是指主持、管理,二者合在一起,则是众人无私地主持及管理共同事务的意思。从法律概念来讲,公司是随着西方法律移植于我国而逐渐通行的一个法律术语。我国较早规范使用“公司”一词的是《大清法规大全》,光绪皇帝于1875年对商部奏折进行批复。在该谕旨中,光绪皇帝命令“各省将军、督抚,于商务拟设各项公司,会同筹划、悉心经理”。[20] 1904年《大清公司律》在我国历史上第一次对公司进行了法律界定:“凡凑集资本共营贸易者,名为公司。”

新中国成立后,仍然保留了公司的组织形式,但在长期计划经济时代,各种名为公司的组织有许多不符合公司的实质要求,实践中公司概念的使用也较为混乱。1993年12月29日我国《公司法》颁布之后,公司概念有了明确的法律界定。2005年10月27日修订后的《公司法》维持了1993年《公司法》关于公司的概念,仅作了细微修改。《公司法》第2条规定:“本法所称公司是指依照本法在中国境内设立的有限责任公司和股份有限公司。”第3条规定:“公司是企业法人,有独立的法人财产,享有法人财产权。公司以其全部财产对公司的债务承担责任。有限责任公司的股东以其认缴的出资额为限对公司承担责任;股份有限公司的股东以其认购的股份为限对公司承担责任。”根据此规定,我国学者一般将“公司”定义为:公司是一种企业形态组织,是依照法定的条件与程序设立的、以营利为目的的商事组织。

二、公司的法律特征

根据前述有关公司的概念界定并结合我国《公司法》的具体规定,公司一般应具有以下三个法律特征:

(一)营利性

公司具有营利性,是指公司必须以从事经营活动、追求利润最大化为目的。公司的营利性特征包括两层含义:其一,以营利为目的从事经营活动。任何投资者出资设立公司,其目的都是获取利益。公司必须将其经营活动获得的利润依照法律和章程分配给股东。公司以营利为目的,但现实中经营亏损甚至因亏损而宣告破产的公司也不在少数,但这并不能否认公司营利性的特征。公司的营利性特征将公司与以行政为目的的国家机关和不以营利为目的的公益社团法人区别开来。其二,公司必须连续不断地从事某种经营活动。公司作为以营利为目的的经济组织,必须是连续不断地进行经营活动,且其从事的是营利活动,即有确定的经营范围。这是公司与偶尔从事经营性活动的临时合伙的根本区别。

---

[20] 江平主编:《新编公司法教程》,法律出版社1994年版,第53页。

（二）社团性

社团性与财团性是相对应的概念。所谓社团性，是指公司应为人的集合，其股东和股权具有多元性。公司是典型的社团法人，具体表现为它通常是由两个或两个以上的股东出资组成。股份有限公司具有完全的社团性，其股东为 2 人以上。有限责任公司同样体现了公司的社团性，只是随着公司制度的发展，法律允许其存在个别例外情形。我国公司法上关于有限责任公司社团性的例外包括两种情形：一人公司和国有独资公司，这两种公司都只有一个股东。由于一人公司的出现，理论界关于公司社团性出现了较大分歧。一部分学者认为，随着一人公司的地位逐渐为许多国家的法律所承认，公司已逐渐失去其社团性特征。[21] 但多数学者仍然认为，一人公司只是公司社团性的一个极特别例外，这种例外并不能否认公司的社团性特征。而且社团性除了含有社员因素外，还含有团体组织性，即不同于单个的个人特性，而是一个组织体。从此种意义上讲，一人公司和国有独资公司仍然具有社团性。传统公司法强调股东的复数性，一人公司的出现使公司社团性面临挑战，究竟应当如何理解公司的社团性，我们将在本章第七节关于一人公司的论述中详细分析。

（三）法人性

综观各国公司立法，都肯定了公司的法人地位。公司是法人的典型形态，法人性是公司的重要特征。依《民法总则》第 57 条的规定，法人是具有民事权利能力和民事行为能力，依法独立享有民事权利、承担民事义务的组织。公司作为法人的一种，应当具有法人的以下特征：其一，依法设立。在我国，公司要取得公司法上的法人资格，不仅必须具备《民法总则》第 58 条规定的条件，而且必须按照《公司法》规定的条件和程序设立。否则，就不是公司法上的公司。其二，有独立的财产。公司的财产主要由股东的出资构成，公司的盈利积累或者其他途径也是公司的财产来源。一般认为，股东一旦将其财产投资于公司，就形同公司财产，而股东只享有股权。我国《公司法》第 3 条也明确规定，公司"有独立的法人财产，享有法人财产权"。其三，有自己的名称、组织机构和场所。首先，公司作为一个组织体有自己的名称。公司的名称表示与其他公司的区别，表示公司的性质。按照我国《公司法》第 8 条规定，有限责任公司必须在公司名称中标明有限责任公司或有限公司字样，股份公司必须在公司名称中标明股份有限公司或股份公司字样。其次，公司有自己的经营场所。公司经营场所是公司为了实现其设立目的所实施经营行为的地方。同时，公司还有自己的住所。最后，公司有健全的组织机构。公司是人的有机集合体，健全的组织机构是其团体意志得以实现的组织保障。我国《公司法》分别在第二章、第四章对有限责任公司和股份有限公司的组织机构作了规定，包括股东

---

〔21〕 江平主编：《新编公司法教程》，法律出版社 1994 年版，第 24 页。

(大)会、董事会、监事会和经理。其四,能独立承担民事责任。公司应以其全部财产对外承担民事责任,这是公司法人独立性的集中体现。股东不对公司的债务直接承担责任,仅以其出资额或所持股份为限对公司承担责任。股东对公司债务承担有限责任是各国公认的公司法原则。在坚持这一原则的前提下,许多国家的公司法也不排除在某些特殊情况下,可以适用公司人格否认原则揭开公司面纱,由股东对公司的债务直接承担责任,并以此作为股东有限责任的例外与补充。我国《公司法》也在第20条第3款和第63条对此作了规定。

第三节　公司与合伙企业、独资企业的区别

一、公司与合伙企业的区别

合伙企业是一种以合伙形式进行共同经营的企业组织形式。根据《简明不列颠百科全书》的解释,合伙企业是指两个或两个以上的人,为了经营企业并分享其盈亏的自愿联合。在我国,国务院于1988年6月25日发布的《私营企业暂行条例》首次以立法形式规定了合伙企业的定义,即“二人以上按照协议投资、共同经营、共负盈亏的企业”。1997年2月23日,第八届全国人大常委会第二十四次会议通过了《合伙企业法》,该法于1997年8月1日起实施。为了进一步适应合伙企业发展的需要,2006年8月27日第十届全国人大常委会第二十三次会议通过了修订的《合伙企业法》,修订后的《合伙企业法》自2007年6月1日起实施。

根据我国《合伙企业法》第2条的规定,合伙企业是指自然人、法人和其他组织依照《合伙企业法》在我国境内设立的普通合伙企业和有限合伙企业。普通合伙企业由普通合伙人组成,合伙人对合伙企业债务承担无限连带责任,《合伙企业法》对普通合伙人承担责任的形式有特别规定的,从其规定。有限合伙企业由普通合伙人和有限合伙人组成,普通合伙人对合伙企业债务承担无限连带责任,有限合伙人以其认缴的出资额为限对合伙企业债务承担责任。

公司与合伙企业的区别主要表现为以下几个方面:

(一)成立基础不同

公司以章程为基础成立,而合伙企业以合伙协议为基础成立。公司章程与合伙协议是两个性质、内容不同的法律文件。第一,在订立上,公司章程是由公司发起人制定,其变更和修改须按照公司法和公司章程的规定进行,通常只需多数股东同意,而不需全体股东同意。而合伙协议是由所有合伙人意思表示一致达成的协议,其变更和修改也须全体合伙人一致同意。第二,在性质上,公司章程是公司组织的自治规则,其虽由发起人订立,但却对公司所有股东和公司组织机构及其人员具有约束力。而合伙协议仅是合伙人之间的协议,因而只对合伙人产生约束力。

第三,在内容上,公司章程受到法律更多强制性的约束,许多内容是由公司法直接规定的,而合伙协议具有任意性,法律对其少有强制性规定,当事人之间的关系基本上由合伙人自由约定。

(二)法律地位不同

公司具有法人地位,即使是与合伙相似的无限公司,许多国家法律也承认其法人资格。而合伙企业不具有法人资格,这一特点在合伙企业的财产权以及合伙人的责任承担上都有体现。

(三)资本要求不同

公司与合伙企业都应有一定的资本作为其运营的物质基础,但我国法律对二者的资本要求却有明显的差异。我国《公司法》第26条第2款规定:"法律、行政法规以及国务院决定对有限责任公司注册资本实缴、注册资本最低限额另有规定的,从其规定。"可见,设立公司,应该依据不同公司种类,满足法定的最低资本限额的要求,而设立合伙企业没有法定资本最低限额的要求。

(四)财产权的独立程度不同

公司与合伙企业都对各自企业的财产享有财产权,但公司法人财产权与合伙企业的财产权有重大区别。公司法人财产权是完全独立的财产权,股东在公司存续期间原则上不得从公司取回财产。而合伙企业的财产权只具有相对的独立性,我国《合伙企业法》虽然明确承认合伙企业享有财产权,但合伙人在一定条件下可以退伙取回财产。

(五)公司的信用基础不同

尽管有限责任公司在内部关系上具有一定的人合性,但相比合伙企业而言,仍属于资合性质的企业,股份有限公司和有限责任公司的对外信用基础都取决于公司本身的财务状况,与股东个人的财产状况无关。合伙企业是典型的人合企业,合伙人之间存在密切的人身信赖关系,企业的信用基础主要在于各合伙人的资信状况。通常情况下,退伙或向合伙人以外的人转让份额的,都须经全体合伙人一致同意。个别合伙人的死亡或退出都有可能导致合伙企业的解散。

(六)企业管理不同

公司的特点之一是集中管理,即公司事务的管理权被授予董事和高级管理人员,这些人既可以是全部或部分股东,也可以是对公司没有任何所有权的人。[22]但是,不担任公司董事或高级管理人员的股东不得直接参与公司经营,而只能通过股东会行使股东权利。在合伙企业中,各合伙人对执行合伙企业事务享有同等的权利。虽然全体合伙人也可以约定合伙事务的执行方式,但是依据我国《合伙企

---

〔22〕[美]罗伯特·W.汉密尔顿:《公司法概要》,李存捧译,中国社会科学出版社1999年版,第15~16页。

业法》第37条规定,合伙企业对合伙人执行合伙事务以及对外代表合伙企业权利的限制,不得对抗善意第三人。

(七)投资者的责任不同

股东有限责任是有限责任公司和股份有限公司的基本特征。但在合伙企业中,普通合伙人对合伙企业债务承担无限连带责任,有限合伙人仅以其认缴的出资额为限对合伙企业承担责任。需指出的是,因为合伙企业具有民事主体的地位,所以合伙企业的债务与合伙人个人的债务并不完全相同。根据我国《合伙企业法》的规定,合伙人对合伙企业债务的承担,实行补充连带主义,只有在合伙企业的财产不足以清偿到期债务时,普通合伙人才承担无限连带清偿责任。

二、公司与独资企业的区别

独资企业,是指一个自然人投资,财产为投资人个人所有,投资人以其个人财产对企业债务承担无限责任的经营实体。在国外,没有独资企业方面的专门立法,而是在民法、商法或其他法律法规中作相应规定。我国于1999年8月30日由第九届全国人大常委会第十一次会议通过了《个人独资企业法》,并自2000年1月1日起实施。

公司与独资企业的区别主要有以下几方面:

(一)设立主体不同

公司的设立人可以是自然人,也可以是法人,甚至可以是国家。独资企业的设立人仅为自然人,法人组织不能设立独资企业。我国的《个人独资企业法》在法律名称上冠以“个人独资企业法”,其中的个人即指自然人。

(二)成员人数不同

公司除一人公司的特殊情况外,一般都是由数人共同出资、共同经营,是一个不同于个人的经营团体。独资企业由一个投资者设立,一切风险由该投资者承担,收益则由该投资者享有。

(三)法律地位不同

公司是典型的法人企业,具有法人资格;独资企业则是非法人企业,不具有法人资格。

(四)资本要求不同

设立公司必须有符合法定的资本最低限额的要求,设立独资企业虽要有投资者申报的出资,但法律并没有规定个人独资企业的最低资本限额。

(五)财产关系不同

公司拥有自己的独立财产,公司的财产与股东的个人财产完全分离。而独资企业的财产由独资企业主所有,企业财产与投资者个人财产相混同。

(六)经营管理不同

公司由股东会、董事会、监事会和经理等法定组织机构负责经营管理,股东可能因担任管理工作而享有管理公司的权利，也可能不参与公司的经营管理活动。独资企业的所有权与经营权合一，独资企业主享有对内决定企业一切经营管理事项和对外代表企业的权利。

（七）责任承担不同

有限责任公司和股份有限公司的股东对公司承担的都是有限责任，在一般情况下，股东不对公司的债权人直接承担责任。而独资企业的投资者则要以自己全部财产对独资企业的债务承担无限责任。

第四节　公司的分类

一、无限责任公司、两合公司、股份有限公司、股份两合公司和有限责任公司

按照股东对公司债务所负责任的不同，对公司作出以下分类：

（一）无限责任公司

无限责任公司，简称无限公司，是指由两个以上的股东组成、全体股东对公司债务负无限连带责任的公司。无限责任是指公司股东不仅要求以其出资，而且还要以其出资以外的其他个人财产来清偿公司债务；连带责任是指公司的各个股东必须对公司全部债务承担责任。公司的债权人既可以要求所有股东，也可以只要求其中个别股东清偿债务，若部分股东清偿了全部债务，则有权向其他股东追偿相应份额。

无限责任公司是最古老的公司形态，其具有以下优点：组织和设立程序简便，无最低资本额的限制，出资方式不仅限于现金和实物，劳务和信用也可以出资；股东间关系密切，相互间具有良好的信赖基础；清偿债务不以出资为限，对债权人信誉要求较高。但它存在股东投资风险过大，责任太重，不利于吸引投资等弊端。正因为如此，无限公司的规模不会太大，在当今世界各国并非主要的公司组织形式，在有的国家（如日本）甚至已经趋于消失。我国公司法没有确认无限责任公司这一公司形式。

（二）两合公司

两合公司是指由一人以上的无限责任股东和一人以上的有限责任股东所组成的公司。在两合公司中，无限责任股东对公司债务负无限连带责任，有限责任股东仅以其出资为限承担责任。由于两合公司中有限责任股东和无限责任股东承担的责任和风险不同，因而在公司中的法律地位也不同。无限责任股东代表公司执行业务，而有限责任股东没有业务执行权和代表权，只有一定的检查权。

两合公司的优点在于避免了无限责任公司要求所有股东都负无限连带责任、投资风险大而不利于吸收投资的不足，从而让一些拥有资金只想投资获利却不愿

意冒太大风险或不愿直接从事经营活动的人有了投资途径。我国公司法未规定两合公司这一公司形式。

(三)股份有限公司

股份有限公司是指将公司全部资本分为等额股份,股东以其认购的股份为限对公司承担责任,公司则以其全部资产对公司债务承担责任的公司。股份有限公司是现代公司的重要形式之一。在我国,公司法确认了股份有限公司形式,并有上市公司和非上市公司之分。

(四)股份两合公司

股份两合公司是指由无限责任股东和有限责任股东组成,其中无限责任股东对公司债务负无限连带责任,有限责任股东对公司债务仅以其所持股份为限承担责任的公司。股份两合公司与两合公司的区别在于:股份两合公司中的有限责任股东的出资被划分为等额的股份,股东以认购股份的形式出资,而两合公司中的有限责任股东的出资则无须采用股份形式。股份两合公司是无限责任公司和股份有限公司的结合形态,因此股份两合公司在多数情况下都适用无限公司及股份有限公司的有关法律规定。股份两合公司在德国、日本、法国的公司立法中曾有规定,但这种公司形式实际上很少使用,德国和日本已经将其废除。由此可见,股份两合公司基本上成了一种被时代淘汰的公司形式,我国公司法没有确认这种公司形式。

(五)有限责任公司

有限责任公司,简称有限公司,是指股东以其认缴的出资额为限对公司承担责任,公司以其全部资产对公司债务承担责任的公司。根据我国公司法的规定,我国有限责任公司包括一般有限责任公司、国有独资公司、一人有限责任公司和外商投资有限责任公司四种形式。除国有独资公司、一人有限责任公司和外商投资有限责任公司以外,都是一般有限责任公司。一般有限责任公司是由 2 个以上 50 个以下的股东依法共同出资设立的,各股东以其认缴的出资额为限对公司承担责任,公司则以其全部资产对公司债务承担责任的有限责任公司。

随着当代经济活动的日益复杂,产生了新型的公司组织形式,保证有限责任公司便是英国新近发展起来的一种公司形式。该公司的股东对公司债务所承担的清偿责任按其所承诺出资的一定比例来确定。它并不是典型意义上的有限责任公司,而是介于有限责任公司和无限责任公司之间的一种公司形式。有的学者认为,它更像无限责任公司,只不过承担责任的财产范围不是股东个人所有的全部财产,而是其所保证的财产范围。[23] 也有学者认为,尽管股东的责任范围并不局限于出资范围,但它仍以股东特定的财产为限,其有别于无限责任,因此该类公司应划归

---

〔23〕 雷兴虎主编:《公司法学》,北京大学出版社 2006 年版,第 58 页。

为有限公司。[24]

二、人合公司、资合公司和人合兼资合公司

按公司信用基础的不同，对公司作如下划分：

（一）人合公司

人合公司是指以股东个人条件作为公司信用基础而组成的公司。这种公司在对外进行经济活动时，主要依据的不是公司本身的资本或资产状况，而是股东个人的信用程度，它强调股东之间的信任关系，由股东对公司债务负无限连带责任。无限责任公司是典型的人合公司。

（二）资合公司

资合公司是指公司的经营活动以公司的资本数额而非股东个人信用为基础的公司。在资合公司中，公司的信用基础是公司本身的资本和资产，而非股东个人的信用状况。为防止公司资本缺乏而损害债权人利益，绝大多数的大陆法系国家的公司法均对资合公司的设立条件予以严格限制，即公司只有具备了法定最低注册资本额才可以设立。同时还要求公司在运营过程中以法定方式将公司财产报告及其他表册公之于众，使公司债权人及其他利害关系人能及时准确地了解公司的财产及经营状况。股份有限公司是典型的资合公司。

（三）人合兼资合公司

人合兼资合公司是指公司的经营活动兼具人的信用和公司资本信用的公司，这种公司既有人合性质又有资合性质。两合公司和股份两合公司属于典型的人合兼资合公司，在这两种公司中，有限责任股东的出资或股份为公司提供资本信用基础，而无限责任股东则以其个人信用作为公司债务的担保。

三、封闭式公司和开放式公司

这是按公司资本筹集方式及出资转让方式的不同，对公司进行的划分。它是英美法系国家对公司的基本分类。

（一）封闭式公司

封闭式公司，又称私公司、不上市公司、少数人公司，是指股份全部由设立该公司的股东所拥有，不能对外发行股份，股东的出资证明不能在股票市场上自由流通的公司。此种公司最早创制于1907年英国《公司法》，当时将股东人数限于50人以内（后于1980年《公司法》取消了该项限制）。因为不能向社会公众发行股份，所以具有封闭性。封闭性公司类似于大陆法系国家中的有限责任公司，但由于英美法国家的私公司仍须将资本分为股份，所以其与我国公司法上的有限责任公司有所不同。[25]

---

〔24〕 冯果：《公司法要论》，武汉大学出版社2003年版，第9页。

〔25〕 冯果：《公司法要论》，武汉大学出版社2003年版，第10页。

(二)开放式公司

开放式公司,又称公公司、公开公司、多数人公司,是指可以依照法定程序公开招股,股票可以在证券市场公开进行交易的公司。开放式公司类似于大陆法系国家中股票获准上市的股份有限公司。

四、母公司和子公司

根据公司之间的控制或从属关系,对公司作如下划分:

(一)母公司

母公司,是指因拥有其他公司一定比例的股份或者根据协议可以控制或支配其他公司的公司。母公司作为控制公司的一种,又称控股公司,可以分为纯粹的控股公司和混合的控股公司,前者一般只以控股为主要目的,而后者则既控制股份,又从事其他业务。传统上,母公司对其他公司的控制需持有该公司50%以上的股份。随着股份公司股东的多元化、股份的分散化,母公司往往无须持有半数以上的股份即可取得对该公司的实际控制权。另外,母公司还可以签订协议的方式实现对其他公司的控制或支配。按照公司法的规定,母公司具有法人资格。

(二)子公司

子公司是母公司的对称,是指全部股份或达到控股程度的股份被另一个公司控制,或者依照协议被另一个公司实际控制的公司。全部股份被另一个公司控制的子公司,又称全资子公司,在这种情况下,子公司的股东仅有一人,子公司实际上就是一人公司。子公司虽然被母公司控制,但它仍是独立的法人。

五、总公司与分公司

按照公司的内部管辖系统,对公司作如下划分:

(一)总公司

总公司,又称本公司,是指管辖公司全部组织的具有法人资格的总机构。总公司对公司系统内的业务经营、资金调度、人事安排等具有统一的决定权。在我国,总公司的资格要在公司章程中确认,并经公司登记机构登记;一个公司必须下设三个以上的分公司,才能称为总公司。

(二)分公司

分公司是总公司的对称,是指被总公司所管辖、不具有法人资格的公司分支机构。分公司是公司为拓展经营领域和范围,增加经营的灵活性,而在其住所以外设立的从事经营活动的机构。它本身只是公司的组成部分,而非独立的公司形态。虽然分公司没有法人资格,但仍具有经营资格,需办理营业登记并领取营业执照。分公司可以自己的名义展开业务活动,参加民事诉讼,这使分公司与公司的职能部门区别开来。

六、本国公司、外国公司和跨国公司

按照公司的国籍,对公司作如下分类:

(一)本国公司

本国公司是指依据本国法律,在本国登记设立的公司。凡依据我国公司法规定的条件和程序在我国境内登记设立的公司,即为我国的公司。我国《公司法》第217条规定:“外商投资的有限责任公司和股份有限公司适用本法;有关外商投资的法律另有规定的,适用其规定。”因此,在我国境内登记设立的外商投资企业,应属于我国的公司。

(二)外国公司

外国公司是指依照外国法律登记设立的公司。公司法中的外国公司通常表现为一种特殊的分公司,这种公司相对于总公司来说是外国公司的分公司,而相对于分公司业务活动所在国而言,则是外国公司。由于外国公司属外国法律管辖,外国公司在他国设立的分支机构没有法人资格,因此我国公司法直接称为“外国公司的分支机构”。

外国公司经其业务活动所在国批准并办理登记手续后,即可在该国开展业务活动。一般而言,各国法律均允许外国公司在其境内开展业务活动,但对其业务范围通常有所限制,如某些关系国计民生的特殊行业是禁止或限制外国公司经营的。

(三)跨国公司

跨国公司,或称多国籍公司或国际公司,是指在不同国家设立营业场所而从事商业活动并受当地国家法律管辖的公司。随着经济全球化的发展,跨国公司的数量越来越多,并对全球经济产生越来越重要的影响。

第五节　有限责任公司

一、有限责任公司的概念与特征

有限责任公司是指股东以其认缴的出资额为限对公司承担责任,公司以其全部资产对公司债务承担责任的公司。

根据我国公司法的规定,有限责任公司与其他公司类型相比,具有以下特征:

(一)股东责任的有限性

有限责任公司各股东对公司所负责任,仅以其认缴的出资额为限,对公司债权人不负直接责任。有限责任公司所称“有限责任”是对公司的股东而言,即股东对公司的债务以其认缴的出资额为限承担有限责任。如果公司的财产不足以清偿全部债务,股东也没有以自己出资以外的个人财产为公司清偿债务的义务。但公司对于其债务则不是承担有限责任,而是要以公司的全部财产承担无限责任。

(二)股东出资的非股份性

这是有限责任公司与股份有限公司的区别之一。有限责任公司的资本一般不分为等额的股份,股东出资并不以股份为单位计算,而直接以出资额计算。股东权利义务的范围也不以股份数额来计算,公司章程甚至可以规定一种其他的表决权计算方式。我国《公司法》第 42 条明确规定:"股东会会议由股东按照出资比例行使表决权;但是,公司章程另有规定的除外。"

(三)公司资本的封闭性

此项特征也是有限责任公司与股份有限公司的区别之一。有限责任公司的资本只能由全体股东认缴,而不能向社会公开募集股份,不能发行股票。公司发给股东的书面出资证明被称为"出资证明书",亦称股单。股单只是一种权利证书,不能在证券市场上自由转让。同时,由于有限责任公司不向社会募集股份,其会计账簿也无须公开。有限责任公司的资产封闭性还表现为对股东股权转让的限制。依我国《公司法》第 71 条、第 72 条、第 73 条规定,除非公司章程对股权转让另有规定,有限责任公司的股东向股东以外的其他人转让股权,必须经其他股东过半数同意;其他股东半数以上不同意转让的,不同意的股东应当购买该转让的股权,不购买的,视为同意转让;经股东同意转让的股权,在同等条件下,其他股东有优先购买权。依法转让股权之后,公司应当注销原股东的出资证明书,向新股东签发出资证明书,并相应修改公司章程和股东名册中有关股东及其出资额的记载。

(四)股东人数的限制

依据我国公司法规定,有限责任公司股东人数为 50 人以下。法律之所以规定有限责任公司股东人数上限,一方面是由有限责任公司的性质决定的,因有限责任公司在一定程度上具有人合的特点,股东相互间须有信任关系,这就决定了股东人数不可能太多;另一方面是为了区别于股份有限公司,股东人数突破上限,理应考虑公司形态的变更。不过,对于有限责任公司股东人数超过最高限额时是否应当变更公司形式,我国公司法没有明确规定。

(五)公司组织的简便性

有限责任公司的设立程序简便,只有发起设立,而无募集设立。有限责任公司的组织机构比较简单、灵活,可设董事会、监事会,也可以只设 1 名执行董事和 1 至 2 名执行监事行使董事会、监事会的职权,股东会的召集方式及决议形式也比较简便。

(六)资合与人合的统一性

有限责任公司是一种资本的联合,具有资合公司的特点,同时它又是一种人的集合,具有人合公司的特点。有限责任公司的资合性主要表现为公司注册资本为全体股东认缴资本的总和;股东可以用货币出资,也可以用实物、知识产权、土地使用权等可以用货币估价并可以依法转让的非货币作价出资;股东仅以自己认缴的出资额为限对公司负责。有限责任公司的人合性主要表现在各股东之间的相互关系具有人身因素，股东人数不多；股东向股东以外的其他人转让股权，应当经其他股东过半数同意；全体股东可以约定不按照出资比例分取红利；公司章程可以规定股东不按照出资比例行使表决权。

二、有限责任公司的成因及其评价

在各种类型的公司中，有限责任公司出现较晚。它起源于 19 世纪末的德国。在有限责任公司产生以前，无限公司、两合公司、股份两合公司和股份有限公司均已存在。这四种公司形式尽管都有优点，但也在不同程度上暴露出各自与经济发展不相适应的弊端。无限公司虽然具有组织稳定、宜于合作等优点，但存在股东所负责任过重、资本募集困难、难以形成规模等自身无法克服的缺陷。两合公司和股份两合公司虽然将人合公司的凝聚力和资合公司的集资功能等长处有机结合起来，但因股东成分复杂、责任形式不一，又存在内部关系难协调等缺陷。股份有限公司虽然可以最大限度地筹集资金，形成规模经营，适应大型企业发展的要求，但股份有限公司由于人数较多，股东流动性强，股权分散，股东之间缺乏了解和信任，公司内部凝聚力差，股份的大规模转让和交易也增大了经营风险，立法对股份有限公司设立及运作的严格规范使其无法适应中小企业的经营需求。于是，一种股东人数有限、股东责任有限、组织结构简单灵活、适于中小企业经营需求的公司形式——有限责任公司便应运而生。

有限责任公司的产生是为了克服既存公司的缺陷和不足，以满足中小企业发展的需要。它具有自身特殊的优势，具体表现为：第一，有限责任公司的设立程序简便易行。有限责任公司只有发起设立而无募集设立，只要公司设立人订立了公司章程并依法认缴出资后，即可向公司登记机关申请设立登记，而不必像设立股份有限公司那样，需要履行发行股票所需的各种复杂的程序和手续。第二，有限责任公司的组织机构灵活，便于管理，容易协调。在有限责任公司中，只有股东会为必设的机构，董事会和监事会是否设立，则取决于公司规模的大小和股东人数的多少，它们并非必设机构。但在股份有限公司中，股东大会、董事会和监事会均为必设机构。同时，在组织形式和投票方式等方面，法律对股份有限公司有着更为严格的强制性要求，留给股东的选择余地和活动空间相对较少。第三，有限责任公司兼具人合和资合双重性质，便于股东投资、经营。有限责任公司虽是资合公司，但其不乏人合色彩。其股东人数有限，强调股东间的相互信任，可以协调一致对公司进行经营，从而避免了股份有限公司人数多、组织松散、不易控制的缺陷。同时，有限责任公司的法定资本额较低甚至取消了普通公司的法定资本额限制，使财力并不雄厚的个人也能获得投资机会，从事中小型企业的经营。第四，有限责任公司股东只在其出资范围内承担有限责任，最大限度地减少和降低了投资风险，有利于公司的建立和发展。第五，有限责任公司不能发行股票，使其经营能够保持更为稳定的状态。有限责任公司只签发出资证明书，出资证明书不能上市流通和转让，从而能够克服股份有限公司因股票价格的波动而受影响的弊端。[26] 但这并不意味着有限责任公司是尽善尽美的,它自身也存在某些不足。例如,股东责任的有限性容易损害债权人利益,股东的最高人数限制使企业无法大规模筹资,限制了企业发展的规模等。

我国20世纪80年代制定的《中外合资经营企业法》,将中外合资经营企业的法律形式规定为有限责任公司。1988年国务院颁布的《私营企业暂行条例》也规定了有限公司为私营企业的一种形式。这一条例在当时催生出了一大批私营有限公司。以后的企业联合中,许多联营企业采用了有限公司形式,国有企业的股份制试点及公司化改造中,考虑到有限公司组织简便、内部协调性好、不需要证券市场的配套条件等优点,国家把有限公司作为国有企业公司化改造的主要形式。

第六节　股份有限公司

一、股份有限公司的概念与特征

股份有限公司是指将公司全部资本分为等额股份,股东以其认购的股份为限对公司承担责任,公司则以其全部资产对公司债务承担责任的公司。

与其他公司类型相比,股份有限公司具有如下特征:

(一)股东人数的广泛性

股份有限公司产生的原因在于适应社会化大生产对巨额资本的需求,股份有限公司通过向社会公众广泛地发行股票来筹集资本,任何投资者只要认购股票和支付股款,都可成为股份公司的股东,这使股份有限公司的股东人数具有广泛性的特点。各国公司法也都只对股份公司股东人数规定最低限额,而无最高人数的限制。根据我国《公司法》第78条的规定,股份有限公司的股东人数应当为2人以上。

(二)公司组织的资合性

股份有限公司的资合性特征,首先,表现在公司对外信用的基础是公司资本,即公司所筹集的股份总额。它既是公司成立的要件,也是公司能够得以自上而下发展的源泉,更是对公司债权人的总担保。因此,对于股份有限公司的股东而言,必须在公司设立之时依法缴纳章程规定的股款,股东的出资方式也仅局限于现金、实物及其他财产权利,禁止股东以信用和劳务出资。由此可见,与无限公司重视股东的身份和地位相比,资本在股份有限公司中发挥着极其重要的作用。其次,股份

---

[26] 范健主编:《商法》(第2版),高等教育出版社2002年版,第104页。

有限公司的资合性还表现在公司股份可以自由转让。股份有限公司的股票除了可以在一般交易场所转让交易外，还可以通过申请成为上市公司在证券交易场所挂牌交易。这是股份有限公司区别于有限责任公司和无限公司的一大特征。在有限责任公司和无限公司中，股东转让其股份均受到不同程度的限制，无法自由转让，因而公司股东通常处于较为稳定的状态，股东之间的人身依赖性和信任性较强。我国公司法鼓励股份有限公司股份的自由转让，通过股份的自由转让达到股票证券化、证券大众化的目的，以方便投资者投资。

（三）资本募集的公开性

设立股份有限公司不仅可以采取发起设立方式，还可以采取募集设立方式。其中以募集方式设立股份有限公司的，除由发起人认购公司应发行股份的一部分外，其余股份向社会公开募集或向特定对象募集，社会公众均可通过购买股票而成为公司的股东。这使股份有限公司可以面向社会，广泛集资。因此，各国公司法均对股份有限公司的股东人数作出最低限制，而无最高人数限制。另外，资本募集的公开性和广泛性，还决定股份有限公司的财务会计必须公开，使社会公众对公司的经营状况有所了解，以有效保护投资人的合法权益。

（四）公司资本的股份性

股份为股份有限公司的最小计算单位。股份有限公司的全部资本被分为金额相等的股份，每一股份的金额与股份总数的乘积即为公司的资本总额。每个股东所持的股份数可以不同，但每股的金额必须相等。只有每一股份所代表的金额是相等的，才便于股票的发行和资本的筹集，才便于股权的计算、行使或转让，也才能真正做到同股同权、同股同利，充分发挥资合公司的优势和特点。在有限责任公司中，因为股东所认购的每份出资额不相等，所以在出资转让及股东权计算方面较为烦琐和复杂。

（五）股东责任的有限性

股份有限公司的股东仅以其认购的股份为限对公司负责，对公司债权人不负直接的法律责任。公司的债权人既不能向股东主张权利，也不能要求股东以其个人财产清偿公司的债务。股份有限公司股东责任的有限性，对于鼓励投资、促进交易的发展和经济繁荣具有重要意义。

二、股份有限公司的成因及其评价

股份有限公司起源于17世纪的英国和荷兰，英国东印度公司和荷兰东印度公司就是最早出现的一批股份有限公司。股份有限公司早期的形成和发展，与西方殖民主义扩张有紧密关系，作为社会化大生产的组织形式，股份有限公司又符合和适应了生产力发展的客观要求。早期的资本主义是自由竞争的时代，为了在激烈的市场竞争中处于有利地位，为了兴办单独资本所有者无力开设的大企业，为了防止和分担经营的风险，客观上要求资本家联合起来，集资经营，而这正是日益发展的社会化大生产的要求,是自由资本主义竞争推动资本集中这一资本主义经济运动过程的必然结果,股份有限公司则是在这一过程中发展起来的最有效的组织形式。许多西方的经济学家和法学家将股份有限公司视为新时代的伟大发现,认为它的重要性不亚于蒸汽机和电力的发明,没有它,大规模的现代化生产是不可想象的。马克思也对股份有限公司给予极高评价,指出:“假如必须等待积累去使某些单个资本增长到能够修建铁路的程度,那么恐怕直到今天世界上还没有铁路。但是,集中通过股份有限公司转瞬之间就把这件事完成了。”〔27〕

股份有限公司作为现代企业制度的基本组织形式,在促进生产的社会化和经济繁荣方面发挥了巨大的作用,因其具有其他公司形式所不具有的优势和特点,成为广大投资者乐于采用的企业组织形式。其主要的优点包括:其一,便于集资。股份有限公司巨额的资本被划分为金额相等且数额较小的股份,并可以通过发行股票的形式向社会公开募集,有利于吸收社会资金,达到积少成多,集腋成裘之功效,使公司在短期内募集到巨额资本。因此,股份有限公司被公认为是集中资本的最为有利的企业形式。其二,分散风险。股份有限公司拥有众多股东。由于股份金额较小,众多股东中的每个人实际拥有的股份数仅占公司资本的很少一部分,而股东又仅以其拥有的股份金额对公司承担责任。因此,一旦公司经营亏损,其风险则由所有股东共同分担,有利于分散公司经营的风险。其三,投资灵活。股份有限公司的资本证券化,股票可以自由转让。投资者可以根据自己的需要灵活选择投资对象和投资证券的种类,当投资者决定转移其投资方向或回收投资时,还可以转让其所持有的公司股份,具有灵活、方便的显著优势。其四,有利于提高公司的管理水平。股份有限公司是最为典型的法人企业,建立了完善和有效的公司治理结构。在股份有限公司中,以董事和经理为中心的专门机构管理公司的生产和经营,而人数众多的小股东则只领取股息红利,不参与公司的具体经营,这种专门化管理有利于提高公司的管理水平。另外,股票的自由流动使投资者可通过“以脚投票”的方式,对公司的经营管理层实施外在的监督和压力,促使公司管理层尽职尽责地为公司服务。其五,经营恒定。股份有限公司是一种人格最为独立的法人企业。作为资合性法人组织,只要经营正常,股份有限公司一般不会因公司股东或管理层变更而使其组织存在受到影响,所以它是一种最为稳定的企业组织形式。〔28〕

但股份有限公司从其产生之日起就不可避免地存在缺陷。例如,法律规定的设立条件十分严格,设立程序非常复杂,这无疑加大了公司的设立难度;股份份数、股东人数众多,不仅使公司缺乏凝聚力,而且股东极有可能因此失去控制

---

〔27〕《马克思恩格斯全集》(第23卷),人民出版社1972年版,第688页。

〔28〕冯果:《公司法要论》,武汉大学出版社2003年版,第179~180页。

公司的能力,在董事、经理违反诚信义务的情形下,股东权益极易受损;股票在证券交易市场自由交易,使股票市场极易成为不法者的投机场所,不利于交易安全。

第七节　一人公司

一、一人公司概述

(一)一人公司的概念与特征

一人公司,亦称独资公司或独股公司,有广义和狭义之分。狭义的一人公司又称形式意义上的一人公司,是指由一名股东持有公司的全部出资或股份,并由该股东承担有限责任的公司。广义的一人公司又称实质意义上的一人公司,是指公司的真实股东只有一人,其余股东仅是为了真实股东利益而持有股份的非实有股份权益者的公司。一般所谓一人公司乃就狭义而言。

一人公司具有以下特征:

1. 股东的唯一性

一人公司的股东仅为一人,这里的"一人"可以是自然人、法人,甚至可以是国家。

2. 资本的单一性

在一人公司中,由一名股东持有公司的全部出资或股权,不同于一般公司资本由两名以上股东出资形成。

3. 责任的有限性

在一人公司中,股东仅以其出资额或持有股份为限对公司债务承担有限责任。

(二)一人公司的分类

1. 原生型一人公司与衍生型一人公司

这是根据一人公司的产生方式或形成时间不同所作的分类。原生型一人公司是指由一名股东发起设立,公司在成立时就是一人公司。衍生型一人公司是指公司成立时股东人数为二人以上,但公司成立后由于股权转让、公司分立等原因而使公司股东仅为一人。

2. 自然人一人公司、法人一人公司与国家一人公司

这是依照一人公司的股东身份不同所作的分类。自然人一人公司是指以单一自然人作为公司股东的一人公司。法人一人公司是指以单一法人作为公司股东的一人公司。国家一人公司是指国家单独投资设立的一人公司。

3. 一人有限责任公司与一人股份有限公司

这是根据公司的形态不同所作的分类。相对而言,有限责任公司规模较小,大

多为中小企业,大部分一人公司属于此种类型。而股份有限公司规模较大,股东人数较多,但因股份的流动性,并不排除公司资本转移于一人手中,形成衍生型一人股份有限公司。根据有些国家公司法的规定,也可以设立原生型一人股份有限公司。我国公司法仅承认了一人有限责任公司,而没有承认一人股份有限公司。当股份有限公司的股东变成一个人时,理论上认为应当将股份有限公司变更为有限责任公司。

(三)一人公司与个人独资企业的区别

一人公司与个人独资企业十分相似,即两者的投资者均为一人,但它们是两种不同的企业形式,主要区别如下:

1. 法律地位不同

一人公司具有法人地位,而个人独资企业不具有法人资格。

2. 法律对投资者的身份限制不同

一人公司的股东可以为自然人、法人,也可以为国家,而个人独资企业的投资者为自然人。

3. 投资者对企业债务承担的责任不同

一人公司的股东对公司债务承担有限责任,股东仅以其投入公司的出资为限承担责任,公司则以其全部资产对外承担债务责任。而个人独资企业的投资者应以其个人全部财产对企业债务承担无限责任。

4. 组织结构不同

一人公司要按照公司法规定的组织机构进行运营,采用董事会(或执行董事)、监事会(或监事)和经理的科学组织模式,并接受公司法的规范。而个人独资企业的组织结构相对自由,一般仅有以经理为首的经营管理机构。

5. 纳税主体不同

就一人公司而言,在确定税收时将一人公司与其唯一股东作为两个不同法律主体来分别对待。而个人独资企业不具有法人资格,税法不将其作为单独的纳税主体,只对个人独资企业征收个人所得税。

6. 规范企业的法律不同

一人公司是公司的特殊形态,受公司法的调整。而个人独资企业则主要受民法、商法或其他特别法的规制。在我国,个人独资企业主要由《个人独资企业法》调整。

二、一人公司的产生与立法演进

一人公司的产生是源于经济、社会发展对它的客观需求,也是源于人们对公司制度中有限责任扩大适用的刻意追求。第一,有限责任原则作为公司制度的一个核心内容,对从事经营活动的单一投资者具有越来越强的吸引力。个人企业主为避免因一次经营失败而导致倾家荡产,致使营业外的个人财产遭受不利影响,强烈要求披上公司法人的外衣,使个人财产与投入公司的财产相互分离,划定责任财产的范围。第二,拥有巨额投资能力的经济实体的大量涌现,也需要通过设立一人公司的方式实现其分散投资风险的目的。第三,随着人类科学技术的不断进步和专业化分工的不断细化,中小规模的企业具有越来越强的优势。中小企业在现代经济中大量存在的客观性,必然成为发展一人公司的经济基础。第四,虽然法律可以不规定一人公司的设立和存续,但实质意义上的一人公司却客观存在。一方面,这种状况可因股份的自由转让引起。即使成立公司之时,股东人数与法律规定相符,公司成立后股份通过转让、继承、赠与等各种事由集中于一人之手的事实是难以避免的。另一方面,投资者可采用挂名方式规避法律。这些挂名股东往往是投资者的配偶、父母或子女,而且拥有法律规定最低之股份数额,公司的财产与经营由一名股东控制,股东会、表决程序以至所有公司机关均徒有虚名。第五,学者为一人公司制造理论。一人公司不仅在现实中已普遍存在,在学理上也得到广泛探讨。如德国学者拉特那(Rathenau)提出的"企业本身论",认为公司企业一旦成立,即超脱股东个人之支配而独立存在,成为国民经济中的独立经济单位。这种理论不仅适用于"企业所有"与"企业经营"分离十分明显的股份公司,即使作为人合性质的无限公司,也可依公司章程限制或剥夺某些股东的业务执行权和代表公司的权利,形成所有与经营分离的状况。因此,"企业本身论"可适用于一切类型的公司,包括一人公司在内。依"企业本身论",一人公司作为一种客观存在,应承认其法人性及一人股东有限责任的合理性。[29]

考察西方国家关于一人公司的立法,普遍经历了一个"禁止存在—有条件确认—允许设立"的发展演变过程。公司制度发展早期,为了防止股东利用公司有限责任对债权人利益造成损害,法律需要对公司开办进行严格限制,如英国早期设立股份有限公司就需要有国王的特许状并经政府核准,因此,一人公司在立法上是被严格禁止的。

一人公司的合法存在最早是以判例形式确认的。其中,以英国1897年发生的萨洛蒙诉萨洛蒙有限责任公司案(Saloman vs. aloman & Co. Ltd)为典型,该判例被认为确认了一人公司的法律地位。萨洛蒙公司有7位股东,分别是萨洛蒙及其妻子、5个儿子。公司董事由萨洛蒙及其两个儿子担任。公司成立后,萨洛蒙便将其制靴营业所作价38,782英镑转移于该公司,该公司付给萨洛蒙现金8782英镑,剩下的30,000英镑中的10,000英镑作为公司向萨洛蒙的借款、10,000英镑作为公司向萨洛蒙发行的有担保公司债、另外的10,000英镑作为萨洛蒙认购公司的股票的股款。由于英国公司法规定成立有限责任公司必须有7人以上的发起人,所以公司实际上发行了20,006股的股票,萨洛蒙持有其中的20,000股,其妻子和5

〔29〕 朱慈蕴:《公司法人格否认法理研究》,法律出版社1998年版,第189~192页。

个儿子分别持有1股。1年后,由于制靴业持续的罢工风潮影响,公司被迫解散,经清算,公司债务超过公司资产7773英镑,这样,若萨洛蒙的10,000英镑的有担保公司债得到清偿的话,其他的无担保债权的债权人就无法得到任何清偿。公司的清算人主张公司实际上是萨洛蒙个人的事业,公司组织不过是萨洛蒙预计经营不顺利,为逃避债务所设,主张不清偿萨洛蒙10,000英镑的债权,并由萨洛蒙自身负担清偿公司债务的责任。

对此,一审法院认为,萨洛蒙公司只是萨洛蒙的代理人,萨洛蒙应承担萨洛蒙公司的损失。该案经巡回法院审理后,亦判决萨洛蒙败诉。但是,该案上诉至英国上议院后,上议院全体法官一致认为,萨洛蒙公司一经注册,就成为一个独立于萨洛蒙的法律人格,萨洛蒙对于公司及公司债权人并不负任何责任,并且其所持有的有担保公司债应优先于公司的无担保债权受清偿。虽然萨洛蒙是为了享受有限责任的优惠而设立公司,公司股东除萨洛蒙外名不副实,但是股东负有限责任,这是法律赋予股东的合法权益,只要符合公司设立条件,则公司便与他的股东为分别独立的法律主体,股东与公司间的权利、义务关系同一般人与公司间的关系并无二致。该判例确立了这样一个原则:只要依照法律规定设立公司,该公司便依法取得独立人格,即使公司的控股权操纵于一位或少数股东手中,其余股东对公司仅具有象征性利益,亦不影响公司的独立地位。此后,英国普通法便开始肯定一人公司的法律地位。不过,该判例遭到了一些学者的反对。1948年英国《公司法》则明确否定了一人公司的法律地位。

首先以成文法形式肯定一人公司法律地位的是列支敦士登。1925年列支敦士登颁布了《自然人和公司法》,规定股份有限公司和有限责任公司都可由一人设立,并可以一个股东维持公司的存续。此后,许多国家的公司立法陆续认可了一人公司。如德国1980年《有限责任公司法》肯定了一人有限责任公司的设立,1994年又修改股份法,承认可由一人股东设立股份有限公司。法国1966年对《商事公司法》作出修改,规定公司的全部股份或出资集中于一人时,公司并不当然解散,而应当在一年的期限内补正,逾期尚未补正的,利害关系人可向法院请求解散公司。1985年该法被进一步修订,规定有限责任公司是一人或若干人仅以其出资额为限承担损失而设立的公司。但公司只有一人时,该人取名为"一人股东"。据我国学者统计,至1995年已有23个国家的公司法赋予一人公司合法地位。[30]

三、一人公司的法理解析

如前所述,一人公司的出现对公司社团性理论提出了挑战。关于法律是否应当承认一人公司的存在,理论界有两种截然不同的观点。

---

〔30〕 王保树、崔勤之:《中国公司法》,中国工人出版社1995年版,第135页。

(一)否定一人公司的理由

持否定论者理由如下:

1. 一人公司欠缺社团性。公司本质上属于社团法人,社团法人是人合之主体,至少由二人以上组合才能显现其社团性,才能取得法人资格。如若公司股东只有一人,则公司社团性荡然无存,该公司就应解散。

2. 一人公司的财产有限,难以对公司债权人形成有效的保护。一人公司只有一个股东,且股东只以投入公司的财产对公司债权人负责,这对债权人极为不利。

3. 对个人独资企业的发展不利。因为一人公司的股东可以享受有限责任好处,势必使一人企业主竞相设立一人公司,滥用公司形式和有限责任,导致独资企业徒有虚名,无限责任名存实亡。

4. 一人公司与有限责任的前提背道而驰。有限责任公司和股份有限公司的股东享受有限责任的特权,是因其放弃对投入公司财产的直接支配权。而一人公司的唯一股东通常直接经营公司业务,实际上完全控制公司,因而已丧失享受有限责任的基础。

5. 承认一人公司将使传统公司法面临较大冲突。传统公司法的主要内容为调整股东之间、股东与公司之间以及公司内部组织机构的关系,这些条款必须在股东为二人以上时才有意义。同样,修改公司法内容以适应一人公司之状态,又会造成公司法内容的异化。[31]

(二)肯定一人公司的理由

持肯定论者的理由如下:

1. 根据企业维持原则,应承认一人公司。如果公司股东为一人时即解散公司,对社会经济生活无疑是一种损失。从社会成本的角度看,社会不应轻易解散公司,而应尽量维持其存在。

2. 承认一人公司,目的在于扩大有限责任的适用范围,有利于鼓励开创新的风险大的商事业,并可为社会提供更新、更好的产品,增加就业机会,增加国家税收。

3. 承认一人公司可使个人企业利用公司形式,获得较多的社会信用,有利于该企业的发展。

4. 即使对一人公司持否定态度,也难以禁止实质意义上的一人公司,单个投资者照样可利用挂名股东规避法律,不仅滥用有限责任侵害债权人利益,而且易于衍生更多的矛盾。如果承认一人公司,反而可通过法律加以严格规范。实际上,凡是公司法认可一人公司者,无一例外会同时规定若干法律措施,以防止一人公司的唯一股东滥用公司独立人格和有限责任原则,从而增强对公司债权人的保护。

5. 一人公司与公司社团并无冲突。具体而言,主要有以下几种主张:(1)潜在

〔31〕 石少侠:《公司法》(修订版),吉林人民出版社 1996 年版,第 12 ~ 13 页。

社团说。该观点认为一人公司只是公司社团性的例外,是公司形态的变种,而不是对公司社团性的否定。因为根据股份自由转让原则,股东的全部出资或股份既可以集中于一人之手,也可以通过股份的再度转让恢复多数股东的状态。因此,一人公司仍是一种潜在社团性的公司。(2)股份社团说。该说从股份公司的信用基础为公司的股份资本出发,强调股份资本实际上是股东资格的物化,所谓股东多数,即股份多数之意。因此,可将股份公司视为建立在物化的股东资格基础上,只要股份为多数即可维持公司的社团性,而不必拘泥于股东人数非多数不可。(3)特别财产说。此说将一人公司视为一种责任形态,而把一人股东投入公司的财产视为特别财产,与社团并无关联性。此财产犹如破产财产,公司债权人享有排他的优先权,由此确定公司的责任形态。同时一人公司的股东享有有限责任,避免了公司债权人的追索。〔32〕

我们赞同一人公司肯定论,至于一人公司对公司社团性的挑战问题,无法从传统的公司社团性即社员的多数方面进行理解。对此,法经济学家提出的公司的"契约关系"理论认为,公司是由多数参与者构成的集合,这些参与者包括股东、债权人、雇员、社区以及管理者等不同因素,而不是仅仅由股东这一单一因素构成。这或许是对公司社团性的新解释。

四、我国公司法对一人公司的规定

我国公司法上的一人公司是指一人有限公司,并在第57条至第63条对一人有限责任公司作了专节规定,具体包括以下内容:

(一)一人有限责任公司的概念

根据我国《公司法》第57条第2款的规定,所谓一人有限责任公司,是指只有一个自然人股东或者一个法人股东的有限责任公司。

(二)一人有限责任公司的特殊规定

1. 设立一人有限责任公司与一人有限责任公司转投资的限制

我国《公司法》第58条规定:"一个自然人只能投资设立一个一人有限责任公司。该一人有限责任公司不能投资设立新的一人有限责任公司。"

2. 一人有限责任公司的公示

为了使相对交易人能够了解自己的交易风险,我国《公司法》第59条规定:"一人有限责任公司应当在公司登记中注明自然人独资或者法人独资,并在公司营业执照中载明。"

3. 一人有限责任公司的组织机构

首先,公司不设股东会。我国《公司法》第61条规定:"一人有限责任公司不

〔32〕 朱慈蕴:《公司法人格否认法理研究》,法律出版社1998年版,第203页;赵德枢:《一人公司详论》,中国人民大学出版社2004年版,第220页。

设股东会。”但该条同时又规定:“股东作出本法第三十七条第一款所列决定时,应当采用书面形式,并由股东签名后置备于公司。”这表明法律对股东决策设有相应的监督措施,如果一人股东利用有限责任作出使公司与股东财产混同或业务混同的决策,从而损害债权人利益的,受害当事人在寻求法律保护时有据可查。其次,是否设置董事会和监事会由股东自己选择。按照我国《公司法》第 57 条的规定,一人有限责任公司的组织机构,适用第 57 条至第 63 条关于一人有限责任公司的特别规定;这些条文没有规定的,适用有限责任公司组织机构的规定。由于《公司法》第 57 条至第 63 条没有就一人有限责任公司设置董事会和监事会作出特别规定,因此应适用有限责任公司组织机构的规定。即一人有限责任公司可以按照《公司法》第 44 条和第 51 条规定设董事会和监事会,也可以按照《公司法》第 50 条和第 51 条规定不设董事会和监事会。

4. 一人有限责任公司的财务会计

为了增强一人有限责任公司的对外透明度,我国《公司法》第 62 条规定:“一人有限责任公司应当在每一会计年度终了时编制财务会计报告,并经会计师事务所审计。”

5. 一人有限责任公司的人格否认

为防止股东滥用一人有限责任公司的法人地位和股东有限责任原则,我国《公司法》第 63 条对一人有限责任公司的人格否认作了明确规定,即“一人有限责任公司的股东不能证明公司财产独立于股东自己的财产的,应当对公司债务承担连带责任”。

第八节　国有独资公司

一、国有独资公司的概念与特征

根据我国《公司法》第 64 条的规定,国有独资公司是指国家单独出资、由国务院或者地方人民政府授权本级人民政府国有资产监督管理机构履行出资人职责的有限责任公司。

国有独资公司具有以下特征:

(一)投资主体的单一性与特定性

所谓单一性,是指国有独资公司的投资主体只有一个;所谓特定性,是指国有独资公司的投资者只能是国家,但由国有资产监督管理机构代表国家履行出资人职责。

(二)适用范围的特定性

我国公司法删除了国有独资公司适用范围的规定。国有独资公司发展至今,其适用范围应严格限定于由国家垄断经营的特殊行业和企业。1999 年 9 月通过的《中共中央关于国有企业改革和发展若干重大问题的决定》曾明确指出:"股权多元化有利于形成规范的公司法人治理结构,除极少数必须由国家垄断经营的企业外,要积极发展多元投资主体的公司。"2003 年党的十六届三中全会通过的《中共中央关于完善社会主义市场经济体制若干问题的决定》也指出国有资本应更多地投向关系国家安全和国民经济命脉的重要行业和关键领域。

(三)运作规则的特殊性

国有独资公司属于有限责任公司的一种,它符合有限责任公司的一般特征。但国有独资公司在组织机构、公司章程、财产管理等方面,都与一般有限责任公司存在不同之处。

二、国有独资公司的性质与法律调整

(一)国有独资公司的性质

从我国公司法的规定上看,国有独资公司属于一种特殊的有限责任公司。这种特殊性表现在股东只有一人、公司组织机构及其职权与一般有限责任公司存在不同等。

从法理上分析,国有独资公司属于一人公司范畴。如前所述,一人公司有自然人一人公司、法人一人公司和国家一人公司之分,而国有独资公司就属于国家单独出资设立的一人公司。

(二)国有独资公司的法律调整

关于国有独资公司应否由公司法调整的问题,我国学术界存在争议。不少学者认为,国有独资公司作为一种特殊的公司形式,有其形成的历史原因及存在价值,在我国整个企业改革过程中发挥过并还在发挥着重要的作用,不仅应当继续保留,而且不宜因其涉及国有资产监督管理的问题而另行立法对其单独调整。我国公司法也仍然保留了对国有独资公司的规定,只不过从立法技术和内容上对原法的规定作了一些调整和修改。

我们认为,将国有独资公司纳入公司法的调整范围并不合理,理由如下:第一,将国有独资公司纳入公司法的调整范围,目的是确立国有企业的组织形式和财产关系,但现实的国情与现有的法治环境没有使国有企业成为真正的市场主体。公司法不能担负起国有企业改革的重任。第二,将国有企业纳入公司法的调整范围使公司法具有明显的过渡性,使"公司法国企化"。公司法中关于国有资产监督管理机构权力的规定本身并不是公司法所必需的。第三,将国有企业纳入公司法的调整范围会影响公司法的稳定性和可预期性。由于国有企业改革的政策处于不断修改更迭中,将其纳入公司法的调整范围会影响公司法的稳定和可预期。从长远看,公司立法与国有企业改革立法应当分别进行,以还原公司法的本质属性。[33]

三、国有独资公司设立的特别规定

(一)设立人

根据我国《公司法》第 64 条第 2 款的规定,国有独资公司由国家单独出资设立,但由国务院或者地方人民政府授权本级人民政府国有资产监督管理机构履行出资人职责。

(二)公司章程

我国《公司法》第 65 条规定:"国有独资公司章程由国有资产监督管理机构制定,或者由董事会制订报国有资产监督管理机构批准。"

四、国有独资公司治理结构的特别规定

(一)国有独资公司不设股东会

根据我国《公司法》第 66 条的规定,由国有资产监督管理机构行使股东会职权。国有资产监督管理机构可以授权公司董事会行使股东会的部分职权,决定公司的重大事项,但公司的合并、分立、解散、增加或者减少注册资本和发行公司证券,必须由国有资产监督管理机构决定;其中,重要的国有独资公司合并、分立、解散、申请破产,应当由国有资产监督管理机构审核后,报本级人民政府批准。关于重要的国有独资公司,按照国务院的规定确定。

(二)国有独资公司的董事会

根据我国《公司法》第 67 条的规定,国有独资公司设董事会,依照该法第 46 条、第 66 条的规定行使职权。董事每届任期不得超过 3 年。董事会成员中应当有公司职工代表。董事会成员由国有资产监督管理机构委派;但是,董事会成员中的职工代表由公司职工代表大会选举产生。董事会设董事长一人,可以设副董事长。董事长、副董事长由国有资产监督管理机构从董事会成员中指定。

(三)国有独资公司的经理

根据我国《公司法》第 68 条的规定,国有独资公司设经理,由董事会聘任或者解聘。经理依照该法第 49 条规定行使职权。经国有资产监督管理机构同意,董事会成员可以兼任经理。

(四)国有独资公司董事、高级管理人员兼职的限制

根据我国《公司法》第 69 条的规定,国有独资公司的董事长、副董事长、董事、高级管理人员,未经国有资产监督管理机构同意,不得在其他有限责任公司、股份有限公司或者其他经济组织兼职。这也就是所谓的竞业禁止原则。

---

〔33〕 彭真明、常健:《盲目照搬还是尊重国情——对当前〈公司法〉修改中几个问题的反思》,载《法商研究》2005 年第 4 期。

(五)国有独资公司的监事会

按照我国《公司法》第70条规定,国有独资公司监事会成员不得少于5人,其中职工代表的比例不得低于1/3,具体比例由公司章程规定。监事会成员由国有资产监督管理机构委派;但是,监事会成员中的职工代表由公司职工代表大会选举产生。监事会主席由国有资产监督管理机构从监事会成员中指定。根据本条规定,监事会行使的职权包括:检查公司财务;对董事、高级管理人员执行公司职务的行为进行监督,对违反法律、行政法规、公司章程或者股东会决议的董事、高级管理人员提出罢免的建议;当董事、高级管理人员的行为损害公司的利益时,要求董事、高级管理人员予以纠正;国务院规定的其他职权。

【拓展阅读】

进一步了解我国公司法律分类与公司法之立法趋势的发展。

[1]王志华:《俄罗斯公司种类及其特点分析——兼与中国公司立法比较》,载《比较法研究》2007年第3期。

[2]魏淑君:《中国有限责任公司法律制度的历史解读——以国企公司化的百年变迁为视角》,载《法制与社会发展》2010年第5期。

[3]刘小勇:《论股份有限公司与有限责任公司的统合——日本及其他外国法关于公司类型的变革及启示》,载《当代法学》2012年第2期。

[4]梁小惠:《论公司类型与公司治理模式的选择——以中国民营企业发展为视角》,载《河北学刊》2013年第6期。

[5]曹明哲:《一人公司人格否认、财务会计报告与举证责任》,载《人民司法》2017年第16期。

【问题讨论】

1. 公司与合伙企业的本质区别是什么?

2. 股份有限公司与有限责任公司有什么不同之处?

3. 我国公司法之立法体例的发展趋势?

【司法实践】

案例一:分公司责任承担

【案情简介】

安徽省滁州市某建筑有限责任公司明光分公司(以下简称"明光分公司")系安徽省滁州市某建筑有限责任公司的分支机构,于2009年8月在明光市工商局登记注册,但无注册资本。2010年,明光分公司承建明光某小区安置房工程,并将其中的立模工程发包给不具备用工主体资质的自然人宋某某。2010年10月20日，被告高某某经人介绍到宋某某承包的明光某小区安置房立模工程工地从事立模工，双方未签订劳动合同。2010年10月26日上午，被告高某某在从事立模作业中受伤，造成腿部、肋骨等处骨折。因赔偿问题协商未果，被告高某某于2011年2月18日申请劳动仲裁，安徽省明光市劳动争议仲裁委员会作出仲裁裁决，确认被告高某某与原告安徽省滁州市某建筑有限责任公司之间存在事实劳动关系。原告不服，诉讼至法院，要求确认原告与被告之间不存在劳动关系。

本案中，宋某某不具备用工主体资格，与被告高某某之间不形成事实劳动关系，对被告高某某不承担赔偿责任。那么，高某某究竟是和安徽省滁州市某建筑有限责任公司存在劳动关系还是和明光分公司存在劳动关系呢？

在审理过程中存在两种不同的意见：第一种意见认为，根据《民事诉讼法》第48条的规定，公民、法人和其他组织可以作为民事诉讼的当事人。最高人民法院《关于适用〈中华人民共和国民事诉讼法〉若干问题的意见》（现已失效）第40条规定："民事诉讼法第四十九条规定的其他组织是指合法成立、有一定的组织机构和财产，但又不具备法人资格的组织，包括：……（5）法人依法设立并领取营业执照的分支机构。"根据此条的规定，明光分公司是自负盈亏、独立核算的单位，具有完全的权利能力，与被告高某某存在劳动关系。明光分公司有权在建筑工程范围内同其他单位和个人签订与建筑有关的合同，所产生的权利义务均由明光分公司承担。第二种意见认为，根据《公司法》第14条的规定，公司可以设立分公司。分公司不具有法人资格，其民事责任由公司承担。明光分公司虽然进行了工商登记，但在注册时没有相应的资产，不能独立承担民事责任。因此，应由原告滁州市某建筑安装有限责任公司承担用工主体责任。

案例二：一人有限责任公司名义股东对公司债务承担连带责任的认定

【案件名称】章敏诉张春海股东损害公司债权人利益责任纠纷案

【案件字号】（2016）京0116民初1533号

【案件来源】【法宝引证码】CLI. C. 65084173

学习心得

第三章　公司设立

【内容导读】

公司设立是发起人为组建公司，使其取得法人资格，必须采取和完成的多种连续的准备行为。公司设立经历了自由设立、特许设立、核准设立、准则设立和严格准则设立等发展阶段。设立方式有发起设立和募集设立两种。设立公司的必要条件可分为人、物和行为三方面的条件。公司设立的程序从订立发起人协议开始，至设立登记结束。根据我国公司法的规定，公司经公司登记机关依法登记，领取《企业法人营业执照》，方取得法人资格。公司设立行为的法律后果包括三种情况：一是公司设立完成，公司成立；二是公司设立未能最终完成，导致公司设立失败；三是公司设立存在瑕疵，导致被责令采取补救措施，或者设立行为被宣告为无效或被撤销。发起人是设立中公司的机关，在公司设立阶段，发起人的责任可根据责任相对人的不同而区分为：发起人对公司的责任、发起人之间的责任和发起人对第三人的责任。同时，这三种责任在公司成立与公司不成立时有很大的不同。在公司成立时所应承担的民事责任主要包括合同违约责任、出资违约责任、资本充实责任、损害赔偿责任。公司不成立时，因设立行为产生的债务由发起人承担连带责任。

【问题思考】

案例一

2011年年初，A、B、C、D四公司商议筹办E公司，共同制定了《E公司章程》。由于E公司尚未取得企业法人资格，故对该公司既定的经营项目——南海酒类批发市场的建筑工程，由A公司发包给F公司承建，双方于2011年5月2日签订了《建筑工程施工承包合同》。合同约定F公司以包工包料方式承包整个酒类批发市场的土建工程。合同签订后，F公司即进行施工，工程竣工验收合格，经建设部门核定，工程总造价为6000万元。A公司共向F公司支付了工程款4000万元。E公司于2012年4月25日成立，取得法人资格。该公司共向F公司支付了工程款400万元，尚欠工程款1600万元。经多次催收未果，F公司于2012年10月将A公司作为被告诉至人民法院。在诉讼过程中，E公司以第三人身份参加诉讼。

问题一：设立中的公司具有什么样的法律地位？

问题二：公司设立人的责任与合同相对性原理是否存在冲突？

案例二

2004年9月，某房地产开发有限公司与另外6家企业共同筹建某开发股份有限公司，资本总额为1200万元，7家企业认购500万元，其余700万元向社会公开募集。10月，发起人认足了500万元的股份。由于厂房需要装修，故筹建处向某装潢公司购买一批材料，价值70万元，商定某开发股份有限公司一经成立即向装潢公司付款。一周后，装潢公司按约将货物运至筹建处指定的仓库。公开募股期限届满后，仅募集620万元，公司无法成立。装潢公司向7个发起人请求偿付货款70万元，它们却相互推诿，拒付货款。装潢公司遂将7个发起人作为被告向法院提起诉讼，法院支持了原告的诉讼请求。

问题一：公司设立与成立有什么联系和区别？

问题二：公司不能成立时，发起人应承担什么责任？

【基础阅读】

了解公司设立的概念和性质，掌握公司设立的原则、方式、条件、程序和效力，理解发起人的民事责任。

第一节　公司设立的概念与性质

一、公司设立的概念

（一）公司设立的含义

公司设立是指发起人为组建公司，使其取得法人资格，必须采取和完成的多种连续的准备行为。公司设立具有以下两个重要特征：

第一，公司设立由公司成立前的一系列筹建行为所构成。一般而言，这些准备行为包括：发起人订立发起人协议；制定公司章程；决定公司的种类、名称、经营范围、资本总额、出资方式；认缴股款；选举公司机关成员、申请公司登记等。第二，公司设立是一种创立公司人格的行为。公司设立的目的是取得公司法人资格。在现代法律上，自然人基于其出生而获得其人格，但公司只有通过一系列设立行为才可能取得其人格。

由于公司的种类和设立的基础不同，设立行为的内容也不尽一致。一般来说，股份有限公司的设立程序和设立行为的内容是最复杂、最严格的。这是因为股份有限公司的股东人数较多，其资本的筹集需要经过特定的招股程序，其机关成员往往需通过召开创立大会来选任;而其他类型公司的股东、出资及机关成员,在公司设立之初即可在公司章程中确定,无须履行复杂的招股程序。在我国,国有企业改组为公司,其设立程序和设立行为比一般新设公司复杂。因为此类公司的设立除要履行一般的设立程序外,还要履行特定的设立程序,如产权界定、资产评估、产权登记等。就各类公司设立行为的共同内容而言,主要包括发起人为筹建公司所进行的协商,订立公司章程,决定公司种类、名称,确定经营范围及公司资本的总额,选择营业地点,由发起人或股东认股并出资,召开公司的创设会议,推选公司的组织机构成员,以及做好公司登记所需的其他准备工作等。

(二)公司设立与公司成立

要正确理解公司设立的概念,还必须明确公司设立与公司成立的关系。公司成立是指公司经过设立程序,具备了法律规定的条件,依法取得法人资格的一种法律事实。公司设立与公司成立的区别在于:

1. 发生阶段不同

公司设立和公司成立是公司取得法人资格过程中一系列连续行为的两个不同阶段,公司设立发生于公司成立之前,公司成立则发生于公司被依法核准登记之时,公司成立是公司设立被法律认可后依法存在的一种法律后果。

2. 性质不同

公司设立发生在发起人之间,是一种基于当事人意思表示的私法行为,应当遵循平等、自愿、等价有偿等民法基本原则。公司成立是公司设立的法律后果,是一种事实状态。公司设立行为包括合法行为和非法行为,公司成立则表明存在合法事实状态,即公司已取得法人资格,具有相应的民事权利能力和民事行为能力,是一种公法行为。

3. 法律效力不同

公司设立仅仅是公司成立的前提要件。在设立阶段,不得以公司名义从事与设立行为无关的活动。即使公司设立行为已经完成,只要未经注册登记,仍然不得作为民事法律关系的主体。公司成立之后,由设立行为所产生的权利义务也未必当然由公司承担,只有经股东会或创立大会认可设立行为的正当性之后,公司才承受设立行为的法律后果。公司一旦不能成立,就要由设立人对设立行为负连带责任。

4. 行为主体不同

设立行为的当事人主要是发起人、认股人;成立行为的当事人是设立申请人和公司登记主管机关。

（三）公司设立与公司成立时间的界定[1]

1. 公司设立时间的界定

公司设立时间的界定即确定设立阶段的起始日和结束日。结合我国公司法的规定和公司实践情况看，公司设立阶段的起始日应当为全体发起人或出资者签订发起人协议或者公司章程之日；结束日应当为公司成立之日或确定公司不成立之日。

2. 公司成立时间的界定

从国外公司法的规定来看，一般认为只要设立人提交的设立公司的章程，经政府主管部门核准并由其颁发了设立证书后，公司即告成立。例如，法国《商事公司法》第56条规定："公司设立证书一经颁发，公司应即开始存在。"而我国《公司法》第7条第1款规定："依法设立的公司，由公司登记机关发给公司营业执照。公司营业执照签发日期为公司成立日期。"可见，我国公司成立日应当是设立人向工商行政管理机关报送了设立必需的有关文件，经工商行政管理机关核准登记后，公司营业执照签发之日，即公司成立之日。

二、公司设立的性质

对于公司设立的性质，学术界的认识不尽一致，主要有以下四种学说：

一是契约说，该说认为公司设立是一种契约行为。股东之间订立章程，决定公司的类型、名称和住所、确定资本总额、出资方式、召开设立大会，选举董事、监事，进行设立登记等都是民法中的契约行为。[2]

二是单独行为说，该说认为公司设立是发起人以组织公司为目的的个别单独行为。这种理论认为，应将公司设立行为分为两个阶段，即公司设立行为之预约与实现此预约之设立行为。在单独行为说中，因对各个发起人的结合方式的理解不同，又形成了偶合的单独行为说和联合的单独行为说两种理论。偶合的单独行为说认为，公司发起人各有其设立公司的目的，他们之间在没有共同目的的情况下，以各自独立的行为偶然凑合到一起而成立公司。联合的单独行为说认为，各个不同的公司发起人，起初各自的意思表示并不同，但在设立公司的共同目的下，联合起来，通过共同的意思表示而联合设立公司。[3]

三是合并行为说，该说认为公司设立是共同行为与契约行为的合并行为，即既有共同行为的属性又有契约行为的属性。[4] 或认为，公司设立是契约行为与单独

---

[1] 周友苏：《新公司法论》，法律出版社2006年版，第109～110页。

[2] ［韩］李哲松：《韩国公司法》，吴日焕译，中国政法大学出版社2000年版，第75页。

[3] 范健、蒋大兴：《公司法论》（上卷），南京大学出版社1997年版，第141页。

[4] 梁宇贤：《公司法论》，三民书局1980年版，第55页。

行为的有机结合,既有契约行为的属性,又具有单独行为的属性,是一种混合行为。[5]

四是共同行为说,该说认为公司设立是设立人的共同行为。所谓共同行为,是指在同一目的下,以二人以上的意思所为的共同一致的行为。该说揭示了设立行为的实质。事实上,设立行为无论是一人代表为之,还是发起人或股东共同为之,都是发起人共同一致的意思表示。因此,公司设立行为的性质应解释为共同行为。在大陆法系国家和地区,关于公司设立行为的性质,通说也认为是共同行为。[6]

我们赞成共同行为说。第一,公司发起人之间所签订的发起人协议可以认为是一种合伙契约,但此契约与公司设立行为应加以区分。发起人协议只就发起人个人关系而言,而设立行为却是相对于创设一个新的法律主体的目的而言。第二,既然单独行为说认为发起人的单独行为会在公司设立过程中加以集合,那便成为"共同行为",单独行为说也失去存在的必要。[7]

第二节　公司设立的原则与方式

一、公司设立的原则

公司自产生以来,其设立原则随着经济、社会的发展逐渐演变,从国外来看,一般分为以下五个阶段:

一是自由设立主义,又称放任主义,是指国家对公司设立不作任何限制,公司是否设立、设立何种公司、如何设立公司,完全由设立人自由决定,法律不加任何干预。这种公司设立的原则产生于欧洲中世纪的自由贸易时代,当时刚刚兴起的商事公司便采用了这一原则。随着商事公司的发展,这种对公司设立听任自由、毫无限制的做法导致了投机者滥设公司,危害交易安全。这种公司设立原则已经被普遍废弃。

二是特许设立主义,是指公司成立须经国家元首特许或由立法机关制定专门的法律。特许设立主义盛行于17世纪至19世纪的英国。1600年英国的东印度公司是早期股份有限公司的典型形式,即依特许设立。特许主义主要是应对自由设立主义而产生的,其目的是纠正自由设立主义之下的公司滥设现象。但特许主义也存在过度管制公司设立的弊端。

三是核准设立主义,是指公司设立除符合公司法规定的条件外,还必须经过国

---

〔5〕 雷兴虎主编:《公司法新论》,中国法制出版社2001年版,第68页。

〔6〕 范健、王建文:《公司法》,法律出版社2006年版,第121页。

〔7〕 赵旭东主编:《新公司法制度设计》,法律出版社2006年版,第28页。

家授权的行政机关审查核准。该立法例始创于1673年的法国《商事条例》,1807年的法国《商法典》对股份有限公司和股份两合公司才采取这种设立原则。该原则也被1861年《德意志普通商法典》所采取,并逐渐为许多国家采纳。核准设立主义的优点在于通过行政机关的实质审查,尽可能排除不符合条件的公司成立,从而减少市场风险和债权人可能受到的损失。但其缺陷也是很明显的,即设立公司从申请到核准,时间周期较长;行政机关对公司设立进行实质性的审查,过于严格。核准设立主义逐渐成为公司发展的障碍,现代各国除有限度地保留外,已逐渐以严格准则主义代之。

四是单纯准则主义,是指公司设立只要符合公司立法所规定的条件,就可成立公司并取得法律上的独立人格。在核准主义之下,公司设立必须一一经过行政机关的审查批准,难以适应社会生活的需要,单纯准则主义应运而生。单纯准则主义最早由1862年英国《公司法》所创立,19世纪西方各国普遍采用。由于当时法律所规定的公司设立条件过于简单,故称为"单纯准则主义"。

五是严格准则主义,所谓严格准则主义,一是严格公司设立的条件,加重设立人的法律责任;二是加强司法机关、行政主管机关对公司设立的监督。由于单纯准则主义的实施,公司设立的门槛较低、程序简单,导致公司滥设的严重后果,因此现代各国公司法便普遍采用了严格准则主义。严格准则主义既无自由设立主义与单纯准则主义过于放任的缺陷,也无特许主义与核准主义过于烦琐的弊端。需要说明的是,在严格准则主义之下,公司设立程序的最后一步是必须在公司登记机关办理注册登记手续。在核准登记阶段,公司登记机关有权从形式上审查公司设立是否合乎法律规定的准则,如果不符合法律的要求就不予登记。但如果符合公司法的条件和程序性规定,公司登记机关必须批准其登记,这是严格准则主义与核准主义的区别所在。

我国公司设立的原则:严格准则主义为主、核准主义为辅。我国《公司法》第6条规定:"设立公司,应当依法向公司登记机关申请设立登记。符合本法规定的设立条件的,由公司登记机关分别登记为有限责任公司或者股份有限公司;不符合本法规定的设立条件的,不得登记为有限责任公司或者股份有限公司。法律、行政法规规定设立公司必须报经批准的,应当在公司登记前依法办理批准手续。公众可以向公司登记机关申请查询公司登记事项,公司登记机关应当提供查询服务。"由此可见,我国对一般的有限责任公司和股份有限公司的设立采取严格准则主义,但对法律、行政法规规定设立公司必须报经批准的,如设立的公司涉及国家安全、公共利益和关系国计民生的行业,则采用核准主义。

二、公司设立的方式

就大陆法系国家公司法而言,公司设立的方式可分为发起设立和募集设立两种方式。在英美法系国家,公司成立前不要求发起人认购股份,也不允许公开发行股份,只有在公司成立后才允许以公司名义公开发行股票,筹集公司资本。因此,在英美法系国家,公司设立仅为履行一般性注册手续,不存在发起设立和募集设立之分。[8]

发起设立,又称共同设立、单纯设立,是指公司的资本由发起人全部认购,不向发起人之外的人募集而设立的公司。因无限责任公司是人合公司,两合公司和有限责任公司也近似于人合公司,资本都具有封闭性,因此仅能采取此种设立方式,股份有限公司和股份两合公司也可采取发起设立方式。

为维护公司和债权人的合法权益,2005 年《公司法》要求股东必须足额缴纳章程所规定的各自认缴的出资额,如《公司法》(2005 年)第 26 条第 1 款规定:“有限责任公司的注册资本为在公司登记机关登记的全体股东认缴的出资额。公司全体股东的首次出资额不得低于注册资本的百分之二十,也不得低于法定的注册资本最低限额,其余部分由股东自公司成立之日起两年内缴足;其中,投资公司可以在五年内缴足。”2013 年《公司法》修订了公司成立的资本制度,第 26 条规定:“有限责任公司的注册资本为在公司登记机关登记的全体股东认缴的出资额。法律、行政法规以及国务院决定对有限责任公司注册资本实缴、注册资本最低限额另有规定的,从其规定。”第 28 条规定:“股东应当按期足额缴纳公司章程中规定的各自所认缴的出资额。股东以货币出资的,应当将货币出资足额存入有限责任公司在银行开设的账户;以非货币财产出资的,应当依法办理其财产权的转移手续。”因此,2013 年《公司法》确立了允许股东分期缴纳出资的资本制度,股东认缴的出资额无须在公司成立时全部缴纳,但有义务按期足额缴纳公司章程中规定的各自所认缴的出资额。

募集设立,又称渐次设立、复杂设立,是指发起人认购公司应发行股份的一部分,其余股份向社会公开募集或者向特定对象募集而设立公司。这种设立方式仅适用于股份有限公司和股份两合公司。

在我国,实践中募集设立曾包括定向募集和社会募集两种形式。采取定向募集方式设立的股份有限公司,发行的股份除由发起人认购外,其余股份不向社会公开发行,但可以向其他特定法人发行部分股份,经批准也可以向本公司内部职工发行部分股份,称为定向募集公司;采取社会募集方式设立的股份有限公司,发行的股份除由发起人认购外,其余股份应向社会公众发行,称为社会募集公司。由于定向募集方式存在股票发行透明度不高、公司内部职工股与社会公众股之间待遇相差悬殊,甚至可能造成我国证券市场的混乱并滋生名目繁多的审批权等问题,我国 1993 年《公司法》未确认这种设立方式,原国家经济体制改革委员会也于 1994 年 6 月 19 日发文禁止批准设立定向募集公司。

---

〔8〕 王保树主编:《中国公司法修改草案建议稿》,社会科学文献出版社 2004 年版,第 125 页。

为了拓宽投资渠道，方便公司设立，我国2005年《公司法》重新确认了定向募集和社会募集两种形式。《公司法》第77条第3款明确规定："募集设立，是指由发起人认购公司应发行股份的一部分，其余股份向社会公开募集或者向特定对象募集而设立公司。"同时，为了防止发起人完全凭借他人的资本开办公司，自己不承担任何财产责任，我国《公司法》还对采取募集方式设立公司时，发起人认购的股份应占发行股份总数的比例作了限制性规定，即第84条规定："以募集设立方式设立股份有限公司的，发起人认购的股份不得少于公司股份总数的百分之三十五；但是，法律、行政法规另有规定的，从其规定。"

第三节 公司设立的条件

设立公司必须具备一定的条件，各国公司法对此作了明确规定。我国《公司法》第23条和第76条分别对有限责任公司和股份有限公司的设立条件作了规定。概括而言，设立公司的必备条件可分为人、物和行为三方面的条件。

一、人的条件

所谓人的条件，是指公司设立在公司股东或发起人人数以及发起人资格等方面的要求。

（一）发起人的资格要求

就各国公司法的规定看，对公司发起人的资格限制较严，这些限制主要表现为以下几个方面：

1. 对发起人行为能力的要求

自然人作为发起人应具有完全民事行为能力，法人作为发起人则应为法律上未受特别限制的法人。例如，我国台湾地区"公司法"第128条第2款规定："无行为能力人或限制行为能力人，不得为发起人。"该条第3款规定："'政府'或法人均得为发起人。但法人为发起人者，以公司为限。"我国《公司法》虽然未对自然人作为发起人的条件作出规定，但就设立行为属法律行为而论，应当适用《民法总则》关于自然人民事行为能力的规定。

2. 法律、法规禁止从事投资行为的党政机关及其公职人员不得成为发起人

各国公司法大多作此规定。我国对此虽无明确的法律规定，但三令五申禁止党政机关及其公职人员经商办企业，自然也禁止党政机关及其公职人员作为公司的发起人。需要说明的是，在我国，国家作为特殊民事主体也可以成为公司的股东。

3. 对发起人国籍和居住地的限制

西方国家公司法一般都没有限制性规定，本国公民和外国人都可以作为公司

的发起人。但有个别国家的公司法对发起人的资格作出了限制性规定。例如,挪威公司法规定,对发起人无国籍要求,如果公司创办人的招股书是向公众公开发出的,则创办人中至少应有一半以上须在挪威居住 2 年以上;如果招股书不向公众公开,则不受上述居住条件的限制。我国《公司法》第 78 条也规定,设立股份有限公司"须有半数以上的发起人在中国境内有住所"。该规定的目的是加强国家对发起人的管理,防止有的发起人从境外来我国骗取资财,损害广大公民的利益。[9]

(二)股东或发起人符合法定人数

发起人,又称创办人,是指订立创办公司的协议,提出设立公司申请,向公司出资或认购公司股份,并对公司设立承担责任的人。发起人都负有出资或认购公司股份的义务,在公司成立后即成为公司的首批股东。最高人民法院《关于适用〈中华人民共和国公司法〉若干问题的规定(三)》(以下简称《公司法司法解释(三)》)第 1 条规定,为设立公司而签署公司章程、向公司认购出资或者股份并履行公司设立职责的人,应当认定为公司的发起人,包括有限责任公司设立时的股东。

1. 有限责任公司的股东人数

各国公司法一般都对设立有限责任公司的股东人数有所限制,大致有三种情况:一是采取单重限制的方式,即只对股东人数的最高额或最低额作出限制。如英国规定股东人数最高不能超过 50 人,但无最低人数限制。意大利《公司法》规定私人有限责任公司股东人数最低不能少于 2 人,但无最高人数限制。二是采取双重限制的方式,即既限制股东人数的最高额,又限制股东人数的最低额。如我国台湾地区"公司法"在 2001 年修订前规定为 5 ~ 21 人。三是完全不对股东人数作出限制。如美国 1996 年《统一有限责任公司法》规定:"一个或一个以上的人均可向州务秘书交存组织章程,组织有一个或更多成员的有限责任公司",说明美国对设立有限责任公司的股东人数没有限制。"一个有限责任公司可以只有一个人,因此,独资经营者也可以利用有限责任公司这一形式;有限责任公司也没有成员人数的上限。这些特点与一般封闭型公司不同,因为一般封闭型公司有股东人数的上限。"[10]

我国《公司法》第 24 条规定:"有限责任公司由五十个以下股东出资设立。"由此可见,在我国,有限责任公司的股东人数没有最低限制,最少可以是一个股东,而最多不能超过 50 个股东。这是由有限责任公司的人合性所决定的,股东之间的合作与信任对有限责任公司的运作具有重要意义。因此,为了防止股东人数过多而增加协商成本,公司立法要求有限责任公司的股东人数不得超过 50 人。

---

〔9〕 范健、王建文:《公司法》,法律出版社 2006 年版,第 127 页。
〔10〕 周友苏:《新公司法论》,法律出版社 2006 年版,第 112 页。

2. 股份有限公司的股东人数

股份有限公司作为资合性公司，发起人或股东人数应为多数。许多国家的公司法都对股份有限公司发起人有最低人数的限制。如英国、美国、韩国规定为7人，德国规定为5人，意大利、瑞士、奥地利规定为2人。随着公司制度的发展，一些国家和地区的公司法也出现了降低发起人人数下限或根本不设下限的趋势。如我国台湾地区“公司法”2001年修订时就将原法中关于发起人为7人以上的规定修改为2人以上，如果发起人为法人，1人也可。

我国《公司法》第78条规定，设立股份有限公司，应当有二人以上二百人以下为发起人。对此需要注意的是，发起人和股份有限公司股东是两个概念，虽然在某些条件下发起人与股东会重合，但不是一定能够得出发起人人数只能是2人以上200人以内，公司股东人数也是2人以上200人以内的结论，在募集设立条件下，股东人数会超过发起人人数。

二、物的条件

所谓物的条件，是指设立公司所必须具备的物资条件，其中最主要的是资本条件。如我国2005年《公司法》第26条第2款规定：“有限责任公司注册资本的最低限额为人民币三万元。法律、行政法规对有限责任公司注册资本的最低限额有较高规定的，从其规定。”第81条第3款规定：“股份有限公司注册资本的最低限额为人民币五百万元。法律、行政法规对股份有限公司注册资本的最低限额有较高规定的，从其规定。”关于法律、行政法规“有较高要求”的情形，如《证券法》第121条规定，从事证券经纪、证券投资咨询或与证券交易、证券投资活动有关的财务顾问的证券公司，注册资本最低限额为人民币5000万元；从事证券承销与保荐、证券自营或资产管理业务其中之一的，注册资本最低限额为人民币1亿元。

关于公司资本最低限额，许多国家公司法都有明确规定，而且对有限责任公司和股份有限公司的规定有所不同。如德国规定有限责任公司的最低资本额为5万德国马克，而股份有限公司的最低资本额为10万德国马克；法国规定有限责任公司的最低资本额为5万法国法郎，而股份有限公司的最低资本额为10万法国法郎。不过，对公司资本最低限额直接作出规定的一般是大陆法系国家和地区，英美法系和地区的立法则对此未作规定。如美国从20世纪70年代起，除了特拉华州的公司法外，大多数州的公司法都废除了最低资本额的规定。[11]

根据现行《公司法》的规定，除法律、行政法规以及国务院决定对有限责任公司或者股份有限公司的注册资本最低限额另有规定外，取消有限责任公司最低注册资本3万元、一人有限责任公司最低注册资本10万元、股份有限公司最低注册资本500万元的限制。这意味着发起人可以不受公司最低注册资本额的限制，自

---

〔11〕 傅穹：《重思公司资本制原理》，法律出版社2004年版，第135页。

主决定设立有限责任公司或者股份有限公司。

三、行为要件

所谓行为要件,是指公司的设立行为必须符合法律要求,这主要包括章程的订立、公司名称的选择、公司组织机构的确定和股份的发行等。

我国公司法对有限责任公司和股份有限公司的规定有所不同。有限责任公司的章程由股东或发起人共同制定,股东或发起人应当在公司章程上签名、盖章。这意味着公司的章程必须由设立公司的全体股东或发起人通过。国有独资公司的章程应由国有资产监督管理机构制定,或者由董事会制定报国有资产监督管理机构批准。而股份有限公司的章程则是由发起人共同制定,由创立大会出席会议的认股人所持表决权的半数以上通过。

我国《公司法》第 76 条针对股份有限公司的设立专门规定了"股份发行、筹办事项符合法律规定"的条件。发起人只有严格根据公司法及相关法律的规定,保证设立中的公司在股份发行程序、条件、方式以及其他筹办事项完全符合法律的规定,才能成功设立股份有限公司。由于发行股份是股份有限公司区别于其他类型公司的重要标志,我国公司法要求设立股份有限公司的股份发行、筹办事项应当符合法律规定。这些规定主要集中在《公司法》第四章第一节和第五章第一节。

此外,设立公司时还应当确定公司的名称、住所,建立符合公司要求的组织机构等。

第四节　公司设立的程序

公司必须依法定的程序设立。一般而言,有限责任公司设立的程序较为简单,而股份有限公司设立的程序相对复杂;发起设立的程序比较简单,而募集设立的程序较为复杂。各国公司法对公司设立程序的规定虽然不尽一致,但对以下程序的规定基本相同。

一、订立发起人协议

公司设立过程中,发起人常常订立关于公司设立事项的协议,旨在确定所设公司的基本性质和结构,明确发起人之间的权利义务关系。但国外公司法对发起人协议都未作明确规定。在性质上,一般认为发起人协议属于合伙契约。如果公司设立成功,该协议履行完毕,因设立行为所生的权利义务由公司承担;如果设立失败,因设立行为对外所负债务,则应当依照发起人协议由发起人对第三人承担连带责任。

我国公司法对有限责任公司的设立程序未规定订立发起人协议,但在股份有限公司的设立程序中有明确规定,《公司法》第 79 条规定:"股份有限公司发起人承担公司筹办事务。发起人应当签订发起人协议,明确各自在公司设立过程中的权利和义务。”但在公司实务中,有限责任公司的设立程序一般是有订立发起人协议这一步骤的。因为有限责任公司的发起人要对拟设立公司的规模、营业环境、盈利能力等事项进行可行性调查研究、分析和预测,在此基础上准备参与设立该有限责任公司的人员签订设立协议,以明确各当事人在设立过程中的权利和义务。[12]

二、制定公司章程[13]

我国《公司法》第11条规定,设立公司必须依法制定公司章程。公司章程对公司、股东、董事、监事、高级管理人员具有约束力。公司章程应由全体股东签字订立,其直接体现了股东之间的权利和义务。有的国家还要求章程必须经过公证手续才能生效,如德国、韩国等。公司章程必须记载法定的绝对必要记载事项,也可以记载法定的全部或部分相对必要记载事项,还可以在不违反强制性规范、社会公共利益的前提下,记载一些发起人协商一致的事项。无限公司和有限责任公司的章程一经发起人签署即发生法律效力,股份有限公司和股份两合公司的章程须经创立大会决议通过始生效力。国有独资公司章程应由国有资产监督管理机构制定,或者由董事会制定报国有资产监督管理机构批准。

三、确定股东

无限公司、有限责任公司及两合公司的股东,一般在订立章程时予以确定,即在公司章程中明确记载股东的姓名。股份有限公司的一部分股东可在章程中确定,这主要是公司发起人;另一部分股东需要通过募股程序来确定。

四、缴纳出资与验资

出资是股东基于股东资格对公司所为的一定给付,凡股东均负有出资的义务。公司的资本是全体股东出资构成的,在公司章程中应有明确的记载。除实行授权资本制的国家外,公司章程中所记载的资本总额,在公司成立时都必须落实到每一股东的名下。尽管有些国家的公司法规定股东可以分期缴纳股款,但股东已经认购但尚未缴付的股款,也构成对公司债务的确切担保。关于股东缴纳出资的时间、数额和方式,我国《公司法》第26条、第27条、第28条、第82条、第83条和第84条分别针对有限责任公司和股份有限公司作了规定。

如果股东认缴的出资不能实际缴纳或屡催不缴,依据我国《公司法》第28条的规定,该股东除应当向公司足额缴纳外,还应当向已按期足额缴纳出资的股东承担违约责任。股东不按规定缴纳出资,在无限公司中构成股东被除名的原因;在有限责任公司中,各股东负有填补其差额的义务;在股份有限公司中,发起人应负填补其差额的义务。严格要求股东履行出资义务,是为了保证公司资本的真实、可

---

〔12〕 雷兴虎主编:《公司法学》,北京大学出版社2006年版,第109页。

〔13〕 第四章“公司章程”的相关内容。

靠,保护社会交易的安全。即使是实行授权资本制的国家,股东也必须严格履行出资义务,其区别在于:实行授权资本制的公司章程所记载的注册资本,并不要求在公司成立时全部发行,只发行一部分且不低于最低资本额的限制,公司亦可成立;其余未发行部分,授权董事会在公司成立后可随时决议发行;对已发行部分的资本,股东同样必须严格履行其出资义务。[14]

验资是法定验资机构对股东全部出资的价值和真实性进行检验并出具验资证明的行为。值得注意的是,验资并非各国公司设立的通常程序。例如,法国只要求法令制定的股款保管人出具保管人证书以确认出资,没有规定专门的验资机构。[15] 我国《公司法》第29条则规定:"股东认足公司章程规定的出资后,由全体股东指定的代表或者共同委托的代理人向公司登记机关报送公司登记申请书、公司章程等文件,申请设立登记。"

五、确定公司的组织机构

无限公司的全体股东以及两合公司中的无限责任股东,都有代表公司、执行公司业务的权利,但公司章程可以规定其中一人或数人作为执行业务股东。有限责任公司和发起设立的股份有限公司的发起人在制定公司的章程时,已经对股东会、董事会和监事会作出了规定,由董事会向公司登记机关申请公司登记;董事和监事一般由股东会选举产生;公司不设股东会的,董事和监事一般由股东委任。对于募集设立的股份有限公司,在完成股份的募集后,应当召开创立大会,通过公司章程,选举公司的董事和监事等。

六、办理公司登记

办理公司登记是公司取得法人资格的必经程序。在履行法定的程序后,无限公司和两合公司的执行董事,有限责任公司全体股东指定的代表或者共同委托的代理人以及股份有限公司的董事会,即可向公司登记机关申请登记。

依照我国《公司法》和《公司登记管理条例》的规定,申请设立有限责任公司,应当向公司登记机关提交下列文件:公司法定代表人签署的设立登记申请书;全体股东指定代表或者共同委托代理人的证明;公司章程;依法设立的验资机构出具的验资证明,法律、行政法规另有规定的除外;股东首次出资是非货币财产的,应当在公司设立登记时提交已办理其财产权转移手续的证明文件;股东的主体资格证明或者自然人身份证明;载明公司董事、监事、经理的姓名、住所的文件以及有关委派、选举或者聘用的证明;公司法定代表人任职文件和身份证明;企业名称预先核准通知书;公司住所证明;国家工商行政管理机关规定要求提交的其他文件。申请设立股份有限公司,应当向公司登记机关提交的文件有:公司法定代表人签署的设

---

[14] 范健主编:《商法》(第2版),高等教育出版社2002年版,第115页。

[15] 毛亚敏:《公司法比较研究》,中国法制出版社2001年版,第109页。

立登记申请书;董事会指定代表或者共同委托代理人的证明;公司章程;发起人首次出资是非货币财产的,应当在公司设立登记时已办理其财产权转移手续的证明文件;发起人的主体资格证明或者自然人身份证明;载明公司董事、监事、经理姓名、住所的文件以及有关委派、选举或者聘用的证明;公司法定代表人任职文件和身份证明;企业名称预先核准通知书;公司住所证明;国家工商行政管理机关规定要求提交的其他文件。以募集方式设立股份有限公司的,还应当提交创立大会的会议记录;以募集方式设立股份有限公司公开发行股票的,还应当提交国务院证券监督管理机构的核准文件。法律、行政法规或者国务院决定规定设立股份有限公司必须报经批准的,还应当提交有关批准文件。

对符合公司设立文件的,公司登记机关应予以登记,发给营业执照,公司即告成立,取得法人资格。

第五节 公司设立登记

公司设立登记是公司成立的重要程序。两大法系国家和地区公司法对公司设立登记一般都有明确的规定。根据我国《公司法》和 2016 年国务院修订的《公司登记管理条例》的规定,公司经公司登记机关依法登记,领取《企业法人营业执照》,方取得法人资格。

一、公司设立登记的机关

对于公司设立登记的机关,各国和地区公司法规定不一。有的国家规定为法院,如德国、法国均规定公司设立登记的机关是公司所在地的法院;也有国家规定为司法行政机关,如日本由法务部主管公司登记;还有的国家规定为专门行政机关,如美国各州设立的公司注册办事处、英国的公司登记处等。

在我国,各级人民政府的市场监督管理部门(原工商行政管理机关)是公司登记机关。但各级人民政府批准设立的保税区、各类开发区的市场监督管理部门没有公司登记权,不得登记注册公司。[16]

二、公司设立登记的管辖

根据我国《公司登记管理条例》第 6 ~ 8 条的规定,各级工商行政管理机关对公司设立登记的管辖范围如下:

(一)国家市场监督管理总局(原国家工商行政管理总局)

国家市场监督管理总局负责下列公司的登记:国务院国有资产监督管理机构履行出资人职责的公司以及该公司投资设立并持有 50% 以上股份的公司;外商投

〔16〕 周友苏:《新公司法论》,法律出版社 2006 年版,第 153 页。

资的公司;依照法律、行政法规或者国务院决定的规定,应当由市场监督管理总局登记的公司;市场监督管理总局规定应当由其登记的其他公司。

(二)省、自治区、直辖市市场监督管理部门

省、自治区、直辖市市场监督管理部门负责本辖区内下列公司的登记:省、自治区、直辖市人民政府国有资产监督管理机构履行出资人职责的公司以及该公司投资设立并持有50%以上股份的公司;省、自治区、直辖市市场监督管理部门规定由其登记的自然人投资设立的公司;依照法律、行政法规或者国务院决定的规定,应当由省、自治区、直辖市市场监督管理部门登记的公司;市场监督管理总局授权登记的其他公司。

(三)地级和县级市场监督管理部门

设区的市(地区)工商行政管理局、县市场监督管理部门,以及直辖市的市场监督管理部门、设区的市市场监督管理部门的区分局,负责本辖区内下列公司的登记:市场监督管理总局和省、自治区、直辖市市场监督管理部门负责登记的公司以外的其他公司;市场监督管理总局和省、自治区、直辖市市场监督管理部门授权登记的公司。具体登记管辖由省、自治区、直辖市市场监督管理部门规定。但是,其中的股份有限公司由设区的市(地区)市场监督管理部门负责登记。

三、公司设立登记的事项

按照我国《公司登记管理条例》第9~16条的规定,公司的登记事项包括:

1.名称。公司名称应当符合国家有关规定。公司只能使用一个名称。经公司登记机关核准登记的公司名称受法律保护。2.住所。公司的住所是公司主要办事机构所在地。经公司登记机关登记的公司的住所只能有一个。公司的住所应当在其公司登记机关辖区内。3.法定代表人姓名。4.注册资本。公司的注册资本和实收资本应当以人民币表示,法律、行政法规另有规定的除外。5.公司类型。公司类型包括有限责任公司和股份有限公司。一人有限责任公司应当在公司登记中注明自然人独资或者法人独资,并在公司营业执照中载明。6.经营范围。公司的经营范围由公司章程规定,并依法登记。公司的经营范围用语应当参照国民经济行业分类标准。7.营业期限。8.有限责任公司股东或者股份有限公司发起人的姓名或者名称。

四、公司设立登记的程序

根据我国《公司登记管理条例》第17~25条以及第50~57条的规定,公司设立登记的程序如下:

(一)申请名称预先核准

设立公司应当申请名称预先核准。法律、行政法规或者国务院决定规定设立公司必须报经批准,或者公司经营范围中属于法律、行政法规或者国务院决定规定在登记前须经批准的项目的,应当在报送批准前办理公司名称预先核准,并以公司

登记机关核准的公司名称报送批准。设立有限责任公司,应当由全体股东指定的代表或者共同委托的代理人向公司登记机关申请名称预先核准;设立股份有限公司,应当由全体发起人指定的代表或者共同委托的代理人向公司登记机关申请名称预先核准。

申请名称预先核准,应当提交下列文件:有限责任公司的全体股东或者股份有限公司的全体发起人签署的公司名称预先核准申请书;全体股东或者发起人指定代表或者共同委托代理人的证明;国家市场监督管理总局规定要求提交的其他文件。预先核准的公司名称保留期为 6 个月。预先核准的公司名称在保留期内,不得用于从事经营活动,不得转让。

设立有限责任公司,应当由全体股东指定的代表或者共同委托的代理人向公司登记机关申请设立登记。设立国有独资公司,应当由国务院或者地方人民政府授权的本级人民政府国有资产监督管理机构作为申请人,申请设立登记。法律、行政法规或者国务院决定规定设立有限责任公司必须报经批准的,应当自批准之日起 90 日内向公司登记机关申请设立登记;逾期申请设立登记的,申请人应当报批准机关确认原批准文件的效力或者另行报批。设立股份有限公司,应当由董事会作为申请人,向公司登记机关申请设立登记。

申请公司登记,申请人可以到公司登记机关提交申请,也可以通过信函、电报、电传、传真、电子数据交换和电子邮件等方式提出申请。通过电报、电传、传真、电子数据和电子邮件等方式提出申请的,应当提供申请人的联系方式以及通信地址。

(二)决定受理公司设立登记的申请

公司登记机关应当根据下列情况分别作出是否受理的决定:

1. 申请文件、材料齐全,符合法定形式的,或者申请人按照公司登记机关的要求提交全部补正申请文件、材料的,应当决定予以受理。

2. 申请文件、材料齐全,符合法定形式,但公司登记机关认为申请文件、材料需要核实的,应当决定予以受理,同时书面告知申请人需要核实的事项、理由以及时间。

3. 申请文件、材料存在可以当场更正的错误的,应当允许申请人当场予以更正,由申请人在更正处签名或者盖章,注明更正日期;经确认申请文件、材料齐全,符合法定形式的,应当决定予以受理。

4. 申请文件、材料不齐全或者不符合法定形式的,应当当场或者在 5 日内一次告知申请人需要补正的全部内容;当场告知时,应当将申请文件、材料退回申请人;属于 5 日内告知的,应当收取申请文件、材料并出具收到申请文件、材料的凭据,逾期不告知的,自收到申请文件、材料之时起即为受理。

5. 不属于公司登记范畴或者不属于本机关登记管辖范围的事项,应当即时决定不予受理,并告知申请人向有关行政机关申请。公司登记机关对通过信函、电报、电传、传真、电子数据交换和电子邮件等方式提出申请的,应当自收到申请文件、材料之日起5日内作出是否受理的决定。

除申请人到公司登记机关提出的申请,公司登记机关予以受理并当场作出准予登记的决定的情形外,公司登记机关决定予以受理的,应当出具《受理通知书》;决定不予受理的,应当出具《不予受理通知书》,说明不予受理的理由,并告知申请人享有依法申请行政复议或者提起行政诉讼的权利。

(三)决定公司登记

公司登记机关对决定予以受理的登记申请,应当分别情况在规定的期限内作出是否准予登记的决定:

1. 对申请人到公司登记机关提出的申请予以受理的,应当当场作出准予登记的决定。

2. 对申请人通过信函方式提交的申请予以受理的,应当自受理之日起15日内作出准予登记的决定。

3. 通过电报、电传、传真、电子数据交换和电子邮件等方式提交申请的,申请人应当自收到《受理通知书》之日起15日内,提交与电报、电传、传真、电子数据交换和电子邮件等内容一致并符合法定形式的申请文件、材料原件;申请人到公司登记机关提交申请文件、材料原件的,应当当场作出准予登记的决定;申请人通过信函方式提交申请文件、材料原件的,应当自受理之日起15日内作出准予登记的决定。

4. 公司登记机关自发出《受理通知书》之日起60日内,未收到申请文件、材料原件,或者申请文件、材料原件与公司登记机关所受理的申请文件、材料不一致的,应当作出不予登记的决定。

公司登记机关需要对申请文件、材料核实的,应当自受理之日起15日内作出是否准予登记的决定。

(四)签发公司营业执照

公司登记机关作出准予公司设立登记决定的,应当出具《准予设立登记通知书》,告知申请人自决定之日起10日内,领取营业执照;公司登记机关作出不予登记决定的,应当出具《登记驳回通知书》,说明不予登记的理由,并告知申请人享有依法申请行政复议或者提起行政诉讼的权利。

公司登记机关应当将公司登记、备案信息通过企业信用公示系统向社会公示。

第六节　公司设立的效力

公司设立的效力,即公司设立行为的法律后果。公司设立行为的法律后果包括以下三种情形:一是公司设立完成,公司成立;二是公司设立未能最终完成,导致公司设立失败;三是公司设立存在瑕疵,导致被责令采取补救措施,或者设立行为被宣告为无效或被撤销。

一、公司成立

公司成立是公司经过设立程序,符合法律规定的条件,依法取得法人资格的法律事实。国外公司法一般规定,公司正式登记的日期即公司的成立时间。如德国《有限责任公司法》第 11 条规定,有限责任公司未在公司所在地进行商业登记,不得成立;在登记前,以公司名义为法律行为的人,应由行为人负连带无限清偿责任。但依照我国《公司法》的规定,公司营业执照签发日期,为公司成立日期。

(一)设立中公司的法律地位

设立中公司就是存在于公司设立过程中的一个过渡性的实体,即是从公司章程订立时起,至办理公司登记前存在的,以取得法人资格为其活动目的,但尚未取得法人资格的过渡性实体。设立中公司的法律地位,主要是指设立中公司能否在法律上作为一类独立的民(商)事主体,从而具有相应的权利能力和行为能力。

我国《公司法》中没有设立中公司的说法,更没有对设立中公司的地位进行界定,但相关行政法规作出了规定。例如,我国《公司登记管理条例》第 17 条规定:"设立公司应当申请名称预先核准。"按此规定,设立中公司享有名称权,并可以从事经营活动以外的其他设立活动。这可以视为对设立中公司的认可。

对于设立中公司的法律地位,理论上存在不同观点。学者们较多地从设立中公司的法律性质入手,解释其法律地位问题。

1. 无权利能力社团说

早期的大陆法系学说一般认为,由于设立中公司尚未登记取得人格,故不得享有权利能力和行为能力,因此准用民法上关于"无权利能力社团"的规定。认为设立中公司具有社团的性质,但尚未取得权利能力。此学说最早在德国法律中被确定。德国《民法典》第 22 条规定:"以营利为目的的社团,如帝国法律无特别之规定时,得以邦(州)的许可而取得权利能力。那么,没有经过许可的当然就是无权利能力之社团。"[17]我国台湾地区也有许多学者持此观点。但究其根本,设立中公司实际上具备一定的权利能力和行为能力,与无权利能力社团有着根本的区别。

2. 同一体说

同一体说认为设立中公司与成立后的公司乃同一法律现象,两者是形成同一团体的不同发展阶段。因此,设立中公司在必要范围内为公司成立而实施的设立行为的后果应直接归属于成立后的公司。同一体说实际上模糊了设立中公司与成立后公司间严格的法律界限,在此说指导下的立法和实践活动无疑将淡化公司法律人格的地位和价值。设立中公司只是公司在获得法律人格前的过渡性实体,如

---

〔17〕 卞耀武主编:《德国股份公司法》,法律出版社 1999 年版,第 15 页。

果处于过渡阶段的组织便已具有本应在登记成立后才享有的权利能力从而广泛地参与各项民事活动,必将对由独立财产和独立责任支撑起来的公司法律人格制度造成致命的冲击,导致难以在法律上严格区分设立前后的公司。

3. 修正的同一体说

该说认为设立中公司与登记后公司的法律性质不同,不能视为同一实体;但是两者毕竟受制于同一目的之下,因而设立中公司因设立所必需的行为而发生的权利义务,不由设立中公司承受,应转由已登记的公司享有或负担。学说也多认为设立中公司具有有限的权利能力,即设立中公司的权利能力局限于设立公司所必要的行为。

4. 非法人团体说

该说为英美法系关于设立中公司性质的代表性学说。非法人团体是指"为了某种合法目的而联合为一体的、非按法人设立规则设立的人的集合体,它可以享有权利和承担义务,其财产受法律保护,并在财产范围内对外承担民事责任"。非法人团体是一种具有权利能力和行为能力的非法人化的组织体。

设立中公司与成立的公司具有密切的不可分割的联系,因此,为公司设立之必要,也为实现公司最终成立的目的,我们的观点基本趋于认同设立中公司具有有限人格,享有一定的权利能力和行为能力,以及不完全的责任能力。

(二)公司成立的法律后果

公司成立不仅标志着公司设立阶段的终止,而且还产生以下法律后果:

1. 公司取得法人资格

设立公司以取得法人资格为目的,公司成立后,可以自己名义独立对外从事民事活动,享有民事权利能力和民事行为能力。

2. 法律关系发生变化

由公司设立阶段发起人之间的较为单一的合同关系变成了公司与股东之间,即法人与法人成员的关系,以及作为公司内部成员的股东之间的关系。

二、公司设立失败

公司设立失败,又称公司设立不能,是指未能完成公司设立的情形。公司设立失败的原因包括客观不能和主观不能两种情形。[18]

(一)客观不能

公司设立的客观不能包括两种原因:一是未获准登记注册;二是设立停止。前者是指没有满足法律的要求,即没有满足法定的设立条件或设立程序,而没有获得登记机关的注册登记。后者是指发起人自动停止设立公司的行为。至于设立行为停止的原因,如发起人未能筹集到资金,或者发起人之间未能就各种发起事项达成

---

〔18〕 施天涛:《公司法论》,法律出版社 2005 年版,第 113 页。

一致，或者投资环境发生变化等。

（二）主观不能

如我国《公司法》第 90 条规定，发生不可抗力或者经营条件发生重大变化直接影响公司设立的，创立大会可以作出不设立公司的决议。此外，在有限责任公司的设立过程中，发起人也可能通过决议停止设立公司。

无论基于何种原因而导致公司设立失败，其产生的法律后果均是相同的，即公司不能成立。

三、公司设立瑕疵

（一）公司设立瑕疵的概念

公司设立瑕疵，是指经公司登记机关核准登记并获营业执照而宣告成立的公司，在设立过程中存在不符合公司法规定的条件和程序而设立公司的情形。

公司设立瑕疵的原因及表现形式多样，依据不同的标准可以作出如下划分〔19〕：

1. 主观瑕疵和客观瑕疵

这是依据公司瑕疵产生的原因不同进行的划分。主观瑕疵主要是指设立人行为能力和意思表示的缺陷，如无民事行为能力或限制民事行为能力人担任公司的发起人，投资者因受欺诈而实施了投资行为等。客观瑕疵主要是指设立行为在客观上违法，如公司未达到法定实质要件、公司章程欠缺必要记载事项或记载违法事项、公司设立程序违法等。

2. 程序瑕疵和实体瑕疵

这是依据公司瑕疵的内容所作的分类。程序瑕疵是指违反程序性规定，如未经有关主管机关批准、创立大会召集程序不合法等。实体瑕疵指违反公司法所规定的实质要件，如股东未达到法定人数、公司注册资本低于法律规定、出资形式不符合法律要求等。

3. 登记前产生的瑕疵和登记时产生的瑕疵

这是依据公司瑕疵产生的环节进行的分类。登记前产生的瑕疵如虚假出资骗取登记，登记时产生的瑕疵如公司登记机关错误登记而导致登记存在瑕疵。

4. 可以补救的瑕疵和无法补救的瑕疵

这是依据公司瑕疵的严重程度进行的划分。对主观瑕疵和轻微瑕疵，立法上大都允许进行补正，而客观瑕疵及较为严重的瑕疵一般不能补正，直接导致公司设立无效或被撤销的后果。

（二）公司设立瑕疵的法律后果〔20〕

从理论上讲，公司设立瑕疵应导致公司设立无效，并自始否认其法律人格的存

---

〔19〕 冯果：《公司法要论》，武汉大学出版社 2003 年版，第 39 页。

〔20〕 范健、王建文：《公司法》，法律出版社 2006 年版，第 133 ~ 137 页；冯果：《公司法要论》，武汉大学出版社 2003 年版，第 39 ~ 41 页；施天涛：《公司法论》，法律出版社 2005 年版，第 115 ~ 119 页。

在。然而,这毕竟只是一种消极的做法,使既已存在的公司法律人格简单地消灭,往往会对第三人、股东及公司员工等利益相关者造成严重影响,并导致资源的极大浪费,对交易安全和社会经济秩序造成负面影响。因此,各国大都通过相应的补救措施,允许部分存在设立瑕疵的公司继续保留其法律人格,而不简单地使其消灭。

1. 英美法系公司设立瑕疵的法律后果

英国采取的是瑕疵设立原则承认主义。该规范模式又称确定性证书规则,是指公司注册机关所颁发的设立证书具有推定公司法有关注册的所有要求均已得到遵守的确定性证据功能。依此,一旦公司获得设立证书,则无论其在设立过程中是否存在瑕疵,原则上均被视为公司已依法成立。对于已成立的公司,原则上并不存在是否无效的问题,也不存在被公司债权人等利害关系人申请撤销的问题。该原则也有例外,如代表王室的检察总长有权申请法院撤销存在违反法律或道德目的的公司注册;从事违反法律或公共政策目的的公司应予以撤销;对于以不法目的而设立的公司,法院还可依债权人或股东的申请,在确认解散公司属于公平合理的前提下,责令解散公司。采取该立法模式的有加拿大、澳大利亚、中国香港等国家和地区。

在美国,传统公司法采取的是与英国公司法完全相反的态度:即便公司已经获得设立证书,但若公司在设立过程中存在违反公司法关于设立条件与程序的规定,则公司设立将被宣告无效,且公司设立自开始时起即不具有法律效力。在一些案件中,被告以原告公司在行为时因存在设立瑕疵而缺乏法律人格为由进行抗辩;而在另一些以公司为被告的案件中,被告则以其行为时尚未依法成立为由进行抗辩,从而实现推卸责任的目的。[21] 因而,美国判例法通过"事实原则"、"禁止反言原则"以及"法律上的公司规则"有条件地承认存在设立瑕疵的公司的法律人格,从而使制定法的严苛要求得以适度回避,避免法律适用的不公平,并提高商事交易的可预测性。但目前美国已由公司瑕疵设立的个别承认主义向原则上承认主义转变。

其中,"事实原则"是为了阻止对于未实质性地遵守公司设立强制性条件的公司人格的间接否定。依事实原则而被确认法律人格的公司被称为"事实上的公司"。美国判例法还确立了事实上的公司的三个判断标准:(1)存在一个允许该公司成立的法律;(2)试图善意地遵守该法律设立公司;(3)公司权利已被实际行使。不过,如今这些问题通常是依州公司法的专门规定来解决的。美国《示范商业公司法》及绝大多数州公司法都规定,除非由州政府提出诉讼,州务卿接受公司章程或颁发注册证书这一事实就是公司组建已满足所有条件的确定性证据。依此,美国也确立了设立证书"结论性证据"规则。

---

〔21〕 房绍坤、王洪平:《公司瑕疵设立的法人格规制》,载《中国法学》2005 年第 2 期。

依禁止反言原则，在公司设立不合法且缺陷较为严重而不能适用事实原则时，如果具备某些条件或根据，也可阻止对公司法律人格的间接否定。依此，被确认的公司称为“不容否认的公司”。〔22〕

法律上的公司与事实上的公司相对应，是指依照法定条件和程序而组建的公司。法律上的公司具有完整的法律人格，不受个人、州政府和国家的干预。因此，若公司设立未遵守法定条件和程序，则原则上州政府和当事人可以通过诉讼程序直接或间接地阻止其非法行使法人的权利。然而，严格贯彻该原则将对社会产生不利后果，加之各州关于公司设立的条件和程序的规定也不同，因而法院采取了一种折中做法，使违法设立的公司尽量得到承认。其方法是将法律上的公司所依存的“法定条件和程序”解释为“实质性的条件和程序”，只要公司设立人实质性地遵守了设立公司所要求的所有强制性要件并且也实质性地遵守了所有指导性要件的法律，公司即成为修正性的法律上的公司〔23〕。通过这种对公司设立条件和程序的实质性修正（实质上是法院的扩张解释），在法律上的公司的外延得以扩大的基础上，使本来存在设立瑕疵的公司取得了法律上的公司的确定法律人格。

总体来说，在英美法系国家和地区，对于瑕疵设立公司的法律人格的法律确认，原本存在原则承认主义与个别承认主义两种模式，但现均已采取原则承认主义。这是在调和交易安全和效率原则时，偏重考虑效率原则并贯彻企业维持理念的结果。即通过对瑕疵设立的原则承认，以减少企业设立成本和交易成本。〔24〕

2. 大陆法系公司设立瑕疵的法律后果

在绝大多数大陆法系国家和地区的公司法中，均对设立瑕疵公司法律人格的法律确认作了明确规定。各国和地区确立了公司设立无效或撤销制度，因而在制度表层，普遍采取的是公司瑕疵设立法律人格原则否定主义。但在深层次上，通过一系列限制性制度，实际上包含着尽可能对公司法律人格予以承认的立法精神。这些限制性措施主要包括：法律明确限定提起诉讼的原因，必须通过诉讼渠道才能否定瑕疵设立公司的法律人格，限定提起诉讼的期限，设置公司瑕疵设立诉讼的阻却与迟延制度。各国普遍规定，只有在难以弥补或者瑕疵严重时才宣告其设立无效或将其撤销。如德国《股份公司法》第275条第2款规定：“瑕疵依第276条可以得到补正的，只有在诉权人催告公司除去瑕疵，而公司未在3个月内履行此项催告之后，才可以提起诉讼。”为保护交易安全、维护社会经济秩序，法律特作尽量维持公司法律人格的处置。

当然，除了有必要维持公司的法律人格之外，在公司设立有重大缺陷时，理应

---

〔22〕 孔祥俊：《公司法要论》，人民法院出版社1997年版，第183页。

〔23〕 张民安：《公司法上的利益平衡》，北京大学出版社2003年版，第33页。

〔24〕 蒋大兴：《公司法的展开与评判——方法·判例·制度》，法律出版社2001年版，第399页。

允许公司股东、董事、监事等通过诉讼程序,对该法律人格予以间接否定。只有如此,才能体现公司法上的利益平衡原则。因此,大陆法系国家和地区大多设立了公司设立无效或撤销制度。在具体立法模式上,大陆法系国家和地区公司法关于公司设立瑕疵的法律后果的规定主要有两类:其一,只有关于公司设立无效的规定,如德国、法国、意大利、比利时;其二,既有关于公司设立无效的规定,又有关于公司设立撤销的规定,如日本、韩国和我国澳门地区。我国台湾地区公司法没有直接规定公司瑕疵设立无效或撤销诉讼,而是规定经法院对设立瑕疵作出裁判后,由检察机关通知"中央主管机关"撤销或废止其登记。撤销或废止公司登记属于行政处分行为,依台湾地区"行政程序法"的规定,使违法行政处分失去其效力者为撤销,使合法行政处分失去其效力者为废止。因此,所谓撤销与废止,有些类似于日本等国规定的公司设立无效与撤销。不过,与后者属于私权主体基于意思表示瑕疵而予以救济的性质不同,前者虽不限于但主要表现为公权机关对公司设立的干预,性质上更接近于我国公司法关于公司登记机关依职权撤销登记的规定。

各国大多对提起公司设立无效与撤销诉讼设置期间限制。该期限大多为公司成立后3年(如德国、法国)或者2年(如日本、韩国)。在公司设立无效诉讼的原告主体资格方面,各国基本上都规定为股东、董事及监事。确立了公司设立撤销制度的国家,关于公司设立撤销之诉的起诉权人的规定与公司设立无效诉讼的规定有所不同。其区别在于前者一般将公司债权人作为主要的甚至唯一的起诉权人。如日本关于公司设立撤销的诉讼请求权人原则上限定为债权人。诉讼被告方面,各国一般规定限于公司。此外,依各国公司法的规定,由于提起公司设立无效或撤销之诉的判决仅具有个别效力,即便原告败诉,其他诉讼请求权人仍可重新起诉。为了防止诉讼请求权人滥用诉权,法律一般规定如果原告有恶意或重大过失而败诉,原告应对公司承担连带损害赔偿责任。

大陆法系在法定资本制或折中资本制下,奉行资本确定原则,注重公司资本的真实性,防止公司设立中的欺诈行为,从而实现维护交易安全和债权人利益的制度价值。因此,公司设立若存在重大瑕疵,如不符合法定条件和程序、公司章程绝对必要记载事项欠缺或记载违法,将使其失去获得法律承认的基础。

3. 我国公司瑕疵设立的法律救济及完善

(1)我国公司瑕疵设立的法律救济

在我国公司实践中,出现了大量公司设立瑕疵的现象,如股东未共同制定公司章程;公司章程记载的事项违反强制性法律规范或社会公共利益;公司未建立符合要求的组织机构;公司注册资本虚假等。

我国规定撤销公司登记由公司登记机关依职权作出。《公司法》第198条规定,违反本法规定,虚报注册资本、提交虚假材料或者采取其他欺诈手段隐瞒重要事实取得公司登记的,由公司登记机关责令改正,对虚假注册资本的公司,处以虚报注册资本金额百分之五以上百分之十五以下的罚款;对提交虚假材料或者采取其他欺诈手段隐瞒重要事实的公司,处以五万元以上五十万元以下的罚款;情节严重的,撤销公司登记或者吊销营业执照。这表明我国公司法上的公司瑕疵设立制度具有以下特点:第一,过于倚重行政的主导作用,忽视司法机关的协调与配合。我国公司法把公司登记撤销权赋予公司登记机关而非法院,与国外的公司设立无效和公司撤销制度有着明显的区别。我国的公司设立撤销制度,是行政机关依职权行使,具有浓厚的行政色彩,而国外的公司设立无效和撤销制度则主要是司法救济制度,体现的是司法最终解决的法治原则。第二,关于公司瑕疵设立的责任,在我国只有行政责任和刑事责任的规定,而无民事责任的规定,这与西方国家重视民事责任规定和民事规制手段运用的指导思想也完全不同。第三,关于设立瑕疵产生原因及处理程序的规定非常简略,表现出较大的立法局限性。

(2)我国公司瑕疵设立的法律救济制度的完善

在公司瑕疵设立效力的立法选择上,既要综合考虑股东、债权人等利害关系人的利益平衡,又要在企业维持原则、商事效率原则、保护交易安全原则和保护社会公共利益原则之间加以协调,因而该问题实际上是一个复杂的公共政策问题。两大法系及同一法系不同国家的制度设计,实际上都是对各种利益及各种法律原则综合考量的结果,都具有一定的合理性。基于境外立法例及我国立法与司法实践,我国关于公司瑕疵设立的法律后果,应继续保留公司登记机关的行政撤销制度,并从以下几方面加以完善:

第一,确立公司瑕疵设立无效制度。由于公司设立无效与司法撤销的具体模式与法律后果均基本相同,因此我国可以借鉴日本、韩国公司法将二者分别加以规定,确立公司瑕疵设立无效制度。

第二,明确公司瑕疵设立无效的事由。关于公司瑕疵设立无效的事由,各国和地区公司法的规定不尽相同,具体情形主要是:其一,公司章程欠缺或违法。如德国《股份公司法》第 275 条第 1 款规定:"章程不包含关于股本数额或关于经营对象的规定,或章程关于经营对象的规定为无效的,任何一名股东以及任何一名董事会和监事会成员,均可以提起宣告公司无效的诉讼。不得因其他理由提起此种诉讼。"其二,股东无行为能力。如法国《商事公司法》第 360 条规定,公司无效或修改公司章程行为的无效,只有根据本法的明文规定或规定合同无效的条款,始可宣布。第 365 条规定,公司成立后,因意思要件的缺陷或股东的无行为能力,公司无效。其三,法院依职权确定的原因。如日本规定,公司设立无效是由法院根据股东申请依职权来判定的。法院依职权实际是法院按照基本的法律原则来确定,如果公司设立过程中有违法行为,均可认定为设立无效。[25] 我国可将公司设立无效的

〔25〕 周友苏:《新公司法论》,法律出版社 2006 年版,第 170 ~ 171 页。

事由规定为如下几种:公司章程未包含股本数额或经营对象的规定;章程关于经营对象的规定无效;公司的设立或其他登记事项有伪造、变造文书和股东虚假出资等。

第三,规定公司设立瑕疵补正制度及无效阻却与迟延制度。为贯彻商法的企业维持原则并维护交易安全,我国应尽可能维持瑕疵设立公司的法律人格,并明确规定设立无效的阻却与迟延制度。首先,应规定除非公司经营对象严重违法或严重损害了社会公共利益,相关当事人在提起设立无效诉讼之前,应给予公司通过合法程序对设立瑕疵予以补正的一定期限。只有在该期限届满之后公司仍未能补正瑕疵的,相关当事人才能行使诉权。其次,规定当事人行使公司设立无效诉讼请求权的期间,借鉴国外立法例的规定,该期间可为2年,并应为除斥期间。最后,为了防止请求权人滥用诉权,可规定原告败诉时,如果其有恶意或重大过失,应对公司承担连带赔偿责任。[26]

第四,规定公司设立无效诉讼的原告。在国外,关于公司设立无效之诉原告的资格规定不一,如日本和韩国规定只有股东社员才能作为原告提起公司设立无效诉讼,德国《股份公司法》规定股东、董事、监事均可作为原告起诉。我国公司设立无效之诉的原告不宜限制过多,可为股东、董事、监事、债权人及其他利害关系人。

第五,明确规定公司设立无效判决与行政撤销登记不具有溯及力,并且股东和公司不得以此对抗善意第三人。在法律效果上,公司设立无效判决与行政撤销将导致公司解散,但为了保护交易安全,其不应具有溯及力。

第七节　发起人的责任

发起人的责任是公司在设立过程中,由发起人的设立行为所引起的法律责任。发起人的责任涉及民事责任、行政责任和刑事责任,但其中核心内容为民事责任,且行政责任和刑事责任因有明确的法律规定,较少存在认识上的分歧,因此一般所谓发起人的责任乃指民事责任。

一、发起人的法律地位

关于发起人的法律地位,在学术界存在争议,主要有以下四种学说[27]:

(一)无因管理说

该说认为发起人和成立后的公司是一种无因管理关系,即发起人为了即将

---

〔26〕 王建文:《公司瑕疵设立制度理念比较研究——我国公司瑕疵设立制度批判与理论构建》,载《商业经济与管理》2007年第1期。

〔27〕 赵旭东主编:《公司法学》,高等教育出版社2003年版,第113页。

成立的公司的事务而进行管理。在公司成立后,作为管理人的公司发起人便将公司设立过程中所发生的权利义务归属于公司。但该说存在以下缺陷:第一,无因管理乃为他人之事务进行管理,而公司设立阶段此他人并不存在;第二,无因管理的前提是管理人无法定义务,然而筹办公司事务乃发起人之法定义务;第三,无因管理中的管理人并无报酬请求权,而发起人在公司成立后拥有报酬请求权。

(二)第三人利益契约说

此说认为发起人在公司设立阶段与他人缔结的契约乃是以成立后公司为受益人的合同。然而若按第三人利益契约说,为第三人利益契约仅能使该第三人受益,并不能使其负义务。若按此说,发起人为设立公司所负的正当义务便无法移转于公司。

(三)当然继承说

此说认为发起人在设立公司中的权利义务在公司成立时当然由公司承受。但该说的缺陷在于不能说明为什么由成立后的公司承受。

(四)设立中公司的机关说

此说认为发起人是设立中公司的机关,设立中公司与成立后的公司属于一体,因而发起人在公司设立中的权利义务自然由成立后的公司承受。此说为学术界的通说。

我们认为,发起人的法律地位应放在法律关系中进行探讨,只有在一定的法律关系中法律地位才有意义。综观上述四种学说,其所指法律关系并不统一。其中无因管理说、为第三人利益说、当然继承说着眼于公司发起人与成立后的公司关系,而设立中公司的机关说着眼于发起人与设立中公司的关系。所以,对发起人法律地位的探讨应放在具体的法律关系中进行,而不能一概而论。首先,发起人之间的关系。发起人之间的关系是由于发起人有设立公司的意思表示,并根据发起人协议进行确定的一种权利义务关系。单就发起人之间的个体关系而言(而非从发起人整体而言,发起人整体可以看作设立中公司的机关),这种关系应是民法上的合伙关系。其次,发起人与设立中公司的关系。发起人为设立中公司的机关,而设立中公司与成立后的公司又属于同一体,因而发起人在设立过程中所产生的权利义务便可以归属于成立后的公司。最后,发起人与成立后的公司的关系。发起人与成立后的公司并无直接关系,只有通过设立中公司这一载体,二者才间接地发生关系。因为二者在存续时间上有差异。发起人仅存在于公司设立阶段,而公司人格开始于公司成立,此时随着发起行为的完成发起人也转变为了公司股东。[28]

---

〔28〕 赵旭东主编:《新公司法制度设计》,法律出版社2006年版,第25页。

二、公司成立时发起人的责任

(一)发起人对公司和其他股东的责任

1. 出资违约责任

(1)出资违约责任的含义与表现形式

出资违约责任是指发起人(股东)违反其出资义务对公司和其他股东所应承担的民事责任。如果发起人未按规定缴纳所认缴的出资,即构成对其出资义务的违反。

发起人违反出资义务可表现为出资义务不履行和不适当履行两种情形。出资义务不履行是指完全不履行出资义务,具体表现为拒绝出资、不能出资、虚假出资、抽逃出资等。拒绝出资是指发起人在章程制定或填写认购书后拒绝按规定出资;不能出资是指因客观条件,不能履行出资义务,如作为出资的不动产在办理转移手续前毁损或者灭失,技术秘密在出资前泄密等;虚假出资是指表面上出资而实际上并未出资,如为了享有外资企业的优惠待遇,虚构外方出资,进行假合资、假合作;抽逃出资是在公司成立后将其缴纳的出资暗中抽回。出资义务不适当履行是指出资义务履行不当,包括迟延出资、不完全出资、瑕疵给付和出资不实等情形。迟延出资是不按规定的期限缴纳出资或办理财产权转移手续;不完全出资是不按规定数额足额缴纳出资;瑕疵给付,是指缴付的现物存在品质和权利上的瑕疵,如所交付的标的物不符合章程约定或国家规定的品质标准,不具备应有的功能或效用,或者所交付的标的存在第三人的合法权益,影响公司对标的物的占有和使用;出资不实,是指股东出资现物的实际价值显著低于其章程所确定的价值。〔29〕

(2)出资违约责任的特点

发起人的出资违约责任有其特殊性:

首先,发起人的出资违约责任是指发起人作为股东对公司承担的出资违约责任。股东的出资义务是其根据公司章程所规定的出资额应缴纳的出资,公司章程具有契约性,有的学者认为其为一种“不完全的开放式合同”〔30〕,因此股东不履行出资义务的行为是违反了公司章程的违约行为。同时,公司章程规范的不是股东与个别股东的关系,而是股东与公司之间的关系。所以在此意义上,发起人的出资违约责任是向公司承担违约责任。

其次,发起人违反出资义务应根据发起人协议向其他发起人承担违约责任。根据大陆法系各国立法,发起人在其设立公司过程中,应订立发起人协议。发起人协议是发起人之间的契约,其中也规定了发起人的出资义务。因此,发起人不履行或不适当履行出资义务即违反了发起人协议,需对其他发起人承担违约责任。

---

〔29〕 冯果:《现代公司资本制度比较研究》,武汉大学出版社2000年版,第88页。

〔30〕 罗培新:《公司法的合同解释》,北京大学出版社2004年版,第142页。

我国《公司法》第 28 条第 2 款对有限责任公司发起人出资违约责任作出了规定，即“股东不按照前款规定缴纳出资的，除应当向公司足额缴纳外，还应当向已按期足额缴纳出资的股东承担违约责任”。同时，《公司法》第 83 条第 2 款、第 93 条第 1 款规定了股份有限公司的发起人出资违约责任，即“发起人不按照前款规定缴纳出资的，应当按照发起人协议的约定承担违约责任”。“股份有限公司成立后，发起人未按照公司章程的规定缴足出资的，应当补缴；其他发起人承担连带责任。”

最高人民法院《公司法司法解释（三）》第 6 条规定：股份有限公司的认股人未按期缴纳所认股份的股款，经公司发起人催缴后在合理期间内仍未缴纳，公司发起人对该股份另行募集的，人民法院应当认定该募集行为有效。认股人延期缴纳股款给公司造成损失，公司请求该认股人承担赔偿责任的，人民法院应予以支持。

2. 资本充实责任

资本充实责任是指由公司发起人共同承担的担保公司成立时股东出资义务履行的民事责任。资本充实责任一般包括认购担保责任、缴纳担保责任、差额填补责任。[31]

认购担保责任，即设立股份有限公司而发行股份时，其发行的股份未被认购或认购后又取消的，由发起人共同认购。在此情况下，履行认购担保责任的公司的发起人可以自然取得认购部分的股份。

缴纳担保责任，即股东虽然认购股份但未缴纳股款或交付现物的，由发起人承担连带责任缴纳股款或交付未给付财产价额的义务。与认购担保责任不同，履行缴纳担保责任的发起人只是代行出资义务，其并不能因此而当然全部或部分取得履行责任部分的股份，而只能向违反出资义务的股东行使求偿权。

差额填补责任，也称价格补足责任。在公司成立时，如果出资现物的实际价额不足时，发起人对不足的差额部分承担连带填补责任。履行差额填补责任的发起人可向出资不实的股东行使求偿权。

发起人资本充实责任具有以下特点：第一，资本充实责任是公司法上的法定责任，不以当事人的约定为必要，也不能以公司章程或股东会决议来免除。第二，资本充实责任是违反出资义务的发起人（股东）以外的公司发起人的责任，违反出资义务的股东或发起人承担的是出资违约责任，其内容与资本充实责任不同。第三，资本充实责任因公司设立行为而产生，只适用于公司发起人，其他股东均不承担资本充实责任。第四，资本充实责任是无过错责任，只要存在资本不足的事实即可构成。第五，资本充实责任是连带责任，全体发起人中的任何一人对资本不足的事实

〔31〕 冯果：《现代公司资本制度比较研究》，武汉大学出版社 2000 年版，第 92 ~ 97 页；冯果：《论公司股东与发起人的出资责任》，载《法学评论》1999 年第 3 期。

均负全部充实责任,先行承担资本充实责任的公司发起人,可向违反出资义务的股东求偿,也可要求其他发起人分担。

大陆法系国家公司法大多规定了资本充实责任。如德国《股份公司法》第46条第1款、韩国《商法典》第321条、意大利《民法典》第2339条,均对此作了明确规定。在英美法系国家,尽管制定法中不乏关于持有不充分对价或无效对价的股份的股东之负债的规定,但对发起人的出资责任却很少作明确规定,在实践中更多地基于诚信义务理论来追究发起人对公司、受欺诈的股东以及公司债权人的责任,以避免因资本不实而给善意第三人和诚实股东造成损害。

在我国,公司法对有限责任公司和股份有限公司发起人的资本充实责任均有较为完善的规定。关于有限责任公司发起人的资本充实责任,《公司法》第28条第1款规定:"股东应当按期足额缴纳公司章程中规定的各自所认缴的出资额。股东以货币出资的,应当将货币出资足额存入有限责任公司在银行开设的账户;以非货币财产出资的,应当依法办理其财产权的转移手续。"第2款规定:"股东不按照前款规定缴纳出资的,除应当向公司足额缴纳外,还应当向已按期足额缴纳出资的股东承担违约责任。"第30条规定:"有限责任公司成立后,发现作为设立公司出资的非货币财产的实际价额显著低于公司章程所定价额的,应当由交付该出资的股东补足其差额;公司设立时的其他股东承担连带责任。"对股份有限公司发起人的资本充实责任,《公司法》第93条规定:"股份有限公司成立后,发起人未按照公司章程的规定缴足出资的,应当补缴;其他发起人承担连带责任。股份有限公司成立后,发现作为设立公司出资的非货币财产的实际价额显著低于公司章程所定价额的,应当由交付该出资的发起人补足其差额;其他发起人承担连带责任。"

3. 损害赔偿责任

损害赔偿责任是指发起人在实施设立行为的过程中,因损害公司利益而对受害人承担的民事责任。

由于公司设立程序不同,两大法系国家关于发起人对公司的损害赔偿责任规定不尽相同。在英国判例法中,发起人相对于其所负责设立的公司处于受信人的地位,对公司负有信义义务,发起人违背该信义义务而对公司造成损害时,公司可要求其承担损害赔偿责任。日本法和韩国法规定发起人懈怠其设立任务时,应对公司承担损害赔偿责任,具体包括:对投资不足及未列入设立经费中的报酬承担给付责任,并履行损害赔偿义务;发起人通过投资、实物接收或设立经费故意或由于严重过失使公司受到损失的,应向公司赔偿损失;对章程记载不全或未按规定履行成立公司手续所造成的公司损失承担连带赔偿责任;将设立事务全部委任给特定人而发生事故,应对公司的损失承担连带赔偿责任。

发起人对公司的损害赔偿责任,既非契约上的责任,也非侵权责任,而是公司法或商法所规定的特殊的损害赔偿责任。在归责原则上,大陆法系各国立法均将发起人对公司的这种损害赔偿责任认定为过错责任。对于是否由全体发起人承担连带责任，德国《股份公司法》第46条第2款规定，如果发起人因故意或严重过失而使公司受到损失，所有发起人应作为总债务人对公司赔偿损失；韩国《商法典》第322条第1款规定，发起人对公司承担连带损害赔偿责任。

关于发起人对公司的损害赔偿责任，我国《公司法》第94条第3项作了明确规定，即“在公司设立过程中，由于发起人的过失致使公司利益受到损害的，应当对公司承担赔偿责任”。

（二）发起人对第三人的责任

1. 发起人对第三人的违约责任

发起人对第三人的违约责任包括两种情形：发起人为设立公司以自己名义对外签订合同，合同相对人请求该发起人承担责任；公司成立后有证据证明发起人利用设立中公司的名义为自己的利益与相对人签订合同，公司以此为由主张不承担合同责任。

最高人民法院《公司法司法解释（三）》第2条规定：“发起人为设立公司以自己名义对外签订合同，合同相对人请求该发起人承担合同责任的，人民法院应予支持。公司成立后对前款规定的合同予以确认，或者已经实际享有合同权利或者履行合同义务，合同相对人请求公司承担合同责任的，人民法院应予支持。”第3条规定：“发起人以设立中公司名义对外签订合同，公司成立后合同相对人请求公司承担合同责任的，人民法院应予支持。公司成立后有证据证明发起人利用设立中公司的名义为自己的利益与相对人签订合同，公司以此为由主张不承担合同责任的，人民法院应予支持，但相对人为善意的除外。”

2. 发起人对第三人的损害赔偿责任

发起人对第三人的损害赔偿责任在两大法系多数国家和地区的公司法中均有规定。日本和韩国法规定，发起人对公司的设立，因恶意或重大过失而懈怠其任务，使第三人利益受损时，该发起人应与公司对第三人承担连带赔偿责任。我国台湾地区“公司法”也规定发起人有违反法令导致他人损害时，应与公司对第三人负连带赔偿的责任。[32]

关于第三人的范围，应指公司与发起人之外的所有人。须指出的是，少数学者认为认股人在公司成立后即成为公司股东，与公司融为一体，其所受损害通过发起人对公司承担赔偿责任而受到补偿，因此，认股人或股东不属于第三人。但通说主张第三人应包括认股人或股东。发起人与第三人之间无直接的法律关系，要求发起人与公司对第三人承担连带赔偿责任，是源于公司法的特殊规定。因此，发起人对第三人的损害赔偿责任不是民法的违约责任或侵权责任，而是为了加强与公司

---

〔32〕 王文宇：《公司法论》，中国政法大学出版社2004年版，第196页。

设立有关的第三人的保护而规定的公司法上的特殊责任。

最高人民法院《公司法司法解释(三)》第5条规定,发起人因履行公司设立职责造成他人损害,公司成立后受害人请求公司承担侵权赔偿责任的,人民法院应予支持;公司未成立,受害人请求全体发起人承担连带赔偿责任的,人民法院应予支持。公司或者无过错的发起人承担赔偿责任后,可以向有过错的发起人追偿。

三、公司不成立时发起人的责任

公司不成立时,因设立行为产生的债务准用合伙的规定,即由发起人承担连带责任。各国和地区公司法对此大多作了规定。例如,德国《股份公司法》第41条规定:"在进行商业登记前,股份有限公司不作为股份有限公司而存在。在公司登记前以公司名义行为的人,负个人责任;数人行为的,其作为连带债务人负责任。"我国台湾地区"公司法"第150条规定:"公司不能成立时,发起人关于公司设立所为之行为,即设立所需之费用,均应负连带责任,其因冒滥经裁减者亦同。"

对公司不成立时发起人的责任,我国《公司法》第94条规定:"股份有限公司的发起人应当承担下列责任:(一)公司不能成立时,对设立行为所产生的债务和费用负连带责任;(二)公司不能成立时,对认股人已缴纳的股款,负返还股款并加算银行同期存款利息的连带责任;(三)在公司设立过程中,由于发起人的过失致使公司利益受到损害的,应当对公司承担赔偿责任。"显然,该条前两项是关于公司不成立时发起人责任的规定。

最高人民法院《公司法司法解释(三)》第4条规定:"公司因故未成立,债权人请求全体或者部分发起人对设立公司行为所产生的费用和债务承担连带清偿责任的,人民法院应予支持。部分发起人依照前款规定承担责任后,请求其他发起人分担的,人民法院应当判令其他发起人按照约定的责任承担比例分担责任;没有约定责任承担比例的,按照约定的出资比例分担责任;没有约定出资比例的,按照均等份额分担责任。因部分发起人的过错导致公司未成立,其他发起人主张其承担设立行为所产生的费用和债务的,人民法院应当根据过错情况,确定过错一方的责任范围。"第5条规定:"发起人因履行公司设立职责造成他人损害,公司成立后受害人请求公司承担侵权赔偿责任的,人民法院应予支持;公司未成立,受害人请求全体发起人承担连带赔偿责任的,人民法院应予支持。公司或者无过错的发起人承担赔偿责任后,可以向有过错的发起人追偿。"

【拓展阅读】

进一步了解公司设立民事责任归责模式,仔细阅读最高人民法院《公司法司法解释(三)》中关于公司设立的规定,反思立法和司法实践中存在的问题。

[1]郑曙光:《公司设立无效之诉的比较法考察》,载《法学评论》2011年第

1 期。

[2]肖海军:《论公司设立登记撤销制度——以〈公司法〉第 199 条的适用展开》,载《中国法学》2011 年第 2 期。

[3]傅穹、曹理:《超越“名义主义”的先公司合同统一责任规则》,载《当代法学》2011 年第 6 期。

[4]方斯远:《先公司合同问题研究》,载《中国法学》2015 年第 3 期。

[5]徐强胜:《设立中的法人制度的功能及缺陷——兼评〈民法总则〉第 75 条》,载《法学杂志》2017 年第 4 期。

【问题讨论】

1. 公司设立行为的性质是什么?
2. 不同种类公司的设立原则为什么存在差异?
3. 公司发起人的法律地位究竟是什么?

【司法实践】

案例一:以设立中公司名义签订合同的债务承担案件[33]

李某、某旅游公司和某经贸公司三方于 2009 年年初签订协议共同投资设立某汽车租赁公司,其协议的主要内容是:(1)李某个人以实物(主要是汽车)出资,折价 250 万元,旅游公司和经贸公司各以现金 75 万元出资,公司注册资本 400 万元;(2)李某负责公司的设立和筹办事务;(3)公司设立后,由李某担任公司的董事长和总经理,全面负责公司的经营管理。

2009 年 3 月,李某以某汽车租赁公司的名义与某汽车制造厂订立购车合同。约定:(1)汽车制造厂向汽车租赁公司出售单价为 10 万元的越野吉普车 25 辆,总计 250 万元;(2)2009 年 6 月 30 日前交货;(3)采取分期付款的方式,首期购车款 100 万元于交车之日支付,余款最迟于 2010 年 3 月 1 日前付清。2009 年 5 月,李某向有关部门递交了汽车租赁公司的设立报批申请,6 月 12 日,李某以汽车租赁公司的名义接收了汽车制造厂交付的汽车,并支付了部分款项。7 月,该公司取得营业执照。之后,李某即以汽车租赁公司的名义办理了该批汽车的过户登记手续。截至 2010 年 3 月 1 日,总计付款 210 万元,尚欠 40 万元未付,由李某以汽车租赁公司的名义出具了欠条,但欠条上只有李某的个人签名,未盖公章。

---

[33] 案例参见赵万一:《设立中公司的法律责任应如何承担》,载中国法院网:https://www.chinacourt.org/article/detail/2002/09/id/11704.shtml,最后访问日期:2019 年 5 月 16 日。案例解析参见吴越主编:《公司法先例初探》,法律出版社 2008 年版,第 35 页。

2010年5月,李某病故。汽车制造厂向汽车租赁公司索要余款。汽车租赁公司拒绝支付。理由是:(1)合同虽然是以汽车租赁公司的名义订立的,但当时汽车租赁公司并未成立,实际上是李某的个人所为;(2)李某后来出具的欠条未盖公章,只能视为是个人行为;(3)根据投资协议、验资证明和公司章程,汽车应为李某的个人出资,其所欠的债务应由李某个人承担。由于双方对此有较大分歧,汽车制造厂遂以汽车租赁公司为被告诉至人民法院。法院经审理认为,李某以汽车租赁公司的名义与汽车制造厂签订购车合同,应是个人行为。因为李某设立汽车租赁公司的出资形式是以汽车实物出资,李某假借设立中公司之名订立合同实则为了自己的利益,所以所欠债务应由李某承担。

案例二:如何确定公司在设立阶段所签订合同的民事责任主体

【案件名称】顾恺诉安庆市天盛装饰工程有限公司申请撤销仲裁裁决案

【案件字号】(2016)皖08民特20号

【案件来源】【法宝引证码】CLI. C. 11503915

学习心得

第四章　公司章程

【内容导读】

公司章程是由公司发起人或股东设立公司时制定的，对公司、股东和高级管理人员具有约束力的公司成立的必备文件，是公司运作和治理的规则，体现了在国家法律、法规框架下的股东意思自由。公司章程的记载事项包括绝对必要记载事项、相对必要记载事项和任意记载事项，具有法定性、公开性和自治性，与公司设立协议相区别。公司章程的制定和修改要遵循法定的程序，股份有限公司和有限责任公司因性质不同而与其公司章程的制定和修改的程序及方式也不同。一般来讲，公司章程从公司登记成立时开始生效，直到公司完全终止时失效，公司存续期间公司章程对公司、董事、监事和公司高级管理人员具有约束力，违反公司章程给公司和股东造成损失的应该依法承担民事责任。

【问题思考】

某有限责任公司注册资本为541万元，由49个自然人投资设立。2016年7月，公司召开股东会，以超过表决权2/3的多数通过了《关于修改公司章程的决议》之后，原告童某等13名股东向法院提起诉讼，要求判决该决议无效。其中争议的公司章程内容包括以下四项：1. 自然人股东死亡后，合法继承人继承部分股东权利和所有义务，继承人可以出席股东会议，但必须同意由股东会作出的各项有效决议；2. 股东按照出资比例分取红利，公司新增资本时，按照股东会决议可以优先认购；3. 股东会议作出有关公司资本增加或者减少，分立、合立、解散或者变更公司形式及修改章程的决议必须经出席会议的股东所持表决权的2/3以上通过；4. 公司不设监事会，设监事一名，由公司工会主席担任。公司董事、总经理及财务负责人不得兼任监事。股东会决议还对被告公司原有章程的其他部分内容作了修改。童某等13人认为修改后的公司章程中上述四条内容违法，故向法院提起诉讼要求确认修改公司章程的决议无效。

问题一：上述公司章程的修改内容哪些无效？在《公司法》中哪些规范属于强制性规范？

问题二：当公司章程与《公司法》强制性规范之间发生冲突时，其效力如何认定？

【基础阅读】

理解公司章程的性质、效力,思考公司章程与发起人协议的关系,掌握公司章程的制定和修改程序等。

第一节　公司章程的概念与性质

一、公司章程的概念

公司章程是指发起人或设立公司的股东依法制定的规定公司性质、宗旨、组织和活动原则、名称和住所、经营范围、组织机构及其活动方式、权利义务分配等重大事项的文件。公司章程是公司设立的必备条件,是公司经营行为的基本准则,是公司制定其他规章的重要依据。《公司法》第 11 条规定,设立公司必须依法制定公司章程。公司章程对公司、股东、董事、监事、高级管理人员具有拘束力。公司章程是公司作为法人组织的重要标志和成立条件,在公司法中具有重要意义。[1]

第一,公司章程是公司成立的必备要件。任何国家的公司法均规定所有公司的设立都必须制定章程。我国公司法也将章程作为公司成立的必备要件之一。不制定公司章程,公司就不可能成立。

第二,公司章程是公司治理的重要依据。作为一种社会组织体,公司必须要用章程来约束其成员,并以此作为该组织的行动指南。公司章程的内容涉及公司法律关系中当事人的基本权利和义务以及公司治理的基本规则,公司及其成员均须按照公司章程的规定享有其权利,履行其义务,执行其权力,规范其行为。

第三,公司章程是公司自治性规则。它是发起人或设立公司的全体股东制定的,是公司股东意思自治的结果,在一定意义上是公司法的补充和具体化。在不违背国家强制性法律或法规的范围内,公司章程的规定与法律的规定不一致时,公司

---

[1] 公司章程在大陆法系国家一般由单一的文件构成,记载公司的名称、宗旨、资本总额、组织机构及其他重要事项。但在英美法系国家公司章程则由公司组织大纲(或公司章程)和公司组织章程(或章程细则)两部分所组成。公司组织章程(或章程细则)是公司组织大纲(或公司章程)的补充,不提交公司注册登记机关备案,也不需对外公开。其中英国称公司组织大纲和公司组织章程;美国称公司章程和章程细则。有学者认为,我国《公司法》也有关于公司章程细则的规定,例如,《公司法》第 46 条规定,有限责任公司董事会职权包括"制定公司的基本管理制度";第 49 条规定,有限责任公司经理职权包括"制定公司的具体规章";第 108 条规定,第 46 条关于有限责任公司董事会职权的规定适用于股份有限公司董事会;第 113 条规定,第 49 条关于有限责任公司经理职权的规定适用于股份有限公司经理。这里的"基本管理制度"和"具体规章",就是章程细则的内容,是公司章程的延伸和具体化。

章程具有优先的效力。

二、公司章程的性质

(一)对公司章程性质的一般认识

关于公司章程的性质,主要有两种不同观点,即契约说和自治法说。契约说主要流行于以英、美为代表的英美法系国家,自治法说则主要流行于以德、日为代表的大陆法系国家。契约说认为,章程的制定是基于发起人或设立时股东的共同意思,而且章程制定后即对发起人产生约束力,即具有契约的性质。自治法说认为,章程不仅约束制定章程的制定者发起人或设立时股东,而且约束公司机关及新加入公司的股东,因此,章程具有自治法规的性质。在我国,学术界和实务界的通说认为公司章程是公司自治性质的根本规则。事实上,无论是契约说还是自治法说,自治性是两者共同点。这是因为公司章程是发起人或设立时股东就公司的重要事务及公司的组织和活动作出具有规范性的长期安排,这种安排体现了很强的意思自治。[2]

(二)公司设立协议与公司章程的区别

公司设立协议又称发起人协议,是在公司设立过程中,由发起人订立的关于公司设立事项的协议。公司设立协议与公司章程之间存在密切联系,主要原因在于:两者的目标一致,内容也有许多相同之处。订立公司设立协议和制定公司章程的共同目标就是设立公司,基于这一共同目标,章程的内容和设立协议的内容有许多相同之处。例如,公司名称、注册资本、经营范围、股东构成、出资形式等事项,不仅是公司章程的绝对必要记载事项,而且也是设立协议的主要内容。有的设立协议不仅通过约定上述内容调整协议各方在设立过程中权利义务,协调各发起人的设立行为,甚至还约定未来公司的组织机构、股份转让、增资、减资、合并、分立、终止等事项。而且,在公司设立实务中,在订立有设立协议的情形,往往是以设立协议为基础制定公司章程,设立协议的基本内容通常都为公司章程所吸收。

尽管公司章程与公司设立协议目标一致,关系密切,但是两者在性质和功能等方面表现出以下差异:

1. 两者的法律性质不同

公司章程是公司的自治规则,是任何公司成立不可缺少的法定要件,否则公司无法正常成立和运作。而公司设立协议只是当事人关于公司设立事项的契约,并不是公司成立所必备文件和要件。对于通常的有限责任公司来说,公司设立协议只是任意性文件。在我国,只是对股份有限公司和采取有限责任公司形态的外商投资企业才将公司设立协议规定为设立环节必备的法律文件。

---

〔2〕 赵旭东主编:《公司法学》(第2版),高等教育出版社2006年版,第170页。

2. 两者的形式要求不同

公司设立协议一般是不要式法律文件,其作为当事人之间的合同,主要根据当事人的意思表示形成,其内容更多地体现了当事人的意志和要求。公司设立协议体现了公司发起人在公司设立过程中对有关权利和义务安排的意思表示,其需要遵守合同法的一般规则,并且不需要工商行政机关的登记;而公司章程则是要式法律文件,公司法对章程的记载事项有明确规定,其反映和体现公司法对公司内外关系的强制性要求,需要国家工商行政管理机关的登记以满足公示的要求。

3. 两者的法律效力不同

公司设立协议与公司章程的效力也不同。从效力的范围来看,公司设立协议的效力由合同或协议的相对性决定,公司设立协议既由全体发起人订立,反映了各发起人的意思表示,调整的是发起人之间的权利义务关系,因而只在发起人之间具有法律约束力;而公司章程调整的则是所有股东之间、股东与公司之间、公司的管理机构与公司之间的法律关系,其中股东包括制定章程时的发起人股东和章程生效后加入公司的新股东,都受章程的约束。从效力的期间来看,公司设立协议调整的是公司设立过程的法律关系,它的效力期间是从设立行为开始到设立过程终止,公司的成立即意味着公司设立协议因履行终止;而公司章程的效力则及于公司成立后及其存续期间,直至公司因注销而终止。[3]

三、公司章程的特征

(一)法定性

所谓法定性是指公司章程的制定、内容、效力和修改均由公司法明确规定,这是各国的立法通例。具体来讲,公司章程的法定性表现在以下几方面:

1. 制定的法定性。公司章程是公司必须具备的法定文件之一。我国《公司法》第11条规定,设立公司必须依法制定公司章程。公司章程制定于公司设立阶段,成为公司的设立依据,是公司得以成立必不可少的法律文件。

2. 内容的法定性。各国公司法对公司章程应当记载的事项均有明确的规定,而且绝对必要记载事项的欠缺可能会导致章程的无效。我国《公司法》第25条和第81条分别规定了有限责任公司章程和股份有限公司章程应当载明的事项。同时,我国《公司登记管理条例》第23条规定,公司章程有违反法律、行政法规的内容的,公司登记机关有权要求公司作相应修改。

3. 效力的法定性。公司章程的效力是由公司法赋予的。我国《公司法》第11条明确规定,公司章程对公司、股东、董事、监事、高级管理人员具有约束力。这一规定奠定了公司章程的法律地位。

4. 修改权限和程序的法定性。公司章程的修改必须遵照公司法的明确规定进

---

〔3〕 赵旭东主编:《公司法学》(第2版),高等教育出版社2006年版,第174页。

行。例如,根据我国公司法的规定,公司章程的修改须经股东会或者股东大会以特别决议的方式为之。

5. 公司章程须经登记。登记程序的设定是保证章程内容合法和相对稳定的措施之一。针对有限责任公司、发起设立的股份有限公司、募集设立的股份有限公司,我国《公司法》第 29 条、第 83 条第 3 款、第 92 条均规定了公司章程是申请设立登记必须报送的文件之一。同时,公司章程经修改变更内容之后,也必须办理相应的变更登记。

公司章程的法定性特征,反映了国家对于公司的组织和行为的干预。公司法通过规定公司章程的法定性事项,在公司章程的层面上划定了公司自治的范围和空间。公司章程的法定性有利于规范公司的组织和行为,保护公司、股东和债权人的合法权益,实现公司法的立法目标。

(二)公开性

公司章程不是秘密文件,公司章程记载的所有内容都可以为公众所知悉。而且,公司和公司登记机关应当采取措施来方便公司的股东及潜在的投资者、债权人及潜在的交易对象可以不同的方式,从不同的途径了解公司章程的内容。公司章程的公开性特征具有重要的意义,公司章程中记载的公司资本、经营范围等事项,对于公司对外进行经营活动、保障交易安全至关重要。

章程上记载的公司实收资本(我国公司法不强制载明)、注册资本,表明了公司已经或将要达到的规模,它是公司承担债务的信用基础;记载的经营范围事项,表明了公司所从事的行业或领域,是与其交易的第三人特别关注的重要内容。同时,经营范围事项是国家行政部门对公司实施监督与管理的依据,是政府实施宏观经济调控的重要途径。因此,公司章程的公示是在公司、公众、政府三者之间建立的一种信息通道,通过公示保障交易安全,公司的运行受到法律规范的制约,同时政府对于经济生活的管理得以透明与合理。在我国,公司章程的公开性特征表现在以下几方面:第一,公司章程须经登记本身即是章程公开性的一种表现。第二,在公司日常经营过程中,股东有权查阅公司章程,公司应当将公司章程置备于本公司,我国《公司法》第 33 条与第 96 条、第 97 条均作了相应规定。公司在经营过程中,也应当尽量满足交易对方查阅公司章程的要求。而且,对公司章程的知悉程度会影响到债权人的决定,从而影响到公司的经营活动。第三,公司章程是公司公开发行股票或者公司债券时必须披露的文件之一。例如,公开发行股票时,公司章程也是必须报送的文件之一,招股说明书应当附有发起人制定的公司章程;公司申请发行公司债券时,投资者也有权知悉公司章程的内容。

我国《公司法》第 6 条第 3 款规定了"公众可以向公司登记机关申请查询公司登记事项,公司登记机关应当提供查询服务",但是对于公众获悉公司章程的途径、方式没有作出相应规定。而且在实务中,公司登记机关也没有为公众查阅公司章程提供更多应当提供的便利。因此,实践中公司章程的公开性特征应该得到进一步的重视和体现。

(三)自治性

公司章程是公司的自治规则和手段。公司法中任意性规范越多,公司自治的空间就越宽广。我国《公司法》不仅使用了80多次"可以",而且还多次出现诸如"公司章程另有规定的除外""由公司章程规定"等表述,大量使用了授权型和补充型规范。每个公司在制定章程时,都可以在公司法允许的范围内,针对本公司的成立目的、所处行业、股东构成、资本规模、股权结构等不同特点,确定本公司组织及活动的具体规则。公司章程的自治性特征,体现了公司经营自由的精神。

我国公司法充分弘扬了公司自治精神,在公司的设立、运营以及市场退出等环节放手鼓励公司与股东自治,内容涉及公司的资本制度、公司治理、股份发行与转让、公司合并分立、解散清算等方面,而公司章程即是实现这种自治的重要手段。当然,公司章程自治以不违反法律、行政法规为前提。公司章程的法定性要求公司章程必须依据公司法而制定。公司章程在公司登记时要经过有关政府部门必要的形式甚至实质的审查。可见,公司章程的自治性是相对的。公司章程的法定性和自治性反映了公司法融强行性规范与任意性规范于一体的特点。同时,公司章程的法定性和自治性关系,也可以看作公司法上强制性与自治性关系的一个缩影。

四、股份有限公司与有限责任公司的章程比较

股份有限公司与有限责任公司作为我国《公司法》上不同的公司形式,二者在性质、规模和国家干预程度等方面存在一系列的差异,这些差异也必然反映到公司法对公司章程的不同规定上来。具体表现在:

(一)章程通过的要求及原则不同

股份有限公司初始章程虽然由发起人制定,但必须经创立大会通过。按照《公司法》的规定,创立大会只要有代表股份总数1/2以上的认股人出席就可举行,以简单多数同意的方式就可以通过章程议案,即经出席会议的认股人所持表决权的半数以上通过即可。有限责任公司在设立时的初始章程是由股东共同制定的。《公司法》要求股东应当在公司章程上签名、盖章。这也就意味着,公司章程必须由设立公司的全体股东一致通过。可见,股份有限公司章程的制定和通过体现了"少数服从多数"原则;而有限责任公司章程的制定和通过则体现了"当事人协商一致"原则。

(二)章程记载的事项不完全相同

按照《公司法》第25条和第81条的规定,有限责任公司章程的必要记载事项为7项;股份有限公司的必要记载事项为11项;如果是上市公司,由于章程必须符合《上市公司章程指引》的规定,因此,其必要记载事项更是高于有限责任公司章程的有关规定。就章程任意记载事项来看,按照《公司法》的规定,有限责任公司章程的意思自治范围则要明显宽于股份有限公司。由此说明,法律对股份有限公司的规定比有限责任公司的规定严格得多。

(三)章程修改的股权比例要求不同

按照《公司法》第43条和第103条的规定,有限责任公司和股份有限公司的章程修改都必须由股东(大)会的绝对多数通过。但两者区别在于,有限责任公司的绝对多数通过是指公司全体股东所持表决权的2/3以上通过,股份有限公司的绝对多数是指出席会议的股东所持表决权的2/3以上通过。可见,有限责任公司章程修改的程序和要求更为严格。

(四)章程公开的程度和要求不同

股份有限公司和有限责任公司都有将公司章程依法公开的义务,但在程度和要求上有所不同。按照《公司法》第96条和第97条的规定,股份有限公司应当将公司章程置备于公司,以方便股东查阅。但按照《公司法》第33条的规定,有限责任公司股东有查阅和复制公司章程的权利,但并没有关于公司必须将公司章程置备于公司的规定。由此可见,股份有限公司作为开放型公司,负有公开包括章程在内的信息的义务,在章程的公开程度上要高于作为封闭型公司的有限责任公司。

综上所述,上述区别主要是由股份有限公司的"资合性"和有限责任公司一定的"人合性"以及两类公司的规模等因素所导致,这在一定程度上反映了国家对股份有限公司较为严格的管理和干预,而对有限责任公司的干预更加宽松。

第二节 公司章程的内容

一、公司章程内容的分类

公司章程的内容即章程记载的事项。从各国情况看,章程事项的基本内容都是由法律加以规定,并且大同小异。按其在章程中的地位和效力划分,一些国家将公司章程的内容在理论上分为绝对必要记载事项、相对必要记载事项和任意记载事项。美国、日本、德国等公司法有关章程内容的规定都体现出上述分类原则。美国《示范商业公司法》将章程记载事项分为三个部分:第一部分是"必须开列",即绝对记载事项;第二部分是"可以开列",即相对记载事项;第三部分是规定不重复公司法中的权力,这实际是对任意记载事项的要求。[4] 日本《商法典》公司编也将分类事项作了专条规定,第166条规定了"章程绝对记载事项",第168条规定了

〔4〕 卞耀武主编:《当代外国公司法》,法律出版社1995年版,第13页。

"相对必要的记载事项"。德国《股份公司法》第23条采用"章程必须以……确认""章程必须包含",第24条采用"章程可以规定"等立法表述,将记载内容予以分类。但也有不少国家在立法上没有作这样的分类,而是按照其重要性以列举形式排列在一个或几个条文中。从我国《公司法》关于公司章程内容的规定来看,也可将章程记载事项分为三种类型:一为绝对必要记载事项,二为相对必要记载事项,三为任意记载事项。其中前两项也可合称为必要记载事项。

(一)绝对必要记载事项

所谓绝对必要记载事项,是指公司法规定的公司章程必须记载的事项,公司法有关公司章程绝对必要记载事项的规定属于强制性规范,体现了公司的强制与自治关系中的强制方面,贯彻了公司法中国家干预的理念。从法理角度讲,若不记载或者记载违法,则章程无效。而章程无效的法律后果之一就是公司设立无效。绝对必要记载事项一般都是与公司设立或组织活动有重大关系的基础性的事项,如公司的名称和住所、公司的经营范围、公司的资本数额、公司机构、公司的法定代表人等。

(二)相对必要记载事项

相对必要记载事项是指法律规定公司章程必须记载但可以由当事人根据法律提供的选择空间自主决定记载的内容。例如,《公司法》第39条规定,股东会的定期会议按照公司章程的规定召开。根据这一规定,有限责任公司的股东在公司章程中应当对股东会定期会议的召开作出规定,是章程必要记载的事项,但召开的具体次数、日期和程序等内容,则可以由股东自主选择决定。

(三)任意记载事项

任意记载事项是指法律没有规定必须记载,但章程制定人认为有必要记载的内容。《公司法》第25条第8项、第81条第12项关于"股东(大)会会议认为需要规定的其他事项"的规定就属于对任意记载事项的概括性规定。另外,公司法中有的条款作出了关于公司章程规定与法律规定不一致时,公司章程规定具有优先适用效力的表述。[5] 作者认为,公司章程中的这类规定也应当属于任意记载事项。当然,任意记载事项也不是完全由章程制定者随心所欲来决定。按照公司法的规定,它不能违反法律的强制性规定和必须依照法律规定的程序来制定。

上述分类的法律意义在于:必要记载事项是每个公司成立和存续不可缺少的内容,必须在章程中作出规定,否则章程内容就可能不完整或存在瑕疵,不能很好地规范公司和有关当事人的行为;任意记载事项作为可以自由决定的内容,需要当事人结合公司情况来作出选择,防止公司在存续、合并、分立、解散过

---

[5] 例如,《公司法》第49条第2款规定:"公司章程对经理职权另有规定的,从其规定。"

程中可能出现的争议和纠纷，也可减少公司实践中章程雷同的情况；任意记载事项一旦载入公司章程，就有了与必要记载事项同样的效力，如果违反就可能承担相应的责任。

二、我国公司章程的记载事项

我国公司法对公司章程记载事项的规定采取了集中列举和分散列举相结合的做法。所谓集中列举是指将公司章程应当记载的事项集中于一个条文来规定，主要针对的是章程的绝对必要记载事项；所谓分散列举，是指公司法在规范某一具体法律关系的条款中涉及公司章程的记载事项，主要针对的是章程的相对必要记载事项和任意记载事项。

（一）绝对必要记载事项

1.《公司法》第25条和第81条是对有限责任公司和股份有限公司的章程记载事项的集中列举规定，内容基本为公司章程的绝对必要记载事项，也包括个别相对必要记载事项和任意记载事项。其中，第25条规定的有限责任公司章程的必要记载事项为7项；第81条规定的股份有限公司章程的绝对必要记载事项为11项。两类公司章程中相同的绝对必要记载事项为：（1）公司名称和住所；（2）公司经营范围；（3）公司的注册资本；（4）股东或发起人的姓名或名称；（5）股东或发起人的出资方式、出资额或认购的股份数、出资时间；（6）公司法定代表人。

2.《公司法》关于两类公司章程中不同的绝对必要记载事项的规定主要是基于两类公司性质上的差异，包括：（1）根据有限责任公司在组织机构的设置上具有灵活性的特点，《公司法》第25条只概略地规定了“公司的机构及其产生办法、职权、议事规则”的事项，至于董事会、监事会是否设置则由当事人选择决定。而第81条根据股份有限公司必须设置所有机构的特点，要求公司章程必须规定董事会和监事会的组成、职权、任期和议事规则。（2）根据股份有限公司设立、资本构成和公众性的特点，《公司法》第81条规定了一些股份有限公司章程特有的绝对必要记载事项，包括公司设立方式，公司股份总数、每股金额，公司利润分配办法，公司的解散事由与清算办法，公司的通知和公告办法。

3.值得说明的是，股东的权利义务应属法定事项，股东不能自由创设，所以不应当是公司章程规定的内容，否则可能产生法律上的问题。[6] 但是优先股、特别

---

〔6〕 由于公司章程是由股东或发起人制定并由股东按照“股份多数决”原则通过或修改的，如果股东的权利义务都必须由章程规定，那就很难避免发起人和大股东利用自己特殊的地位和持股的优势在章程中规定不平等股权的内容，即制定有利于自身而有损于其他股东，尤其是中小股东利益的章程条款，并通过股东（大）会使这种将自己意志强加于他人的行为合法化。从境外公司法看，股东权利义务应当由法律作出专门的统一的规定，只有这样，才能保证“股权平等”原则的贯彻。参见周友苏主编：《公司证券法律纵横——2005中国公司法修法研究特辑》，四川人民出版社2005年版，第29页。

股等股东的权利义务则属于不同于一般股东权利义务的特别事项,可以根据“意思自治”原则在公司章程中作为任意记载事项加以记载。

(二)相对必要记载事项

1.《公司法》关于相对必要记载事项的规定分散在相关条款中,其中与两类公司都有关的条款为第 13 条,即公司法定代表人依照公司章程的规定,由董事长、执行董事或者经理担任。涉及有限责任公司的条款包括:第 39 条规定,股东会的定期会议按照公司章程的规定召开;第 44 条规定,董事长、副董事长的产生办法由公司章程规定;第 45 条规定,董事任期由公司章程规定;第 50 条规定,执行董事的职权由公司章程规定;第 51 条规定,监事会职工代表监事的具体比例由公司章程规定;第 70 条规定,国有独资公司监事会成员中职工代表的具体比例由公司章程规定;第 165 条规定,公司将财务会计报告送交各股东的期限由公司章程规定。

2.《公司法》涉及股份有限公司章程相对必要记载的条款较少。第 117 条规定,股份有限公司监事会中职工代表的具体比例由公司章程规定。

(三)任意记载事项

1.《公司法》关于任意记载事项的规定也分散在相关条款中。其中与两类公司都有关的条款包括:第 180 条第 1 项关于公司解散事由的规定;第 216 条第 1 项关于公司高级管理人员的规定。

2.《公司法》涉及有限责任公司章程任意记载事项的条款包括:第 37 条第 11 项规定,公司章程可以对股东会法定以外的职权作出规定;第 41 条规定,公司章程关于召开股东会通知日期的规定如果与《公司法》的规定不同的,以公司章程规定为准;第 42 条规定,公司章程可以作出股东在股东会上不按出资比例行使表决权的规定;第 43 条规定,股东会的议事方式和表决程序,除该法有规定的以外,由公司章程规定;第 46 条第 11 项规定,公司章程可以对董事会法定以外的职权作出规定;第 48 条规定,董事会的议事方式和表决程序,除该法有规定的外,由公司章程规定;第 49 条第 2 款规定,公司章程对经理职权另有规定的,从其规定;第 53 条第 7 项规定公司章程可以对监事会法定以外的职权作出规定;第 55 条规定,监事会的议事方式和表决程序,除该法规定的外,由公司章程规定;第 71 条规定,公司章程对股权转让另有规定的,从其规定;第 75 条规定,自然人股东死亡后,其合法继承人可以继承股东资格,但公司章程另有规定的除外。

3.《公司法》涉及股份有限公司章程任意记载事项的条款包括:第 100 条第 6 项规定,公司章程可以就召开临时股东大会法定以外的情形作出规定;第 104 条规定,公司章程可就公司转让、受让重大资产或者对外提供担保等事项是否必须由股东大会作出决议进行规定;第 105 条规定,股份有限公司章程可以就公司股东大会选举董事、监事是否实行累积投票制作出规定;第 119 条第 2 款规定股份有限公司监事会的议事方式和表决程序,除该法有规定的以外,由公司章程规定;第 141 条第 2 款规定，公司章程可以对公司董事、监事、高级管理人员转让其所持有的本公司股份作出其他限制性规定；第 166 条第 4 款规定，公司章程可以就采取股东不按持股比例进行利润分配的方式作出规定。[7]

（四）章程记载事项违法的救济

公司章程违法的救济主要是指章程记载的事项和内容违反了法律法规的强制性规定，可能或已经造成对股东或第三人利益的损害，有关当事人依法对违法章程条款进行纠正的方式和程序。实践中公司章程出现违法的情况并不鲜见，尤其是一些公司大股东利用自身的控股地位，在公司章程中作出有损中小股东利益和社会公众利益的规定，违反有关法律法规的规定。在现行的法律框架下，一旦出现这种情况，有关当事人可以通过以下方式获得法律救济，对违法的章程进行纠正：

1. 提议召开临时股东（大）会并提出修改章程的议案

（1）在有限责任公司中，根据《公司法》第 39 条的规定，代表 1/10 以上表决权的股东，1/3 以上的董事，监事会或者不设监事会的公司的监事有权提议召开临时股东会议。股东有权向股东会提出修改公司章程的提案。如果提案依法获得股东会通过，章程违法情况就可得以纠正。

（2）在股份有限公司中，根据《公司法》第 100 条和第 102 条的规定，董事会、监事会、单独或者合计持有公司 10% 以上股份的股东有权提议召开临时股东大会；单独或者合计持有公司 3% 以上股份的股东有权提出修改公司章程的临时提案。如果提案依法获得股东大会通过，章程违法情况就可得以纠正。

2. 向人民法院提起诉讼

《公司法》第 22 条和第 152 条规定，公司股东会或者股东大会决议内容违反法律、行政法规的无效；董事、高级管理人员违反法律、行政法规的规定，损害股东利益的，股东可以向人民法院提起诉讼。由于公司章程必须要以股东（大）会决议的方式通过或修改，如果出现公司章程违法的情况，可以根据《公司法》上述规定以股东（大）会通过章程的决议违法为由来向人民法院提起诉讼，要求确认章程违法的内容无效。

3. 提请证券监督管理部门确认公司章程违法并责令纠正

根据中国证券监督管理委员会于 2010 年 4 月 13 日颁布的《上市公司现场检查办法》的规定，中国证券监督管理委员会及其派出机构对上市公司实施监督检查，对于检查中发现问题的公司，要求其对存在的问题在限定期限内进行整改。因此，如果上市公司章程违法，有关当事人可以向中国证监会及其派出机构提出确认违法并纠正的请求。我国证券市场曾经出现有关案例，如上海爱使

---

〔7〕 周友苏：《新公司法论》，法律出版社 2006 年版，第 201～208 页。

股份有限公司(以下简称“爱使公司”)的章程第67条针对董事、监事提名的方式和程序,在《上市公司章程指引》基础上自行增加了4款限制性规定。有学者认为其中的内容违反了《公司法》的规定,引起法律界和证券业界人士的关注和争论。针对爱使公司章程存在的问题,中国证监会就此专门发文,要求爱使公司修改章程。爱使公司于1998年10月31日召开的临时股东大会上表决通过了修改章程的议案。[8]

4. 提请工商行政管理机关确认公司章程违法并责令纠正

国务院和地方各级工商行政管理机关是公司登记机关。作为公司登记机关,各级工商行政管理局具有对公司登记事项进行监督管理的职责,其中也应当包括对公司章程是否违法进行监督的内容。《公司登记管理条例》第23条就规定:“公司章程有违反法律、行政法规的内容的,公司登记机关有权要求公司作相应修改。”因此,如果公司章程有违反法律、行政法规情况的,有关当事人可以提请公司登记机关确认其违法,并责令公司作出纠正。

三、我国其他规范文件的特别规定

(一)《上市公司章程指引》

为维护证券市场的健康发展,适应上市公司规范运作的实际需要,中国证监会根据《公司法》及国务院有关文件精神于1997年12月16日发布《上市公司章程指引》(以下简称《章程指引》),对上市公司章程的内容作出了较为详细的规定。由于实践中股份有限公司通过募集设立方式发行股票与股票上市实行“直通车”制,即中国证监会批准公司向社会公开发行股票就意味着同意其股票上市交易,因此《章程指引》不仅适用于上市公司,也适用于首次公开发行股票的发行人。

《章程指引》是专门关于上市公司章程的规范性文件。按照中国证监会的规定,上市公司应当依《章程指引》注释部分的解释和说明,参考《章程指引》正文部分的规定和要求,在其公司章程中载明《章程指引》正文部分所包含的内容。上市公司可以根据具体情况,在其章程中规定《章程指引》包含内容以外的、适合本公司实际需要的其他内容,也可以在不改变《章程指引》正文部分内容含义的前提下,对《章程指引》规定的内容作文字和顺序的调整或变动。上市公司根据需要,对《章程指引》的内容进行删除或者修改的,应当在其向中国证监会申报的股票发行和上市及其他有关报批事项的申请材料中进行说明。无正当理由擅自修改或者删除《章程指引》所规定的必备内容的,中国证监会将不受理该上市公司有关报批事项的申请。首次公开发行股票的公司,在其向中国证监会报送申请材

---

〔8〕 周友苏主编:《股市操作的启示与警示——证券法案例举要》,四川人民出版社2000年版,第362~365页。

料时，其公司章程（或公司章程草案）的内容，应当按照《章程指引》的要求起草或修订。可见，《章程指引》对上市公司首次公开发行股票的发行人具有普遍的约束力。

《章程指引》共12章199条，从内容上看，包括了绝对必要记载条款、相对必要记载条款和任意记载条款。与《公司法》关于公司章程的规定相比较，《章程指引》规定的内容更加全面详尽，明确了公司各机关的职责、权限及各主体的权利义务、责任，可操作性更强，能够起到规范公司及各主体行为的作用，无疑是对《公司法》有关规定的补充和完善。如《章程指引》第10条就对章程的效力作了明确规定：本公司章程自生效之日起，即成为规范公司的组织与行为、公司与股东、股东与股东之间权利义务关系的具有法律约束力的文件。根据该规定，股东可以依据公司章程起诉公司；公司可以依据公司章程起诉股东、董事、监事、经理和其他高级管理人员；股东可以依据公司章程起诉股东；股东可以依据公司章程起诉公司的董事、监事、经理和其他高级管理人员。此外，《章程指引》还对增资的方式及公司回购股份的条件及方式作了具体规定；对持有公司5%以上有表决权股份的股东的股份转让作出了限制性规定；对股东的权利及控股股东对小股东的义务、股东大会的职权也作出了翔实的规定。〔9〕

（二）《到境外上市公司章程必备条款》

原国务院证券委员会、原国家经济体制改革委员会于1994年8月27日联合发布了《到境外上市公司章程必备条款》（以下简称《章程必备条款》）。《章程必备条款》共21章166条，在《公司法》关于公司章程相关规定基础上，对到境外上市公司的股份与注册资本、减资和购回股份、购回公司股份的财务资助、股票和股东名册、股东的权利和义务、股东大会、类别股东表决的特别程序、董事会、公司董事会秘书、公司经理、监事会、公司董事、监事、经理和其他高级管理人员的资格和义务等重大事项进行了详细、全面的规定，使到境外上市公司的章程能按照国际通行的原则和标准来制定，有利于到境外上市公司的规范运作。中国证监会规定，对发行境外上市外资股，或既发行内资股又发行境外上市外资股的上市公司制定及修改章程不执行《章程指引》的规定，而继续执行《章程必备条款》的规定。

---

〔9〕《章程指引》十二章（包括节）的标题分别为：总则；经营宗旨和范围；股份（包括股份发行、股份增减和回购、股份转让）；股东和股东大会（包括股东、股东大会的一般规定、股东大会的召集、股东大会的提案与通知、股东大会的召开、股东大会的表决和决议）；董事会（包括董事、董事会）；经理及其他高级管理人员；监事会（监事、监事会）；财务会计制度、利润分配和审计（包括财务会计制度、内部审计、会计师事务所的聘任）；通知与公告（包括通知、公告）；合并、分立、增资、减资、解散和清算（包括合并、分立、增资、减资、解散和清算）；修改章程；附则。

第三节　公司章程的变更

一、公司章程的制定[10]

公司章程的制定是针对公司的初始章程而言的,章程是公司的设立要件之一,因此,章程的制定发生在公司设立环节。根据我国公司法的规定,公司章程的制定主体和程序因公司的种类不同而异。具体而言,有限责任公司与股份有限公司不同,发起设立的股份有限公司与募集设立的股份有限公司也不同。在我国,公司章程是要式文件,必须采用书面形式。有的国家,如德国、日本,公司章程不仅要采用书面形式,而且还应当办理公证登记等手续。

(一)有限责任公司章程的制定

根据《公司法》第23条的规定,设立有限责任公司,应当具备的条件之一就是股东共同制定公司章程。《公司法》第60条规定"一人有限责任公司章程由股东制定"。有限责任公司章程的制定主体是设立时的股东。"共同制定"应当理解为公司章程必须反映所有设立时股东的意志,是全体设立时股东的共同意志。设立时股东应当在所制定的章程上签字或盖章,表示同意接受章程的内容,这标志着章程制定程序的结束。"共同制定"并不要求每一个发起人都积极地参与章程的起草讨论,只要其在章程上签字或者盖章,就是表达意志的行为,就应认定为参与了制定并同意了所签字或者盖章的文本。

根据《公司法》第65条的规定,国有独资公司章程由国有资产监督管理机构制定,或者由董事会制订报国有资产监督管理机构批准。可见,国有独资公司章程制定主体有两类:第一类是国有资产监督管理机构;第二类则是国有独资公司的董事会。前者的权限是制定章程;后者的权限则为制订章程,所以尚须报国有资产监督管理机构批准。

(二)股份有限公司章程的制定

关于股份有限公司的章程,《公司法》第76条规定,设立股份有限公司发起人应当制定公司章程,采用募集方式设立的须经创立大会通过。这是针对股份有限公司的一般要求,由于股份有限公司有发起设立和募集设立两种方式,公司章程的

[10] 在我国公司法中,针对制定公司章程的不同情形,分别使用了"制定"和"制订"两种不同的表述,表达不同的法律含义。章程"制定",强调发起设立公司的投资者签字盖章后形成的文本为最后文本,可以作为申请公司登记的文件;章程"制订"则不同,文本虽经发起设立的投资者签字盖章但尚需经设立过程中的其他程序由其他主体予以确认或者通过,才能作为申请公司登记的文件。在此,笔者没有作严格区分。

制定过程并不完全一致。

1. 发起设立的股份有限公司

对于发起设立的股份有限公司,在公司成立之后将成为公司股东的投资者还仅限于发起人,投资者并没有社会化。因此,发起设立的股份有限公司仍然具有封闭性的特点。发起人所制订的章程已经反映了公司设立时的所有投资者的意志。根据《公司法》第 83 条第 1 款和第 3 款规定,以发起设立方式设立股份有限公司的,发起人应当书面认足公司章程规定其认购的股份,并按照公司章程规定缴纳出资;发起人认足公司章程规定的出资后,应当选举董事会和监事会,由董事会向公司登记机关报送公司章程以及法律、行政法规规定的其他文件,申请设立登记。此时,向公司登记机关报送的公司章程即是发起人在设立公司过程中根据《公司法》第 76 条规定“制定”的公司章程。所以,对于发起设立的股份有限公司,发起人制订的章程文本就是公司登记前的最后文本。与有限责任公司一样,发起设立的股份有限公司的发起人制订的章程也应当反映所有发起人的共同意志。发起人应当在所制订的章程上签字或者盖章,表示同意接受章程的内容,标志着章程制定程序的结束。

2. 募集设立的股份有限公司

对于募集设立的股份有限公司,在公司成立之后成为公司初始股东的不仅有发起人,而且还有众多的认股人,公司的股东已经社会化。因此,募集设立的股份有限公司属开放式的公众性公司。其发起人制订的公司章程并不一定能够反映公司设立的所有投资者,特别是认股人的意志。因此,在公司申请设立登记之前,必须召开创立大会,讨论审议与设立公司有关的事宜。根据《公司法》第 90 条第 2 款的规定,由发起人、认股人组成的创立大会,其职权之一就是通过公司章程。只有经过创立大会通过的章程,才能反映公司设立阶段的所有投资者的意志。

对于募集设立的股份有限公司,章程最后文本是由创立大会以决议的方式通过的。可见,这类公司章程的制定过程比较复杂,既需发起人制订,又需创立大会决议通过。当然,在制定章程的过程中,发起人同样需要在其制订的章程上签字或者盖章,表示同意接受章程的内容,但是这不标志章程制定程序的结束。

(三) 制定章程虚假的法律责任

按照公司章程制定真实性的原则,公司章程不能有虚假记载,否则制定人就应当承担相应的法律责任。法国《民法典》第 1840 条规定:“公司发起人以及经营、领导和管理机构的最初成员,对因未在章程中载明必须载明的事项,或因遗漏或未按规定履行法律规定的成立公司的手续而造成的损失,负连带赔偿责任。”我国台湾地区“公司法”第 101 条规定,公司负责人不置备章程于本公司者,各科 1000 元以下罚金,其所备章程有虚伪记载时,各科 4000 元以下罚金。

我国《公司法》针对公司章程内容中最可能出现就“公司注册资本”和“股东的

出资方式和出资额”进行虚假记载的情况,规定了相应的法律责任。第 198 条规定:“违反本法规定,虚报注册资本、提交虚假材料或者采取其他欺诈手段隐瞒重要事实取得公司登记的,由公司登记机关责令改正,对虚报注册资本的公司,处以虚报注册资本金额百分之五以上百分之十五以下的罚款;对提交虚假材料或者采取其他欺诈手段隐瞒重要事实的公司,处以五万元以上五十万元以下的罚款;情节严重的,撤销公司登记或者吊销营业执照。”

《公司登记管理条例》第 64 条规定:“虚报注册资本,取得公司登记的,由公司登记机关责令改正,处以虚报注册资本金额 5% 以上 15% 以下的罚款;情节严重的,撤销公司登记或者吊销营业执照。”第 64 条规定:“提交虚假材料或者采取其他欺诈手段隐瞒重要事实,取得公司登记的,由公司登记机关责令改正,处以 5 万元以上 50 万元以下的罚款;情节严重的,撤销公司登记或者吊销营业执照。”

二、公司章程的修改

(一)章程修改的含义

公司章程的修改,即公司章程的变更,是指增加或删减公司章程记载的内容。在不违反法律、行政法规强行性规范的前提下,公司可以修改包括绝对必要记载事项、相对必要记载事项和任意记载事项在内的所有内容。但修改公司章程不得剥夺股东固有的权利。

由于公司章程的变更涉及许多不同主体的利益调整,公司法规定了修改公司章程的规则。根据公司法的立法精神,公司章程修改应当遵循的基本原则为:第一,不得违背和规避法律法规;第二,不得损害股东利益,防止大股东利用控股优势对章程作出损害中小股东利益的修改;第三,不得损害债权人和其他第三人的利益,如通过减资来逃避债务等。修改公司章程应当注意以下几个问题:

1. 修改公司章程的权限专属于公司的权力机构。在大陆法系国家,如德国、法国、日本、意大利等国家,修改公司章程的权限属于公司股东会是立法通例。我国《公司法》第 37 条规定,有限责任公司章程的修改,属于股东会的职权范围;根据《公司法》第 99 条规定,第 37 条第 1 款关于有限责任公司股东会职权的规定,适用于股份有限公司股东大会。也就是说,股份有限公司章程的修改也属于股东大会的职权范围。根据公司法的规定,股东会分为定期会议和临时会议,股东大会分为股东大会年会和临时股东大会,无论哪一种股东会或者股东大会,都有权依照法定程序修改公司章程。而且,修改有限责任公司和股份有限公司的章程也只能分别专属于股东会和股东大会。

2. 修改公司章程须以特别决议为之。公司章程的修改涉及公司组织及活动的根本规则的变更,对公司关系甚大,而且还可能关系到其他不同主体的利益调整。因此,公司法将公司章程的变更规定为特别决议事项,从而提高了通过章程修改所需表决权的比例。在大陆法系国家,如德国、法国、日本、意大利等国家,修改公司章程须以特别决议为之,亦是立法通例。我国《公司法》第 43 条规定,有限责任公司修改章程的决议,必须经代表 2/3 以上表决权的股东通过;《公司法》第 103 条规定,股份有限公司修改章程必须经出席股东大会的股东所持表决权的 2/3 以上通过。在其他国家和地区,在公司发行有特别股的情形下,公司章程的修改还须经该种类的股东大会的决议。例如,日本《商法典》第 345 条规定,公司发行数种股份的场合,章程的变更会损害某种股东的利益时,于股东大会决议之外,须有该种类的股东大会的决议。我国公司目前所发行的股份主要是普通股,但是未来股份种类的多元化是必然趋势。因此,我国公司法应当借鉴其他国家的规定,做到未雨绸缪。

3. 公司变更章程须办理相应的变更登记。登记程序的设定可以保证章程内容合法和相对稳定。我国公司法规定了公司章程是申请设立登记必须报送的文件之一。因此,公司章程经修改变更内容之后,也必须办理相应的变更登记,否则,不得以其变更对抗第三人,这是章程变更的对外效力。至于变更章程的对内效力,即对公司、股东、董事、监事、高级管理人员而言,除非章程的变更附条件或者期限,否则,变更章程自股东会或者股东大会决议通过后即发生效力。

(二)章程修改的事由

《公司法》对公司修改章程的事由并未作出限制。从理论上讲,在法律允许的范围内,无论何时作出任何程度的修改都是可以的。但也应该注意到,除公司权力机关根据公司经营发展的需要对公司章程进行必要的修改以外,《公司法》关于公司章程的修改还有几处特别的规定:

1. 第 12 条规定,公司可以通过修改公司章程来改变公司经营范围。

2. 第 74 条第 1 款第 3 项和第 181 条规定,当出现公司章程规定的营业期限届满或者章程规定的其他解散事由,可以通过修改公司章程规定的解散事由而使公司存续。

《章程指引》第 188 条对修改公司章程的事由作了较为明确的规定:有下列情形之一的,公司应当修改章程:(1)公司法或有关法律、行政法规修改后,章程规定的事项与修改后的法律、行政法规的规定相抵触;(2)公司的情况发生变化,与章程记载的事项不一致;(3)股东大会决定修改章程。

(三)章程修改的程序

修改公司章程是股东(大)会的一项重要权力,但股东(大)会行使权力时必须依照法定程序进行才能保证修改有效。我国公司修改章程通常遵循的程序主要有:

1. 由公司董事会拟订并提出修改章程的方案。

2. 董事会在股东(大)会召开前将该方案通知各股东。

3. 股东(大)会对修改章程事项进行审议通过。

4. 依据《章程指引》的规定，股东(大)会决议通过的章程修改事项应经主管机关审批的，须报原审批的主管机关批准。

5. 章程修改事项属于法律、法规要求披露的信息，按规定予以公告。

(四)章程修改方案的表决

由于章程在公司中的重要地位和作用，各国立法都对章程的修改规定了严格的表决生效条件。德国《股份公司法》第179条第2项关于对章程修改的股东大会的决议规定为："股东大会决议需经至少包括在决议时被代表的股本的3/4的多数同意。"同时还规定"对于经营对象的变更，只能规定一个较大的资本多数"。日本《商法典》公司编第343条对通过章程变更的特别决议规定为："应有代表已发行股份数过半数的股东出席，以出席股东2/3以上的表决权通过。"第348条对通过"股份转让的限制及章程变更"的决议规定为："以全体股东的过半数出席，并由代表已发行股份总数2/3以上的股东同意作出。"法国《商事公司法》第153条规定修改章程由特别股东大会行使修改权，同时对出席股东大会的人数这一前提作了具体要求，即"只有在出席的或由他人代理的股东至少拥有应第一次召集时1/3半数，应第二次召集时1/4的具有表决权的股份的条件下，始得有效地进行审议"，并以"获得出席或由他人代理的股东拥有票数的2/3多数票作出决定"。根据我国《公司法》第43条和第103条的规定，修改公司章程必须经代表2/3以上表决权的股东或出席股东大会的股东所持表决权的2/3以上通过。另外，《公司法》第73条规定，有限责任公司股东依法转让股权后，对公司章程的该项修改不需再由股东会表决。

(五)章程修改的效力

章程修改发生效力必须具备三个条件：一是修改主体合法；二是修改内容合法；三是修改程序合法。只有符合以上三个条件，修改的章程才具有法律上之效力。从主体角度讲，修改章程的主体只能是股东(大)会。从内容角度讲，修改后的公司章程不得缺少绝对必要记载事项，对相对必要记载事项及任意记载事项的修改也不得与法律、法规相抵触，否则将产生该项规定无效的法律后果。修改章程本身没有登记生效的条件，因此，章程修改在股东大会作出决议后即发生效力。但因章程修改导致登记事项如公司名称、公司经营范围等发生变化时，则必须进行变更登记。按照《公司法》第12条的规定，公司可以修改公司章程，改变经营范围，但是应当办理变更登记。经营范围中属于法律、行政法规规定须经批准的项目，应当依法经过批准。根据《公司登记管理条例》第36条的规定，公司章程修改未涉及登记事项的，虽然不必进行变更登记，但公司应当将修改后的章程或者修正案送原公司登记机关备案。公司章程修改后不进行变更登记的，不得以其变更对抗第三人，这是章程变更的对外效力。至于变更章程的对内效力，即对公司、股东、董事、监事、高级管理人员而言，除非章程的变更附条件或者期限，否则变更章程自股东会或者股东大会决议通过后即发生效力。

第四节　公司章程的效力

公司章程的效力范围主要包括两个方面：第一，公司章程的时间效力；第二，公司章程的对人效力。公司、董事、监事和公司其他高级管理人员对公司章程的违反应该承担相应的法律责任或产生一定的法律后果。

一、公司章程的时间效力

（一）公司章程的生效

公司章程的时间效力是指公司章程的生效时间和失效时间。相比较，更具理论和实践意义的是公司章程的生效时间。

关于章程的生效时间，目前主要有两种不同的观点：一种观点认为，章程自发起设立公司的股东或发起人签字时生效；另一种观点认为，章程自公司成立时生效。这两种观点在一定程度上都存在问题。前一种观点实际上认为章程在公司成立前即已生效，这种观点不仅忽视了章程与公司的直接对应关系，即章程的根本特性和功能就在于其是公司的自治规则，而且忽视了公司设立与公司成立的差异，即设立公司的行为不一定必然导致公司成立。同时，如果章程自发起人签字时即生效，那么，政府部门就没有必要对章程依法予以审查；后一种观点则忽视了章程内容的复杂性，在公司设立协议没有成为设立公司的必备文件的情况下，章程不仅要调整公司成立之后的关系，而且要调整公司设立过程中的一些关系。更何况《公司法》第28条第1款规定，"股东应当按期足额缴纳公司章程中规定的各自所认缴的出资额"，毫无疑问，依此规定要求股东履行出资义务须以章程在设立公司阶段已具有法律约束力为前提。如果章程在公司成立之后才能生效，那么公司设立过程中发起设立公司的股东之间的关系就不受章程约束，设立过程中的秩序就难以维护。

由于各国和地区的公司体制，特别是设立体制不尽相同，各国关于公司章程的生效时间的规定并没有统一的模式。就我国公司法规定的公司设立的程序和方式而言，公司章程的生效时间更加复杂。具体原因为：

1.公司章程需要调整公司成立前后两个不同阶段的民事关系

我国公司法没有将公司设立协议规定为设立公司的必备文件，这样在实际生活中，一些本来属于公司设立协议调整的关于发起人之间权利义务关系也规定在了章程之中。大多数公司章程包括了两部分内容：一部分调整公司成立前，即公司设立过程中发生的民事关系，另一部分调整则公司成立之后才可能发生的民事关系。《公司法》第28条第2款规定，"股东不按照前款规定缴纳出资的，除应当向公司足额缴纳外,还应当向已按期足额缴纳出资的股东承担违约责任”,承担违约责任应以当事人之间存在有效合同为前提。可见,在有限责任公司的设立中,章程还肩负着设立协议的重任。这样看来,章程的生效时间就显得更加复杂。

2. 公司章程制定行为的性质和程序不同

我国公司法将有限责任公司章程的制定称为“制定”;股份有限公司章程的制定为“制订”。发起设立的股份有限公司与有限责任公司一样,具有一定的封闭性,在公司登记之前也没有其他机制对制订的章程进行任何形式的审查,公司章程生效可以适用有限责任公司的规定。但是,募集设立的股份有限公司则不同,公司章程的制定包括发起人制订和创立大会通过两个阶段。这些差异增加了统一规定公司章程生效时间的困难。笔者认为,可以考虑公司章程的不同内容,分别规定公司章程的生效时间,即章程中调整发起人之权利义务关系的规定,可视为公司设立协议,适用《合同法》的一般规则,发起人签字或盖章时成立并生效;章程中调整公司、董事、监事、高级管理人员以及公司其他股东之权利义务关系的规定,则自公司成立时生效。

(二)公司章程的失效

我国《公司法》第 81 条规定,“公司的解散事由与清算办法”属于股份有限公司章程的绝对必要记载事项。因此,公司章程并不因解散事由发生而失效。而且在公司清算过程中,仍然应当按照章程规定的清算办法组织清算组进行清算。可见,公司章程于公司终止时失效。在清算过程中,公司能力、股东权利以及高级管理人员的行为都要受到相应的限制。

(三)公司设立过程中章程的约束力及其保障机制

如果公司发起人没有订立设立协议(或称发起人协议),公司章程在设立阶段可以约束发起人。根据我国《公司法》第 28 条、第 83 条规定,有限责任公司的股东、股份有限公司的发起人均应当按期足额缴纳公司章程中规定的各自所认缴的出资额。不仅如此,公司法还建立了若干确保章程规定得以实现的法律机制,例如,发起人的违约责任、实物出资不实的填补责任及连带填补责任等责任机制。公司法的这些规定确保了公司章程对发起人的约束力。

二、公司章程的对人效力

所谓公司章程的对人效力,是指公司章程可以对哪些人产生约束力。章程对人的效力既包括哪些人可以依据章程取得相应的权利,也包括这些人的权利应受到公司章程的制约甚至应承担相应的义务。

公司章程不仅是制定者之间的一种契约安排,而且是一种涉他性的文件。这种涉他性体现在:第一,受约束主体的涉他性。各国公司法大都认可,除了章程制定者应当受到公司章程约束以外,公司章程的效力还具有扩张性,它可以约束制定者以外特定范围内当事人的行为。尽管公司章程制定者只是公司设立阶段的股东或发起人,但其效力却可扩及公司成立后的股东、公司本身和公司的管理层,这些被公司章程效力影响的人主要局限于公司内部,可称为"公司内部关系人"。其实,公司章程的影响力远甚于此,甚至在特定情形下,债权人等公司外部人也可能受其约束。第二,记载事项的涉他性。公司章程记载事项大体上可以分为有关公司内部组织、成员关系的事项和有关公司外部事务的事项两类。前者如公司内部机构之间的权责及划分等,后者如公司合并、分立、解散等。公司章程的这种涉他性决定了公司章程的对人效力范围。我国《公司法》第 11 条规定,公司章程对公司、股东、董事、监事、高级管理人员具有约束力。这就十分明确地规定了公司章程的约束范围,包括公司、公司的股东和公司的高级管理人员。对于"高级管理人员"的含义,我国《公司法》第 216 条明确规定,"高级管理人员,是指公司的经理、副经理、财务负责人,上市公司董事会秘书和公司章程规定的其他人员"。因此,股东可以依据公司章程起诉公司;公司可以依据公司章程起诉股东、董事、监事和高级管理人员;股东可以依据公司章程起诉其他股东;股东可以依据公司章程起诉公司的董事、监事和高级管理人员。

(一)章程对公司的效力

我国《公司法》第 11 条明确规定了公司章程对公司具有约束力。章程对公司的约束力表现为对内约束力和对外约束力两个方面。对内约束力,集中地表现为章程对公司内部的组织和行为的约束力。对外约束力则表现为章程对公司自身行为的约束力,具体表现为对公司权利能力和行为能力的影响,尤其是公司的经营范围方面。

章程是公司的自治性规范,公司当然应当在章程所规定的经营范围内开展经营活动。公司超越其组织章程,从事超越其经营范围的活动,其行为为越权。对于这种越权,法律赋予其无效的后果,这就是公司法上的越权行为原则(Ultra Vires)。对于公司的越权行为,在英国普通法时代是绝对排斥的,因而其行为也是绝对无效的。然而,公司越权不仅涉及公司、股东的合法权益,而且还必然要影响到与公司从事交易的第三人的利益。公司越权绝对无效的观点不仅无视了对第三人的保护,甚至也不利于对公司利益的维护。所以,有些国家通过诸如全体股东追认、禁止反言原则(The doctrine of estoppel)等规则来保障公司和第三人的利益,严格限制公司越权行为无效的适用范围。

我国《合同法》第 50 条规定,法人或者其他组织的法定代表人、负责人超越权限订立的合同,除相对人知道或者应当知道其超越权限的以外,该代表行为有效。最高人民法院《关于适用〈中华人民共和国合同法〉若干问题的解释(一)》第 10 条规定,"当事人超越经营范围订立合同,人民法院不因此认定合同无效。但违反国家限制经营、特许经营以及法律、行政法规禁止经营规定的除外"。这些规定也体现了限制公司越权行为无效的适用范围。

值得注意的是,一些国家甚至作出了明令废止公司越权行为无效的规定。例如,欧洲共同体“1968 年第 1 号指令”规定:凡经公司董事会所决定的交易,对于与该公司进行交易的善意第三人来说,均应视为在该公司的能力范围之内的交易。

在我国,章程对公司的约束力集中地表现在《公司法》第 12 条的规定,即公司的经营范围由公司章程规定,并依法登记。公司可以修改公司章程,改变经营范围,但是应当办理变更登记。公司的经营范围中属于法律、行政法规规定须经批准的项目,应当依法经过批准。

需要说明的是,在市场经济体制和计划经济体制下,经营范围的取得和功能迥异。在计划经济体制下,企业的经营范围是由上级主管部门核定的,企业没有任何选择的自由,目的是确保国家计划的实现。在市场经济体制下,除属于法律、行政法规限制的项目外,公司可以自由地选择以及依法变更经营范围。尽管经营范围仍然可以成为国家对企业经营行为进行管制的手段之一,但不再是保证实现国家计划的工具,而是公司的中小投资者和公司交易对方保护自身权益的重要机制之一。公司法要求公司在公司章程中规定经营范围,这样就使经营范围可以成为保护小股东并约束大股东和公司经营管理人员的一种重要机制。

此外,章程对公司的效力还表现在“公司的解散事由与清算办法”是股份有限公司章程的绝对必要记载事项,特别是公司章程中有关解散事由和经营期限的约定方面。一旦解散事由发生或者经营期限届满,公司将进入清算程序。

(二)公司章程对股东的效力

确定公司章程对股东的效力,首先需要界定股东的范围。严格地讲,公司章程对股东的约束力,是针对公司成立时及之后具有股东身份的投资者而言的。公司设立过程中的发起人虽然还不是严格意义上的股东,但在一般情况下,公司成立时的股东与公司设立过程中发起人的范围是基本一致的。

公司是一个具有独立人格的实体,在有限责任公司和股份有限公司制度中,一旦股东履行了出资义务,其对公司不再负其他积极义务。因此,公司章程对于股东的效力,更多表现为股东如何行使权利,防止控股股东权利的滥用。章程不能剥夺股东固有的权利以及公司法明确赋予的权利;股东不能滥用权利,不能侵害公司的利益。公司章程的一个重要任务就是将公司法赋予股东的权利作出更加具体的规定,并使其更加具有可操作性,使股东在其权利受到损害时,可以依据章程获得救济。章程中有关股东权利和义务的规定,不应简单地重复公司法条文。

(三)章程对董事、监事、其他高级管理人员的效力

董事、监事和其他高级管理人员是公司机关的成员,负责公司经营决策、公司事务的执行和监督,在公司的组织和活动中扮演着十分重要的作用。因此,我国《公司法》第 147 条规定,董事、监事、高级管理人员不仅应当遵守法律、行政法规,而且应当遵守公司章程,对公司负有忠实义务和勤勉义务。

同时,公司章程有关公司的机构及其产生办法、职权、议事规则的规定,也是董事、监事、其他高级管理人员行使职权的重要依据。公司章程是公司经理职权的重要来源之一,例如,《公司法》第49条第2款和第113条第2款分别规定了公司章程可以对有限责任公司和股份有限公司的经理的职权另行规定。可见,公司可以通过章程授权于公司经理。公司章程的有关规定决定了监事会的具体构成,例如,《公司法》第51条第2款、第117条第2款规定,监事会应当包括股东代表和适当比例的公司职工代表,其中职工代表的比例不得低于1/3,具体比例由公司章程规定。公司章程是监事会行使职权的重要依据之一,例如,《公司法》第53条、第118条规定,监事会有权对董事、高级管理人员执行公司职务时违反公司章程的行为进行监督。而且,公司还可以通过公司章程授予监事会其他职权。

公司法还建立了民事责任机制,以确保公司章程有效地得到贯彻实现。例如,根据《公司法》第149条的规定,董事、监事、高级管理人员执行公司职务时违反法律、行政法规或者公司章程的规定,给公司造成损失的,应当承担赔偿责任。再如,《公司法》第112条第3款规定,董事应当对董事会的决议承担责任。董事会的决议违反法律、行政法规或者公司章程、股东大会决议,致使公司遭受严重损失的,参与决议的董事对公司负赔偿责任。但经证明在表决时曾表明异议并记载于会议记录的,该董事可以免除责任。[11]

三、违反公司章程的法律后果

(一)公司违反公司章程的民事责任

《公司法》第22条第2款规定,股东会或者股东大会、董事会的会议召集程序、表决方式违反公司章程,或者决议内容违反公司章程的,股东可以自决议作出之日起60日内,请求人民法院撤销。至于其直接责任人员的民事责任则依据《公司法》第149条和第152条的规定办理。

(二)董事、监事和高级管理人员违反公司章程的民事责任

《公司法》第149条规定,董事、监事、高级管理人员执行公司职务时违反法律、行政法规或者公司章程的规定,给公司造成损失的,应当承担赔偿责任。《公司法》第152条规定,董事、高级管理人员违反法律、行政法规或者公司章程的规定,损害股东利益的,股东可以向人民法院起诉。

(三)股东违反公司章程的民事责任

股东违反公司章程所规定义务,公司有权要求其履行,给公司造成损失的,应该对公司承担赔偿责任。比如,股东在公司成立前,没有履行公司章程所规定的股款缴纳或办理权证转移手续义务;股东在公司成立后,股东出资不实也是违反公司章程规定的表现。股东应当负差额填补责任,设立公司的其他股东负有连带赔偿

---

〔11〕 赵旭东主编:《公司法学》(第2版),高等教育出版社2006年版,第184~188页。

责任。《公司法》第20条规定,公司股东应当遵守法律、行政法规和公司章程,依法行使股东权利,不得滥用股东权利损害公司或者其他股东的利益;不得滥用公司法人独立地位和股东有限责任损害公司债权人的利益。公司股东滥用股东权利给公司或者其他股东造成损失的,应当依法承担赔偿责任。公司股东滥用公司法人独立地位和股东有限责任,逃避债务,严重损害公司债权人利益的,应当对公司债务承担连带责任。

【拓展阅读】

进一步理解公司章程的性质及其与公司法之间的关系,探讨公司章程与发起人协议之间的适用冲突问题

[1]钱玉林:《公司章程"另有规定"检讨》,载《法学研究》2009年第2期。

[2]石纪虎:《公司法·公司章程·股东大会决议——三者效力关系的"契约论"解读》,载《法学杂志》2010年第2期。

[3]郭富青:《公司创制章程条款研究》,载《比较法研究》2015年第2期。

[4]吴飞飞:《论公司章程的决议属性及其效力认定规则》,载《法制与社会发展》2016年第1期。

[5]王建文:《论我国引入公司章程防御性条款的制度构造》,载《中国法学》2017年第5期。

【问题讨论】

1. 公司章程与公司法之间的效力关系如何?
2. 公司章程与发起人协议(或称设立协议)之间的效力关系如何?
3. 如何理解《公司法》第25条之规定?

【司法实践】

案例一:公司章程规定股东被免职后需转让股份　法院认可除名条款效力

2005年10月,江苏省镇江市某化工集团公司的经营层及中层干部共同投资设立了一家投资有限公司,该公司是化工集团的股东。刘某为化工集团所属分公司经理,2005年11月15日在投资公司登记股东谢某的名下出资14万元。投资协议及公司章程约定,股东退休前因被免职不担任化工集团中层干部时,必须将所持股权转让给化工集团的主要经营者,5年内转让价为出资额加银行同期同档存款利息。2006年8月,化工集团解除了刘某分公司经理的聘用,化工集团董事长赵某即要求刘某将持有的股权转让给自己,但遭到刘某的拒绝,赵某遂将刘某告上法院。

江苏省镇江市京口区人民法院经审理认为：有限公司具有人合性和封闭性，为了公司发展和安全的需要，对于公司的股东，自然有特殊的要求。除名条款的出现，正是适应了这种需要。在不违反诚实信用原则的前提下，法律并不否认除名条款的效力。投资公司设立的主要目的是成为化工集团的投资者，顺利实现化工集团的增资扩股。在投资协议和公司章程中明确限定投资公司的股东仅为化工集团经营层及中层干部，并以此进一步约定："股东退休前因被免职不担任化工集团中层干部时必须对所持股权进行转让，转让对象为化工集团主要经营者。"该约定符合有限公司人合性和封闭性的特点，不违反诚实信用原则，为有效条款。对于投资公司股东内部而言，刘某已签名认可投资协议，实际出资到位，为第三人投资公司的股东。刘某应依投资协议和公司章程享有权利和履行义务。投资协议和公司章程中的除名条款合法有效。据此，法院一审依法判决被告刘某将持有的公司股权转让给赵某；赵某在受让上述股权的同时给付刘某股权转让款 14 万元及利息；公司在上述股权转让后 3 日内对股东名册、出资证明作相应的变更；第三人谢某对上述股权转让应予协助。

案例二：公司设立协议与公司章程

【案件名称】甘洛县建筑建材开发公司等诉重庆中环建设有限公司等合同纠纷案

【案件字号】(2016)最高法民申 3077 号

【案件来源】【法宝引证码】CLI. C. 10153996

学习心得

第五章　公司人格制度

【内容导读】

公司人格是法人人格的典型形式，是对公司在法律上主体资格的一种抽象反映。由于法制传统的差异，各国关于公司人格特征的表述不尽相同，就我国立法而言，公司人格具有法定性、独立性和平等性三个基本特征。公司人格涵盖公司的权利能力、公司的行为能力和公司的责任能力等方面的内容。公司权利能力和行为能力同时产生，同时终止。公司权利能力受到自身性质和法律的限制，与公司权利存在区别。与自然人不同，公司行为能力必须借助于公司机关才能行使。公司责任能力是公司对其违法行为承担责任的能力。公司目的（经营范围）是对公司能力的限制。公司名称是使公司人格特定化，并且使该公司与其他民事主体相区分的标志。公司以其主要办事机构所在地为住所，是类似于自然人的“栖息地”。而公司人格否认制度则是对公司人格制度的重要补充，是对公司利益失衡的救济，有利于保障债权人和公众的利益。

【问题思考】

案例

2011 年 1 月 18 日，景盛公司经工商局核准登记成立。据工商局登记材料记载，景盛公司是天盛有限责任公司出资 410 万元设立的有限责任公司，天盛公司是景盛公司唯一股东。另悉，天盛公司在外地还设立了地盛公司作为分公司。同年 4 月、7 月，景盛公司与明阳公司先后签订了两份淀粉买卖合同，由明阳公司向景盛公司供应淀粉 180 吨，货款总额 64.3 万元。合同签订后，明阳公司依约履行了供货义务，景盛公司收到淀粉后也先后向明阳公司支付了货款 20 万元。2012 年 6 月 19 日，明阳公司以景盛公司未按约定付清货款为由向法院起诉，要求景盛公司支付淀粉货款 44.3 万元及逾期付款违约金；以天盛公司的财产与景盛公司的财产混同为由，要求天盛公司对上述债务承担连带清偿责任。天盛公司应诉后认为，景盛公司是依法成立的有限责任公司，天盛公司只是景盛公司的股东，根据公司法及相关法律的规定，股东以出资额为限对公司承担责任，天盛公司已经履行了出资义务，不应对景盛公司的债务承担责任。

问题一：景盛、天盛与地盛公司是否具有法律人格？

问题二：天盛公司对景盛公司所欠淀粉货款及逾期付款违约金是否应当承担连带责任？如果是地盛公司发生类似情形，责任应该如何承担？

问题三：对景盛公司适用人格否认制度需要满足什么条件？

【基础阅读】

了解公司人格的概念和特征，理解公司目的对公司能力的影响，了解公司名称和住所的含义，掌握公司人格否认制度的概念和适用标准。

第一节　公司人格的概念和特征

一、公司人格的概念

（一）公司人格的概念

从法学角度来看，"人格"一词中的"人"是指法律上的人，包括自然人和法人；"格"是指主体资格。故人格的法律内涵就是成为法律关系主体所需要具备的资格，通俗而言，就是一个具备相应条件的特定的主体才能成为法律意义上的"人"。人格学说来源于罗马法，罗马法学家用"头颅"（caput）这一表示具体事物的名词来表示这一抽象的法学概念，其用意是只有具有头颅的人才能称其为具有市民法权的人，即私法意义上的人。因此，在古罗马法时代，人和人格是分离的，既有具有完全人格的人，又有具有不完全人格的人，还有无人格的人。到近代民法，随着人权意识的发展，自然人的人格理论才得以突破。因此，在现代法中，人格通常与法律主体的法律地位、民事能力等紧密相连。公司人格是法人人格的典型形式，指对公司在法律上主体资格的一种抽象称谓，包含公司的法律地位、公司的权利能力、行为能力和责任能力等内容。[1]

（二）公司人格的历史演进

由罗马法的自然人人格理论发展到公司法人人格独立理论经历了一个漫长的过程，其中标志性突破在于团体人格理论和抽象人格理论的提出。因为我们还是将公司人格理解为法人人格当中的一类，所以理解公司人格必须先了解整个法人人格的演进史。

学界通说认为，法人人格的历史同样起源于古罗马法。如前所述，在古罗马法时期，并非每一个人都能成为权利主体。古罗马法上的人格是与人分离的，这种分

---

〔1〕 冯果：《公司法》（第2版），武汉大学出版社2007年版，第104页。

离表明法律上的人和生物意义上的人是分离的,前者技术用语上"persona",后者则为"homo"。事实上,当时个别法学家已经论证了团体也可以成为法律上的人,可以享有权利和承担义务,当时事实上也确实存在着具有团体人格性质的社会组织。但是罗马法始终没有形成明确的法人概念,更谈不上出现近代法意义上的法人制度。真正意义上的社团法人是随着社会团体本位思想的兴起和西方各国在立法中确认法人制度之后才出现的。法律人格与团体结合的产物即为法人人格,团体是法人人格产生的实体基础。"法人"这一词是由意大利注释法学派所创立的,当时的意思是"以团体名义的多数人的集合"。因此,这一词在创立之初与现代法人概念内涵相去甚远,仅仅是"团体"的代名词,而不具有独立的人格因素。后来,教会法学派为了解释教会对世俗财产的所有权,想象在团体成员的多数人之外还有抽象人格的存在,该人格即为"法人",它像自然人一样能够拥有财产权。后期的注释法学派在教会学派的理论基础上定义"法人"的概念为"在团体成员的多数之外独立存在的抽象人格"〔2〕,这标志着真正意义上的法人概念的确立。据考证,最早将法人概念引入到制定法的是1794年德国普鲁士邦普通法典,后为1896年德国《民法典》所采用,并传至全世界。各国民事立法进一步将法律人格分为自然人和法人。当然,并非所有的团体都能够成为法人并具有法人人格,团体须具备一定的事实要素并经代表国家的机构确认才能成为法律意义上的人即法人。赋予团体以法人资格的意义在于,将团体与组成团体的成员在人格上进行区分,他们各自具有法律上的人格而相互独立,团体成员的变化不会影响到团体人格的独立和存续,从而大大地稳定与简化法律关系。

从整个公司人格概念的起源来看,公司人格即是法人人格和公司组织形式嫁接的产物,公司法人人格的产生和确立经过了一个由分散的成员个体人格到由数人集聚而成的团体人格,再到公司法人独立人格这样漫长的演变过程。现代意义上的公司法人人格独立的标志是股份有限公司的出现。1600年成立的英国东印度公司和1602年成立的荷兰东印度公司是最早的股份有限公司。股份有限公司的出现在公司的发展史上具有划时代的意义,直到它的出现,法人制度和公司形式的嫁接才算最终完成,公司最终取得完全的独立法律人格。从某种意义上讲,也正是股份有限公司的出现,才使法人制度最终得以牢固确立。公司完全脱离股东成为独立的法律主体,得益于有限责任原则的全面确立。股东在享有有限责任优惠的同时,以放弃公司财产权与经营权为代价,从而使股东人格和公司人格彻底分离,公司法人独立人格也随之进一步牢固确立。〔3〕

---

〔2〕 张俊浩主编:《民法学原理》,中国政法大学出版社1991年版,第169页。

〔3〕 冯果:《公司法》(第2版),武汉大学出版社2007年版,第105~106页。

(三)我国现行立法对公司人格的规定

我国现行立法对公司人格的规定需要结合《民法总则》和《公司法》进行理解:《民法总则》第57条将法人定义为具有民事权利能力和民事行为能力,依法独立享有民事权利和承担民事义务的组织;而现行《公司法》第3条规定,公司是企业法人。也就是说,我国现行立法明确将公司人格界定为法人人格,认定其具有民商事主体资格,这与世界各国法律将公司界定为法人的立法惯例是一致的。

二、公司人格的特征

尽管现代各国对公司本质的认识已经趋于一致,但由于立法传统和法律习惯等诸多因素的差异,公司在法律上表现出来的人格特征还是存在一些区别,本书主要依据我国现行《公司法》的规定对公司人格的特征进行论述。公司人格的基本特征可以概括为以下几点:

(一)公司人格的法定性

公司人格的法定性是指公司人格并非先天具有,而是按照法定程序由法律赋予。从理论上讲,公司人格法定这样的定性判断其实就是法人的本质是什么。从各国民商法理论研究以及立法的技术上而言,承认公司法人是基于法律的拟制性规定而具有了法律人格较为恰当。将法律规定解释为公司人格的产生渊源,决定着公司的设立和经营行为都必须依法而为,也有利于促进公司的稳定发展、保护交易的安全。

公司人格法定性具体表现在:一方面,公司只有通过法律的认可才能取得法律上的人格,从而转化为法律上的人。所以公司人格取得和自然人人格取得不同,公司只有履行了法定的注册登记程序后,才能取得法律人格。我国现行《公司法》规定,公司自取得营业执照之日起具有法人资格。另一方面,公司是一种组织体,不像自然人那样具有生理机能,其内部的组成和自然人不一样,是根据法律规定而建立的。公司必须通过公司机关来形成意志、进行决策、从事行为。我国现行《公司法》原则上就确立了股东(大)会、董事会和监事会这样的内部公司机关以完成公司特定的行为。可见,按照法律规定设立和组织是公司获得独立人格的基本条件。[4] 从以上两个方面也可以看出,公司人格是一种与法人人格相对应的团体人格,具有团体人格性。

(二)公司人格的独立性

公司具有独立的人格,是公司人格最基本的特征,这也是法人制度精髓在公司领域的体现。公司独立性一般强调的是公司与股东是独立的民商事主体,公司相对于股东而言在行为能力上与责任承担上是独立的。股东之间形成的股东会或者股东大会仅仅属于公司法人的意思机关,并不具有代替公司行使公司作为独立民

〔4〕 赵旭东主编:《新公司法讲义》,人民法院出版社2005年版,第78页。

商事主体的行为能力。本书认为公司是独立的民商事主体,根据我国《公司法》的公司类型进行分析,主要包含财产独立、名义独立、责任独立三方面。

1. 公司财产独立

公司财产独立是指公司拥有与股东财产清晰可辨的公司财产,公司财产由公司所有或有其独立支配,它不是其成员的财产,也不属于其成员所有。公司财产独立是公司人格赖以独立存在的物质基础,也是公司人格的必然要求。公司财产的独立性使其与股东财产完全分开,股东变化不会干扰公司的财产结构,这不仅在英美法系国家如此,在大陆法系国家也是一项基本原则。正因为财产的独立性,股东出资时必须转让出资财产的所有权给公司,诸如劳务等无法转移所有权的出资方式就不被允许。股东履行出资义务之后若发生股权转让等事项,不影响公司人格的持续性存在。因为对原出资股东而言,在其履行完出资义务那一刻,出资财产已经成为公司的独立财产,之后公司股东成员的变化对公司而言仅仅是对股权主体的变化。

2. 公司名义独立

公司名义独立主要是指公司可以根据其自身的独立意思表示对外以自己的名义从事一切活动。从形式要件上而言,我国《公司法》规定公司应当具有自己的名称、住所、印章;从实质上而言,公司对外从事活动时公司自身才是法律关系的主体,作为公司投资者的股东不是法律关系的主体,而只能作为公司的内部意思机关。因此,公司签订合同时需要公司盖章而不需要股东签字,从事诉讼活动时是以其自身名义进行。

3. 公司责任独立

因为我国现行《公司法》仅承认有限责任公司和股份有限公司两种公司的基本类型,不存在无限公司和两合公司的概念,所以公司责任独立在我国公司法理论中可以作为公司人格独立的一个内涵予以论述。公司责任独立是指公司原则上以自身的全部财产对公司债务承担责任,公司股东仅以其股份(或出资额)对公司债务负责,在出资之外不需要用自身的其余财产对公司债务承担责任。可见,公司责任独立的后果必然是其成员责任的有限化。正基于此,公司责任独立往往被学者称为公司股东的有限责任。公司一经成立即独立承担责任,这也是公司人格独立的法律后果,并已经成为现代法人制度的经典制度。

(三)公司人格的平等性

公司人格的平等性是指公司作为法律主体所具有的法律地位与其他民商事法律主体是完全一致的,或者说公司人格与其他法律主体之人格具有共同的性质。从理论上而言,公司人格的平等性来源于其赖以存在的经济基础——商品经济,因为商品是天生的平等派。尽管公司性质、规模、资金状况、经济实力等具体条件的不同会导致公司事实上的不平等,但商品经济客观上要求法律给每一个市场参与者提供一个平等参与竞争的资格和机会。从立法上而言，我国《民法总则》第2条明确表示“民法调整平等主体的自然人、法人和非法人组织之间的人身关系和财产关系”。需要注意的是，公司人格平等并不是指每一个公司在实际法律关系中所享受到的权利和所承担的义务具有一致性。实际上，公司作为法人，受其自身性质、法人章程、经营范围以及法律法规的限制，其实际享有的权利和承担的义务往往有天壤之别。这里所说的公司人格平等，仅仅是指公司作为法律主体资格的性质往往具有同一性，并在法律地位上是平等的。

第二节　公司的名称与住所

一、公司名称

（一）公司名称的含义

1. 公司名称的概念和特征

公司名称，就是公司的称谓，是指公司用以经营并区别于其他公司或企业的标志性固定称谓。[5] 公司名称是公司人格独立和特定化的体现，我国《公司法》第25条、第81条规定，它是公司章程绝对必要记载事项之一，是公司设立的必备条件，也是公司从事生产经营活动的基础。

公司名称主要具备以下法律特征：[6]

（1）标志性。公司名称是一公司区别于其他公司的标志，因此一个公司在同一时期一般只能有一个名称，并且该名称必须具有鲜明的标识性，以方便交易对方识别。因此，各国通常都通过法律、法规对公司名称的设定作一定的要求，以强化公司名称的标志性，避免冲突和混淆。

（2）依附性。公司名称是公司人格的基础，代表公司的形象，因而与公司实体紧密联系，具有很强的依附性。也因为这种依附性，大多数国家公司法都要求公司名称的转让应当随公司本身的全部或一部分转让，而不允许公司名称的单独转让。

（3）排他性。由于公司名称的标志性，因此一定范围内（包括地区和行业）只有一个公司可以使用经过注册的特定名称。在某公司名称注册后，其他同业公司不仅不能使用同一名称作为自己的商号、商标、服务标记，甚至使用类似名称也为法律所禁止。所谓类似，即两个名称的差异不易辨认，容易引起混淆。各国都通过名称登记制度确保公司名称的排他性，但根据我国《企业名称登记管理规定》，我国公司名称的排他性是有限的，只限于在同一登记机关辖区内，同行业的企业不能

---

〔5〕 范健、王建文：《公司法》，法律出版社2006年版，第159页。

〔6〕 赵旭东主编：《新公司法讲义》，人民法院出版社2005年版，第80～81页。

有相同或类似的名称。在此范围之外,企业名称不具有排他性。

2. 公司名称与商号

商号,又称为“商事名称”,是商事经营主体在从事商行为时所使用的名称。其特征是由商事主体享有,依法登记,在营业上使用,故商号又称为“商业名称”。[7] 对于公司名称与商号的关系,我国学者有两种观点。一种观点认为,商号和公司名称等义,商号仅是公司名称的传统称呼。[8] 另一种观点认为,商号与公司名称历来有别,商号是公司从事营业时使用的名称,而公司名称本身不一定用于营业。就外延关系而言,商号往往只是公司名称的一个构成部分。[9] 后一种观点来源于我国的立法规定,我国《企业名称登记管理规定》第7条规定:“企业名称应当由以下部分依次组成:字号(或者商号,下同)、行业或者经营特点、组织形式。”根据这一规定,商号系企业名称的核心组成部分,因此商号是公司名称的一个构成部分。

我国大多数学者则采取前一种观点,认为应从传统习惯以及理论体系性出发,主张将商主体的名称统称为商号。[10] 而且我国现行立法上对商号的使用也存在一定的混乱。我国《民法总则》第54条规定个体工商户的名称为“字号”,在这个意义上将字号混同于企业名称,这与《企业名称登记管理规定》的规定有冲突。而2004年《企业名称登记管理实施办法》第9条规定:“企业名称应当由行政区划、字号、行业、组织形式依次组成”,在这个规定中,没有将“字号”和“企业名称”等同。笔者认为,应该在立法上消除这些概念体系上的冲突。首先,我们应遵循传统习惯和理论体系性的要求,明确商号为商主体的名称,在公司法上商号等同于公司名称。然后,严格区分“字号”和“商号”,将在《民法总则》第54条中所称之“字号”修改为商号,从而消除我国现行立法上存在的概念体系冲突。

(二)公司名称的立法主义

综观各国公司立法,有关公司名称的立法主义主要有两种:

1. 名称真实主义

名称真实主义,是指法律对公司名称加以严格的限制,要求选定的公司名称必须与经营者的营业种类和营业内容相一致,使用经营者姓名作为字号的必须是真实姓名,凡不相符合的,均不予承认,而且无法予以转让或继承。德国、法国、瑞士均采此种立法主义。[11]

---

〔7〕 范健、蒋大兴:《公司法论》(上卷),南京大学出版社1997年版,第197~198页。

〔8〕 江平主编:《法人制度论》,中国政法大学出版社1994年版,第164页。

〔9〕 范健、蒋大兴:《公司法论》(上卷),南京大学出版社1997年版,第198页。

〔10〕 范健、王建文:《商法论》,高等教育出版社2003年版,第468页。

〔11〕 江平主编:《法人制度论》,中国政法大学出版社1994年版,第174页。

2. 名称自由主义

名称自由主义，是指公司名称由公司设立人自由选择，其名称与经营者姓名或其营业种类是否相符，法律一般不加以限制。公司可以采用与其业务经营没有关系的名称，也可以以他人姓名为其名称（只要不侵犯他人姓名权）。日本、美国、英国和我国台湾地区采此种立法主义。但实行名称自由主义并非表明法律对公司名称放任不管，如日本《商法典》即对公司名称的自由主义做了三方面的限制：第一，在公司名称中，必须按照公司种类使用无限公司、两合公司或股份公司的字样；第二，非公司企业不得在其名称中表明公司字样；第三，禁止怀有不正当目地使用使人误认为是他人营业的公司名称；并且，对允许他人使用自己的姓、姓名或商号进行营业，并使交易人误认其为营业主而与之交易的，允许人应对此而产生的债务负连带偿还责任。[12]

我国公司立法原则上采取名称真实主义。我国《企业名称登记管理规定》第11条规定："企业应当根据其主营业务，依照国家行业分类标准划分的类别，在企业名称中标明所属行业或者经营特点。"公司作为企业法人的一种，应遵循上述规定，在其名称中明示其行业或经营特点，这可以理解为我国现行立法对公司名称采真实主义。但是在实践中，这一立法主义并不绝对，对于历史悠久的老字号，虽不符合现行法规的也予以承认。[13]

（三）公司名称的选定规则

1. 单一名称规则

公司只准使用一个名称，在登记主管机关辖区内不得与已经登记注册的同行业公司或企业的名称相同或相近似，如有特殊需要，经省级以上工商行政机关批准，公司可以在规定的范围内使用一个从属名称。但从属名称不在营业执照上标明，不得以其名义开展经营活动和招揽业务；并且私营企业、外商投资企业不得使用从属名称。所谓公司名称相同，是指两个以上公司名称完全一致；所谓公司名称近似，是指两个以上同行业公司的名称中的字号在字音、字形及字（词）义方面非常接近，或字号相同但组织形式略有差别，容易造成公众混淆或误解。

2. 公司名称构成规则

2004年修订的《企业名称登记管理实施办法》第9条规定："企业名称应当由行政区划、字号、行业、组织形式依次组成，法律、行政法规和本办法另有规定的除外。"根据这一规定，除法律、行政法规和该办法另有规定外，公司名称由行政区划、字号、行业、组织形式依次构成。

（1）行政区划。公司名称中的行政区划是该公司所在地县级以上行政区划的

---

〔12〕 范健、蒋大兴：《公司法论》（上卷），南京大学出版社1997年版，第200页。

〔13〕 江平主编：《法人制度论》，中国政法大学出版社1994年版，第176页。

名称或地名,其中市辖区的名称不能单独用作公司名称的行政区划。其立法意旨在于保护公司名称在规定范围内享有专用权。但是根据《企业名称登记管理规定》第7条、《企业名称登记管理实施办法》第13条的规定,经国家工商行政管理局核准,符合下列条件之一的公司,可以使用不含行政区划的公司名称:第一,历史悠久、字号驰名的公司,即具有30年以上生产经营的历史、字号在省或全国范围内广为人知的公司;第二,外商投资的有限责任公司;第三,可以申请在其名称中使用"中国""中华"或者冠以"国际"字样的公司,包括全国性公司、国务院或其授权的机关批准的大型进出口公司或大型集团公司;第四,国务院批准的公司;第五,国家工商行政管理局登记注册的公司;第六,注册资本(或注册资金)不少于5000万人民币的公司;第七,国家工商行政管理局另有规定的。

(2)字号。字号是公司名称中最核心的内容,字号也可以称为"公司的特有名称"。[14] 区分公司名称主要是根据字号来进行,尤其是同一行业处于同一地区的公司。字号也是进行商标登记的核心内容。《公司名称登记管理规定》从积极方面和消极方面对公司字号进行了限制:

第一,积极限制条款,即对一般公司选择字号或特定公司在某些情形下使用某一字号的积极许可要求。主要体现在三个方面:① 字号应当由两个以上的字组成;② 公司有正当理由可以使用本地或者异地地名作字号,但不得使用县以上行政区划名称作字号,此立法意旨在于促使公司诚实信用地进行经营活动,并强化其开创名牌字号的意识;③ 私人投资或外商投资的有限责任公司可以使用投资人姓名或外国公民姓名作字号,但前者应提交投资人签字的同意书,后者需报国家工商行政管理局核定。

第二,消极限制条款,即对公司选用字号所作的消极性禁止规定,主要指公司的字号中不得含有下列内容和文字:①有损于国家、社会公共利益的;②有可能对公众造成欺骗或误解的;③外国国家(地区)名称、国际组织名称;④政党名称、党政军机关名称、群众组织名称、社会团体名称以及部队番号名称;⑤汉语拼音字母(外文名称中使用的除外)、数字;⑥其他法律、行政法规禁止的。[15]

(3)行业特点。公司应当根据其主营业务,依照国家行业分类标准划分的类别,在其名称中标明所属行业或者经营特点,如化工、纺织品批发、汽车制造、银行、保险、信托等。在公司名称中注明行业的目的有两个:其一,可以让公众和交易第三人从公司名称中了解公司的业务范围,有利于促进公司业务开展和维护交易安全;其二,当几个公司的字号相同而行业不同时,可以此对其作明确区分。

(4)公司的组织形式。公司应当根据其组织结构或者责任形式,在其名称中

---

〔14〕 范健、蒋大兴:《公司法论》(上卷),南京大学出版社1997年版,第201页。
〔15〕 范健、蒋大兴:《公司法论》(上卷),南京大学出版社1997年版,第202页。

标明“有限责任公司”或者“股份有限公司”的字样，此为各国公司立法通例。我国现行《公司法》第8条也规定，依法设立的有限责任公司和股份有限公司，必须在公司名称中标明有限责任公司或有限公司和股份有限公司或股份公司字样。其立法意旨在于向外公示公司的信用状况，便于社会公众和交易第三人据此作出交易决策。

二、公司住所

（一）公司住所的法律意义

根据我国《民法总则》第63条和《公司法》第10条的规定，公司住所是指公司主要办事机构所在地。公司住所具有重要的法律意义，它是公司开展经营活动的长期固定地点，因而是确定许多与公司相关的法律关系的基础。概括来说，公司住所的法律意义主要表现在以下方面：

1. 公司住所是确定公司登记机关和管理机关的前提

除全国性公司外，公司在登记时应向其所在地工商行政管理机关提出申请，公司住所地即住所。该工商行政管理机关通常也是公司的工商管理机关，其他一些方面的行政管理关系，如税务等也是根据公司住所而确定。企业应当向所在地税务机关进行税务登记，发生应税行为时向其进行纳税申报和缴纳。

2. 公司住所是诉讼中确认地域管辖和诉讼文书送达地的依据

我国《民事诉讼法》规定，对法人或者其他组织提起的民事诉讼，由被告住所地人民法院管辖。因此，在涉及公司的民事诉讼中，住所就成为确定法院管辖的重要因素。确定公司的住所地，对于解决纠纷、维护社会经济秩序、保障当事人合法权益有着重要意义。在诉讼中，我国《民事诉讼法》规定，送达诉讼文书，应当直接送交受送达人；直接送达诉讼文书有困难的，可以委托其他人民法院代为送达，或者邮寄送达。受送达人拒绝接受诉讼文书的，可以留置送达方式送达。对公司而言，无论是直接送达、委托送达、邮寄送达，还是留置送达，均以住所地为送达地。因此，明确公司的住所地，有利于公司与外界的交流与联系，也有利于人民法院及时、迅速地将法律文书送达当事人，保障当时人的权利。

3. 公司住所是确定合同履行地的重要标志

合同履行地可以由当事人在合同中明确约定，在当事人没有约定时，按照我国《民法总则》和《合同法》规定，履行地点不明确的债务，给付货币的，在接受货币一方所在地履行；其他标的在履行义务一方的所在地履行。在涉及公司的合同中，义务履行地由公司住所地确定。因此，确立公司住所进而确定合同履行地，对于判断合同履行的效力有着重要的意义。

4. 公司住所是涉外民事法律关系中确定准据法的依据之一

解决涉外民事关系的法律冲突时，准据法的确定具有重要意义，当事人的住所是确定准据法的标准之一。比如，依属人法原则适用当事人本国法时，一般按公司住所地确定所适用国家的法律。[16]

(二)公司住所的确定标准

对于公司住所的确定标准,各国法律规定有所不同,概括来说有三种:一是管理中心地,即以登记时的常设管理机关所在地为住所。这种做法的优点在于容易确定,缺点主要在于公司容易通过将管理中心迁到海外的办法来逃避法律管制。二是营业中心地,即以公司的主要业务执行地为住所。这种做法的优点主要在于便于控制公司的主要财产收入,其缺点在于如果营业中心有多个,则不容易确定公司的住所。三是由公司的章程确定。通常可以是公司的经营场所、业务领导部门或者行政部门所在地。

我国《民法总则》第63条和《公司法》第10条均对公司住所的确定采取了管理中心地标准,即公司以其主要办事机构所在地为住所。所谓主要办事机构所在地,是指公司的主要经营管理机构(如董事会等)或者管辖全部公司组织的中枢机构(如总公司等)所在地。一般而言,当公司只有一个办事机构时,以其办事机构所在地为住所,当公司有多个办事机构且分别位于不同地方时,应以公司登记时所注册的主要办事机构为住所,当公司设有分公司时,应以总公司所在地为住所。[17]

第三节　公司的权利能力、行为能力和责任能力

一、公司的权利能力

(一)公司权利能力的概念

公司权利能力是指公司以自己名义享有民事权利,承担民事义务的资格,即公司作为民事主体的资格。公司权利能力不是天赋的,而是由法律赋予的。公司只有具有特定的权利能力,才能独立参与相应的法律关系,享有具体的权利或者承担具体的义务。需要注意的是,根据最高人民法院《关于适用〈中华人民共和国合同法〉若干问题的解释(一)》的相关规定,公司权利能力与公司经营范围并不是同一个概念。按照我国司法实践的规则,公司即使对外签订超越经营范围的合同,也并不意味着该合同无效。所以,公司权利能力不同于公司权利,公司的权利能力是公司取得具体权利的基础或前提条件,而公司权利是公司的权利能力在具体法律关系中的一种体现,是公司凭借权利能力参与具体法律关系的结果。

两者的区别具体表现在四个方面:第一,公司权利能力是一种主体资格、一种可能,是取得具体民事权利的前提条件;而公司权利是公司在具体民事法律关系中

---

〔16〕 赵旭东主编:《新公司法讲义》,人民法院出版社2005年版,第84~85页。

〔17〕 范健、蒋大兴:《公司法论》(上卷),南京大学出版社1997年版,第214页。

实际取得的权利,是公司权利能力得以实现的结果。第二,公司权利能力不仅指享有民事权利的资格,也包括承担民事义务的资格,而公司权利是公司在具体的民事法律关系中实际取得的权利,它与公司义务是不可互相代替的。第三,公司权利能力是法律赋予的,它的范围与内容是直接由统治阶级的意志确定的,而公司权利是公司按其意愿实际参加民事活动时取得的,它的内容和范围反映着公司意志。第四,公司权利能力与公司不可分离,公司既不能将其转让或放弃,他人也无权限制或剥夺,而公司权利则不然,除法律另有规定外,公司可以依法转让或放弃其某项民事权利,也可以依法限制其行使某项民事权利或者剥夺某项民事权利。

公司权利能力既然是法律赋予的,就不可能是无限的,法律在赋予公司权利能力的同时限定了公司权利能力的范围。公司权利能力及其范围具有重要的法律意义,它是判断公司是否能够享有某种特定权利或承担某项特定义务的重要标准,进而确定公司法律行为的效力。如果公司的法律行为超越公司权利能力范围,一般为无效行为。

(二)公司权利能力的特征

公司权利能力的特征主要有:

第一,从本质来讲,公司权利能力是公司的法律资格。公司权利能力是公司作为民事主体进行民事活动的前提,是其独立享有民事权利和承担民事义务的基础。不具备民事权利能力,也就没有资格享有民事权利和承担民事义务。

第二,公司权利能力不是天赋的,而是由国家立法确定的。公司法人是法律创设的结果。因此,其权利能力的有无和大小完全取决于法律的规定,是立法赋予的结果。

第三,公司的权利能力始于公司依法成立之日,止于公司依法解散、法人资格依法终止之日。设立中公司没有权利能力,依法解散尚处于清算中的公司只能在清算范围内享有权利和承担义务。

第四,不同公司的公司权利能力有较大的差异。公司权利能力因公司的性质、公司任务、公司所在行业或经营范围的不同而有所区别,有的公司权利能力大一些,有的公司权利能力小一些,有的公司权利范围广一些,有的公司权利范围窄一些。

(三)公司权利能力的开始与终止

公司权利能力开始于公司成立,止于公司终止。具体来说,公司权利能力从公司营业执照签发之日起开始,至公司注销登记并公告之日起终止。《民法总则》第57条和第59条分别规定:“法人是具有民事权利能力和民事行为能力,依法独立享有民事权利和承担民事义务的组织”;“法人的民事权利能力和民事行为能力,从法人成立时产生,到法人终止时消灭”。《公司法》第7条规定,公司营业执照签发日期为公司成立日期。因此,公司营业执照签发之日即公司权利能力获得之日。

《公司法》第188条规定:“公司清算结束后,清算组应当制作清算报告,报股东会、股东大会或者人民法院确认,并报送公司登记机关,申请注销公司登记,公告公司终止。”所以,公告中发布的公司终止之日就是公司权利能力的终止日期。因此,设立中公司没有权利能力,而处于清算中公司的权利能力受到限制,只能在清算范围内享有权利和承担义务。

(四)公司权利能力的限制

公司与自然人在性质上的差异,以及公司法对公司的特殊要求,决定了公司的权利能力受到限制,由此形成了公司权利能力区别于自然人权利能力的种种特征。其限制表现在以下方面:

1. 自身性质上的限制

公司作为法人,虽然与自然人同为民事主体,但两者本质不同。法律承认自然人的人格是基于伦理要求,而公司作为自然人从事商业活动的组织,法律赋予公司以人格是基于自然人的投资需要。公司权利能力受到公司性质的限制,公司不能享有专属于自然人的权利,也不能承担专属于自然人的义务。专属于自然人的权利和义务,是以自然人身体或身份为基础,包括:以自然人身体存在为前提的权利义务,如生命权、健康权、身体权、隐私权。自然人享有隐私权,隐私权属于人格权,而公司的商业秘密属于知识产权。另外还包括以自然人身份为基础的权利义务,如继承权、抚养义务。公司不能享有继承权,但有权接受遗赠。

2. 法律上的限制

各国法律都对民事权利能力的行使作了一定的限制,但由于公司影响力强,受到的法律规制更多。各国公司法律通常都根据国情和法律规制的需要,对公司权利能力作了一定的限制,通常包括:

(1)转投资的限制

公司将由股东出资形成的公司财产再作其他投资时为转投资。公司转投资,极易造成公司资产亏空及财务吃紧,各国公司立法基于维护公司财务稳健及保障出资者、债权人利益的考虑,大多都作出不同程度的限制性规定。综观各国公司立法,对公司转投资行为的限制主要体现在两个方面:

第一,转投资对象的限制。绝大多数国家和地区的公司法禁止公司成为其他营业性经济组织中承担无限责任的成员,包括成为无限责任公司或两合公司中的承担无限责任的股东以及成为合伙企业中承担无限责任的合伙人。这是因为无限责任股东或合伙人,对于公司或合伙企业的债务应负连带的无限清偿责任。如果公司作为股东需要对这些公司的债务承担无限责任或成为需要承担无限责任的合伙企业的合伙人,则公司可能受到牵连,从而加重公司的债务责任,危及公司自身的经营和债权人的利益。因此,不少国家和地区的公司法均对公司承担无限责任加以限制。但是,我国2005年修改后的《公司法》对公司转投资对象还是作了一定的放宽规定，例如，转投资对象不限于依照《公司法》成立的有限责任公司和股份有限公司，公司也可以投资于按照其他法律成立的企业，其中最具突破性意义之处在于《公司法》第15条的规定，在法律有例外规定的情形下，公司还能成为所投资企业的连带责任人。举例而言，按照我国2006年颁布的《合伙企业法》的相关规定，除了涉及公益性的公司，比如国有独资公司与上市公司不能成为普通合伙人外，其余公司均可成为普通合伙人。其实，从法理上而言，公司法人与自然人本即该处于同一法律地位，既然自然人可以承担无限责任，公司自然也可以。为了保护特定的公共利益，有必要对能够承担无限责任的公司类型加以限制。

第二，投资规模的限制。公司可以成为其他公司的有限责任股东，对此并无歧义。但为了保证公司资本的充实与确定，保证公司债权人的债权能够得到及时、充分的实现，部分国家和地区曾对公司的转投资规模作出了一定的限制。此外，各国公司法还普遍禁止或限制子公司或从属公司持有母公司或控股公司的股份，或者限制公司互相持股的份额。根据我国现行《公司法》的规定，对于公司之间相互持股的问题并未加以规制，即使对于母子公司也未进行相关规定，同时对于公司的投资份额原则上并未有特定的规定，但是在特定的问题上还是考虑到了对公司债权人的保护问题。举例而言，在公司发行债券的问题上，我国《公司法》不但对于有限责任公司和股份有限公司的注册资本有所要求（股份有限公司为3000万元，有限责任公司为6000万元），而且对于发行债券的总规模也加以了限制（不得超过公司净利润的40%）。

（2）资金借贷的限制

《公司法》第148条规定董事、高级管理人员不得违反公司章程的规定，未经股东会、股东大会或者董事会同意，将公司资金借贷给他人。从该条款来看，公司法没有对公司借贷能力作一般的限制，而是将其纳入到公司自治的范畴，公司可以通过公司章程决定是否就公司向他人借贷资金作出限制。但《公司法》禁止有限责任公司直接或间接地向董事、监事和高级管理人员提供借贷。公司不得直接或者通过子公司向董事、监事和高级管理人员提供借款。2005年《公司法》取消了1993年《公司法》关于董事、经理不得将公司资金借贷给他人的限制性规定。1993年《公司法》立法目的在于避免公司资金流失，维持资本充实。

（3）提供担保的限制

公司提供担保也是一种隐性的负债，因此，除为自身债务而设定担保外，公司原则上不能为他人设定担保。各国立法大都对公司的担保行为进行严格的限制。一些国家和地区的规定较为严格，原则上禁止公司对外进行担保。如我国台湾地区“公司法”第16条规定：“公司除依其他法律或者公司章程规定得为保证者外，不得为任何保证人。”尽管我国台湾地区公司法对物的担保未作明文的规定，但在实践中因其与为他人保证之情形并无不同，而同样的被予以限制。也有少数国家没有对公司的担保行为进行限制,比如美国《示范商业公司法》以及各州公司法赋予公司担保的权利而没有任何限制。

我国《公司法》第16条规定:“公司向其他企业投资或者为他人提供担保,依照公司章程的规定,由董事会或者股东会、股东大会决议;公司章程对投资或者担保的总额及单项投资或者担保的数额有限额规定的,不得超过规定的限额。”值得注意的是,根据我国现行《公司法》的规定,公司还能为公司的股东或者实际控制人提供担保,但必须由股东会或者股东大会作出决定,排除了章程的意思自治权。这有利于强化公司自治,但在债权保护上有可能成为实务中的一个法律漏洞。

(4)股份回购的限制

股份回购即公司购回自己发行在外的股份,即公司取得了自己的股份。这种行为可能引发一些不良后果:首先,公司回购股份无异于抽回出资,侵害了债权人的利益;其次,公司可以通过股份回购对自己股票买进或卖出,抬高或者压低股价,操纵市场,损害交易的公平;最后,股份含有股东权,而股东权必须向公司主张,公司因为回购股份导致权利义务主体上的混同,造成逻辑上的混乱,违背了公司人格独立的特征,也损害了公司其他股东以及债权人的利益。基于以上的原因,大多数国家公司法都对公司回购股份采取了限制或者禁止的态度。但公司在经营状态下,可能因为一定原因需要回购股份,因此法律对某些特殊情况进行了例外规定。

为了适应公司发展中越来越多的需求,各国法律对公司股份回购的限制都有放宽的趋势。我国《公司法》也体现这种趋势。为了保护中小股东利益,我国《公司法》第74条规定:“有下列情形之一的,对股东会该项决议投反对票的股东可以请求公司按照合理的价格收购其股权:(一)公司连续五年不向股东分配利润,而公司该五年连续盈利,并且符合本法规定的分配利润条件的;(二)公司合并、分立、转让主要财产的;(三)公司章程规定的营业期限届满或者章程规定的其他解散事由出现,股东会会议通过决议修改章程使公司存续的。”《公司法》第142条规定股份有限公司一般不得收购本公司股份,但规定了一些例外情况:“(一)减少公司注册资本;(二)与持有本公司股份的其他公司合并;(三)将股份用于员工持股计划或者股权激励;(四)股东因对股东大会作出的公司合并、分立决议持异议,要求公司收购其股份;(五)将股份用于转换上市公司发行的可转换为股票的公司债券;(六)上市公司为维护公司价值及股东权益所必需。”随后又对回购股份作了一定的限制:“公司因前款第(一)项、第(二)项规定的情形收购本公司股份的,应当经股东大会决议;公司因前款第(三)项、第(五)项、第(六)项规定的情形收购本公司股份的,可以依照公司章程的规定或者股东大会的授权,经三分之二以上董事出席的董事会会议决议。公司依照本条第一款规定收购本公司股份后,属于第(一)项情形的,应当自收购之日起十日内注销;属于第(二)项、第(四)项情形的,应当在六个月内转让或者注销;属于第(三)项、第(五)项、第(六)项情形的,公司合计持有的本公司股份数不得超过本公司已发行股份总额的百分之十,并应当在三年内转让或者注销。上市公司收购本公司股份的,应当依照《中华人民共和国证券法》的规定履行信息披露义务。上市公司因本条第一款第(三)项、第(五)项、第(六)项规定的情形收购本公司股份的,应当通过公开的集中交易方式进行。公司不得接受本公司的股票作为质押权的标的。"上述法律条款对公司实施股份回购作出了较为全面的规范,也有利于保障债权人的合法利益。

二、公司的行为能力

(一)公司行为能力的概念

公司行为能力是指公司基于自己的意思,以自己的行为独立取得权利和承担义务的资格。民事行为能力是民事主体以自己独立的意志或行为,为自己设定权利和承担义务的资格。公司是法人,与自然人同是民事主体,具备权利能力。但公司是法人,与自然人不同,没有基于出生而存在的身体和自由意志。公司有无行为能力,取决于公司是否有独立的意思能力,由于对公司法人的本质有不同的看法,因此在对待公司行为能力问题上,存在两种观点。以萨维尼为代表的拟制说认为只有具有意思能力的主体才具有行为能力,而公司乃法律所假设的,并不具有实体,也不具有意思能力,所以不具有行为能力,而只能通过代理人表达意思;以基尔克为代表的实在说认为,法人并非法律拟制的结果,而是实体存在的,公司具有代表机关,公司通过其代表机关实施意思表示,因而具有行为能力。

我国民事立法和民事理论在法人本质上坚持法人实在说,承认法人的意思能力和行为能力,因此我国公司具有民事行为能力,公司的行为能力与其权利能力同时产生,同时终止。公司的行为能力范围和内容亦与权利能力的范围和内容相一致,即公司的行为能力不能超过其权利能力范围,公司权利能力所受限制同样适用于公司的行为能力。

(二)公司机关

公司具有民事行为能力,但与自然人不同,公司行为能力不可能由公司自身来行使,只能借助于公司机关——代表公司进行作为或者不作为的自然人或自然人的集合体来行使。

1. 公司机关与公司的关系

公司机关是从事公司事务,执行公司功能的机构。公司机关对公司的意义重大,公司要实现其目的的事业,必须依赖公司机关,只有通过公司机关,公司才能成为法律上的组合整体,形成其统一的团体意思,参与社会交往。公司机关的行为怎样产生对公司的法律效力,涉及公司机关与公司的关系问题。公司机关与公司的关系,在学说上有两种观点:代理说与代表说。

代理说认为,公司机关与公司是分离的关系,公司机关是公司的法定代理人,对外发生代理人与被代理人的关系。公司机关的行为并非公司自身的行为,而是公司机关自身的行为,其效力及于公司。代理说的理论基础是法人拟制说。代表说认为,公司机关与公司为一体。两者是不可分割的部分,公司机关不是公司代理人,对外不得视为被代理人和代理人的关系,公司机关作为公司代表人,公司机关的行为就是公司行为。代表说的理论基础是法人实在说。

我国公司立法采用的是法人实在说,因此对于公司机关与公司关系问题,采用的是代表说,认为公司机关和公司是一体,公司机关行为就是公司行为。

2. 公司机关的形式

公司机关作为法律规定的公司对外全权代表机构,在具体形式上,各国公司法的规定有所不同。

(1)大陆法系的立法体例

在大陆法系国家,通常以董事或董事会作为公司的代表机关,并且有"单独代表制"、"法定代表制"和"共同代表制"之分。日本民法采"单独代表制",即每个董事都可以对外代表公司,章程对董事代表权的限制不得对抗善意第三人。法国采用的是"法定代表制",即只有董事长可以对外代表公司,章程对董事长的代表权的限制不得对抗善意第三人。德国公司法采用"共同代表制",即除非公司章程有相反规定,由董事会代表公司,董事会成员应共同对第三人为意思表示。

(2)我国公司立法的规定

我国公司立法采取"法定代表制",《公司法》第 13 条规定:"公司法定代表人依照公司章程的规定,由董事长、执行董事或者经理担任,并依法登记。公司法定代表人变更,应当办理变更登记。"相对于 2004 年《公司法》,2005 年《公司法》将法定代表人的范围扩大到执行董事或者经理,以便于公司开展正常的经营活动,但仍然坚持法定代表人的唯一性。

三、公司的责任能力

公司责任能力也称为公司侵权行为能力,是指公司在进行经营活动时对自己所为的违法行为承担责任的资格。关于公司责任能力问题,同样受法人本质学说的影响。

否定说以法人拟制说为理论基础,认为公司没有侵权能力,因为公司是一个拟制的法人,没有意思能力,而侵权行为多以故意过失为前提,公司当然也就不能实施侵权行为。肯定说的理论基础是法人实在说,认为公司具有侵权能力,因为公司是一个真实的存在,公司机关代表公司实施行为,公司不但有侵权行为能力,还有不法行为能力,能够实施侵权行为,并且应当对侵权行为负责。我国民事立法对法人本质采取的是法人实在说,因此认为公司具有侵权行为能力。通说认为,《民法总则》第 62 条是我国现行立法关于法人侵权行为能力的规定。《民法总则》第 62 条:"法定代表人因执行职务造成他人损害的,由法人承担民事责任。法人承担民事责任后,依照法律或者法人章程的规定,可以向有过错的法定代表人追偿。"根据这一规定,公司对其法定代表人因执行职务实施的侵权行为承担民事责任。

公司侵权行为须具备几个要件:须属公司代表机关或者其有权代表公司者实施的行为;必须是公司机关成员在执行职务时所实施的行为;必须是机关成员在执行职务时所实施的侵权行为,即必须具备一般侵权行为的要件。[18]

公司责任能力包括民事责任能力、行政责任能力、刑事责任能力和诉讼能力。关于公司的刑事责任能力和犯罪能力,在法理上颇有争议,各国法律规定也不尽相同。我国法律认为公司可以犯罪,这在《公司法》、《刑法》和《海关法》上已有体现。因为公司可以参加各种法律责任关系,当其行为触犯刑法时即构成犯罪,理应承担相应的责任。公司犯罪的特点:一是只能对其处以罚金刑,不能处以自由刑和生命刑;二是要同时或只追究造成犯罪的直接主管人员和其他责任人员的刑事责任。与公司的民事、行政和刑事责任能力相对应,公司可以作为民事诉讼的当事人,充当原告或被告,也可以作为行政诉讼的原告和刑事诉讼的被告人。[19]

四、公司目的范围(经营范围)对公司能力的影响

公司是为了实现一定目的而依法成立的,通过公司机关独立表达实现团体意志和团体利益的社会组织体。按照一般意义上的理解,公司目的范围与公司的营业或活动范围相一致,因此,对于公司目的范围的认定即是对公司超越其经营范围行为效力的认定。传统公司法理论都认为公司的目的是对公司能力的一种限制,英美法上的"越权无效"规则和大陆法上的"目的外无能力"规则即据此产生。由于社会经济的发展以及法律对交易安全与交易效率价值的倚重,两项规则逐渐为各国公司立法及公司法制实践所摒弃。现代公司法理论必须重新思考公司目的外行为的效力,这关系到整个市场经济的交易安全。这也受到企业界、法律界的关注,我国民商法学界近年来也对此问题进行了深入的研究。

(一)学理上的解释

关于公司目的对公司能力的影响,学理上主要有五种学说:权利能力限制说、行为能力限制说、代表权限制说、内部责任说和交易安全保护说。[20]

1. 权利能力限制说

此学说曾长期得到大陆法系和英美法系立法上的认可,并被学术界采为通说。此说认为,法人目的所生之限制,是对法人权利能力的限制。而对此又形成两种派别:采"法人实在说"者认为,法人是一种社会存在,既有权利能力,也有行为能力,法人的目的不仅限制其权利能力,也同时限制其行为能力,行为能力范围不得超出权利能力范围,权利能力之所限,亦即行为能力之所限;采"法人拟制说"认为,法

[18] 冯果:《公司法》(第2版),武汉大学出版社2007年版,第123~124页。
[19] 范健、王建文:《公司法》(第2版),法律出版社2008年版,第207页。
[20] 尹田:《论法人的权利能力》,载《法制与社会发展》2003年第1期。

人本非实体存在,只是因为法律的拟制而成为权利主体,故法人为抽象存在的一种人格,无行为之可能,亦无行为能力之可言,所以法人目的仅限制法人的权利能力,而不发生对法人行为能力的限制。

权利能力限制说把公司目的之限制视为对公司人格本身的限制。属于目的范围之行为,公司有其人格,于目的范围之外的行为,公司无人格。由此,公司目的之外实施的行为因缺乏主体资格之基础而当然无效,而且是绝对无效,事后也无任何补正的可能。显然不利于对方当事人利益和交易安全的保护,我国民法学界通说认为不应采纳。

2. 行为能力限制说

此说认为,法人的权利能力仅受其团体性质和法规的限制。法人作为权利义务主体,其目的的限制仅为对其行为能力的限制。公司目的范围外的行为,类似于无民事行为能力自然人的行为,实际上系一种效力未定行为。依公司法,公司对其目的外行为的追认,将不可避免地发生公司事后改变其目的条款。公司于目的范围之外实施的行为则得事后公司章程的变更为有效。我国民法学界通说认为行为能力限制说显然较其他学说更符合立法本意,故应采纳。

3. 代表权限制说

此说认为,法人的目的仅为法人机关对外之代表权的限定。因此,法人于目的之外实施的行为,应属法人机关超越代表权限范围的行为。依代表权限制说,公司目的范围外之行为应属欠缺代表权的行为,在处理上应与其他欠缺代表权的行为相同。至于其行为效力如何论断,学理上有分歧。

4. 内部责任说

此说认为,法人的目的之作用,不过在于决定法人机关在法人内部的责任而已。公司目的限制在性质上仅属公司内部关系,公司目的外行为绝对有效。内部责任说的可取之处在于摆脱了公司目的限制公司能力的羁绊,保护了第三人的利益,维护了交易的安全和社会的秩序。但是,这一学说忽视了公司和公司成员的利益。而且该学说认为公司目的仅为公司之内部约束,无异于一概认定公司于外部实施的任何行为均有效,此学说明显不妥。

5. 交易安全保护说

该学说系我国民法学者尹田教授提出,尹田教授认为前述四种学说的共同特点均在于单纯立足于实施越权行为公司的视角对有关命题进行论证,从而其结论要么与立法应有的结论相悖,要么在法理上无法自圆其说,其主张应基于民法利益均衡原则,判断公司超越经营范围的行为是否有效。其判断标准为:在相对人为善意时,应基于维护交易安全的考虑,认定法人超越目的范围的行为有效。也有学者认为,该说虽然从交易安全的角度对解释公司目的范围有积极意义,但没有从正面回答问题。

(二)各国立法及其变迁

1. 英美法系

公司超越其目的范围的行为在英美法中被称为“越权行为”。英国传统的公司立法认为,公司的活动不能超越其章程中目的条款所规定的范围,否则即使该行为是合法的,也因其超越了目的条款所规定的范围、超越目的条款的授权无效,不具有法律强制力,此即越权规则。但随着资本主义的发展,越权规则显露出种种弊端。首先,不利于维护交易安全。推行公司越权规则,导致大量合同无效,使第三人合理的期待利益落空,丧失交易的可预测性。其次,极大浪费了社会资源。越权规则致使大量的交易归于无效,当事人从事交易投入的大量成本无法收回,还带来因解决交易行为失效而产生的救济费用。再次,助长了不诚信行为的发生。公司实施了超越经营范围后,如果因市场变化已经确定该民事行为的履行会对公司造成不利,公司可以凭借越权规则认定越权行为无效。这实际上是允许公司在对己有利时享有契约利益,在对己不利时逃避契约义务。这就为公司逃避法律责任提供了最好的借口,不仅极大地损害了善意第三人的利益,而且违背了民商法的诚实信用原则,助长了不诚信行为的发生。因此,英美法国家对越权行为的处理逐渐由严格主义转向扩张主义,开始逐渐放弃越权规则。美国《示范商事公司法》及绝大多数州公司法也都早已明确规定,章程大纲中所记载的公司目的可以规定为从事“任何合法的经营活动”,而不再要求公司将其业务范围限定在某个或某些特定的行业范围之内。

2. 大陆法系

大陆法系国家曾原则性地认为,公司权利能力应受其目的的限制,而实际上则对目的范围一再加以扩充解释,现在很多国家或地区已明确通过修订法律或通过司法判例否定了这种限制。例如,在意大利、瑞士、土耳其以及泰国等大陆法系国家民法典中已明确规定,除专属于自然人的权利法人不得享有外,法人的权利完全与自然人相同,法人的目的事业范围根本不构成对法人权利能力的限制。我国台湾地区 2001 年 11 月 12 日修订的“公司法”第 18 条第 12 款规定,公司所营事业除许可事业应载明于章程外,其余不受限制。而该法在修订之前第 15 条第 1 款原本规定:公司不得经营登记范围以外之业务。由此,我国台湾地区也以立法的形式正式确认了公司章程所规定的目的范围并不构成对公司权利能力和行为能力的限制,但必须经行政许可方可经营的业务除外。德国《有限责任公司法》和德国《股份公司法》明确规定,公司章程对董事代表权所加的限制不能对抗第三人,纵然第三人知晓公司的目的范围而与公司为目的外行为,其行为效力也不受影响。日本《民法典》虽然规定法人目的外行为无效,但 1912 年判例承认凡为完成章程所规定的目的所必要的行为都在权利能力之内,日本最高法院一直遵循这个判例,而且越来越从宽解释。1970 年法院在一判例中提出所谓“目的范围内行为”,不能局限于章程所规定的目的本身,凡是为直接或间接地完成目的所必要的行为,都应该认为是包括在其目的范围之中,至此可以说完全否定了公司章程目的范围的限制。

(三)我国的立法演变

从我国现行立法来看,《企业法人登记管理条例》和《公司登记管理条例》均规定对企业、公司擅自超出经营范围从事经营活动,将视情况分别给予不同的行政处罚。这些法律规定对公司越权规则的态度并不明朗,以致形成了两种截然不同的观点:一种观点认为我国法律对法人能力的规定,为传统公司越权理论的翻版;另一种观点则认为现行立法并未认定法人越权行为无效,公司等法人应当在经营范围内从事经营活动,仅表明法律的要求,是对法人自身的约束,法人既然以登记公开表明其经营范围,代表其对国家和社会的承诺,当其违反承诺时也仅产生公法上的责任,而立法也只规定了法人越权时的此种公法责任。

在我国《合同法》颁布后,立法对越权规则的态度基本廓清。《合同法》第50条规定:"法人或者其他组织的法定代表人、负责人超越权限订立的合同,除相对人知道或应当知道其超越权限的以外,该代表行为有效。"最高人民法院《关于适用〈中华人民共和国合同法〉若干问题的解释(一)》第10条规定:"当事人超越经营范围订立的合同,人民法院不因此认定合同无效。但违反国家限制经营、特许经营以及法律、行政法规禁止经营的除外。"我国《公司法》第12条规定:"公司的经营范围由公司章程规定,并依法登记。公司可以修改公司章程,改变经营范围,但是应当办理变更登记。公司的经营范围中属于法律、行政法规规定须经批准的项目,应当依法经过批准。"从前述法律规定看,关于法人的越权行为可以准用表见代理的规则,对公司和善意相对人均应当有效。从公司法实践来看,在《合同法》颁布以前,司法机关在审理民事、经济纠纷的案件时,对于公司超越经营范围订立的合同,一般均认定为无效合同,可以说严守越权规则,至《合同法》实施以后,这一做法逐渐被否定。依据我国现行《公司法》,只要公司目的不违反国家限制经营、特许经营以及法律法规、行政法规禁止经营的规定,行为就是有效的。

第四节　公司人格否认制度

一、公司人格否认制度概述

(一)公司人格否认制度的内涵和意义

1.公司人格否认的内涵

"公司人格否认"(disregard of corporate personality)又称"刺破公司的面纱"(piercing the corporate's evil),这是在美国法院获得广泛适用的学说。英国亦公认"立法机关可以锻造一柄能敲开公司外壳的大锤",甚至无须借助此锤,法院有时即可作此“敲开(外壳)”之尝试,其相似于美国的比喻说法“揭开公司的面纱”。1955年德国惹力克(Seriek)教授引入美国判例法中的公司人格否认法理,并发展出了“直索”或“责任透视”理论。日本则继受德国学说并以最高法院判决“读例”的形式将其确立为判例法。法国、意大利等国还将该理论立法化。

2. 公司人格否认制度的意义

公司人格否认是指为了阻止公司独立人格的滥用,就具体法律关系中的特定事实,否认公司与其背后股东各自独立的人格和股东的有限责任,责令公司的股东对公司债权人或公共利益直接负责的一种法律制度。[21] 也就是说,不论是英美法系国家所谓的“刺破公司面纱”(“揭开公司面纱”)制度,还是大陆法系国家建立的“否认公司人格”制度(德国称为“直索”或“责任透视”理论),其意义都在于突破股东有限责任原则。在特殊情形下,对债权人合法利益的保护超越了对既定规则的遵守,使实质正义优先于程序正义。在权衡公司人格制度促进经济发展的效率性和公司债权人接受公司风险的合理性与公司人格滥用导致的公司股东与债权人利益失衡的非公正性之利弊后,否认公司人格制度是市场经济中的一种理性选择。

公司人格制度的意义在于承认公司是独立的主体,公司与股东各自具有独立的人格,公司应当独立承担责任,股东则以出资为限承担有限责任。而公司人格否认制度则是公司人格制度的例外,该制度的原则是否定公司人格,使股东对公司的债务承担责任。公司人格否认制度产生的原因在于应对公司法人人格和股东有限责任的滥用问题,其制度意义在于通过对特定法律关系中公司人格以及股东有限责任加以否认,直接追索公司背后成员的责任,以规制滥用公司人格以及股东有限责任的行为,从而保护债权人以及社会公众的利益。

(二)公司人格否认制度的法理基础[22]

1. 体现公平正义原则

公司人格否认源于英美法系的判例,并作为衡平法上的一项司法原则而存在。衡平法是在法院判例基础上形成的,当适用普通法无法完全救济受损害的当事人利益时,法官根据公平原则来处理特殊问题,衡平法弥补了普通法过分僵硬的不足。公司人格否认是衡平法原则的运用,是通过法院判例确立的、体现公平正义的原则。公平正义是法律的最高价值目标,公司人格否认是对实践中被扭曲的公平正义的矫正。公司法人制度的基础是有限责任,实际上是股东与债权人之间的一种风险分配机制。有限责任虽然可以分散和减小股东的投资风险,但是并不具有化解或者消除投资风险的功能。有限责任制度将原集中于股东的部分投资风险分

---

〔21〕 赵旭东主编:《新公司法讲义》,人民法院出版社2005年版,第99页。

〔22〕 金剑锋:《公司人格否认理论及其在我国的实践》,载《中国法学》2005年第2期。

配给债权人,从制度设计上看,这种有利于股东的风险分配机制对债权人来说是不公平的,尽管其能够吸引社会公众的投资,扩大公司规模,促进社会财富的增长。如果公司股东滥用公司独立人格,必然使公司债权人面临更为严重的风险,进而危及市场经济的交易安全和交易秩序。因此,公司人格否认是公平正义的法律价值在公司法领域内的具体体现。

2. 反映诚实信用和禁止权利滥用原则

民商法属于私法,其条文多为任意性规范。但是民商法规定的诚实信用原则、禁止权利滥用原则、公平正义原则和公序良俗原则为强制性规范,当事人必须严格遵守。我国《民法总则》规定的平等、自愿、公平、等价有偿、诚实信用、尊重社会公德、不得损害社会公共利益等民法的基本原则,是制定、解释、执行和研究我国民商法必须遵循的法律准则。滥用公司独立人格的行为违反了上述基本原则,因此可以作为否认公司独立人格的法律依据。法院在解决纠纷、处理案件时,当某一行为在具体法律条文中没有直接规定时,法院可以直接适用上述基本原则处理案件,并作为法院适用公司人格否认的理论依据。控制股东滥用公司人格,损害债权人合法利益,违反了诚实信用原则和禁止权利滥用原则,应当承担相应的法律责任。

3. 公司法人制度完善和发展的必然结果

公司人格否认是法人制度的完善与发展。公司的独立人格与公司的人格否认构成了公司法人制度不可分离的两个方面。如果没有公司人格否认,公司必会成为某些出资人规避法律义务的工具。现代企业制度的关联公司或者母子公司的出现,使得公司人格否认制度成为公司法人制度健康发展的关键。公司人格否认能够弥补公司法人制度的固有缺陷,并防范控制股东利用公司独立人格和有限责任制度逃避承担法定或者约定的义务,维护债权人的合法权益和社会公共利益。

(三)公司人格否认制度的理论学说

法院在运用法人人格否认制度时,必然面对的问题是基于何种理论否认公司法人的独立人格?从我国学界的理论研究来看,现阶段学者对人格否认制度的适用已经有了相当程度的研究,但大多数理论在论述公司人格否认制度适用情形时都采用了列举的方式,而缺乏基本标准的设立,使列举的诸多情形之间缺乏内在的逻辑联系,因而可能会产生列举不够全面或者重复列举的问题。同时,人格否认的司法实践一直处于个别法官尝试的状态,缺少系统的总结。对于如何将英美法系的人格否认制度无缝衔接于大陆法系体系的问题更加缺乏深入的研究。因此,还需要加强对公司人格否认的理论和实证研究。从国外的理论研究而言,人格否认理论制度的理论学说概括起来比较有代表性的是美国法院适用“揭开公司面纱”时的四种学说。

1. 代理说

代理说认为，公司的设立、存续和经营完全是依附于控制股东的指令，该公司只是以控制股东的代理人身份存在，而实质上丧失了其独立性的一种“外壳公司”，其背后的控制股东才是“未披露身份的本人”。这种代理关系未必依授权代理而生。只要控制已达相当程度，并使被控制公司的经营达到控制股东经营的目的，即可推定为事实代理。因此，应当否定作为代理人的公司人格，使其背后的控制股东承担责任。关联公司关系中，从属公司成为控制公司的“化身”时，运用代理原则要求控制公司对从属公司的债务承担责任。母子公司关系中，能够证明子公司的行为是代表母公司的，即子公司是母公司的代理人，那么母公司应当为子公司的行为承担责任。这种责任不是基于法人人格否定的理论，而是民法上的代理理论。

2. 企业整体说

该说也称同一体说，由哥伦比亚大学伯乐教授提出。该说认为股东如果设立若干公司以经营同一事业，或者各公司之间存在着经营业务和利益一致性时，这些公司实质上为同一企业的不同部门。这些公司以各自独立的形式存在，只是为了使企业整体逃避可能发生的契约责任或者侵权责任，从而导致自愿债权人或者非自愿债权人无法获得补偿，这损害了正义和公平。此时，法院即可无视各个公司主体的独立性，而将他们视为同一个法律主体来追究企业整体的责任。美国法院因顾忌此说可能对企业集团或者跨国公司的发展极为不利而采取保留态度。

3. 工具说

该说由美国学者鲍威尔提出，认为公司成为控制股东的“工具”或者“另一个自我”时，公司的面纱将被揭开，由控制股东对公司债务直接承担责任。两个关联公司在所有和利益方面一致，以至于失去相互独立性，或者一个公司完全为另一公司的利益而存在，则该公司的存在被认为是另一公司的另一个自我。当从属公司本身沦为控制公司的工具时，控制公司应对实质上丧失独立人格的从属公司债务负责。如果承认其为各自独立的实体，这将支持诈欺并导致不公平的结果。工具说的主要标准是过度控制，不只是对多数或者全部股份的控制，而应是全面的支配以至于使公司完全丧失其独立的意志和自身的存在，可认定一公司已沦为另一公司的工具，失去了其独立存在的价值而应否认该公司的人格。

4. 另一自我说

该说由美国布拉姆伯格恩教授提出。该说认为两个关联公司在所有和利益方面如此一致，以至于失去相互独立性，或者一子公司完全为另一母公司的利益而存在，则该子公司的存在被认为是另一母公司的另一个自我。如果承认其为各自独立的实体，则将支持诈欺并导致不公平的结果，因而要刺破公司面纱。此说与工具说基本一致，没有什么本质的区别。

上述理论在某种程度上为解决关联公司中的债务问题提供了法理依据。美国将维护和实现公平、正义作为适用法人人格否认的法理依据,而不局限于任何固有的理由和固定的适用范围,并把该规则的适用看作是一种司法规制或者事后救济,而不是一种立法规制或者事先预设。美国在适用揭开公司面纱的原则时,将公司人格的利用应当符合法律规定和社会公正的目的作为基本要求。投资者设立公司的目的主要是为获取有限责任的保护,避免无限责任的风险。但是投资者必须遵守公司形式,投入合理的充足资本并合法地进行经营。

(四)公司人格否认制度的特征

1. 以公司具备独立法人人格为逻辑前提

虽然公司人格否认制度具有否定公司人格的功能,但它是针对已经合法取得公司独立法人资格,且该独立人格以及股东有限责任有被滥用之情形的公司而设置的。公司人格否定的对象必须是具有合法的独立法人资格之公司,因为只有独立身份的公司才具有公司独立人格被滥用之可能。就这一意义来说,公司人格否认制度不是对"实体"法则确认的公司人格独立原则的否定,而是对这种"实体"法则的严格恪守。

2. 只对特定个案中公司独立人格予以否认

公司人格否认不是对公司法人制度的否定,而是对公司法人制度的必要补充。公司人格否认不同于法人被解散或者被撤销,法人被解散或者被撤销是法人资格的绝对消灭,而公司独立人格否认则是在消除滥用法人行为后又恢复其法人功能,公司独立人格依然为法律所承认。公司人格否认规则只适用于特定的案件、特定的法律关系和特定的当事人。公司人格否认只是解决特定的法律关系中的个案,是一种司法救济手段,而不是普遍原则。公司人格否认原则在承认公司具有独立人格的前提下,在特定法律关系中个别、相对、暂时地否认,而不是全面、彻底、永久地否认公司法人资格,使公司背后的控制股东直接承担公司的责任。公司人格否认规则的效力不涉及公司的其他法律关系,不影响公司作为一个独立实体合法地继续存在。

3. 具有侵权性质的民事责任

民事责任包括违约责任、侵权责任和缔约过失责任等,根据公司股东与债权人之间没有合同关系且股东行为的违法性,公司人格否认所涉及的民事责任应当是一种侵权责任。公司人格否认的适用是基于公司股东的侵权行为,根据滥用公司人格并导致损害债权人利益,从而否定公司的法人资格,允许债权人向公司股东直接追索责任。公司独立人格否认的结果是将公司责任追及股东,由股东承担无限责任。否认公司人格在于使因公司独立人格滥用而受到的损害能够得到相应的补偿,符合具有补偿性质的民事责任的特征。因此,公司人格否认所涉及的法律责任为具有侵权性质的民事责任。

4. 对失衡公司利益关系的事后法律规制

公司法人制度的法律设计充分考虑到公司出资人和公司债权人的利益平衡，并于事先规定公司必须具有独立财产，要求股东必须履行出资义务，必须通过正当程序行使自己的权利。在此前提下，法律保障股东的有限责任的特权和利用公司法人制度实现自己正当的利益目标等。公司人格否认并非立法预设而是一种事后的司法救济，法院运用公权力对失衡的公司利益关系进行事后的强制调整。通过追究公司人格滥用者的法律责任，对因公司人格滥用而无法在传统的公司法人制度框架内获得合法权益者给予法律救济，使运用公司形式从事经营的投资者通过判例规则预测自己的行为后果。适用公司人格否认原则既可以制裁股东滥用公司独立人格从事诈欺、过渡控制、巧取豪夺等不法行为，又可以使因此受到损害的债权人获得补偿。

二、我国公司现行立法、适用标准以及构成要件

（一）我国的现行立法

我国《公司法》第 20 条规定："公司股东应当遵守法律、行政法规和公司章程，依法行使股东权利，不得滥用股东权利损害公司或者其他股东的利益；不得滥用公司法人独立地位和股东有限责任损害公司债权人的利益。公司股东滥用股东权利给公司或者其他股东造成损失的，应当依法承担赔偿责任。公司股东滥用公司法人独立地位和股东有限责任，逃避债务，严重损害公司债权人利益的，应当对公司债务承担连带责任。"即适用的条件是股东滥用公司法人独立地位和股东有限责任，逃避债务，严重损害公司债权人利益，适用的后果是对公司债务承担连带责任。

（二）公司人格否认制度的适用标准

虽然我国公司法规定了法人人格否认的制度，但是在司法实践中如何适用这一制度仍旧是一个难题。我国商法学界一般认为公司人格否认制度的适用标准是滥用公司人格，具体表现主要有以下几种：[23]

1. 公司资本显著不足

在实行股东有限责任原则的情况下，公司资本作为公司对外独立承担责任的最低担保，对于公司债权人来说是至关重要的。因此，公司资本显著不足被认为是适用该原则的重要标准。公司资本显著不足主要有两层含义：第一，公司资本显著不足应当理解为将公司资本与公司经营的事业以及其隐含的风险相比非常之小，或者与公司经营的规模进行比较。第二，必须明确衡量公司资本不足的时间标准是公司设立时。在具体审判中，人民法院不能简单以公司资本显著不足而否认公司的独立人格，而应当结合其他因素进行综合考虑。

---

〔23〕 朱慈蕴：《论公司法人格否认法理的适用要件》，载《中国法学》1998 年第 5 期。

2. 利用公司法人人格规避法律义务

利用公司法人人格规避法律义务通常是指受强制性法律规范制约的特定主体应承担作为或不作为之义务,但其利用新设公司或既存公司的法人人格,人为地改变了强制性法律规范的适用前提,达到规避法律义务的真正目的,从而使法律规范本来的目的落空。强制性法律规范一般是以调整社会整体利益为目的。当事人规避法律,不仅该行为具有主观故意和诈欺性,而且使社会整体利益的调整难以实现,公平、正义的价值目标遭到破坏,有违法人制度之根本宗旨。若不加以制止,则法律规定之实效性不复存在。因此,为确保法律之尊严和其实效性,实有必要揭开公司面纱,恢复躲在公司法人人格面纱后面的股东的真实面目,让其承担规避法律的法定责任。

3. 利用公司法人人格规避契约义务

这种情况具体表现为:(1)负有契约上特定的不作为义务(如竞业禁止的义务、不制造特定商品的义务等)的当事人,为回避这一义务而设立新公司或利用旧公司掩盖其真实行为。(2)负有交易上巨额债务的公司支配股东,往往通过抽逃资金或解散该公司或宣告该公司破产,再以原有的营业场所、董事会、顾主、从业人员等设立另一公司,且经营目的也完全相同,以达到逃脱原来公司巨额债务之不当目的。(3)利用公司对债权人进行诈欺以逃避合同义务。

4. 公司法人人格形骸化

公司法人人格形骸化实质上是指公司与股东完全混同,使公司成为股东或另一公司的另一个自我,或成为其代理机构和工具,以至于形成股东即公司、公司即股东的情况。在一人公司和母子公司的场合下,公司形骸化的情况较为严重。一旦发生公司同其股东或公司同其他公司的人格同化的现象,法院通常就要揭开公司的面纱,而且成功率接近于百分之百。

(1)公司与股东或母子公司、姐妹公司之间的财产混同是公司法人人格形骸化最基本的表征

财产混同是对分离原则的背离,极易导致公司财产的隐匿、非法转移或被股东私吞、挪作他用。财产混同一方面可以表现在公司营业场所、主要设备与股东的营业场所或居所等完全同一,公司与股东使用同一办公设施;公司与股东的资产或其他财产混合,公司资本或财产移转为非公司使用,或两个实体拥有完全同一的所有权;公司缺乏独立财产,或与公司经营风险相比资本显著不足;公司财产无记录或记录不实,公司账簿与股东账簿不分或合一等。另一方面也可以表现在公司与股东或公司与他公司利益一体化上。股东可以将公司的盈利当作自己的财产随意调用,或转化为股东个人财产,或转化为另一公司的财产。因为财产混同无法保证公司贯彻资本维持和资本不变的原则,进而影响到公司对外承担清偿债务的物质基础,所以财产混同是法院揭开公司面纱的重点考察内容。

(2)公司与股东之间特别是公司集团内部各公司之间业务混同是公司法人人格形骸化的重要表征

例如,公司与股东或不同公司之间从事相同的业务活动;具体交易行为不单独进行,而是受同一控制股东或同一董事会指挥、支配、组织;公司集团内部实施大量的交易活动,交易行为、交易方式、交易价格等都以母公司或公司集团的整体利益的需要为准,根本无独立、自由竞争可言,资金也在公司之间随意流动;公司对业务活动无真实记录或连续记录等。以上情形足以使公司与股东之间或母子公司、姐妹公司之间外在的独立性完全丧失。

(3)组织机构上的混同是公司法人人格形骸化的一种表征

诸如公司集团和公司之间的董事会成员相互兼任,总经理及公司的高级管理人员的统一调配、聘任或任命;公司与股东或两个不同实体的董事或经理的完全一致,甚至雇员都完全一致;一人公司不召开董事会,公司在人事任免、发展计划等重大事项决策上不履行必要程序或无必要记录;无视公司的法律形式,不保持必要的公司记录或根本没有记录等。

(4)股东对公司的不正当控制是公司法人人格形骸化的一种表征

该特征是指股东通过控制公司来执行不正当的事项,使公司丧失独立的意志和利益,成为股东谋取利益的工具。如子公司向母公司或者其他姐妹公司不正当地输送利益。〔24〕

人民法院应当根据个案的客观情况,以公平正义的价值目标为基本准则,确定该案否定公司法人人格的具体适用标准。

(三)公司人格否认制度的构成要件

根据目前司法实践中公司人格否认的案件,可以从中总结出其构成要件:第一,公司依法取得了独立人格。这是公司人格否认制度的适用前提。第二,股东有滥用公司人格的行为。股东的滥用行为可以通过上述的适用标准来判断,这是公司债权人主张公司人格否认的必备行为要件。第三,必须对债权人利益或者社会利益造成了损害。如果没有对债权人利益或者社会利益造成损害的结果要件,就不可适用该制度。第四,行为与结果之间存在因果关系。如果滥用行为与债权人之间的损失不存在因果关系,因无法确定滥用行为者的法律责任,故不能在具体法律关系中适用该制度直接追究股东的民事责任。

需要说明的是,公司人格否认制度是在债权人无法通过法人制度有效保护权益时设置的救济制度,必须有利害关系人向法院提出诉讼主张。对公司债务承担连带责任的主体是滥用了公司独立人格的股东,对于未实施滥用行为的股东,公司面纱仍旧存在,其承担的是有限责任。

---

〔24〕 赵旭东主编:《新公司法讲义》,人民法院出版社2005年版,第102页。

【拓展阅读】

进一步了解股东有限责任与公司人格独立的关系,公司人格否认制度对一人公司和母子公司的适用。

[1]张闻欣:《公司人格否认制度在执行程序中的运用》,载《人民司法》2010年第15期。

[2]赵旭东:《公司法人格否认规则适用情况分析》,载《法律适用》2011年第10期。

[3]高旭军:《论"公司人格否认制度"中之"法人人格否认"》,载《比较法研究》2012年第6期。

[4]胡改蓉:《"资本显著不足"情形下公司法人格否认制度的适用》,载《法学评论》2015年第3期。

[5]梁开银、项科强:《公司清算中人格否认制度适用之实证——兼论〈公司法司法解释(二)〉第18条的修订》,载《法治研究》2017年第6期。

【问题讨论】

1. 分公司没有法人资格,同时也没有诉讼能力或资格吗?
2. 公司权利能力与行为能力关系如何?
3. 公司人格否认制度在司法实践中如何适用?

【司法实践】

案例一

【案例名称】浙江昌盛玻璃有限公司诉广东省东莞市西伦电器实业有限公司、柯航买卖合同纠纷案

【案件字号】(2011)浙湖商终字第377号

【案件来源】【法宝引证码】CLI. C. 3410313

【裁判要点】

法定代表人操纵公司混同经营,滥用法人独立人格与股东有限责任,损害交易相对人利益,应承担个人责任。股东通过对公司的控制而实施不正当影响,使公司丧失独立意志,成为股东牟利之工具,由此导致公司法人独立地位无从体现的,则公司应与操控其之股东视同一体,共同承担相应的责任。

【基本案情】

自1994年开始,昌盛公司与东莞市西伦电器厂(以下简称西伦厂)开始发生灯具钢化玻璃承揽业务往来。2005年7月28日,西伦厂被吊销营业执照,但其法

定代表人柯航仍然以西伦厂名义与昌盛公司开展承揽业务。昌盛公司在不知情的情况下继续承接业务并向西伦厂开具发票，直至2006年10月，西伦公司告知昌盛公司其名称变更，“从本月起用新的抬头(即西伦公司)开具发票”(此前二者并无业务往来)。从2006年11月23日开始，昌盛公司即以西伦公司为抬头开具发票。从1994年1月至2010年2月5日，昌盛公司与西伦厂及西伦公司业务总款项尚有419,807.63元未收回，但其中以西伦公司名义开具的发票全部结清。柯航、西伦公司应诉时方披露该公司与西伦厂并非同一主体。西伦公司于2002年10月31日成立，股东为柯航(法定代表人、控股80%)和柯正本，成立后经西伦厂同意，名称变更登记为西伦公司。西伦公司与西伦厂注册地均为东莞常平镇，开户行相同。在与昌盛公司发生业务往来时，法定代表人、业务经办人、收货人、电话、传真号码、业务类型、交易方式均相同。原告昌盛公司向法院起诉请求法院判决西伦公司与柯航共同清偿尚欠昌盛公司的货款。

【裁判结果及理由】

法院判决：柯航、西伦公司共同支付昌盛公司货款419,807.63元。浙江省湖州市中级人民法院经审理认为，企业法人及其经营者应当遵守民事基本法律和公司法相关规定，依法经营，诚信履职。柯航作为独立法人的法定代表人，在明知西伦厂被吊销营业执照，已丧失合法经营资格的情况下，仍继续以其名义经营，且在明知西伦厂与昌盛公司货款未清的情况下，不仅不披露其信息，反而利用人事、机构、业务与西伦厂混同的西伦公司承继其业务，继续与昌盛公司交易，损害债权人利益，最终导致昌盛公司无法及时回收货款。柯航滥用法人独立地位和股东有限责任，不诚信经营，规避法律，在此过程中，西伦公司完全听从控股股东柯航的安排，丧失独立意志，应与柯航共同承担清偿责任。

案例二

【案件名称】徐工集团工程机械股份有限公司诉成都川交工贸有限责任公司等买卖合同纠纷案

【案件字号】(2011)苏商终字第0107号

【案件来源】最高人民法院指导性案例15号

http://www.court.gov.cn/fabu-xiangqing-13321.html

【裁判要点】

1.关联公司的人员、业务、财务等方面交叉或混同，导致各自财产无法区分，丧失独立人格的，构成人格混同。

2.关联公司人格混同，严重损害债权人利益的，关联公司相互之间对外部债务承担连带责任。

【基本案情】

法院经审理查明：川交机械公司成立于1999年，股东为四川省公路桥梁工程总公司二公司、王永礼、倪刚、杨洪刚等。2001 年,股东变更为王永礼、李智、倪刚。2008 年,股东再次变更为王永礼、倪刚。瑞路公司成立于 2004 年,股东为王永礼、李智、倪刚。2007 年,股东变更为王永礼、倪刚。川交工贸公司成立于 2005 年,股东为吴帆、张家蓉、凌欣、过胜利、汤维明、武竞、郭印,何万庆 2007 年入股。2008 年,股东变更为张家蓉(占 90% 股份)、吴帆(占 10% 股份),其中张家蓉系王永礼之妻。在公司人员方面,三个公司经理均为王永礼,财务负责人均为凌欣,出纳会计均为卢鑫,工商手续经办人均为张梦;三个公司的管理人员存在交叉任职的情形,如过胜利兼任川交工贸公司副总经理和川交机械公司销售部经理的职务,且免去过胜利川交工贸公司副总经理职务的决定系由川交机械公司作出;吴帆既是川交工贸公司的法定代表人,又是川交机械公司的综合部行政经理。在公司业务方面,三个公司在工商行政管理部门登记的经营范围均涉及工程机械且部分重合,其中川交工贸公司的经营范围被川交机械公司的经营范围完全覆盖;川交机械公司系徐工机械公司在四川地区(攀枝花除外)的唯一经销商,但三个公司均从事相关业务,且相互之间存在共用统一格式的《销售部业务手册》、《二级经销协议》、结算账户的情形;三个公司在对外宣传中区分不明。

【裁判理由】

川交工贸公司与川交机械公司、瑞路公司人格混同。一是三个公司人员混同。三个公司的经理、财务负责人、出纳会计、工商手续经办人均相同,其他管理人员亦存在交叉任职的情形,川交工贸公司的人事任免存在由川交机械公司决定的情形。二是三个公司业务混同。三个公司实际经营中均涉及工程机械相关业务,经销过程中存在共用销售手册、经销协议的情形;对外进行宣传时信息混同。三是三个公司财务混同。三个公司使用共同账户,以王永礼的签字作为具体用款依据,对其中的资金及支配无法证明已作区分;三个公司与徐工机械公司之间的债权债务、业绩、账务及返利均计算在川交工贸公司名下。

川交机械公司、瑞路公司应当对川交工贸公司的债务承担连带清偿责任。公司人格独立是其作为法人独立承担责任的前提。公司的独立财产是公司独立承担责任的物质保证,公司的独立人格也突出地表现在财产的独立上。当关联公司的财产无法区分,丧失独立人格时,就丧失了独立承担责任的基础。《公司法》第 20 条第 3 款规定:“公司股东滥用公司法人独立地位和股东有限责任,逃避债务,严重损害公司债权人利益的,应当对公司债务承担连带责任。”本案中,三个公司虽在工商登记部门登记为彼此独立的企业法人,但实际上相互之间界限模糊、人格混同,其中川交工贸公司承担所有关联公司的债务却无力清偿,又使其他关联公司逃避巨额债务,严重损害了债权人的利益。

第六章　公司资本制度(一)

【内容导读】

公司资本是由股东出资构成的公司财产总额,表现为注册资本、发行资本、实缴资本、授权资本和储备资本等具体形式。股东出资比例和股份则是股东向公司出资的基本计量单位。从各国具体实践看,公司资本制度分为法定资本制、授权资本制和折中资本制三种类型。资本确定原则、资本维持原则和资本不变原则是形成法定资本制的三大基本原则。股东出资制度是公司资本制度的重要组成部分,我国公司法规定的典型出资形式包括货币、实物、土地使用权和知识产权等。股权、债权和矿业权是可以用货币估价并依法转让的非货币财产,属于公司法规定的非典型出资形式。事实上,公司资本在经营过程中总是处于变化之中,资本三原则只具有相对意义。但是,公司资本的增加或减少必须遵循法定的程序,以保护债权人的利益。在经济全球化的时代,世界范围内的市场竞争日趋激烈,各国和地区立法者高度重视构建完善的资本制度,以期提高公司竞争力,促进经济和社会发展。

【问题思考】

案例

徐某与饶某于 2017 年 6 月 15 日注册成立亿宝磁卡公司,占股比例分别为 51% 和 49%。公司章程第 6 条规定:徐某出资 510 万元,持股 51%,饶某出资 490 万元,持股 49%,双方均为现金出资。事实上,徐某实际出资 200 万元,饶某出资 190 万元,其余款项双方约定自公司成立后 2 年内缴足。在经营过程中,公司资金发生需要,多次催促饶某缴纳所欠的 300 万元出资。饶某置之不理,并要求公司退还其第一期出资。于是,徐某代表公司要求会计人员将饶某所享有的公司债权 300 万元转为公司股权,并作了账目处理。事后,饶某与公司发生争议,经多方协商,公司同意接受饶某所拥有的一项磁卡专有技术,折价 200 万元作为饶某向公司的出资,剩余 100 万元以其债权出资。

问题一:股东向公司出资的形式主要有哪些?

问题二:根据《公司法》的有关规定,债权和非专利技术是否可以作为股东向公司出资的形式?

【基础阅读】

了解公司资本的概念、特征和具体形式,掌握公司资本制度的主要类型和出资形式,理解公司资本三原则,思考公司人力资本出资的可行性与具体制度设计。

第一节 公司资本(制度)的概念和原则

一、公司资本制度的意义

资本和资本制度对于经济的发展非常重要,正如秘鲁著名经济学家赫尔南多·德·索托在《资本的秘密》一书中所说,发展中国家缺的不是资产,而是把资产变为资本的制度。资本,也是公司法中最基本的概念之一,并且资本制度在公司法中起着主导性的作用,与公司治理机制共同构建起公司制度的框架。从狭义上讲,公司资本制度是指公司资本的形成、维持、退出等方面的制度安排,而公司治理制度是指有关董事会的功能、结构、股东权利等方面的制度安排;从广义上讲,公司资本制度是围绕股东的股权投资而形成的关于资本运作的一系列概念网、规则群与制度链的配套体系,而公司治理制度是指有关公司控制权和剩余索取权分配的一整套法律、文化和制度性安排。可以说,无论是公司资本制度还是公司治理制度,均致力于融合法律、规范及公司运作,协助公司获得资金及人力资源,以增加股东的财富,从而发挥公司组织的兴利和防弊的双重功能。在全球竞争的环境下,如果说公司治理成为一个全球性的讨论话题,那么公司资本制度的重要性丝毫不亚于公司治理机制。

在经济全球化的时代,经济竞争在全球充分展开,各国公司立法者充分认识到公司资本制度与一国经济发展的互动关联。对此,各国立法者纷纷对公司资本制度进行思考:如何设计公司资本形成规则,既能满足公司融资的需求机动化,又能平衡公司参与人之间的潜在利益?如何设计公司资本维持规则,既能实现投资者的回报,又能兼顾债权投资者的利益安全?如何设计公司资本退出规则,既能回应投资者退出的合理要求,又不减损公司资产乃至损害相关利益群体的利益?[1] 各国公司资本制度有不同,但总体上公司资本制度同公司治理制度一样,必须满足公司竞争和发展的需要。

二、公司资本的概念和特征

(一)公司资本的概念

“资本”一词,英语表示为 capital,源于拉丁语 caput,其本意为首(head)、首要

---

〔1〕 赵旭东等:《公司资本制度改革研究》,法律出版社 2004 年版,第 3~4 页。

(principal)。在现代社会,由于学科分类的细化和时代发展,资本的概念在不同学科、不同领域有所不同。

1.资本的经济学含义

传统思维认为,资本(capital)首先是一个经济学术语。因此,要完整地理解公司资本的概念,必须先厘清资本的经济学含义。经济学含义上的资本,通常是指与物质再生产过程密切联系的一种能带来增值的生产要素,这一含义着重体现的是资本的经济价值或者财产价值。资本是企业从事经济活动的物质源泉,任何企业组织离开资本即无法生存。[2]

2.会计学上的资本

在会计学内部,资本亦有着多种不同的含义。有时指企业所有资金来源的总和,包括股本、过往年度留存盈利、长期借款和流动负债等,这种资本总额与资产总额相当,与经济学上的资本概念等同。有时指资本总额减去流动负债后的长期资金,相当于财务分析中的“使用资本”(employ capital)。有时指净资产,即企业中属于出资人的权益。有时指出资人在设立企业时的原始投入。[3]

3.公司法上的资本

在公司法上,通常在三种意义上使用“公司资本”这一术语:其一,认为公司资本是指公司的股份资本,是指公司发行股份所取得的资金。其二,认为公司资本是指公司的股份资本和借贷资本,而不仅仅是指股份资本。此种理论认为,公司资本除了包括公司股东出资以外,还包括公司向其债权人借贷而来的金钱,它们都是公司资本的有机组成部分。其三,认为公司资本除了股份资本、借贷资本以外,还包括公司的收益。[4]

我国学者通说认为公司资本作为界定公司法上的资本概念时,属于第一种含义上的公司资本,是指记载于公司章程的由股东出资所构成的公司财产总额。[5]而第二种含义上的公司资本被称为狭义上的公司财产,第三种含义上的公司资本被称为广义上的公司资产。

(二)公司资本的特征

在公司法学上,由公司资本的概念可知其具有如下特征:

1.独立性

即公司资本是公司的自有财产,独立于股东的财产。公司法人成立的条件之

---

[2] 范健、蒋大兴:《公司法论》(上卷),南京大学出版社1997年版,第330页。

[3] 李建伟:《公司法学》,中国人民大学出版社2008年版,第197页。

[4] 张国平:《公司法律制度》,南京师范大学出版社2006年版,第84页;范健、王建文:《公司法》,法律出版社2006年版,第254页。

[5] 石少侠:《公司法》,吉林人民出版社1996年版,第113页;范健、蒋大兴:《公司法论》(上卷),南京大学出版社1997年版,第331页。

一就是具有独立的财产,在公司法上的表现形式就是公司资本。这一点与经济学和会计学上有所不同,公司法上的资本仅指由股东出资所构成的、公司自己所有的独立财产,而不包括借贷资本。

2. 来源单一性

即公司资本来自股东出资。公司资本只能来源于股东出资,股东出资总额即为公司资本总额。经营积累或者接受赠与等形成的财产,虽属于公司自有财产,但因不是股东出资而不能直接计入公司资本。公司亏损后,公司可以用其以往的盈余弥补,此种弥补既是弥补资本,也是弥补股东出资,因而其性质仍然属于股东出资。公司以公积金转增为资本,因公积金属于股东收益,本应分配给股东,因此亦可以理解为股东出资。资本作为股东出资总额,在特殊情况下有所例外。公司溢价发行股份的情况下,发行价格高于股份的票面金额。公司的资本额是按全部股份票面金额计算的,股东的实际出资额总会高于甚至远远高于公司的资本额,超出资本额的股东出资要记入公司的资本公积金中。此属于一般公司资本概念的例外。

3. 表现为一定的货币量

即公司资本表现为一定的货币数额。资本总是表现为资本额,即一定的财产总额。它将公司各种形式的出资抽象为具体货币数额。公司的非现金出资并不是全都直接表现为货币数额形式,如实物、知识产权、土地使用权等,应当进行评估,转化为货币数额形式后,才能计入资本。

4. 公示性

即公司资本是公司章程中明确载明的内容。公司章程的记载事项包括绝对必要记载事项、相对必要记载事项和任意记载事项三种类型,其中公司资本是公司章程中的绝对必要记载事项。公司成立之后,公司发起人或者认股人通过协商,确定公司资本并写入章程。当公司资本需要增加或者减少时,也需要对公司章程予以变更。

5. 确定性

即公司资本是一个相对确定的数额。公司资本一经确定,就具有相对确定性,不能随意变更。公司经营中的盈利或亏损虽然可能导致公司资产数额的变化,但并不改变资本额。改变资本额必须经过法定的增资或者减资的程序,经股东(大)会作出决议、修改公司章程并办理变更登记。

(三)公司资本的具体形式

1. 注册资本

注册资本(registered capital),又称为面额资本或者核定资本,是指公司成立时注册登记的全体股东认缴或认购的资本总额。注册资本的特征表现为:

(1)注册资本不一定与公司成立时股东实际投入的财产相同。现行公司法采取了比较宽松的法定资本制,根据《公司法》第26条第1款和第80条第1款的规定,有限责任公司的注册资本为在公司登记机关登记的全体股东认缴的出资额,采取发起设立方式设立的股份有限公司的注册资本为在公司登记机关登记的全体发起人认购的股本总额。这也就是说在公司成立时,股东实际投入的财产可以低于公司注册资本。但是,对于募集设立的股份有限公司则实行严格的法定资本制,注册资本与公司成立时股东实际投入的财产相同。根据《公司法》第80条第2款规定,股份有限公司采取募集方式设立的,注册资本为在公司登记机关登记的实收股本总额。也就是说,募集设立的股份有限公司的股东和发起人应当一次性足额缴纳公司的注册资本。

(2)不得少于法定的最低注册资本限额(statutory minimum capital requirements)。2013年《公司法》取消了有限责任公司最低注册资本3万元、一人有限责任公司最低注册资本10万元、股份有限公司最低注册资本500万元的限制;不再限制公司设立时股东(发起人)的首次出资比例;不再限制股东(发起人)的货币出资比例。但是法律、行政法规以及国务院决定对有限责任公司和股份有限公司注册资本的最低限额另有规定的,从其规定。例如,设立保险公司注册资本的最低限额为人民币2亿元;设立全国性商业银行注册资本的最低限额为人民币10亿元,设立城市商业银行注册资本的最低限额为人民币1亿元,设立农村商业银行注册资本的最低限额为人民币5000万元。

(3)必须记载于公司章程之中,连同公司章程一并登记。同时,公司增加或者减少注册资本时,需要履行变更登记手续。

2. 发行资本

发行资本(issued capital),也称认缴资本,是指公司实际上向股东发行的资本总额,及股东同意以现金或者实物等方式认购下来的资本总额。[6] 在授权资本制下,一般不要求注册资本都得到发行,所以发行资本一般少于注册资本。我国实行比较宽松的法定资本制,公司成立时注册资本被股东全部认缴,所以发行资本等于注册资本。

3. 实缴资本

实缴资本(paid - up capital),又称实收资本、已缴资本,是指公司通过发行股份实际收到的出资额。如果所发行的股份被全部缴足,实缴资本就等于发行资本;否则,实缴资本总是低于发行资本。采用严格法定资本制的募集设立的股份有限公司,注册资本、发行资本和实缴资本是一致的;而采用宽松法定资本制的有限公司和发起设立的股份有限公司,发行资本等于注册资本,但是实缴资本可以低于发行资本。

---

〔6〕 赵旭东主编:《新公司法讲义》,人民法院出版社2005年版,第109~110页。

4. 授权资本

授权资本(authorized capital),又称名义资本(nominal capital),是指记载于公司章程,并授权公司可自主发行的资本总额。“授权资本存在于授权资本制与折中授权资本制中;认许资本制下,授予董事会在注册资本一定比例内发行的资本总额也可谓授权资本;在法定资本制下则不存在授权资本。”[7]

5. 待缴资本

待缴资本(uncalled capital/ uncollected capital),又称催缴资本(called-up capital),是指公司已发行并经股东认购,但尚未缴纳的资本。此时,公司可以随时向股东催缴资本,股东亦有义务按照规定或者约定的期限缴纳。因此,待缴资本实际上已经成为公司应该得到的财产的一部分,构成股东对于公司债务的担保。根据《公司法》关于分期缴纳制的规定,可知我国承认存在实缴资本和待缴资本之分。

6. 储备资本

储备资本(reserve capital),又称保留资本,是指基于公司自治理念,公司可自主决定对于部分待缴资本只有在公司破产时才可催缴。我国公司法律制度上不存在这一概念。

(四)公司资本与相关概念的比较

1. 公司资本与公司资产

公司资产(assets),也称为公司实有财产,是公司实际所拥有的全部财产,包括有形财产和无形财产。在财产形态上,公司资产分为流动资产、长期投资、固定投资、无形资产和递延资产等。货币、债权和某些实物属于其中的流动资产,土地、房屋属于其中的固定资产,工业产权则属于其中的无形资产。在财产来源上,资产主要包括股东出资、公司负债、资产收益和经营收益四个方面。在这个层次上,公司资产即前述第三种含义的公司资本。资产与负债作为公司资产负债表上中的两个栏目,存在互动的对应关系。由于负债是公司资产的来源,因此公司负债的增减必导致资产相应的增减。

公司资本与公司资产的联系在于公司资本属于公司资产的组成部分;区别在于公司资产的外延要大于公司资本,公司资产除了公司资本外,还包括负债、资产收益和经营收益。[8] 就实际情况而言,公司资本与公司资产的关系会随着公司经营状况的不断变化而有所差异。公司成立时,在对外没有任何负债的情况下,公司资本等于公司资产。但是随着公司运营的开展,公司会出现盈亏现象,这会导致公司资本与公司资产不完全相等。在公司资本信用下,公司资本被看作公司债权人

〔7〕 范健、王建文:《公司法》(第2版),法律出版社2008年版,第245页。

〔8〕 李建伟:《公司法学》,中国人民大学出版社2008年版,第199页。

的总担保财产。但实际上,公司对外承担责任的总担保是公司的实有资产,而不是登记机关记载的注册登记资本数额。公司资本的数额和构成都将对公司的偿债能力产生影响,因而具有重要的意义。有的学者认为,从实际的清偿能力来说,公司资本几乎是没有任何法律意义的参数,以资本为核心所构建的整个公司信用体系根本不可能胜任保护债权人利益和社会交易安全的使命。决定公司信用的并不是公司的资本,公司资产对公司信用起着更重要的作用,与其说公司信用以公司资本为基础,不如说是以公司资产为基础。[9]

2. 公司资本与公司净资产

公司的净资产(net assets,net worth),是指公司资产减去负债后的余额。虽然公司资产中的借贷部分在形式上暂时属于公司所有,但最终清偿债务之后,公司资产也会相应减少。因此,公司资产中真正属于公司所有的是自有资产部分,也即公司净资产部分。

与公司资本、公司资产相比,公司净资产真正而明确地代表公司实际的财产能力。公司成立时,对外没有任何负债,其资本就是全部资产,同时也是其净资产。公司成立后,随着公司经营的盈利或者亏损、资产本身的增值或者贬值等,资产价值及相应的净资产就会处在不断变化之中,净资产有可能高于资本,也可能低于资本。在公司资产等于负债时,净资产等于零;而在公司资产低于负债时,公司净资产为负值。总而言之,公司资本和净资产的联系和区别在于:公司资本是净资产的一部分。[10]

3. 公司资本与股东权益

股东权益(equity),又称为所有者权益,是指股东对公司净资产享有的权利。股东权益分为四个部分:资本、资本公积、盈余公积和未分配利润,公司资本只是股东权益的一部分。因此,在一般情况下,股东权益要大于公司资本。但如果公司没有资本收益,从未盈利,因而也未提留资本公积和盈余公积,则股东权益可能等于公司资本。如果公司亏损,可分配利润为负值的话,股东权益还会低于公司资本。同时,股东权益只是股东对公司净资产价值的概括权利,而不是对任何具体形态资产的权利。股东权利无论多大,都无权支配公司的财产,这是公司人格独立性的要求。

三、公司资本制度的类型

自有限责任制度产生以来,关于公司资本制度的立法就成为公司立法的重要内容,并在公司法中形成了一些基本原则,它贯彻于公司资本立法的始终,并形成

---

〔9〕 赵旭东等:《公司资本制度改革研究》,法律出版社2004年版,第7~8页。

〔10〕 李建伟:《公司法学》,中国人民大学出版社2008年版,第199页。

了三种公司资本制度,即法定资本制、授权资本制和折中资本制。[11]

(一)法定资本制

法定资本制(statutory capital system),又称为确定资本制或实缴资本制,是指公司设立时,必须在公司章程中明确记载公司资本总额,并由股东全部认足、予以缴纳和实收的一种公司资本制度。法定资本制由法国、德国公司法首创,后为意大利、瑞士、奥地利等大陆法系国家普遍采用,成为一种典型的公司资本制度。

1. 法定资本制的特征

(1)公司设立时,必须在公司章程中明确记载公司的资本总额。公司的交易相对人通过查阅公司章程即可了解公司的资本状况,从而决定是否与之进行交易以及交易的规模。

(2)公司设立时必须将资本总额一次性全部发行完毕,由股东或认股人全部认缴或认购。

(3)股东认足资本或者股份后,需要实际缴纳股款。在实行法定资本制的大陆法系,股款缴纳的方式又分为两种:全额缴纳主义和分期缴纳主义。全额缴纳主义是指股东对其应缴纳的股款必须一次性全额缴清,不允许分期缴纳;分期缴纳主义是指股东对其应缴纳的股款可分两期以上缴纳,不必一次性缴足,其余部分由公司另行通知股东缴纳。

(4)公司成立后非经履行变更章程、发行新股等程序,不得增加资本。公司资本总额已明确记载于公司章程且已经发行完毕,若需增加资本,则需经股东(大)会决议变更章程并增加资本或者发行新股,还要履行变更登记手续。

(5)对无形资产出资额占全部出资额的比例作相当严格保守的限制。

2. 法定资本制的优点及弊端

法定资本制有利于巩固公司的资本结构,能有效维护交易安全和保护债权人的利益,并在一定程度上遏制公司的滥设。但是,法定资本制不可避免地具有以下弊端:

(1)极大地限制了公司参与者的自主性,无法根据公司的实际需要确定资本及其结构。

(2)影响了公司设立的效率。法定资本制要求公司设立时一次性筹足资本,而发起人和股东一般不易一次性认足和缴清,这势必会影响公司的成立。高额的最低资本额及一次性缴纳制度剥夺了财力相对贫乏者的投资机会。

(3)一次性缴足的规定导致了资金的低效占用。公司成立之初,经营活动尚未全面展开,却已筹集到大量的注册资本,往往导致公司资本的积压和闲置,因缺乏足够的灵活性而不能适应实际需要。

---

〔11〕 范健、王建文:《公司法》,法律出版社2006年版,第256~258页。

(4)不利于公司资本的变更。在法定资本制度下,公司注册资本的确定使公司变更注册资本(增资或减资)极为不便。

鉴于此,大陆法系国家纷纷寻求对法定资本制的改造(如在股款缴纳方面推行分期缴纳制),使这一古老、僵化的资本制度显示出一定的灵活性。德国、日本、韩国等国家对其作了实质性的修改,转而实行折中资本制。

3. 法定资本制的类型

在长期的公司立法和实践过程中,根据对资本缴纳的严格程度不同,法定资本制分为全额缴纳制、分期缴纳制和担保缴纳制三种类型。(1)全额缴纳制。其基本内容是:资本一次发行,由股东全部认缴,并且要求投资者必须在公司设立时足额缴纳其所认缴的出资。因此,全额缴纳制是一种硬性的制度设计,缺乏弹性。我国1993年《公司法》在第25条、第82条和第88条确立的就是全额认缴制;2005年《公司法》对于以募集方式设立的股份有限公司和一人有限责任公司采用全额缴纳制。现行《公司法》对于以募集方式设立的股份有限公司仍采用全额缴纳制。(2)分期缴纳制。其基本内容是:虽然公司资本一次发行,并由股东全部认缴,但是允许投资者在公司合法成立后的法定期限内,一次或者分期缴纳所认缴的全部出资。因此,相对于全额认缴制,分期缴纳制对缴纳出资的次数作出了改革,具有相对的灵活性和弹性。我国2005年《公司法》在第26条和第81条规定了分期缴纳制的内容。现行《公司法》对于分期缴纳的注册资本不再设定认缴期间,将实缴登记制度完全改为认缴登记制度,即有关认缴出资额、出资方式、出资期限等可以全凭公司股东在章程中自主约定,营业执照中只体现全体股东拟认缴出资额,而不体现已经实际缴纳出资额。(3)担保缴纳制。此制度存在于英国和我国香港特区,适用于担保有限公司,允许发起人在设立公司时只作出承诺而无须缴纳出资。我国《公司法》不承认担保有限责任公司,因此并不存在这种法定资本制。

(二)授权资本制

授权资本制(authorized capital system)是指公司在设立时将资本总额记载于公司章程,但不必全部发行,具体发行比例与数额也不给予严格的限制,未认购部分,由董事会在公司成立后随时一次或者分次发行或筹集的一种公司资本制度。授权资本制起源于英美法系,原指国家授予发行权利的公司在其章程中所确定的资本总额。在公司设立采取特许主义的时代,资本或者股份的发行皆依国家的授权,在改采准则主义后,仍遗留着国家对公司赋予发行股份特权的授予思想。因此,对公司发行其章程所确立的股份资本,依然沿用传统的“授权资本”一词。

1. 授权资本制的特征

(1)公司设立时,必须在章程中明确记载公司的资本总额,即授权资本总额,这一点与法定资本制相同。

(2)公司章程确定的资本总额在公司设立时不必一次性发行完毕。公司只需发行资本总额的一部分,并由股东认足,公司即可成立。

(3)股东认足股份后,需要实际缴纳股款。在授权资本制度下,各股东在设立时认购的股份亦可分期缴纳。但美国《商事公司示范法》则不允许分期缴付。

(4)公司成立后如需增加资本,仅需在授权范围内由董事会自行决议发行新股,而无须经股东会决议和变更公司章程。

2. 授权资本制的优点及弊端

授权资本制的优点是筹集资金灵活方便,资本利用率高,有利于公司的设立及最大限度地发挥资本的效用;公司成立后增资程序简单,方便快捷,有利于公司规模的迅速扩大及公司决策的快速作出;加强了公司董事会的核心地位,有利于降低公司被收购的危险。但是,授权资本制也存在以下缺陷:

(1)容易导致公司设立中的投机和欺诈等非法行为的滋生。授权资本制既未规定公司首次发行股份的最低限额,也未规定公司实收资本应与公司的生产经营活动相适应,这就容易产生公司设立中的投机和欺诈行为。

(2)不利于保护债权人的利益。因为在授权资本制下,章程中规定的公司资本仅仅是一种名义上的资本,公司的实收资本可能微乎其微,这对公司的债权人来说,具有较大的风险。

(3)不利于维护交易安全。公司成立之初所发行的资本十分有限,公司的财产基础缺乏稳定性,这就削弱了公司的信用担保范围,从而不利于维护交易安全。有鉴于此,美国部分州要求在公司营业资讯证书上或授权证书中应载明的不是注册资本、发行资本,而是实收资本,这有利于公司相对人辨清公司资本的真实面目。

(4)原有股东控制地位有被侵蚀的危险。在授权资本制下,由于董事会获得无限制的发行权,这样可能发生一种争权情况,即董事会以发行股份为手段,稀释原有股东股权份额或占有的比例,进而导致原有股东丧失对公司的控制权,这样就不利于保持公司的稳定。

(三)折中资本制

折中资本制(eclectic capital system),是指在法定资本制或者授权资本制的基础上,以其中一种公司资本制度为基础,兼采另一种资本制度的优点,创设出的一种新的公司资本制度。折中资本制有两种类型:折中授权资本制和认许资本制。

1. 折中授权资本制

折中授权资本制,是指公司成立时需要在章程中载明资本总额,发行和认购一定比例的资本,公司即可成立,未发行部分授权董事会根据需要发行,授权发行的比例不得超过公司资本的一定比例。折中授权资本制规定了公司成立时发行的股份比例,设立了最低资本限额,并且对董事会发行股份的数额予以限制,并规定其发行比例和期限。这种制度是在授权资本制的基础上,纳入了法定资本制的要求,其核心是授权资本制。原来实行法定资本制的一些大陆法系国家和地区,如日本和我国台湾地区则采用了折中授权资本制。

2. 认许资本制

认许资本制,也称为认可资本制或许可资本制,指公司设立时,必须在公司章程中明确规定公司资本总额,并一次性发行、全部认足。同时,公司章程可以授权董事会在公司成立后一定期限内,在授权的公司资本的一定比例范围内,发行新股,增加资本,而无须股东会的特别决议。原来采用法定资本制的大陆法系国家,包括德国、法国、丹麦、奥地利等国都实行了认许资本制。认许资本制是在法定资本制的基础上,授予董事会一定数额的发行权、简化公司增资程序。公司设立阶段的资本适用法定资本制,公司成立后的增资行为适用授权资本制,将两种制度相结合。但是从整体上来说,认许资本制的核心是法定资本制。比较折中授权资本制和认许资本制,二者的共同点在于,都融入了授权资本制的因素。不同点则在于,认许资本制授权董事会发行的是资本总额之外的增资新股,而折中授权资本制授权董事会发行的则是资本总额中未发行部分和增资新股。故折中授权资本制更加具有灵活性。

由此可见,折中资本制是对法定资本制和授权资本制的修正,扬其长,避其短。这种新的资本制度,既有利于公司的设立,又在一定程度上避免了设立欺诈行为,将法定资本制的严格性与授权资本制的灵活性有机结合在一起。无论是对于公司股东、公司自身还是公司债权人利益的保护及交易安全的维护,都不失为一种较为理想的公司资本制度,它也代表着公司资本制度的发展趋势。随着经济全球化的加强,各国商事法律的日益交融,折中资本制无疑将成为一种占主导地位的资本制度。

(四)我国资本制度的立法变迁

我国1993年《公司法》所确定的公司资本制度是一种严格的法定资本制,明确要求注册资本与实缴资本完全一致,既不允许授权资本发行,也不允许资本分期缴纳,公司资本在设立时必须全部发行,发行资本必须一次性缴清,同时还要求了较高的最低资本限额。这种独具特色、严格的公司资本制度,其立法意图在于:立法者唯恐因公司的滥设会导致社会经济秩序的紊乱或债权难以得到保障,故以此来保障公司的偿债能力和社会交易活动的安全。毋庸置疑,这种严格的公司资本制度带有浓厚的计划经济体制的痕迹。

这种严格的法定资本制显得较为粗略、简单和僵化。随着社会主义市场经济的发展与完善,该资本制度日益显现出诸多弊端,已经严重阻碍了我国公司的发展。因此,我国理论界与实务部门都普遍认为,应该顺应公司立法的国际发展趋势,结合我国国情对公司资本制度进行修正,为公司的设立和发展创造一个较为宽松的环境,以适应社会主义市场经济体制发展的需要。在2005年《公司法》修订之前,公司资本制度的讨论始终属于热点问题。对于公司资本制度的修正,我国学者主要有三种意见:第一种观点认为,我国公司制度应当坚持严格意义上的法定资本制,因为这种制度使公司资本确定、真实,对于公司债权人的保护是强而有力的;第二种观点认为,我国公司法应当废除严格意义上的法定资本制而采用英美法系国家的授权资本制,认为这种制度使公司可以最大限度地适应市场经济发展的要求,刺激公司投资人的投资积极性;第三种观点认为,我国公司法应当采取折中授权资本制,认为这种资本制度吸收了法定资本制和授权资本制的优点,克服了这两种制度的缺点,代表着公司资本制度的发展方向。[12]

2005 年修订《公司法》时,没有采纳上述三种观点,而是实行宽松的法定资本制和严格的法定资本制相结合。根据 2005 年《公司法》第 26 条第 1 款和第 81 条第 1 款的规定,有限责任公司和发起设立的股份有限公司采取宽松的法定资本制,允许股东分期缴纳出资,股东或者发起人首次出资不得低于公司注册资本的 20%,其余部分由股东或发起人自公司成立之日起 2 年内缴足,其中投资公司在 5 年内缴足,此即分期缴纳资本制;而根据 2005 年《公司法》第 59 条和第 81 条第 2 款的规定,对于一人有限责任公司和募集设立的股份有限公司则实行严格的法定资本制,不允许股东和发起人分期缴纳出资,必须一次足额缴纳公司注册资本,此即全额缴纳资本制。

随着市场经济的发展以及鼓励中小企业的需要,2013 年《公司法》对公司资本制度的修订主要包括五个方面:一是采取注册资本认缴制,对公司注册资本的首次出资额不再设最低标准;二是取消除法律、行政法规特别规定之外的其他各类公司的最低注册资本限额;三是简化工商行政管理机关的资本登记内容;四是取消公司设立时的验资证明要求,将公司的验资问题交由公司股东会或董事会约定,进一步降低了公司注册成本;五是取消货币出资的最低限额,由公司股东会或董事会自行约定,丰富了公司自治的内涵。

四、公司资本的三原则

公司资本的三原则,是指由公司法所确立的在公司设立、运营的整个过程中,为确保公司资本的真实、安全而所必须遵守的三个基本法律准则,即资本确定原则、资本维持原则、资本不变原则。这三个原则相互关联,共同组成对公司资本的法律保障和约束机制,并贯穿于公司法律制度之始终。公司资本三原则为大陆法系国家公司法所首创,但其影响早已延及英美法系。[13] 在法定资本制下,公司资本三原则得到了最充分的体现。我国现行《公司法》采取的是宽松的法定资本制和严格的法定资本制相结合,公司资本三原则在我国公司设立和营运的整个过程中都发挥着重要作用。

---

〔12〕 石少侠:《公司法》,吉林人民出版社 1996 年版,第 135 页。

〔13〕 范健、蒋大兴:《公司法论》(上卷),南京大学出版社 1997 年版,第 331 页。

(一)资本确定原则

资本确定原则,又称资本法定原则,是指公司章程必须确定符合法定资本最低限额的注册资本总额,且应由发起人全部认足或者募足,否则公司便不能成立。具体而言,资本确定原则的基本要求有两项:一是要求公司资本总额明确记载于公司章程中,使之成为一个具体、确定的数额;二是要求公司章程所确定的资本总额在公司设立时必须由全体股东认足并缴纳。资本确定原则能有效保证公司资本的真实性,防止公司设立中的欺诈行为,有效维护交易安全和债权人利益。因此,这一原则至今仍为一些大陆法系国家的公司法所确认,在认许资本制中也保留了资本确定原则的基本要求。我国1993年《公司法》实行的是严格的法定资本制,2005年《公司法》引入宽松的法定资本制,但依然保留体现资本确定原则的许多规定:(1)设立公司必须符合法定最低资本限额。有限责任公司的法定最低注册资本限额为人民币3万元;一人有限责任公司的法定最低注册资本限额为人民币10万元;股份有限公司的法定最低注册资本限额为人民币500万元。(2)虽然有限责任公司与发起设立的股份有限公司发起人不必在公司设立时实际缴纳其所认缴、认购的全部资本或股本,但公司的注册资本必须在公司成立时一次性发行完毕;一人有限责任公司和募集设立的股份有限公司须在公司设立时一次性发行全部资本并实际缴纳股款。(3)出资人履行出资义务后必须经过法定验资机构进行验资。(4)股东对非货币形式的出资必须承担出资差额的填补责任。(5)对虚报注册资本、虚假出资和抽逃出资等违法行为给予严惩。

我国2013年、2018年对《公司法》的修正是在坚持资本确定原则的基础上,放宽了对注册资本缴纳的限制。现行《公司法》第26条第1款规定,"有限责任公司的注册资本为在公司登记机关登记的全体股东认缴的出资额"。第80条第1款规定,"股份有限公司采取发起设立方式设立的,注册资本为在公司登记机关登记的全体发起人认购的股本总额。在发起人认购的股份缴足前,不得向他人募集股份"。

(二)资本维持原则

资本维持原则,又称资本充实原则或者资本拘束原则,是指公司在其存续过程中,应维持与其资本总额相适应的实有资产。公司的注册资本仅仅表现为公司章程中的一个被股东认缴或认购的数字,在公司成立时实有资产仅为股东实缴的股款,而在公司成立后真正作为公司偿债担保的则是公司的自有资产。在公司成立后的存续过程中,公司的财产盈余、亏损、无形损耗等在价值上发生变动,使公司资产成为一个变量,从而使作为公司真正信用的公司资产与公司资本及实缴资本相脱节。因此,为使公司的资本具有实际意义,使公司资本与公司资产基本相当,切实维护交易安全和保护债权人利益,防止公司经营中的欺诈行为,各国公司法普遍作出相关规定,以体现资本维持原则。资本维持原则不仅是大陆法系国家普遍采用的资本原则,也在英美法系国家的公司立法中得到反映。

为体现这一原则,我国现行《公司法》明确规定:(1)公司成立后,股东不得抽回向公司的投资(第35条、第91条);(2)发起人用于抵作股款的财产的作价不得高估(第27条第2款);(3)股票的发行价格不得低于股票的票面金额(第127条);(4)除法定情形,公司不得收购自己发行的股票,也不得接受本公司股票作为质押权的标的(第142条);(5)公司分配当年税后利润前,应当提取利润的10%列入法定公积金(第166条);(6)在公司弥补亏损之前,不得向股东分配股利(第166条)。

(三)资本不变原则

资本不变原则,是指公司资本一经确定,除非依法定程序,不得随意改变。资本不变原则是为了配合资本维持原则而确立的一项原则,它们二者的立法宗旨是一致的,都是为了防止公司注册资本的减少,保护债权人的利益。但二者的角度有所不同,资本维持原则是从公司实有资产与注册资本数额的相吻合方面来防止公司资本在实质上的减少,而资本不变原则是从注册资本数额本身来防止公司资本在形式上的减少。资本维持原则与资本不变原则是相辅相成,缺一不可的,只有两者相互配合,才能维护资本的真实有效,并防止资本形式上的减少,以保护债权人的利益。如果只有资本维持原则而没有资本不变原则,公司的注册资本就可以随时变更,公司即可相应减少其注册资本额,这会导致公司资产减少,资本维持原则也就失去了意义。同样,如果只有资本不变原则而没有资本维持原则,虽然公司的注册资本从形式上不能变化,但却会使公司实有资产与注册资本不相吻合,造成公司资本的实际减少。

为了体现这一原则,我国现行《公司法》对公司资本的减少作出了严格的限制:(1)需有资本过剩或严重亏损的事实存在;(2)公司需要减少注册资本时,必须编制资产负债表和财产清单;(3)公司减少注册资本后的注册资本不得低于最低资本限额(如果有的话);(4)公司减少注册资本必须由股东会或股东大会作出决议;(5)公司减资应当在法定期限内通知债权人并作出公告;(6)债权人有权在法定期限内请求公司清偿债务或者提供担保;(7)公司减资必须向登记机关办理变更登记手续。〔14〕

第二节 股东出资制度

一、股东出资制度概念

股东出资制度是公司资本制度的重要组成部分,也是公司设立的必要条件之

〔14〕 范健、王建文:《公司法》,法律出版社2006年版,第260~262页。

一。从微观上讲,良好、完善的出资制度可以促进公司更好地进行资本运营,为企业内部激励提供更为广阔的空间;从宏观上讲,出资形式和出资额度的宽紧度对于促进投资、转化民间储蓄资本、促进中小企业的发展和保持经济的稳定和繁荣有着极为重要的影响。

(一)股东出资的意义

1. 股东出资是公司资本形成的来源

公司资本来源于股东出资,全体股东的出资总额就是公司的资本总额。因此,股东出资是形成公司资本的基础。为保证公司资本的确定和充实,各国公司法一般都规定了严格的股东出资制度。股东按时出资的义务保证了公司资本的确定,股东不得抽逃出资的规定体现了资本维持的要求,法定出资形式将容易影响资本稳定性的出资方式排除在外。这些都确保了股东及时、有效地出资,一定程度上保证了公司资本的确定、稳定和充实。

2. 股东出资是股东承担有限责任的限额

公司法上的有限责任与无限责任是以股东的出资额为界限的,有限责任就是股东以其出资额为限对公司承担有限责任,无限责任就是股东不以出资额为限,而以其全部财产对公司债务承担无限连带责任。股东承担有限责任的前提就是股东按照公司法和章程的规定履行了出资义务,如果股东未能依法履行出资义务,则应当承担相应的出资责任,甚至还有可能导致公司的人格否认而丧失有限责任的基础。

3. 股东出资是股东取得股权的依据

股权是股东就其股东身份所享有的权利,而取得股东身份的前提就是按照法律的规定或者当事人之间的约定履行了出资义务。股东出资实质上是股权的对价,也是股东取得股权的依据。股东享有股权尤其是表决权和股利分配权的大小原则上取决于其出资的比例或者数额。[15]

4. 股东出资是公司融资的主要手段

公司融资的途径主要有两种:股权融资和债权融资。公司融资发生在公司设立到公司终止前的整个运营过程中,其中股权融资在任何情况下都是公司融资的重要手段。在股权融资的过程中,投资者通过认缴公司发行的资本获得股东的身份,公司集中股东出资实现了融资的目的。因此,可以说股东出资是实现股权融资的手段。

(二)股东出资制度的范围

从狭义上理解,股东出资制度的范围包括出资形式、出资限额、出资验证、审查核准等法律规则。从广义上理解,股东出资制度还应该包括公司存续期间,资本或

---

〔15〕 赵旭东主编:《新公司法讲义》,人民法院出版社2005年版,第126页。

其实物所有权进入公司或变化的过程。因此,除了公司成立时候的出资问题之外,还包括公司存续期间的资本变动、出让、增资、减资、分立、新股发行等。本书对股东出资制度采用狭义上的意义。

二、股东出资的形式

(一)出资形式的一般规定

1. 1993年《公司法》关于出资形式的一般规定

我国1993年《公司法》对公司出资形式采用的是列举方式,仅允许采用货币、实物、工业产权、非专利技术、土地使用权等5种出资形式。根据这一规定,不允许股权、债权、著作权等作为出资,并且规定了工业产权等无形财产出资的最高限制比例,不允许当事人对出资方式另外作出约定。这种出资方式的严格限制是与当时严格的法定资本制相适应的。这种严格的出资方式,认为只有规定价值确定、稳定的财产作为公司出资形式,公司资本才能确定和充实。但是,这种僵化的规定忽略掉了社会生活中丰富多彩的财产形式,也忽略掉了公司成立和发展对不同财产形式的多样化要求。实际上,严格的出资方式的规定并没有达到立法者所设定的目标,公司利益没有得到保障,公司债权人的利益也没有得到保障,而更多的投资者也因此失去了许多投资机会,造成了不同投资者之间的不平等,社会财产没有得到充分的利用。[16] 并且,这种严格的出资形式的规定在实践中也早已被突破,从而导致了出资方式"不合法",但经公司登记主管机关审查而"合法"设立的现象出现。

2. 2005年《公司法》关于出资形式的规定

2005年《公司法》顺应扩大出资形式的社会要求,改变了僵化的列举式立法模式。《公司法》第27条对有限责任公司的出资形式进行了规定:"股东可以用货币出资,也可以用实物、知识产权、土地使用权等可以用货币估价并可以依法转让的非货币财产作价出资;但是,法律、行政法规规定不得作为出资的财产除外。对作为出资的非货币财产应当评估作价,核实财产,不得高估或低估作价。法律、行政法规对评估作价有规定的,从其规定。全体股东的货币出资金额不得低于有限责任公司注册资本的百分之三十。"同时,《公司法》第82条规定,股份有限公司出资形式适用第27条。

首先,2005年《公司法》采用的是例示主义的立法模式。例示了货币、实物、知识产权、土地使用权等四种出资形式,这与1993年《公司法》并没有太大的区别,仅以知识产权取代了工业产权和非专利技术,从而使著作权包含于法定出资形式之中。实质变化在于,法定出资形式并未限定于明确列举的四种形式,而是将"可以用货币估价并可以依法转让的非货币财产"作为非货币财产出资的

---

〔16〕 范健、王建文:《公司法》,法律出版社2006年版,第262页。

本质要求,以之取代原来机械、固化的列举式规定。这一修订解决了困扰理论和实务界多年的股东出资形式问题,不仅实质性扩大了股东出资范围,而且充分利用了各种投资资源和社会财富,最大限度地满足股东和公司的投资要求。[17]

其次,对非货币出资财产的形式和比例作出了限制。根据公司法的这一规定,作为出资的非货币财产应该具备以下条件:(1)可以用货币评估,即具有价值性;(2)可以依法转让,即具有可转让性;(3)法律、行政法规规定不得作为出资的财产除外,即具有合法性。根据《公司注册资本登记管理规定》(2014 年 2 月 20 日修订)第 5 条的规定:"股东或者发起人可以用货币出资,也可以用实物、知识产权、土地使用权等可以用货币估价并可以依法转让的非货币财产作价出资。股东或者发起人不得以劳务、信用、自然人姓名、商誉、特许经营权或者设定担保的财产等作价出资。"

3. 现行《公司法》关于出资形式的规定

为了进一步处理好市场与政府的关系,大力推进机构改革、工商登记机构改革,2013 年《公司法》取消了除法律、行政法规特殊规定以外的其他各类公司设立时的最低注册资本限额要求,规定有限责任公司设立时只需要有"符合公司章程规定的全体股东认缴的出资额"(第 23 条),股份有限公司设立时有"全体发起人认购的股本总额或者募集的实收股本总额"(第 76 条);取消了公司最低注册资本限额(第 26 条)以及一人有限责任公司最低注册资本限额(第 59 条);取消了"公司减资后的注册资本不得低于法定的最低限额"的规定(第 177 条)。总体而言,现行《公司法》适应了市场需求,不仅保障了公司经营安全,而且加强了公司经营的灵活与自主性。

(二)典型出资形式

我国《公司法》规定的典型股东出资形式主要有四种,分别为货币出资、实物出资、知识产权出资和土地使用权出资。

1. 货币出资

货币是公司资本中最基本的一种构成形式,所有类型的公司都离不开货币资本。公司在成立之初,不能立即创造利润。但是公司经营一旦开始,就要支付职工工资、置备有关设备、采购原材料等,需要有一定的货币资金,否则公司的正常运营就无法进行,这就形成一种对现金的需求。所以,许多国家的公司法,尤其是大陆法系国家的公司法多对现金出资的比例作出了规定。如法国规定股份有限公司的现金出资应占公司总资本的 25% 以上,德国也规定股份公司的资本必须有 25% 以上的现金。意大利规定现金出资须为公司资本的 30% 以上,瑞士和卢森堡规定为

---

〔17〕 范健、王建文:《公司法》,法律出版社 2006 年版,第 262 页。

20%,而奥地利私人有限公司要求股份资本的一半以上以现金支付。[18]

我国对于货币出资的比例,原在1992年的《有限责任公司规范意见》中要求应不少于公司法定注册资本最低限额的50%,1993年《公司法》则没有对货币出资比例进行规定。2005年《公司法》规定为不得少于注册资本的30%。随着我国市场经济的发展,现行《公司法》再一次取消了最低货币出资比例的限制。

根据《公司法》第28条第1款的规定:"股东应当按期足额缴纳公司章程中规定的各自所认缴的出资额。股东以货币出资的,应当将货币出资足额存入有限责任公司在银行开设的账户;以非货币财产出资的,应当依法办理其财产权的转移手续。"根据这一规定,有限责任公司或股份有限公司的股东或发起人以货币出资的,应当按期将货币出资足额存到公司在银行开设的账户中。

关于股东或发起人能否将借来的现金作为出资的问题,我国现行《公司法》没有作出明确规定,过去公司法实践中往往认为这种借贷出资为虚假出资。[19] 但是就法理而言,股东或发起人投入到公司的资金无论是自己所有还是借贷而来,对公司而言都应是出资。至于有的股东或发起人在公司成立后将借来的资金又转走(归还)的行为,不是虚假出资而是抽逃出资,破坏的是资本维持原则。因此,现行《公司注册资本登记管理规定》(2014年2月20日修订)第8条规定:"股东或发起人必须以自己的名义出资。"由此,股东或发起人只需要以自己的名义出资,而不问其出资是否借贷而来。

2. 实物出资

实物指的是有形财产,包括动产和不动产,如建筑物、机器设备、原材料等。公司资本中,实物形态的出资是不可缺少的组成部分,尤其对于很多制造类的公司而言就更为重要。因此,世界各国公司法都允许股东以实物出资。在我国,许多由国有企业和集体企业改制组建的公司中,国有或集体投资主体都是以原国有或集体企业的实物资产作为出资,从而构成了出资总额中的绝大部分。[20] 但是用于出资的实物财产,应当具备以下条件:

(1)合理性。实物出资是能够直接用于该公司生产经营所需要的物品,否则登记机关将不予核准。如果实物是公司生产经营不需要的物品,其出资就失去了意义,就会损害公司其他出资人的利益。

(2)合法性。股东对其用于出资的实物还必须拥有合法的所有权,并应出具有效的权利证明。而根据《公司注册资本登记管理规定》(2014年2月20日修订)

---

〔18〕 张国平:《公司法律制度》,南京师范大学出版社2006年版,第113页。

〔19〕 在公司开办过程中,大量的公司开设代理公司往往用这种方法帮助没有足额出资的股东或发起人设立公司。

〔20〕 赵旭东主编:《新公司法讲义》,人民法院出版社2005年版,第128页。

第5条第2款的规定,股东或发起人不得以设定担保的财产作价出资。

(3)价值性。用于出资的实物必须由股东各方按照国家有关规定确定其价值或者委托专门的评估单位对其价值进行评估,如果实物无法确定其价值,则该实物不得作为出资。能够确定其价值的实物,其确定或者评估的价值,还要经过股东会或者创立大会的审核。对于股东或发起人高估作价的,应当由其补交差额,公司设立时的其他股东或发起人要承担连带责任。

(4)可转让性。《公司注册资本登记管理规定》第5条第1款规定:"股东或者发起人可以用货币出资,也可以用实物、知识产权、土地使用权等可以用货币估价并可以依法转让的非货币财产作价出资。"

虽然我国现行的《公司法》允许一般有限责任公司和发起设立的股份有限公司可以分期缴纳出资,但是实物出资却不能分期缴纳。各国公司法一般都规定实物出资必须一次性缴清。如法国《商事公司法》第75条就规定:"实物股份,于其发行之日,应全部缴付。"德国、日本的法律也有明确的规定。[21] 对此,虽然我国现行《公司法》未有相关明确的规定,但是通过对法律条文的文义解释,可以认定《公司法》实际上作出了类似的规定。现行《公司法》第28条第1款规定:"股东应当按期足额缴纳公司章程中规定的各自所认缴的出资额。股东以货币出资的,应当按期足额存入有限责任公司在银行开设的账户;以非货币出资的,应当依法办理其财产权的转移手续。"第83条第1款也有类似规定:"以发起设立方式设立的股份有限公司,发起人应当书面认足公司章程规定其认购的股份,并按照公司章程规定缴纳出资。以非货币财产出资的,应当依法办理其财产权的转移手续。"通过对这两个条文的解释,我们可以看出非货币出资应当办理财产权转移手续,即理解为一次性将财产交付公司。而作为非货币财产出资之一的实物出资,也应当一次性缴清。

3. 知识产权出资

1993年《公司法》第24条及第80条均规定,可以用工业产权、非专利技术出资,但出资金额不得超过公司注册资本的20%。《关于以高新技术成果出资入股若干问题的规定》则规定如果是以高新技术成果出资入股,作价金额可以超过注册资本的20%,但不得超过35%。根据这些规定,知识产权的出资范围为专利权、商标权和非专利技术,这一规定不能满足知识经济的发展。鉴于这一缺陷,2005年《公司法》规定可以知识产权出资,现行《公司法》又取消了出资金额比例的限制,这一规定适应了知识经济的发展。但是这一规定也面临着一个问题,1993年《公司法》虽然对知识产权出资范围规定得比较狭窄,但清晰具体,便于操作。以知识产权作为出资形式,要面临知识产权的范围问题。知识产权的概念及范围在

---

〔21〕 范健、王建文:《公司法》,法律出版社2006年版,第265页。

知识经济时代是不断发展变化的,这给在公司法实践中如何处理知识产权出资带来了一定的困难。世界知识产权组织和世界贸易组织对于知识产权的范围界定存在一定的差异。有的学者认为,应该基本按照《民法通则》第五章第94~97条对知识产权范围的规定来确定公司法中"知识产权"的范围,包括专利权、商标权、著作权、发现权、发明权以及其他科技成果权。[22] 也有的学者认为,应该包括专利权、商标权、著作权及非专利技术。专利技术不仅代表科学技术的创新和进步,而且它在社会生产中的运用会带来巨大的经济价值。我们认为,作为出资形式的知识产权的范围应当具有其自身的特点,不能与知识产权领域中所确定的范围完全一致,其具体范围还有待于进一步通过有权解释来确定。

4. 土地使用权出资

土地使用权是指土地使用权人依法对土地加以利用和取得收益的权利。土地是一项重要的生产资料,当然可以作价入股。但是,土地在我国归国家和集体所有,公司只能通过出让或者转让的方式取得土地使用权,从而实现对土地的利用。具体而言,基于我国土地制度的特点,我国法律对土地使用权出资规定了严格的要求和条件。主要表现在:(1)土地的出资是使用权的出资;(2)用于出资的土地使用权只能是国有土地的使用权;(3)用于出资的土地使用权只能是出让土地的使用权;(4)用于出资的土地使用权应是未设权利负担的土地使用权。[23]

土地使用权在我国立法上是一个非常不明确的概念,在2007年3月《物权法》制定以前,土地使用权包括:国有土地使用权、国有林地使用权、国有草原使用权、国有水面滩涂养殖使用权、采矿权。[24] 这些权利都可以折价作为股东出资。而《物权法》颁布以后,国有土地使用权这一概念就不再使用,而改为建设用地使用权。我们认为,从解释论角度看,作为股东出资形式的土地使用权应当包括:建设用地使用权、林地使用权、草原使用权、水面滩涂的养殖使用权。从立法论的角度看,应当由立法机关或者公司登记管理机关对土地使用权作出明确的规定,以便完善公司的出资制度。

(三)非典型出资形式

对于股东出资形式,现行《公司法》是以例示的方式来规定的,除了货币、实物、知识产权和土地使用权四种典型的出资形式外,只要符合公司法规定的"可以用货币估价并可以依法转让的非货币财产"都可以作为股东出资。对于"可以用货币估价并可以依法转让的非货币财产"的内涵和外延,还有待于进一步完善。《公司注册资本登记管理规定》(2014年2月20日修订)对其外延进行了限制,第

---

〔22〕 赵旭东主编:《新公司法讲义》,人民法院出版社2005年版,第128页。

〔23〕 孙晓洁:《公司法原论:基础理论与法律规制》,中国检察出版社2011年版,第301~302页。

〔24〕 江平主编:《民法学》,中国政法大学出版社2000年版,第403页。

5条第2款规定:“股东或者发起人不得以劳务、信用、自然人姓名、商誉、特许经营权或者设定担保的财产等作价出资。”我们认为,“可以用货币作价并可以依法转让的非货币财产”的外延至少包括股权、债权和矿业权等。

1. 股权

股权即股东权利。所谓股权出资,是指发起人以其对外投资(在其他公司的权益)出资。

(1)股权出资的合理性。出资者将其所拥有的财产注入公司,从而丧失对该部分财产的支配权,股权正是出资者放弃其财产所有权而享有的对价。股权能否作为出资形式取决于股权自身,是否将股权用于出资则有赖于出资者的选择;从股权自身的性质而言,股权具备作为出资的适格性。

股权是一种综合性权利,包括财产性权利的自益权和非财产性权利中的共益权。自益权包括股息或红利分配请求权、新股优先认购权、剩余财产分配权、异议股份转让请求权等;共益权包括表决权、公司文件查阅权、召开临时股东会请求权、对董事高管人员监督权等公司事务参与权。公司是营利性的商事主体,作为股东谋取利益的手段。虽然股东不能凭借其股权直接支配公司的具体财产,但可以依据法律和公司章程的规定行使股权,通过请求公司为一定行为或者参与公司事务的管理,将自己的意志作用于公司的财产,获取出资财产的增值,实现自己的经济利益。既然股权能够创造出物质财富,为公司运营提供物质支持,股权作为非货币财产用于出资就具有了合理性。股东享有的股东权益与有价值的财产相对应,股权进行评估后可以转让,具有流通性。在交换价值方面,股权与现金、实物等出资形式没有根本区别,就其价值而言,因股权价值的实现要依赖于公司的营利和获利,因而经常处于变动之中,但并不因此而否认股权是具有价值的非货币财产。[25]

(2)股权出资的审验程序。股权出资应当按照以下程序进行审验:第一,检查出资人以股权出资是否征得其他发起人的同意,并评估作价,折合成相应的股份数。第二,查阅评估报告,了解评估目的、评估基准日、评估假设等有关限定条件是否满足验资要求;关注评估报告的特别事项说明和评估基准日至验资报告日期间发生的重大事项对验资可能产生的重大影响;检查投入的股权的价值是否能够完全控制该争议或纠纷。第三,检查股权是否存在争议及潜在纠纷,发起人或股东是否能够完全控制该争议或纠纷。第四,检查股权交接手续,明确评估基准日至股权交接日产生的利润的归属。第五,检查股权所属公司是否召开了董事会和股东会,通过决议同意该发起人以股权出资,如果是有限责任公司,其他股东是否放弃了优先认购权。第六,取得被审验单位、出资者和股权所在公司签署的在规定期限内办妥股权所在公司变更手续的承诺函。

---

〔25〕 赵旭东等:《公司资本制度改革研究》,法律出版社2004年版,第131页。

2. 债权

债权出资,又称为“以债作股”,即股东以其对第三人享有的债权投入公司,并由公司对第三人享有债权,债权出资本质上属于债权让与,取得的对价就是公司股权。[26] 根据德国通说,股东对第三人享有债权,只要该债权是可以转让的,就可以作为出资标的物。[27]

(1)债权出资与债转股的区别。债转股,就是将对公司的债权转为股权。在国有商业银行改制过程中,为了剥离不良资产,曾经广泛应用债转股。有学者认为债转股就是债权出资。实际上,债权出资与债转股有着明显的区别:第一,就时间来讲,债权出资通常是公司设立过程中的一种行为,而债转股通常是公司成立以后将自己的债权转为股权。第二,就债务的主体而言,债权出资通常是接纳出资人对公司以外的第三人的债权,而债转股通常是把债权人对公司的债权转为对公司的股权,其身份由债权人变为股东。第三,债权出资可能是一种不能实现的债权,如债务人不能履行债务,就意味着股本不能到位,而债转股中的债权是接纳债权为股权的公司已经实现了的权利。[28]

(2)债权出资的法律问题同股权出资相似。同股权一样,债权具有很大的不稳定性。在中国现阶段,商业信用低,允许债权作为出资会造成公司资产的不稳定,从而有悖于公司资本安全宗旨。债权出资一般可以分为一般债权出资和证券化债权出资。后者因其相对较高的确定性和稳定性,已被不少国家所确认而争议较少;而一般性债权出资则争议较大。各国立法中,英美法系国家对债权出资未作任何限制,均将其视为股权的适当对价而给予认可;而在大陆法系国家,德国、日本等多数国家都不予认可,但意大利也规定允许经评估作价的债权出资。不过大陆法系国家近期对债权出资的政策取向上明显有从宽趋势。[29]

3. 矿业权

矿业权简称探矿权、采矿权,是指探采人依法在已经登记的特定矿区或者工作区内勘察、开采一定的矿产资源,取得矿产品,并排除他人干涉的权利。矿业权分为探矿权和采矿权。探矿权是指勘探一定的国有矿产资源,取得矿石标本、地质资料等权利;采矿权是指开采一定的国有矿产资源,取得矿产品的权利。[30]

矿业权符合“可以用货币评估并可以依法转让的非货币财产”的要求,能够成为股东的出资形式。首先,矿业权能够用货币评估。探矿权可以对特定区域内的

---

〔26〕 赵旭东主编:《新公司法讲义》,人民法院出版社 2005 年版,第 129 页。

〔27〕 [德]托马斯·莱塞尔、吕迪格·法伊尔:《德国资合公司法》(第 3 版),高旭军等译,法律出版社 2005 年版,第 419 页。

〔28〕 张国平:《公司法律制度》,南京师范大学出版社 2006 年版,第 115 页。

〔29〕 范健、王建文:《公司法》,法律出版社 2006 年版,第 269 页。

〔30〕 崔建远:《准物权研究》,法律出版社 2003 年版,第 179 页。

矿产资源进行勘察,取得矿产样本,从而能够对特定矿区的矿产资源价值进行判断,而且探矿人可以优先取得工作区内矿产资源的采矿权。取得采矿权后,可以在工作区内开采矿产资源,并且取得矿产资源的所有权,通过销售能够取得货币收入。因此取得矿业权后,就可以对其进行货币评估。其次,矿业权能够依法转让,我国《矿产资源法》第5条规定了国家实行探矿权、采矿权有偿取得制度;第6条规定了国家探矿权有权在划定的勘察作业区内进行规定的勘察作业,有权优先取得勘察作业区内矿产资源的采矿权。探矿人在完成最低限度的勘察投入后,经依法批准,可以将探矿权转让给他人。已经取得采矿权的矿山企业,因企业合并、分立,与他人合资、合作经营,因企业资产出售或者依据其他变更企业资产产权的情形需要变更采矿权主体的,经依法批准可以将采矿权转让给他人。因此,矿业权可以依法转让。

根据我国《探矿权采矿权转让管理办法》第5条的规定,作为股东出资的探矿权必须符合以下条件:第一,自颁发勘察许可证之日起满2年,或者在勘察作业区内发现可供进一步勘察或者开采的矿产资源;第二,完成最低限度的勘察投入;第三,探矿权属无争议;第四,按照国家有关规定已经缴纳探矿权使用费、探矿权价款。根据第6条的规定,以采矿权出资必须符合以下条件:第一,矿山企业采矿生产满1年;第二,采矿权属无争议;第三,按照国家规定已经缴纳采矿权使用费、采矿权价款、矿产资源补偿费和资源税。[31]

4. 其他非典型出资形式

除了以上三种出资形式以外,在理论和实践中还曾遇到以商誉或信用、公路经营权等出资的问题。现代公司法理论基于公司自治理念的考虑,只要不违反相关立法和公序良俗,一般应允许多样化的出资形式,以充分调动市场主体的积极性,促进经济的长久、持续发展。其中,信用出资强调的是通过某种方式使股东的商业信用得以为公司所用并受益。一般的利用方法是允许公司使用股东的姓名或者名称从事交易活动或者直接将股东所享有的名称权转移给公司,或者股东对于公司所签发之汇票予以承兑或背书,或者股东为公司债务提供担保等,这属于一种无形资产出资形式。在实践中,这种出资现象有其重要作用,但是并未被公司法所允许,而且受到《公司登记管理条例》的明确禁止。

第三节　公司资本的变动

尽管公司法上确定了所谓的"资本三原则",即资本确定、资本维持、资本不变的原则,但公司资本并非绝对不变。实际上,随公司经营活动的开展、业务范围和

---

〔31〕 崔建远:《准物权研究》,法律出版社2003年版,第252~253页。

市场状况的变化,客观上也要求公司资本相应地增加或减少。同时,公司成立之后,实有资产和净资产也即处于经常的变动之中,为使公司资本反映该公司净资产的情况,也要求公司资本作相应的调整。由于公司资本增加与减少对公司及公司债权人影响不同,一般各国公司立法对公司资本的减少作出了更多的限制性规定。我国现行公司法对公司资本变动的两种情形即公司增加资本和减少资本也作出了系统的规定。[32]

一、公司资本的增加

(一)增加资本的含义和方式

1.增加资本的含义

增加资本,简称增资,是指公司在成立后基于筹集资金、扩大经营规模等目的,依照法定条件和程序增加公司的资本总额。由于公司增加资本只会提高公司的资信水平和偿债能力,不会对公司债权人造成不良影响,因而各国公司法对此一般不作过多限制。[33]

2.增加资本的方式

有限责任公司与股份有限公司因资本和股东出资的构成形式不同,增资的方式亦有形式上的差别。总体上,公司的增资方式可以分为以下几类:

(1)内部增资与外部增资。内部增资,是由现有股东认购增加的公司资本。外部增资,是由股东之外的投资者认购新增的公司资本。内部增资和外部增资可以同时采用。

(2)同比增资与不同比增资。同比增资,是内部增资时各股东按原出资比例或持股比例增加出资,增资后各股东的股权比例或者持股比例不变。不同比增资,是内部增资时各股东改变原出资比例或者持股比例而增加出资,也可能有的股东不增加出资,增资后各股东的股权比例或者持股比例将发生变化。

(3)追加性增资与分配性增资。追加性增资,是通过现有股东或者其他投资者对公司新的投入而增加资本,其结果既增加公司的资本,也增加公司的资产或运营资金。分配性增资,是内部增资的一种方式,是在现有股东不作新的投入的情况下,通过将未分配利润用于股东出资缴纳,以公积金转为资本的方式增加资本,其结果只是改变公司资产的性质和结构,而不改变价值总额,只增加公司的资本总额,而不增加公司的资产总量。

(4)增加股份数额与增加股份金额。这是股份有限公司采用的增资方式。增加股份的数额,即公司在原定股份总数之外发行新的股份。增加的股份,既可以由原有股东优先认股,也可以向社会公开发行。增加股份金额,即公司在不改变原定

---

〔32〕 赵旭东主编:《新公司法讲义》,人民法院出版社2005年版,第134页。

〔33〕 范健、王建文:《公司法》,法律出版社2006年版,第265页。

股份总数的情况下增加每股股份的金额或面额,此种增资只能是内部增资,即由原有股东增加自己的股份出资。公司可以同时采用两种方式增资,既增加股份的数额,又增加每股的金额。

(5)配股增资与送股增资。这是上市公司广泛采用的增资方式。配股增资,又称增资配股,是指上市公司根据现有公司股东持股的数量按照一定比例向其发售股份,配股的对象仅限于公司现有股东,配股的条件通常要优于公司对外发行的条件。送股增资,又称送股或送红股,是指上市公司根据现有公司股东持股的数量按照一定比例向其无偿分配股份,其实质是向股东进行收益的分配,只是分配的不是货币而是股份。因此,它只能限于现有的公司股东。配股增资与送股增资都属于分配性增资。

(6)公司债转换增资与债转股增资。公司债转换增资,是上市公司特有的增资方式,是指将公司发行的可转换公司债按照规定的条件转换为公司的股份。可转换公司债到期时,债权人有权选择将其转换成为股份,相应的股份金额即转化为公司资本,由此导致公司资本的增加。债转股增资,是我国商业银行改革和资产重组的过程中所实行的增资方式,即将银行对债务人公司所享有的债权按约定的方法折抵为对该公司一定金额的股权,银行由此从债权人变为该公司的股东,由此导致公司资本的增加。债转股方式目前尚无统一立法规定,主要是适应国有商业银行改制的需要。[34]

(二)有限责任公司的增资

各国对有限责任公司增资的条件通常不作强制性规定,而是交由公司自行决定。我国现行《公司法》第 37 条、第 43 条、第 46 条规定,有限责任公司增资,应当由董事会制订增加注册资本的方案,然后提交股东会决议,并必须经代表 2/3 以上表决权的股东通过。国有独资公司由国家授权投资的机构或者国家授权的部门决定是否增加资本。

有限责任公司采用的增资方式比较简单,主要有以下三种:(1)外部增资,即增加新的股东,为公司注入新的资本,但增加后的股东人数不得超过《公司法》规定的股东人数上限(50 人)。这一增资方式不仅改变了公司的注册资本数额,还使公司的股东构成发生了变化,股东的出资比例也可能因此改变。由于有限责任公司人合性的特点,股东人数的增加不可能经常发生,因此该增资方式不可能经常采用。(2)内部增资,即不增加新的股东,但增加现有股东认缴的出资额。内部增资既可同比增资也可不同比增资,既可以按股东原实际出资比例相应增加各股东的出资,也可以不按原实际出资比例相应增加各股东的出资,还可以依股东意愿仅由部分股东增资。内部增资还包括分配性增资,即将公司的法定公积金转增为公司

---

〔34〕 赵旭东主编:《新公司法讲义》,人民法院出版社 2005 年版,第 134 页。

资本,增加每股金额,或将应分配的股息、红利的价值按比例分摊入原有股权之中。内部增资仅在原股东范围内增资,仍能保持公司的内部稳定,只是在不同比增资的情况下改变了股东的原有出资比例。(3)混合出资,即外部增资与内部增资的结合,指的是既增加新的股东,又增加股东的出资数额。

根据《公司法》第34条的规定,有限责任公司新增资本时,股东有权优先按照实缴的出资比例认缴出资;但是,全体股东约定不按照出资比例优先认缴出资的除外。因此,我国《公司法》基于有限责任公司的人合属性,放弃了股东对新增资本优先认购权的强制性,从而使公司章程或者股东会决议可以另行决定对新增资本优先认缴的方案甚至剥夺股东的优先认缴权。[35]

(三)股份有限公司的增资

股份有限公司具有公众性的特点,各国法律对其增资均予以特别限制。我国《公司法》第99条、第103条、第108条规定,股份有限公司的增资也应由董事会制订增加注册资本的方案,提交股东大会决议,并经出席会议的股东所持表决权的2/3以上通过。公开发行新股还必须经国务院证券监督管理机构核准,且必须符合公司法、证券法关于公开发行新股的条件和程序。

股份有限公司增加注册资本一般采取以下三种方式:(1)增加公司的股份数额,但不改变单位股份的金额。股份有限公司可以在原有股份总数的基础上发行新的股份,使股份总数扩大,而每股代表的资本额并不改变。发行新的股份,既可以让原股东优先认购,也可以向社会公开募集,还可以将公司发行的可转换债券转变为公司的股份,但需征得债券持有人的同意。如果是由原股东认购,既可以由股东另外缴纳认购股份金额,也可以将应付的股息和红利转换为股份。(2)增加单位股份的金额,而不改变公司的股份总数。股份有限公司可以采取多种方式使其股份增值,如将公司的法定公积金转增为公司资本,增加每股面值;将应分配的股息、红利的价值并入股份;将股东新缴的股款并入原股份中。(3)既增加公司的股份数额,又增加单位股份的金额。[36]

(四)增加资本的登记手续

无论是有限责任公司还是股份有限公司,注册资本增加以后,要相应修改公司章程记载的资本数额以及变化了的股东出资额等事项,并到公司登记机关办理变更登记。《公司注册资本登记管理规定》第10条规定:"公司增加注册资本的,有限责任公司股东认缴新增资本的出资和股份有限公司的股东认购新股,应当分别依照《公司法》设立有限责任公司和股份有限公司缴纳出资和缴纳股款的有关规定执行。股份有限公司以公开发行新股方式或者上市公司以非公开发行新股方式

---

〔35〕 范健、王建文:《公司法》,法律出版社2006年版,第278页。

〔36〕 范健、王建文:《公司法》,法律出版社2006年版,第279页。

增加注册资本的,还应当提交国务院证券监督管理机构的核准文件。”根据《公司登记管理条例》第68条的规定,公司登记事项发生变更时,未依照本条例规定办理有关变更登记的,由公司登记机关责令限期登记;逾期不登记的,处以1万元以上10万元以下的罚款。

二、公司资本的减少

(一)减少资本的含义

减少资本,简称减资,是指公司在存续过程中,由于资本过剩或严重亏损等原因,根据经营的实际需要,按照法定的条件和程序减少公司的资本总额。〔37〕减少资本分为实质性减资和形式性减资。实质性减资,是指由于资本的实际需求量小于公司的注册资本总额,为提高资金利用效率而减少公司资本。形式性减资,是指当公司严重亏损时,公司的注册资本数额与公司实有资产严重不符,或者公司派生分立情形下,原公司主体地位不变,但公司资产减少,将公司注册资本减少以与实际资产相符。

公司的资本很大程度上代表着公司的资信及偿债能力,因此基于资本确定、资本维持和资本不变原则,减资可能危及社会交易安全和股东、债权人的利益。但是,减资制度也有一定的合理性,一方面,公司运营过程中可能存在预定资本过多情形,从而造成资本过剩。闲置过多的资本于公司显然有悖效率的原则,因此如果允许减资,投资者就有机会将有限的资源转入产生更多利润的领域,从而能够避免资源的浪费。而且,资本的减少也有利于改善公司的财务状况。另一方面,公司的营业可能出现严重亏损,致使公司的资本额与实有资产差额悬殊。允许公司减资,使公司的资本额尽量与实有资产名实相符。这有利于昭示公司真实的信用状况,也有利于交易的安全。〔38〕

(二)减资的方式

1. 同比减资与不同比减资

同比减资,是各股东按原出资比例或者持股比例同步减少出资,减资后各股东的股权比例或者持股比例不变。不同比减资,是各股东改变原出资比例或者持股比例而减少出资,也可能有的股东不减少出资,减资后各股东的股权比例或者持股比例将发生变化。

2. 退还出资的减资、免除出资义务的减资和销除股权或股份的减资

退还出资的减资,是对已缴足出资额的股权或者股份,将部分出资款退还给股东,此种减资的结果既减少公司的资本,也减少公司的资产或运营资金。免除出资义务的减资,是对尚未缴足出资额的股权或者股份,免除股东全部或者部分缴纳出

---

〔37〕 赵旭东主编:《新公司法讲义》,人民法院出版社2005年版,第237页。

〔38〕 赵旭东主编:《新公司法讲义》,人民法院出版社2005年版,第250页。

资的义务。销除股权或者股份的减资,是在公司因亏损而减资时,直接取消部分股权或者股份,或者直接减少每股的金额,并抵销本应弥补的公司亏损。后两种减资的结果只是改变公司资产的性质和结构,而不改变总的价值余额,只减少公司的资本总额,而不减少公司的资产总量。

3. 减少股份数额和减少股份金额

这两种是股份有限公司减资的方式。减少股份数额,即每股金额并不减少,只是减少股份总数。其具体方法又分为销除股份和合并股份。销除股份,是指取消一部分或者特定的股份。依是否需要征得股东的同意,又分为强制销除和任意销除。合并股份,是指合并两股或者两股以上的股份为一股。减少股份金额,是指不改变股份总数,只减少每股的金额。公司可以同时采用两种方式减资,既减少股份的数额,又减少每股的金额。[39]

(三)公司减资的程序

公司注册资本的减少将直接影响公司债权人的利益,也直接涉及股东的利益,还对社会交易安全产生重大影响,所以各国公司法对公司减资规定了严格的程序。根据我国《公司法》和《公司登记管理条例》的相关规定,公司减资应当遵循以下程序:

(1)由董事会通过决议,制订公司减少资本的方案。

(2)编制资产负债表及财产清单。公司在减资前,首先应清理资产,明确公司的资产、负债和股东权益的现状,为制订减资方案提供依据。

(3)召开股东会,对减资方案进行审议并表决。有限责任公司减少资本的决议须经代表公司 2/3 以上表决权的股东通过;股份有限公司减少资本的决议必须经出席股东大会的股东所持表决权的 2/3 以上通过。

(4)通知及公告债权人。公司应当自作出减少注册资本决议之日起 10 日内通知债权人,并于 30 日内在报纸上公告。

(5)处理公司债务。债权人自接到通知书之日起 30 日内,未接到通知书的自第一次公告之日起 45 日内,有权要求公司清偿债务或者提供相应的担保。对于债权人在法定期限内提出的要求,公司不予满足的,不得进行减资。

(6)办理变更登记并公告。公司减少注册资本的,应当自减少注册资本决议或者决定作出之日起 45 日内申请变更登记,并应当提交公司在报纸上登载公司减少注册资本公告的有关证明和公司债务清偿或者债务担保情况说明。

【拓展阅读】

进一步思考和理解公司非典型出资形式的具体范围和人力资本出资的可行性

---

〔39〕 赵旭东主编:《新公司法讲义》,人民法院出版社 2005 年版,第 138 ~ 139 页。

与构成要件。

[1]袁田:《反思折中资本制——以公司资本制度的路径选择为视角》,载《北方法学》2012 年第 4 期。

[2]郭雳:《论我国公司资本制度的最新发展——〈公司法司法解释(三)〉之解读》,载《法商研究》2012 年第 4 期。

[3]卢宁:《公司资本缴纳制度评析——兼议认缴制下股东出资义务加速到期的困境与出路》,载《中国政法大学学报》2017 年第 6 期。

[4]彭真明:《论资本认缴制下的股东出资责任——兼评“上海香通公司诉昊跃公司等股权转让纠纷案”》,载《法商研究》2018 年第 6 期。

[5]丁勇:《认缴制后公司法资本规则的革新》,载《法学研究》2018 年第 2 期。

【问题讨论】

1. 债权作为股东向公司出资的形式应当具备哪些条件?

2. 对于《公司法》第 27 条的解释,法官应遵循什么原则?

3. 我国公司资本制度有哪些新发展?

4. 能否将人力资本作为股东出资形式? 其制度设计的难点在哪里?

【司法实践】

案例一:有限公司股东的出资义务不因股权转让而免除

【案件名称】谢晖与西安庆南贸易有限公司股东出资纠纷再审申请案

【案件字号】2017 陕民申 591 号

【案件来源】【法宝引证码】CLI. C. 10735128

【案情简介】

2009 年,谢某与邱某等共同出资设立贸易公司,约定谢某认缴出资 33 万元,占股 33%。2013 年,谢某与邱某签订股权转让协议,约定谢某所持股权中的 30% 作价 30 万元转让给邱某。2015 年,谢某起诉要求邱某支付股权转让款并获法院支持。2016 年,贸易公司以谢某在章程中认缴出资实际只出资 3. 5 万元为由,诉请谢某补缴 29. 5 万元。谢某称股权已转让,应由邱某补缴。

【裁判理由】

①《公司法》第 28 条规定:“股东应当按期足额缴纳公司章程中规定的各自所认缴的出资额。股东以货币出资的,应当将货币出资足额存入有限责任公司在银行开设的账户;以非货币财产出资的,应当依法办理其财产权的转移手续。股东不按照前款规定缴纳出资的,除应当向公司足额缴纳外,还应当向已按期足额缴纳出

资的股东承担违约责任。”依法全面向公司履行出资义务系公司股东对公司的法定义务,未全面履行出资义务即转让股权的股东,其出资义务不因股权转让而消灭。②本案中,贸易公司章程明确规定谢某认缴出资额为33万元,虽然公司设立验资报告中记载谢某已全部出资到位,但根据查明事实,谢某实际出资为3.5万元。贸易公司依公司章程约定,请求谢某履行剩余出资义务,符合法律规定,依法应予支持。③谢某与邱某股权转让纠纷,已由另案判令邱某向谢某支付股权转让对价30万元,该对价对应的应为谢某持有的满足工商登记记载情形的30%份额的无瑕疵股权。而因谢某未足额出资,使出让股权存在瑕疵,其在出让存有瑕疵的股权并获得对价后,即有按公司章程规定继续履行出资的义务,以消弭出让股权的瑕疵状态。判决谢某向贸易公司履行公司设立时的不足出资29.5万元。

【实务要点】

未全面履行出资义务即转让其股权的股东,应向公司承担补齐出资的民事责任,该责任不因其股权转让行为而免除。

案例二:人脉资源是否能作为出资形式?

【案件名称】倪先平、彭秋华等与井冈山市溢鑫温泉开发有限公司股东资格确认纠纷案

【案件字号】(2016)赣0881民初433号

【案件来源】【法宝引证码】CLI. C. 35814813

学习心得

第七章　公司资本制度(二)

【内容导读】

出资与股份的含义,均有广义和狭义之分。广义的出资,泛指各种公司的股东对公司资本的直接投资及因此而形成的相应资本份额;狭义的出资,则指有限责任公司股东或者出资人对公司资本所作的直接投资及因此而形成的相应资本份额。[1] 广义上的股份,是公司资本的构成单位,是资本的组成部分,各类公司的出资人对公司的出资都可以称为股份;狭义上的股份,是股份有限公司资本的构成单位,即以股票为表现形式、体现股东权利义务、等额划分的公司资本构成单位。[2] 从广义上来看,出资和股份这两个概念的内涵与外延基本相同;但从狭义上看,二者具有确定的含义,不能混淆。出资的形式、证明、转让条件和限制以及回购的情形,都与股份不完全相同。这些差异是由两类不同公司的性质所决定的。

【基础阅读】

了解有限责任公司的出资和股份有限公司的股份,熟悉公司资本转让的方式,掌握公司回购股权的特殊要求。

第一节　有限责任公司的出资

有限责任公司股东出资

(一)股东出资模式

根据各国公司立法和实践,有限责任公司的出资方式有以下三种:

1. 出资平等制

出资平等制,是指将公司资本分为均等的份额,每个股东可以认购一份,也可以认购数份,各股东拥有与其出资数额相对应的份额,出资平等制下股东的出资份

---

〔1〕 范健、王建文:《公司法》,法律出版社 2006 年版,第 296 页。

〔2〕 范健、王建文:《公司法》,法律出版社 2006 年版,第 304 页。

额,与股份有限公司的股份在形式上是相同的。它们最大的区别在于:有限责任公司股东的出资证明书(股单)不能作为流通的标的;股份有限公司股东的出资证明书(股票)则是一种可以流通的有价证券。日本《有限公司法》采用的是出资平等制,同时限定每股出资金额一律不得低于5万日元。出资平等制有利于股东之间的平衡与计算。

2. 出资不平等制

出资不平等制,是指每个股东只能认购一份出资,每一份出资的数额可以不同。出资不平等制的特点在于股东可以灵活掌握自己的出资数额,简便易行。但是这种出资方式不利于股东之间权利的平衡和计算。在我国的中外合资经营企业中,合营各方的出资即采用出资不平等制。我国现行《公司法》没有对有限责任公司股东出资方式作出限制性规定,但实践中有限责任公司股东的出资基本上都采用的是出资不平等制。

3. 基本出资制

基本出资制,是指每个股东只能认购一份出资,每一份出资的数额可以不同,但必须是某一固定数额的整倍数。如德国《有限责任公司法》第5条第2款、第3款规定,在公司设立时,任何股东都不得认缴多份基本出资;可以为每个股东规定不同的基本出资额,该数额必须是100的整倍数。基本出资制是出资平等制与出资不平等制的有机结合。基本出资制的科学性在于既有利于股东出资,又有利于股东权利的平衡与计算。

(二)出资证明书

出资证明书是股东投资人已经依法履行缴付出资义务,成为有限责任公司股东的法律文件,是股东对公司享有权利、承担责任的重要依据。有限责任公司不同于股份有限公司,其全部资本并不分为股份,但是,有限责任公司的股东也有自己的出资额,在有限责任公司中记载股东出资的法律文书就是出资证明书,也有学者称为"股单"。

出资证明书有以下特征:

1. 出资证明书为非股权证券。股东所享有的股东权并非由出资证明书所创设,股东所享有的股权来源于股东的出资,出资证明书只是记载和反映股东出资的客观状况,因此,它与设定权利的股权证券不同。

2. 出资证明书为要式证券。出资证明书的制作和记载事项必须按照法定的方式进行。按照我国《公司法》第31条的规定,出资证明书必须载明下列事项:(1)公司的名称;(2)公司成立日期;(3)公司出资资本;(4)股东的姓名或者名称、缴纳的出资数额和出资日期;(5)出资证明书的编号和核发日期。无论从事何种行业、规模如何的有限责任公司,都应当按照以上5项内容向股东签发出资证明书。出资证明书,必须由公司盖章,只有公司盖章后,出资证明书才产生法律效力。

3. 出资证明书为有价证券。出资证明书是股东享有股东权的重要凭证。但是,出资证明书与股票不同,股票是可流通的有价证券,而出资证明书则为不可流通的有价证券或者是流通受到严格限制的有价证券。

4. 出资证明书为有限责任公司成立后签发的证明股东权益的凭证。公司未成立之前不能向公司的股东签发。

(三)股东出资转让

1. 出资转让的一般规定

有限责任公司出资转让,也称为股权转让。有限责任公司是兼具人合与资合性质的一类公司。与无限公司相比,有限责任公司出资的转让,并不需要全体股东的同意,但是,由于股东间仍然具有较强的人身信赖,出资的转让仍受到一定限制。

根据现行《公司法》规定,出资转让可以分为两种方式:一是公司内部出资转让,即股东将股份转让给现有股东;二是公司外部的股份转让,股东将出资转让给现有股东以外的其他投资者。这两种出资转让的条件和具体程序有所不同。公司法还规定了股东优先购买权和股权转让登记制度。为了维护公司内部的稳定性,保持股东间的良好合作关系,股东在转让出资时,应首先考虑在公司现有股东间进行。

(1)公司资本的内部转让和外部转让

《公司法》第71条规定:"有限责任公司的股东之间可以相互转让其全部或者部分股权。"这表明我国公司法对股东内部出资转让问题上坚持自由转让原则。

同时,《公司法》第71条还对外部转让作出了规定:"股东向股东以外的人转让股权,应当经其他股东过半数同意。股东应就其股权转让事项书面通知其他股东征求同意,其他股东自接到书面通知之日起满三十日未答复的,视为同意转让。其他股东半数以上不同意转让的,不同意的股东应当购买该转让的股权;不购买的,视为同意转让。"这一规定对外部转让作出了限制,必须要得到其他股东半数以上同意,这一规定的目的在于体现有限责任公司的人合性的特点,保持公司股东之间的相对稳定性。同时,也保证了转让股东的利益,规定半数以上其他股东反对转让出资,反对转让的股东必须购买该转让的股权,否则视为其同意转让。

(2)股东优先购买权制度

《公司法》第71条第3款对股东优先购买权制度作出了规定:"经股东同意转让的股权,在同等条件下,其他股东有优先购买权。两个以上股东主张行使优先购买权的,协商确定各自的购买比例;协商不成的,按照转让时各自的出资比例行使优先购买权。"股东优先购买权制度,体现了有限责任公司的人合性特点,这一规定较之1993年《公司法》最大的不同在于确定了股东行使优先购买权的具体方式,使现实生活中的股权转让制度更具有操作性。首先,如果有两个以上股东都主张行使该优先权,应该由这些股东自行协商购买的比例;其次,如果当事人之间不能达成协议,则法律明确规定应由各股东按照其在该股权转让时所享有的出资比例行使该优先权利。这一规定既赋予了有限责任公司股东必要的自治权利,又用强制性的规定为可能出现的状况提供了解决途径。

(3)出资转让登记制度

根据《公司法》第73条的规定:"依照本法第七十一条、第七十二条转让股权后,公司应当注销原股东的出资证明书,向新股东签发出资证明书,并相应修改公司章程和股东名册中有关股东及其出资额的记载。对公司章程的该项修改不需再由股东会表决。"这一规定强调了对原股东的出资证明书予以注销,向新股东签发出资证明书并应更改公司章程等程序性要求,最后对公司章程的修改也不再需要由股东会表决的规定则是考虑到该变更只涉及形式问题,而没有必要依靠股东会表决来完成,从而增加公司运营效率。

此外,《公司法》第71条第4款还规定,公司章程对股权转让另有规定的,从其规定。这一规定明确了有限责任公司内部人合性的特点和公司章程所具有的内部"宪法"的特征,将出资转让问题交由股东个人自治,以适应不同类型公司的需要。[3]

2. 出资转让的特殊规定

(1)出资的强制执行制度

出资的强制执行,是指人民法院根据债权人的申请,依据有效的法律文书,对被执行人在公司中的出资所采取的一种强制性转让措施,用成为被执行人的股东在公司中的出资清偿其债务,从而保护债权人的利益。《公司法》第72条对出资的强制执行制度作出了规定:"人民法院依照法律规定的强制执行程序转让股东的股权时,应当通知公司及其全体股东,其他股东在同等条件下有优先购买权。其他股东自人民法院通知之日起满二十日不行使优先认购权的,视为放弃优先认购权。"

这一规定包含以下内容:

第一,应有执行的法律依据,已经生效且具有给付内容的法律文书。以我国民事诉讼法的规定,申请强制执行,必须提供相应的法律依据,执行依据包括判决书、裁定书、仲裁裁决书、债权文书、支付令等。

第二,执行应优先考虑其他股东的意愿。首先,应当及时通知公司及其全体股东;其次,其他股东的优先购买权应予保障,即在同等条件下,其他股东可以排斥第三人的购买可能。

第三,适当保护第三人利益。即其他股东的优先购买权是有时间限制的,即自

---

〔3〕 赵旭东主编:《新公司法讲义》,人民法院出版社2005年版,第328~331页。

人民法院通知之日起20日,如不行使优先购买权,则视为放弃优先购买权,第三人就可以购买股权了。

(2)异议股东股权回购请求权制度

异议股东股权回购请求权,是指在特定情况下,对股东会决议投反对票的股东,可以要求公司购买其股权的制度。这一制度实质是公司出资的减少,其制度的核心是异议股东的利益在不损害公司以外第三人的利益基础上得到特殊保障。我国《公司法》第74条规定,有下列情形之一,对股东会该项决议投反对票的股东可以请求公司按照合理的价格收购其股权:第一,公司连续5年不向股东分配利润,而公司该5年连续盈利,并且符合《公司法》规定的分配利润条件的;第二,公司合并、分立、转让主要财产的;第三,公司章程规定的营业期限届满或者章程规定的其他解散事由出现,股东会会议通过决议修改章程使公司存续的。

自股东会会议决议通过之日起60日内,股东与公司不能达成股权收购协议的,股东可以自股东会会议决议通过之日起90日内向人民法院提起诉讼。

尽管我国公司法确定了异议股东股权回购请求权制度,但是这一制度绝非一个法条所能构建,它需要相应的配套措施、立法者观念的转化,以及相应的司法判例中不断衍生新的规则,从而不断适应经济生活日新月异的变化,维护当事人的合法权益。

(3)股权继承

股权继承实质的法律效果是死亡股东出资的转让。这种出资转让与一般的出资转让不同,是因继承这种特定的法律事实的发生而导致的股权变动。随着我国民营企业的不断发展,以自然人为投资主体的有限责任公司数量不断增长,因继承而发生的股权变动问题不断增多,诉讼纠纷也不断发生。我国《公司法》在2005年进行修订时,为回应这一问题,在第76条(现行《公司法》第75条)作出了明确规定:“自然人股东死亡后,其合法继承人可以继承股东资格。但是,公司章程另有规定的除外。”

股权作为一种财产性权利,就其本质而言是可以继承的。所以我国公司法对于股权继承原则上予以认可。但是,有限责任公司作为一种人合性公司,其股权的继承可能会影响公司经营的连续性和稳定性。继承人是否能满足其他股东的要求,能否与其他股东和平相处是一个潜在的问题,如果法律强制性规定继承人得以继承股权的话,就可能会使公司的人合性特征丧失,从而不利于公司的发展;或者股东的继承人人数众多,如果允许其继承人继承股权将会导致有限责任公司的股东人数超过法定最高限额;或者虽然不超过法定限额,但股东人数过多可能会造成公司效率降低,同样也不利于公司的发展。所以,我国公司法还规定公司章程可以排除股权继承可能。

第二节　股份有限公司的股份

股份

(一)股份的概念和特征

股份,是指股份有限公司资本的构成单位,即以股票为表现形式、体现股东权利义务、等额划分的公司资本构成单位。股份区别于其他出资具有以下特征:

1. 股份具有平等性

股份的基本含义就是公司资本的基本计算单位。所谓股份的平等性,一是体现在股份所代表的资本额相等,同次发行的同种类股份,其发行条件及价格相同,即每股票面金额一律相等,即使无面值的股份也体现了在资本金中所占的比例相等;二是体现在同一种类的股份每股所包含的股东权利义务一律平等,即同股同权。[4]

2. 股份具有不可分性

任何股份有限公司的资本均被划分为股份。资本分为股份,但股份则不可再分。股份的不可分性并不排除某股份为数人所共有。当股份为数人所共有时,股权一般应由共有人推荐一人行使。共有人对股份利润的分享不是对股份本身的分割。此时的共有人不能主张分割股份,只能推荐一人行使股权,以保持这一股份与其他股份在金额上的相等性。

3. 股份具有可转让性

股份有限公司是典型的资合公司,以公司资产作为其信用基础,股东个人的信用好坏对公司而言无关宏旨,股东间的人身关系也较为松散,因此股份可以自由转让和流通。除法律有特别规定外,公司不得以章程或者其他方式对股份转让进行限制。股份的转让和流通通常通过股票交易形式进行,合法取得股票者即合法取得股份,从而也取得股权。[5]

(二)股票的概念和特点

《公司法》第125条规定,公司的股份采取股票的形式。股票是股份有限公司签发的证明股东所持股份的凭证,是股份的表现形式。股东通过购买股份有限公司发行的股份向公司投资,表现为持有一定数额的股票。股东依持有的股票行使股东权,因此,股票也是股东在公司中法律地位的证明。股票与股份是形式与内容的关系,股票不能脱离股份而独立存在。股票具有以下特点:

---

〔4〕 范健、王建文:《公司法》,法律出版社2006年版,第304页。

〔5〕 赵旭东主编:《新公司法讲义》,人民法院出版社2005年版,第403页。

1. 股票是证明股东权的证权证券

所谓证权证券,是指证券所代表的权利原已存在,证券只是起一种权利证书的作用。股票是股份的表现形式,因而也是股东权的表现形式;但股东权的产生并不是因为股票的制作,而是由于股东向公司出资而持有公司的股份,因此股票仅仅是股东权存在的证明及股东行使权利的凭证。

2. 股票是有价证券

所谓有价证券,是指证券所代表的权利是一种具有财产价值的权利,而且证券与权利不可分离。股票所代表的股东权是可以用财产价值来衡量的权利,这是股票得以流通的原因。同时,无记名股票所代表的权利与股票本身不可分离,股票的持有者即为股东权的享有者,股票的转让即为股东权的转让,股票可以自由流通。当然,对记名股票而言,其权利的享有与股票的持有并不完全一致。

3. 股票是流通证券

由于股票代表着一定的财产价值,因而可以作为买卖的标的,在证券市场上流通。而且,股东对公司的投资具有永久性,只要公司存在,它所发行的股票就会存在,股票的流通性使投资者可以随时调整投资方向,也能使社会资源得到优化配置。

4. 股票是要式证券

所谓要式证券,是指证券的制作及记载事项必须严格按法律规定进行,否则,将导致证券的无效。现行《公司法》对股票的形式、内容均有严格规定,同时股票制作还必须经国家证券监督管理机构批准,任何个人或者团体不得擅自印发股票。违反法律规定,或者股票记载的内容欠缺或不真实,股票即为无效,公司或者责任人将承担相应的法律责任。根据我国《公司法》第 128 条之规定,股票应采纸面形式或者国务院证券监督管理机构规定的其他形式。股票应当记载下列主要事项:(1)公司名称;(2)公司成立日期;(3)股票种类、票面金额及代表的股份数;(4)股票的编号。股票有法定代表人签字,公司盖章。发起人的股票,应当标明发起人股票字样。从实践中看,我国上市公司流通的股票均采用无纸化股票形式,由发行公司代理全体股东与证券登记公司签订托管协议,或者由每一股东分别与证券登记公司签订托管协议,由证券登记公司直接对股东出具持股证明,通过证券交易所的联网电脑进行交易。

5. 股票是风险证券

任何一种投资都具有风险性,而股票投资的风险性是各种投资方式中最大的,其主要原因在于不仅公司有经营风险,而且股票还有市场风险。股东购买了公司的股票后,不得要求公司返还本金,而只能通过股票转让收回投资。股东的投资收益与公司的经营状况密切相关。此外,股票价格还受经济、政治、社会等多种因素的影响,经常处于变动状态,投资者一旦选择错误,则可能损失惨重。

由于股票是股份有限公司签发的证明股东所持股份的凭证,公司只有登记注册后才能具有签发股票的主体资格。因此,我国《公司法》第132条规定,股份有限公司成立后,即向股东正式交付股票;公司登记成立前不得向股东交付股票。

(三)股份的分类

各国公司法对股份分类的规定大多比较灵活,根据实际的需要而不断设计和更新。我国现行《公司法》关于股份类别的规定较少,只有记名股和无记名股的规定。但是《公司法》第131条规定:"国务院可以对公司发行本法规定以外的其他种类的股份,另行作出规定。"从而为在实践中不断创新股份种类提供了制度空间。

股份可以根据不同的标准进行不同的分类,主要有以下几种:

1. 普通股和特别股

这是依股东承担的风险和享有的权益的大小为标准进行的分类。

普通股是股份有限公司最基本、最重要的股票种类,也是发行量最大的股票种类。普通股的股东一般都享有表决权,即参加公司重大问题决策的权利。普通股的股东在分配股利时,不享有特别利益,均按营业年度终了时的分配比例参加分配,其分配比例也是不确定的,完全按照当年公司盈利状况确定,而且只能在支付了公司的债息和优先股股东权益得到满足以后才可参加分配。在公司因破产等原因进行清算时,持有普通股的股东有权分得公司剩余财产,普通股股东必须排在公司的债权人、优先股股东之后分得财产。

特别股是具有某种特别权利或者某种特别义务的股份。包括优先股与后配股两类。优先股在享有权利方面较普通股优先,而后配股则逊于普通股。特别股主要有下列类型:

(1)分配公司盈余的特别股。公司有可分配的盈余时,应分配给优先股;如有剩余,再分配给普通股;再有剩余,才分配给后配股。分配公司盈余的优先股依其优先的内容可分为两种情况:①累积性优先股与非累积性优先股。前者是指公司本年度可分配的盈余如不够优先股分配时,则由下年度盈余补足,公司只有在历年积欠的优先股的股利分配后,才能分配给普通股;后者是指公司本年度盈余不足支付优先股股利时,其余额不得累积到下一年年底,而仅以本年底盈余为限。②参与优先股与非参与优先股。因为优先股的股利有固定比率,如果该优先股还能再同普通股一道分配其余的利润,此即参与优先股;否则即为非参与优先股。

(2)分配公司剩余财产的特别股。公司解散清算时,这些特别股可以优先于普通股分配公司剩余财产。但也有些国家对于这些剩余财产的分配,规定各种股东应享有的权利。至于公司歇业时,或在清偿一切债务和费用之后,对于公司股本的分配,优先股是否有权优先于普通股受偿,有些国家规定允许这样做,有些国家不允许这样做。

(3)行使表决权的优先股。这是赋予某些股份更多或更少表决权。德国较早实行表决权股,将此种股份售给公司董事、监事,使其每一股享有多数表决权。英国也规定了所谓的管理股。鉴于此种特别股份有增加董事特权的弊端,所以各国或地区的立法很少采用。美国于20世纪初发行限制或取消表决权股份的做法迎合了众多股东只追求优厚股利而无意参与公司管理的心理,造成把大量股东排斥在公司管理之外,少数大股东操纵公司事务的局面。此外,还有许多国家规定,对于那些与某部分股东有特别利害关系的事项,必须经过该部分股东决议的,可发行包含这种规定的特别股,使之能够对那些特定事项行使表决权。

2. 记名股与不记名股

这是依是否在股票票面和股东名册上记载股东姓名或名称为标准进行的分类。

记名股是在股票票面和股东名册上记载股东姓名或名称的一种股票。否则,即为无记名股。记名股的优点在于有利于公司对股东状况的了解,便于公司对股份流通情况的了解,可以有效地防止股票投机行为;而无记名股最显著的优点是便于股份的流通。各国公司立法一般均对记名股和无记名股的转让方式作出了规定。

我国现行《公司法》也确定了记名股和不记名股。根据《公司法》第129条的规定,公司向发起人、法人发行的股票,应当为记名股票,并应当记载该发起人、法人的名称或姓名,不得另立户名或者以代表人姓名记名。对社会公众发行的股票,可以为记名股票,也可以为无记名股票。根据《公司法》第130条的规定,公司发行记名股票,应当置备股东名册,记载下列事项:股东的姓名或者名称及住所;各股东所持股份数;各股东所持有股票的编号;各股东取得股份的日期。而发行无记名股票的,公司应当记载其股票数量、编号及发行日期。[6]

3. 额面股与无额面股

这是根据股份是否以金额表示为标准所作的划分。

额面股,是指在股票上记载一定金额的股份。额面股的每股金额必须相同,每股金额与股份总数的乘积即为公司的资本总额。各国公司法均对每股金额的最低限额作了限制。如德国规定股票的最低票面价值为5马克(自1999年1月1日起改为1欧元)。我国《公司法》没有对额面股每股金额的最低限额作出规定,实践中一般以人民币1元为限。额面股的发行价格可以按票面金额,也可以超出票面金额,但不得低于票面金额。

无额面股,是指并不在股票上记载一定金额,只是注明其占公司资本总额一定比例的股份。无额面股能清楚表明股东出资在公司资本总额中所占比例,进而表

---

〔6〕 赵旭东主编:《新公司法讲义》,人民法院出版社2005年版,第405~408页。

明股东在公司中的法律地位。但无额面股增加了股份转让和交易的难度。目前仅美国、加拿大等少数国家允许发行无额面股。我国不允许发行无额面股。[7]

4. 我国现有的股份类型

其一,以投资主体为标准对股份进行划分,可分为国家股、法人股、社会公众股和外资股

(1)国家股,是指有权代表国家投资的机构或者部门向股份有限公司出资或者依据法定程序取得的股份。国家股主要有两种模式:一是由国有资产监督管理部门来代表国家;二是由国家授权的其他政府部门来代表国家,主要是财政部门。

(2)法人股,是指具备法人资格的社会组织向股份有限公司投资而形成的股份。法人股又分为国有法人股和社会法人股。国有法人股是指国有法人单位,包括国有资产超过50%的国有控股企业,以其依法占有的法人资产向股份有限公司出资形成的或者依据法定程序取得的股份。社会法人,是指非国有法人资产投资于上市公司形成的股份,具体包括民营企业法人股、外商法人股。

(3)社会公众股,是指社会自然人投资者向股份有限公司投资而形成的股份。社会公众股包括一般社会公众股和内部职工股。一般社会公众股,是指股份有限公司采取募集设立方式设立时向社会公众募集的股份。内部职工股是本公司内部职工以个人合法财产投入公司而取得的股份。这是1992年我国企业股份制改造的方式之一,后来在1993年《公司法》中没有规定内部职工股。1994年6月原国家经济体制改革委员会发布了《关于立即停止审批募集股份有限公司并停止审批发行内部职工股的通知》。此后,这些改制的企业经过批准转变为社会公开募集公司,内部职工股在新股发行满3年后得以上市流通。

(4)外资股。外资股有广义和狭义之分。狭义的外资股是指外国投资人所持有的我国股份有限公司的股份;广义的外资股还包括我国香港、澳门、台湾地区的投资人所持有的我国股份有限公司的股份。

其二,A股和B股

(1)A股。又称人民币股票,是指以人民币表明股票面值,由中国境内(不含港澳台地区,下同)投资者以人民币认购和交易的股票,境外投资者不得买卖。

(2)B股。又称人民币特种股票。国务院最初规定B股是指人民币标值,由外国和我国港澳台地区投资者认购和买卖的股票(以外汇买卖),境内中国投资者不得购买。但后来经国务院批准,中国证监会决定允许境内居民以合法持有的外汇开立B股账户,交易B股股票,持有B股股份。

(四)股份发行

股份的发行,是指股份有限公司为筹集资本而分配或者出售股份的行为。由

---

[7] 范健、王建文:《公司法》,法律出版社2006年版,第304~306页。

于股份以股票为外在表现形式,所以股份的发行也就是股票的发行。从法律规范的角度来看,各国一般都同时用公司法和证券法对股份的发行进行规范。我国1993年《公司法》对不同阶段的股票发行作出了明确的规定,但是许多具体的发行方面的规范仍然由1998年《证券法》调整。2005年对《公司法》和《证券法》同时修订,股份发行的具体规范已移入《证券法》中,《公司法》仅就股份发行作出原则性规定。股份有限公司在设立时可以发行股份,在公司成立后也可以发行股份,所以股份发行一般以发行的时间为标准,分为两大类:设立发行和新股发行。

1. 设立发行

设立发行,又称初次发行或首次发行,是指公司在设立过程中发行股份,在我国也指国有企业改制为股份有限公司时向社会公开募集股份的行为。股份有限公司的设立可以采用发起设立和募集设立两种方式,股份的设立发行也据此分为发起设立发行和募集设立发行。在发起设立情况下,公司章程规定发行的股份必须由发起人全部认足,不再向社会募集;在募集设立时,发起人只依法认缴公司发行的部分股份,其余股份必须向社会公开发行募足。

2. 新股发行

新股发行,是指公司在成立后增资发行股份。公司发行新股,股东大会应当对下列事项作出决议:第一,新股种类及数额;第二,新股发行价格;第三,新股发行的起止日期;第四,向原有股东发行新股的种类及数额。

新股发行一般有以下种类:

(1)公开发行与不公开发行。公开发行,是指向社会公众发行股份,包括向本公司的股东和雇员发行。不公开发行,是指仅向公司的股东或者雇员或者其他特定的人发行股份,而不向社会公众发行。一般所谓新股发行,是指公开发行。上市公司向社会公开发行新股,是指向原股东配售股票(以下简称配股)和向全体社会公众发售股票(以下简称增发)。

(2)增资的发行与非增资的发行。增资的发行,是指公司章程确定的资本总额全部发行完毕后,为增加资本而再次发行股份。增资的发行必须按照增加资本的法定程序进行。现行《公司法》规定股份有限公司实行比较宽松的法定资本制,章程所确定的资本总额在设立过程中已经全部发行完毕,公司成立后再发行新股,只能是增资的发行。非增资的发行,是指实行授权资本制的公司,在设立发行之后在章程确定的资本总额内发行股份。实行授权资本制的公司,设立发行时并不将章程确定的资本总额全部发行出去,而只是发行其中一部分,剩余部分授权公司董事会在公司成立后随时发行。[8]

(3)通常发行与特别发行。通常发行指的是以募集资金为目的而发行新股。

---

〔8〕 范健、王建文:《公司法》,法律出版社2006年版,第310~312页。

特别发行是指发行新股不是为了募集资本,而是为了某些特殊目的,如为了分配盈余、将公积金转为资本以及将公司债券转为股份而发行新股。除了与其他公司合并而置换股份的情况外,特别发行的结果通常只会增加公司的资本总额,而不增加公司的资产总量。因为用于认购新股的价款是公司已实际占有支配的财产,这种发行只是改变公司资产的性质和结构,而不改变其价值金额。〔9〕

(五)股份转让

1. 股份转让的概念

股份转让,是指股份有限公司的股东,依法自愿地将自己的股份让渡给其他人,而受让人依法取得该股份的法律行为。由于股份的外在表现形式是股票,因此,股份的转让通常是以股票转让的方式表现出来的。股份转让是由股份有限公司资合性质所决定的,股份的自由转让具有多方面的意义:

(1)股东可以通过转让股份的形式退出公司。投资者在向股份有限公司投资后,既不能以退股的方式要求公司返还财产,也不能直接支配由自己的投资所构成的公司财产。股东可以根据自己的需要和市场情况,转让其所持有的股份,实现退出公司的目的。但是,该股东的退出一般并不影响公司的存续和经营,这正是股份有限公司的重要特点和优势之一。

(2)发挥资本市场外部治理的作用。当公司经营绩效不能令股东满意时,除了通过公司组织机构"以手投票"的方式对公司管理层施加压力外,股东还可以在资本市场上以"以脚投票"的方式表达自己的不满。当公司股东大量抛售其股份时,必然会导致公司股价的下跌,而这也会导致该公司成为被收购的目标。此种情况将促使公司经营管理水平的不断提高。

(3)实现公司资源的重新配置。股份依公司的发展状况在不同的生产部门、行业之间的转移,将促进社会资金在各公司和各行业部门、各地区之间流动,为市场机制"无形之手"调节投资结构和经济结构创造了条件,以实现社会资源的优化配置。〔10〕

2. 股份转让的方式

根据我国《公司法》第138条的规定,股东转让其股份,应当在依法设立的证券交易所进行或者按照国务院规定的其他方式进行。由于记名股票将股东的姓名或者名称记入股票和股东名册,所以不能随意转让,必须由原股票持有人盖章以背书的形式出让。我国《公司法》第139条规定,记名股票,由股东以背书方式或法律、行政法规规定的其他方式转让;转让后由公司将受让人的姓名或者名称及住所记载于股东名册。同时,《公司法》规定,股东大会召开前20日内或者公司决定分

---

〔9〕 赵旭东主编:《新公司法讲义》,人民法院出版社2005年版,第413页。

〔10〕 赵旭东主编:《新公司法讲义》,人民法院出版社2005年版,第421~422页。

配股利的基准日前 5 日,不得进行该股东名册的变更登记;但是,法律对上市公司股东名册变更登记另有规定的,从其规定。

无记名股票由于股票票面不记载股东姓名或者名称,只要将股票交付给受让人,对方就成为持股人,转让行为即告成立。无记名股票的转让,可按票面进行,也可按发行或者市价进行,主要由转让方与受让方商定。我国《公司法》第 140 条规定:“无记名股票的转让,由股东将该股票交付给受让人后即发生转让的效力。”在现代证券市场上,这种转让一般通过证券商(经纪人)在证券交易所发出指令,由电脑系统撮合成交,无须持股人与受让人见面,转让效率比记名股票显然要高。上市公司的股票,依照法律、行政法规及证券交易所交易规则上市交易。[11]

3. 股份转让的法律限制

股份转让以自由为原则是各国或者地区公司立法的通例。但从减少股票投机、稳定公司经营、保护股东和公司债权人的利益以及维护国有股份对一些关系国计民生的重要公司的控制、保证国家对社会资金流向的宏观调控出发,我国现行公司法在确定股份可以依法自由转让的同时,对股份转让作出了如下限制:

(1)发起人所持股份的转让限制

股份有限公司的发起人对公司的成立及公司成立初期的财产稳定和组织管理具有重要的影响。因此,为了保护其他股东和公众的利益,防止发起人利用设立公司进行投机活动,保证公司成立后的一段时间能够顺利经营,一般要对发起人所持股份的转让予以一定限制。我国《公司法》第 141 条规定,发起人持有的本公司股份,自公司成立之日起 1 年内不得转让。相比 1993 年《公司法》,2005 年《公司法》对发起人持股转让的限制有所放宽(限制时间从 3 年变为 1 年),适应了经济的发展和公司法实际运作的需要。现行《公司法》沿用了这一规定。

(2)上市公司股东转让股份的限制

为了防止内幕交易、市场操纵等不公正交易行为的发生,达到稳定证券市场、规范上市公司行为的目的,我国公司法对上市公司公开发行股份前的股东转让股份的行为做出了限制。《公司法》第 141 条规定,公开发行股份在证券交易所上市交易的,公开发行股份前的股东持有的股份自上市交易之日起 1 年内不得转让。

(3)对公司董事、监事、高级管理人员持有本公司股份的转让限制

公司的董事、监事、高级管理人员个人的行为对公司经营管理影响极大,对公司董事、监事、高级管理人员持有本公司股份的转让限制实际上是对董事、监事及高级管理人员进行利益制约的一种方式。这一限制,一方面是为了防止担任这些职务的高级管理人员利用内幕信息从事股票交易,非法牟利;另一方面是为了将公司经营状况同这些人员的利益联系起来,以促使其兢兢业业地工作。

---

〔11〕 范健、王建文:《公司法》,法律出版社 2006 年版,第 314 页。

1993年《公司法》第147条对董事、监事、经理所持有股份的转让进行了严格限制,要求董事、监事、经理向公司申报所持有的本公司股份,并禁止公司董事、监事、经理在任职期间内转让所持有的本公司股份。但是,完全禁止高级管理人员在任职期间转让所持的股份,从公司法运行的实践来看并不理想。为了激励董事、监事、高级管理人员在任职期间更加努力地经营公司,2005年对《公司法》进行修订时,放松了对董事、监事、高级管理人员转让股份的限制。现行《公司法》第141条规定,董事、监事、高级管理人员应当向公司申报所持有的本公司的股份及其变动情况。上述人员在任职期间每年转让的股份不得超过其所持有本公司股份总数的25%,但公司股票在证券交易所上市交易的,自上市交易之日起1年内不得转让。上述人员离职半年内,不得转让其所持有的本公司股份。公司章程还可以对公司董事、监事、高级管理人员转让其所持有的本公司股份作出其他限制性规定。[12]

(4)公司股份回购的限制

公司股份回购,是指公司从证券市场上收购自己公司的股份。对于公司持有自己公司的股份,各国公司立法一般采取限制的态度。主要原因有:①股份是公司资本的构成单位,如果允许公司收购自己的股份,将减少公司资本,有损公司债权人的利益;②由于公司能够及时掌握自己的财务信息,公司管理层则可以交替或者同时使用收购、发行新股两种手段来控制股票价格,影响证券交易的安全;③公司动用自身资金收购自身股票,其后果在形式上是公司成为其本身的成员,公司与股东混为一体而导致权利、义务关系不清,这极易导致公司管理层通过控制公司而侵占公司利益。

但是公司股份回购也有着其特殊的作用:①是一种通过合理避税回报股东的途径;②防范恶意收购的方法;③异议股东股份购买请求权的配套制度;④执行公司员工持股计划或者认购计划的配套措施;⑤调整公司资本结构,维持公司股票市场价值的财务方式。

因此,我国现行公司法采取了原则禁止,例外允许的立法模式。根据《公司法》第142条规定,允许公司收购本公司股份情形是:①减少公司注册资本;②与持有本公司股份的其他公司合并;③用于员工持股计划或者股权激励;④股东因对股东大会作出的公司合并、分立决议持异议,要求公司收购其股份;⑤将股份用于转换上市公司发行的可转换为股票的公司债券;⑥上市公司为维护公司价值及股东权益所必需。

此外,公司收购本公司股份还应该遵守以下限制:公司因减少公司注册资本、与持有本公司股份的其他公司合并的,应当经股东大会决议。因用于员工持股计划或者股权激励、将股份用于转换上市公司发行的可转换为股票的公司债券或上

---

〔12〕 赵旭东主编:《新公司法讲义》,人民法院出版社2005年版,第423~424页。

市公司为维护公司价值及股东权益所必需时,可以依照公司章程的规定或者股东大会的授权,经2/3以上董事出席的董事会会议决议。

公司依法收购本公司股份后,因公司减少公司资本而收购的股份,应当自收购之日起10日内注销。属于与持有本公司股份的其他公司合并或股东因对股东大会作出的公司合并、分立决议持异议而要求公司收购其股份的情形,应当在6个月内转让或者注销。公司因将股份奖励给本公司员工而收购本公司股份不得超过本公司已发行股份总额的10%,并应当在3年内转让或者注销。

(六)2018年《公司法》修改条款新旧对照表

原　　文	修　正　后
第一百四十二条　公司不得收购本公司股份。但是,有下列情形之一的除外:	第一百四十二条　公司不得收购本公司股份。但是,有下列情形之一的除外:
(一)减少公司注册资本;	(一)减少公司注册资本;
(二)与持有本公司股份的其他公司合并;	(二)与持有本公司股份的其他公司合并;
(三)将股份奖励给本公司职工;	(三)将股份用于员工持股计划或者股权激励;
(四)股东因对股东大会作出的公司合并、分立决议持异议,要求公司收购其股份的。	(四)股东因对股东大会作出的公司合并、分立决议持异议,要求公司收购其股份;
	(五)将股份用于转换上市公司发行的可转换为股票的公司债券;
	(六)上市公司为维护公司价值及股东权益所必需。
公司因前款第(一)项至第(三)项的原因收购本公司股份的,应当经股东大会决议。	公司因前款第(一)项、第(二)项规定的情形收购本公司股份的,应当经股东大会决议。公司因前款第(三)项、第(五)项、第(六)项规定的情形收购本公司股份的,可以依照公司章程的规定或者股东大会的授权,经三分之二以上董事出席的董事会会议决议。
公司依照前款规定收购本公司股份后,属于第(一)项情形的,应当自收购之日起十日内注销;属于第(二)项、第(四)项情形的,应当在六个月内转让或者注销。	公司依照本条第一款规定收购本公司股份后,属于第(一)项情形的,应当自收购之日起十日内注销;属于第(二)项、第(四)项情形的,应当在六个月内转让或者注销。

续表

原　　文	修 正 后
公司依照第一款第(三)项规定收购的本公司股份,不得超过本公司已发行股份总额的百分之五;用于收购的资金应当从公司的税后利润中支出;所收购的股份应当在一年内转让给职工。	属于第(三)项、第(五)项、第(六)项情形的,公司合计持有的本公司股份数不得超过本公司已发行股份总额的百分之十,并应当在三年内转让或者注销。
	上市公司收购本公司股份的,应当依照《中华人民共和国证券法》的规定履行信息披露义务。上市公司因本条第一款第(三)项、第(五)项、第(六)项规定的情形收购本公司股份的,应当通过公开的集中交易方式进行。
公司不得接受本公司的股票作为质押权的标的。	公司不得接受本公司的股票作为质押权的标的。

【拓展阅读】

进一步思考和理解有限责任公司的股权和股份有限公司的股份之间的法律关系。

[1]楼晓:《论"出资""股份""股权"及"股东资格"间的法律关系——以有限责任公司为论述基点》,载《法学杂志》2009 年第 2 期。

[2]曹博:《如何行使优先购买权——以最高院司法解释的演进为线索》,载《河北法学》2016 年第 12 期。

[3]王军:《实践重塑规则:有限公司股权转让限制规范检讨》,载《中国政法大学学报》2017 年第 6 期。

[4]马鸿雁:《公司认缴资本制下有限责任公司股权处置困境之探究与应对》,载《法律适用》2017 年第 17 期。

[5]张其鉴:《我国股权转让限制模式的立法溯源与偏差校正——兼评〈公司法司法解释(四)〉第 16 - 22 条》,载《现代法学》2018 年第 4 期。

【问题讨论】

1.《公司法》第 142 条修正股份回购事项的理由与意义是什么?

2.《公司法》为什么对有限责任公司与股份有限公司的股权转让规定了不同的规则?

【司法实践】

案例一

【案件名称】宋文军诉西安市大华餐饮有限公司股东资格确认纠纷案

【案件字号】(2014)陕民二申字第00215号

【案件来源】最高人民法院指导性案例96号

http://www.court.gov.cn/fabu-xiangqing-104292.html

【裁判要点】

国有企业改制为有限责任公司,其初始章程对股权转让进行限制,明确约定公司回购条款,只要不违反公司法等法律强制性规定,可认定为有效。有限责任公司按照初始章程约定,支付合理对价回购股东股权,且通过转让给其他股东等方式进行合理处置的,人民法院应予支持。

【基本案情】

西安市大华餐饮有限责任公司(以下简称"大华公司")成立于1990年4月5日。2004年5月,大华公司由国有企业改制为有限责任公司,宋文军系大华公司员工,出资2万元成为大华公司的自然人股东。大华公司章程第三章"注册资本和股份"第14条规定"公司股权不向公司以外的任何团体和个人出售、转让。公司改制1年后,经董事会批准后可在公司内部赠与、转让和继承。持股人死亡或退休经董事会批准后方可继承、转让或由企业收购,持股人若辞职、调离或被辞退、解除劳动合同的,人走股留,所持股份由企业收购……"第十三章"股东认为需要规定的其他事项"下第66条规定"本章程由全体股东共同认可,自公司设立之日起生效"。该公司章程经大华公司全体股东签名通过。后宋文军以大华公司的回购行为违反法律规定,未履行法定程序且公司法规定股东不得抽逃出资等,请求依法确认其具有大华公司的股东资格。

【裁判结果】

西安市碑林区人民法院于2014年6月10日作出(2014)碑民初字第01339号民事判决,判令:驳回原告宋文军要求确认其具有被告西安市大华餐饮有限责任公司股东资格之诉讼请求。一审宣判后,宋文军提出上诉。西安市中级人民法院驳回上诉,维持原判。陕西省高级人民法院驳回宋文军的再审申请。

【裁判理由】

……

针对第二个焦点问题,《公司法》第74条所规定的异议股东回购请求权具有法定的行使条件,即只有在"公司连续五年不向股东分配利润,而公司该五年连续盈利,并且符合本法规定的分配利润条件的;公司合并、分立、转让主要财产的;公司章程规定的营业期限届满或者章程规定的其他解散事由出现,股东会会议通过决议修改章程使公司存续的"3 种情形下,异议股东有权要求公司回购其股权,对应的是公司是否应当履行回购异议股东股权的法定义务。而本案属于大华公司是否有权基于公司章程的约定及与宋文军的合意而回购宋文军股权,对应的是大华公司是否具有回购宋文军股权的权利,二者性质不同,《公司法》第 74 条不能适用于本案。在本案中,宋文军于 2006 年 6 月 3 日向大华公司提出解除劳动合同申请并于同日手书《退股申请》,提出"本人要求全额退股,年终盈利与亏损与我无关",《退股申请》应视为其真实意思表示。大华公司于 2006 年 8 月 28 日退还其全额股金款 2 万元,并于 2007 年 1 月 8 日召开股东大会审议通过了宋文军等 3 位股东的退股申请,大华公司基于宋文军的退股申请,依照公司章程的规定回购宋文军的股权,程序并无不当。

案例二:股权转让纠纷之股东优先购买权

【案件名称】程毅等诉余钦股权转让纠纷案

【案件字号】(2018)京 01 民终 792 号

【案件来源】【法宝引证码】CLI. C. 10994009

学习心得

第八章 股权与法人财产权

【内容导读】

股东,是指取得公司股份或认缴公司出资,对公司享有股权的公司组成人员。根据《公司法》第32条和第130条之规定,公司应当备置股东名册,并办理股东登记。股东名册是公司必备的法律文件之一,具有股东资格的推定效力和对抗第三人的效力。股东因取得股份或认缴出资获得股东资格,享有公司股权。股权是一种具有财产权和成员权性质的新型民事权利。按照不同的标准和研究需要可以分为自益权和共益权、单独股东权和少数股东权、比例股权和非比例股权以及普通股权和特别股权。股权主要包括股利分配请求权、公司剩余财产分配请求权、发行新股的优先购买权、表决权、知情权等。股权不同于公司法人财产权,股东不得依据股权对公司财产或其出资享有所有权。股东出资从公司成立之日起,就已经脱离股东演变为公司法人财产,在一定意义上股权就是公司对股东出资支付的对价。公司法人财产权与股权相伴而生、相互独立、相互制衡成为现代公司组织治理的基础和内容。对于公司法人财产权的性质问题,学界有各种不同的观点和学说,我们认为其主要是一种以公司所有权为核心的包括债权、知识产权和其他权利在内的权利束。公司法人财产权的发展演变经历了一个漫长的过程,大陆法系国家法人所有权的形成与日耳曼法中的"总有"制度密不可分;英美法系国家的法人财产权制度受到英国信托制度的深刻影响。我国公司法人财产权制度是进行市场经济取向改革和对外开放,转换国有企业经营机制的必然产物。

【问题思考】

国内首例集体股股权确权案

重庆市涪陵商贸责任有限公司是一家集体企业,由93人出资4000余元在1956年成立。20世纪80年代中期,该公司逐渐成为拥有注册资金1000多万元的商业企业。1993年,"涪陵商贸"开始进行股份合作制试点。1998年1月,该企业改制为有限责任公司,注册资本由46名职工作为自然人股东出资64万元,职工持股会出资1191万余元组成。根据公司章程:职工持股会持有的集体股股权为公司集体所有。2001年4月,公司再次规范和完善体制,部分职工以领取个人股股金等方式,领取数万元后离开企业。当年9月,9名买断工龄的职工认为利益受到侵害,要求召开临时股东大会,却被公司拒绝。

2001年10月,9名买断工龄的职工将“涪陵商贸”起诉到重庆市第三中级人民,要求按《公司法》规定,确认公司以改制为由让股东抽回出资为非法,收回职工货币出资股的行为无效,并确认其拥有集体股股权共计200万余元。公司方面则认为,2001年单位改制合法,退个人股的行为不违反法律禁止性规定。法院经审理后,一审判决9名工人败诉。9名工人不服一审判决,上诉到重庆市高级人民法院。法院认为,此次改制程序违法。从实体上看,退还职工个人股股金的行为违反了《公司法》第34条“股东在公司登记后,不得抽回出资”的规定,9人中除因没有出资未取得股东身份的1人外,其余人在将当时领取的个人股股金、量化股股金退还公司后,应当恢复股东身份;9人提出的分割集体股要求,则可以以股东身份要求召开股东大会,由股东大会决定。为此,重庆市高级人民法院于2005年4月19日依法作出终审判决,从而维护了工人的合法权益。

问题一:确认股东身份的条件或标准是什么?股东如何行使股权?

问题二:股东为什么不能抽回出资?股权与公司法人财产权的关系如何?

【基础阅读】

理解股权和法人财产权的概念、性质,思考股权和法人财产权的关系,股东名册、出资证明书、股权工商登记之间的关系。

第一节 股东与股权的界定

一、股东和股东名册

(一)股东含义的界定

1. 股东概念

股东,是指取得公司股份或认缴公司出资,作为公司成员并对公司享有股权的人[13]。具体而言,股东包括两层含义:其一,股东是公司法人组织的成员,或者说,正是若干股东通过投资联合,才可能使公司社团法人得以成立;其二,股东是股权的享有者,只要具有股东资格,就必然形成与公司之间的权利义务关系。股东与股权,二者不可分割,股东资格是享有股权的前提,股权则是股东的实质内容。一

---

〔13〕 关于股东资格、股东地位和股东权利义务问题,可参见赵旭东主编:《公司法学》(第2版),高等教育出版社2006年版,第298~299页。由于篇幅所限,在此不作讲述。

般而言，有限责任公司的股东是指因在公司成立时向公司投入或认缴资金，或在公司存续期间依法继受取得股权而对公司享有权利和承担义务的人；股份有限公司的股东是指在公司设立时或在公司成立后合法取得公司股份并对公司享有权利和承担义务的人。

应该注意，我国公司法在股份有限公司的规定中使用了发起人的概念，而在有限责任公司的规定中却没有使用“发起人”概念，而是使用了“设立时的股东”这一概念。《公司法》第 30 条明确规定：“有限责任公司成立后，发现作为设立公司出资的非货币财产的实际价额显著低于公司章程所定价额的，应当由交付该出资的股东补足其差额；公司设立时的其他股东承担连带责任。”《公司法》第 93 条也规定了股份有限责任公司发起人相同的责任。可见，有限责任公司的“设立时股东”和股份有限公司的“发起人”其含义和责任基本相同，但“发起人”和股东的含义及其责任却是不同的。通常情况下，发起人是指参加订立发起人协议、提出公司设立申请、认购公司出资或股份并对公司设立承担责任的人。按照《公司法》的有关规定，发起人要为设立阶段存在的出资不实行为和公司成立后可能出现的“出资填补”承担连带责任，而其他作为在设立阶段具有认股人地位的股东却不承担这一责任；发起人持有的本公司股份，自公司成立之日起 1 年内不得转让；等等。

2. 有限责任公司股东与股份有限公司股东之比较

通常所称的股东，包括了股份有限公司和有限责任公司两类公司的股东。从作为公司的持股人地位来看，二者没有多大的不同，但由于公司性质上的区别，二者在资格取得、行权比例和原则方面也存在一些差异：

（1）取得股东资格的条件不同。股东资格的取得大致可分两种情形：一是在公司设立时取得，即原始股东；二是在公司存续过程中取得，即继受股东。

从设立取得的情形看，如果股份有限公司采取募集设立方式，根据《公司法》第 80 条关于“注册资本为在公司登记机关登记的实收股本总额”的规定，包括发起人、认股人在内的所有出资人应当是缴足其认购的股份后公司方能成立，出资人因此才能取得股东资格。而有限责任公司依照《公司法》第 26 条关于“注册资本为在公司登记机关登记的全体股东认缴的出资额”的规定，股东则可以依照章程在认缴出资的基础上分期缴纳出资，或者说出资人可以在“欠缴”的情况下取得股东资格。

从继受取得的情形看，主要是指通过受让股份取得股东资格的情况。由于股份有限公司的股份转让是自由的，因此，股东以外的人要取得公司股东资格取决于转让人与受让人双方的“合意”。有限责任公司则不同，由于《公司法》第 71 条作出了“股东向股东以外的人转让股权，应当经其他股东过半数同意”的规定，因此，股东以外的人要取得股东资格，不仅要有转让人与受让人双方的“合意”，还要受“其他股东”的意志的限制，如果其他股东在同等条件下要行使《公司法》该条规定的“优先购买权”,就可能否定股权转让合同的效力。

(2)股东行使表决权时所要求的股权比例不同。根据《公司法》第 42 条、第 43 条之规定,有限责任公司股东会就公司事务作出决定,是以全体股东所持表决权为基数,其中重大事务的决定必须经代表 2/3 以上表决权的股东通过。这就意味着,对于公司事务,尤其是重大事务,如果没有法定足数的股东参与,公司就不能作出决策。因此,有限责任公司对公司管理事务的参与度是较高的。而根据《公司法》第 103 条的规定,股份有限公司股东大会就公司事务作出决定,是以出席会议的股东所持表决权为基数,这就意味着,无论出席股东大会的股东人数和持有的表决权数如何,股东大会都可以合法地通过决议。

(3)股东在股东(大)会上行使股权的原则有所差异。股份有限公司股东在股东大会上行使股权,实行“一股一票”,即《公司法》第 103 条规定的“所持每一股份有一表决权”;有限责任公司股东在股东会上行使股权,按照《公司法》第 43 条的规定,公司章程可以作出不按出资比例行使表决权的规定。

3. 股东代表

按照法律规定,自然人和法人都可以成为公司的股东。当法人成为股东时,其股东权利则需要通过委派自然人代表来行使,通过自然人代表的行为来体现法人的意愿。对于一般法人股东,《公司法》及有关法规对其委派的自然人代表没有特别的资格限制。如果不担任公司负责人,只需具备民事行为能力即可。在实践中,法人委派的自然人代表,可以是法人的法定代表人,也可以是其他自然人。对国有股股东,我国有关法规作了专门的要求。国有资产监督管理局和原国家经济体制改革委员会于 1997 年 3 月 24 日联合颁发的《股份有限公司国有股股东行使股权行为规范意见》(已废止)规定,国有股股东应委派国有股股东代表出席股东大会并行使股东权利。国有股股东代表指国有股股东的法定代表人或国有股股东委托的其他自然人。国有股股东委托股东代表,须填写“国有股股东代表委托书”,该委托书是股东代表在股东大会上行使表决权的证明。国有股股东代表应具备以下条件:

(1)熟悉和遵守国家以及国有资产管理的有关法律、行政法规;

(2)熟悉和了解公司经营管理及财务状况,能够对公司的发展提出积极的建议;

(3)能够依法维护国有股股东的权益,正确行使表决权;

(4)能够代表股东履行公司章程规定的义务,并正确行使权利;

(5)掌握金融知识,了解资本市场,具备资本运作能力。

国有股股东代表在股东大会上行使表决权时必须执行股东的旨意,并在股东授权的权限范围内进行表决。

（二）股东名册及其效力

1. 股东名册的含义和内容

所谓股东名册（stock transfer books），是指由公司置备的，记载股东个人信息和股权信息的法定簿册。《公司法》第32条和第130条是对有限责任公司和股份有限公司的股东名册所作的专条规定。从第32条规定看，置备股东名册是公司的一项法律义务："有限责任公司应当置备股东名册。"从第130条的规定来看，股份有限公司股东可分为在册股东和非在册股东。在册股东一般为公司设立时的发起人和认股人、持有记名股票的股东、持有一定数量无记名股票的股东。这些股东拥有的股份必定为公司股份的多数或绝大多数，他们对公司的存在和发展都具有举足轻重的作用，必须通过股东名册予以记载。非在册股东一般是指在证券市场购买公司发行的无记名股票的股东。尽管公司因这部分股东分散而无法一时分别将其统计入册，但对其持有的股份总数也要在股东名册上反映出来。值得说明的是，目前我国上市公司的股票发行和交易都通过计算机实行了无纸化，这就使上市公司的股票都可能采取了记名的形式，持股股东也都通过计算机在公司的股东名册上有所反映，公司可以依据证券登记结算机构提供的凭证建立股东名册。

股东名册是公司不可缺少的重要文件之一，在公司实务中具有十分重要的意义：第一，股东名册是证明股东持有公司股份的充分证据；第二，股东名册是向股东催缴股金的依据；第三，股东名册是股份转让过户时查阅和抄录的必备文件；第四，股东名册详列了股东姓名、地址、股份数等重要情况，便于公司通知股东到会参与公司重大问题的决策。正是因为这样，法律才规定公司必须设置股东名册。

各国公司法都对股东名册的记载事项作了规定，且各国的规定基本相同。从我国《公司法》规定及公司实践的情况看，股东名册记载的内容具体包括下列事项：（1）各在册股东的姓名、名称、住所；（2）各在册股东所持股份数、所持股票的编号；（3）发给在册股东股票的日期；（4）发行的无记名股票的股数、编号及发行日期；（5）发行的优先股种类；（6）股东登记入册的日期；（7）记名股票的转让过户情况。

2. 股东名册的效力和责任

股东名册作为公司必须置备的法律文件，记载的事项是有法律效力的内容，其效力主要包括：

（1）权利推定效力。权利推定效力指在与公司的关系上，只有在股东名册上记载的人，才能成为公司股东。在股东名册上记载为股东的人，无须向公司出示股票或者出资证明书，也没有必要向公司举证证明自己的股东资格，仅凭股东名册记载本身就可主张自己为股东。公司也没有义务查证股权的实际持有人，仅向股东名册上记载的名义上的股东履行各种义务即可。股东名册的权利推定效力，是股东名册最重要的法律效力，两大法系国家普遍认可这种效力。我国《公司法》第32

条明确规定:“记载于股东名册的股东,可以依股东名册主张行使股东权利。”第139条规定:“记名股票,由股东以背书方式或者法律、行政法规规定的其他方式转让;转让后由公司将受让人的姓名或者名称及住所记载于股东名册。”

(2)对抗效力。所谓对抗效力,是指即使股权受让人系合法受让股权,如果未登记于股东名册,则受让人不得对公司主张股东权利。各国(地区)公司法一般都明确规定股东名册的对抗效力。例如日本《商法典》第206条第1款规定:“通过受让股份而取得股份者,未将取得人的姓名及住所记载于股东名册,就不得以之对抗公司。”前述我国《公司法》第32条和第139条的规定,实际上也有这一含义。例如,在股份转让中,只要将受让人记载于股东名册,对出让人、受让人和公司都将产生股东身份变更的效力,即受让人就“可以依股东名册主张行使股东权利”。反过来,如果股份转让只是出让人与受让人订立了转让合同,并未将受让人记载于股东名册,或者说股东名册未发生变更,转让行为就可能没有完成,受让人就不能对公司主张股东权利。

(3)免责效力。由于股东名册具有权利推定效力,股东名册上记载的股东具有形式上的股东资格。因此公司向形式上的股东发出会议通知、分配红利、分配剩余财产、确认表决权、确认新股认购权,即使该形式上的股东并非实质上的股东,公司也是被免责的。[14]

各国(地区)公司法普遍将公司置备股东名册作为公司董事或董事会的一项法定义务。日本《商法典》第263条规定:“董事应将章程备置于本公司及分公司,将股东名册、零股存根簿及公司债存根簿备置于本公司。设置了过户代理人时,可以将股东名册、公司债存根簿或其副本、零股存根簿备置于过户代理人的营业所。”美国《示范商业公司法》(修正本)第十六章第一节(C)条规定,每家公司都必须保存一份股东名册,其中应按字母顺序,根据股份类别记明所有股东的姓名及地址,表明每个股东拥有股份的数量和类别。所以,置备股东名册作为一项法定义务,必然与相应的法律责任相联系。韩国《商法典》第635条规定,不记载或者不真实记载应记载于股东名册上的事项时,对发起人、董事等适用罚则。我国台湾地区“公司法”第169条也规定:“代表公司之董事,应将股东名簿备置于本公司或其指定之股务代理机构,违反者处新台币三千元以上一万五千元以下罚款;公司负责人所备股东名簿有虚伪记载时,依刑法或特别刑法有关规定处罚。”我国《公司法》虽然将置备股东名册确定为公司的法定义务,但却没有规定相应的法律责任。这可能是立法上的疏漏,属于法律规范不完整、只有行为模式而缺少行为后果的情况。

---

〔14〕 李正军:《股东名册问题研究》,载周友苏主编:《公司证券法律纵横——2005中国公司法修法研究特辑》,四川人民出版社2005年版,第195~206页。

二、股权的界定及其分类

(一)股权的概念和特征

股权是股东权利的简称。我国《公司法》第 4 条规定,公司股东依法享有资产收益、参与重大决策和选择管理者等权利。由此规定,我们可以将股权定义为,股东基于其股东身份和地位而享有从公司获取经济利益并参与公司经营管理的权利。[15] 参与公司经营管理实际上是对公司法上所规定的重大决策和选择管理者两项权利的概括。

股权的特征如下:

1. 股权主要体现为获取经济利益和参与公司经营管理的权利

股东获取经济利益的权利典型地体现为股东所享有的受益权。股东向公司投入资本,就是为了获取投资回报,而受益权则是这种投资回报的法律体现。该种权利具体集中体现为股东享有在公司营运过程中分配股利的权利和在公司清算时分配剩余财产的权利。

股东参与公司经营管理的权利实际上是对参加公司重大决策的权利和选择管理者的权利的概括。由于公司经营管理实际上由董事会及管理层负责,因此,股东的经营管理就主要限于重大决策权和选择管理者以此实现对公司的控制。在现代公司架构下,公司的所有权和经营权原则上是分离的,股东作为公司的所有者并不直接参与公司的经营管理,因此,其享有的经营管理权是间接的,即通过股东会集体行使权利。这就决定了股东参与经营管理的权利集中典型地体现为表决权的享有与行使。

2. 股权行使应当坚持股权平等和“一股一权”原则

股权平等原则在受益权方面的表现是,公司分配股利或者分配剩余财产时,原则上按照股东的出资比例或者所持有的股份进行。股权平等原则在表决权方面的体现是“一股一权”(one share, one vote),即每一股份只能享有和行使一个表决权。有限责任公司则按出资比例行使表决权,其原理也是一致的。由此可见,这种股权平等原则实质上体现为资本平等原则,即按照股东投入公司的资本享有和行使权利。

但股权平等原则也有例外。例如,根据我国《公司法》第 34 条的规定,股东按照实缴的出资比例分取红利;公司新增资本时,股东有权优先按照实缴的出资比例认缴出资。但是,全体股东约定不按照出资比例分取红利或者不按照出资比例优先认缴出资的除外。同时《公司法》第 166 条第 4 款亦进一步确认,公司弥补亏损

---

〔15〕 关于股权的性质,学说上有不同的解说,主要包括杜员权说、股东地位说、债权说、所有权说以及共有权说等。参见孔祥俊:《公司法要论》,人民法院出版社 1997 年版,第 255 ~ 259 页;梅慎实:《现代公司治理结构规范运作论》,中国法制出版社 2002 年版,第 184 ~ 189 页。

和提取公积金后所余税后利润,有限责任公司依照该法第 34 条的规定分配;股份有限公司按照股东持有的股份比例分配,但股份有限公司章程规定不按照持股比例分配的除外。又如,《公司法》第 42 条规定,股东会会议由股东按照出资比例行使表决权;但是,公司章程另有规定的除外。应当注意,第 42 条关于股东表决权的规定仅限于有限责任公司,而不适用于股份有限公司。关于股份有限公司,《公司法》第 103 条明确规定,股东出席股东大会会议,所持每一股份有一表决权。

从上述规定可以看出,我国公司法体现了原则性和灵活性的结合,这对于封闭公司尤其具有意义。在国外公司法中,对封闭公司的特殊性同样给予充分的考虑,允许公司以股东协议的方式自由设计公司治理规则和利润分配规则。如在公司实践中出现的"一股多权"或者"多股一权"等突破股权平等原则的做法,法律也予以承认。由此可见,我国公司法的上述规定既体现了现代公司法的发展趋势,同时又符合公司实践的需求。

(二)股权的性质

关于股权的性质,中外法学界历来是众说纷纭、莫衷一是,归纳起来主要有所有权说、债权说、社员权说、股东地位说、集合体说五种观点。

1. 所有权说。该学说认为股权具有所有权的性质,即股权是股东对公司财产享有的所有权。股东认缴出资、持有股份并未丧失其所有权,而是为了更好地行使所有权、实现所有权。在这种学说看来,公司是由全体股东共同设立的,股东对公司财产理应享有所有权,而股东会、股东大会就是股东行使所有权的法定方式。[16]

2. 债权说。该学说认为,股东之所以认缴出资持有股份,只是为了获取利益分配,特别在西方 20 世纪以后,股东对公司已完全丧失了控制,股东对公司的权利仅仅是收益,双方仅仅是债的关系。在这种学说看来,股权本质上是以请求利益分配为目的的债权或附条件的债权。[17]

3. 社员权说。自德国学者瑞纳德(Renaud)于 1875 年首倡这一学说以来,该学说不仅成了德国、日本的通说,而且我国也有学者坚持这一主张。该学说认为,股东是公司的社员,股权是股东基于这种社员资格而享有的一种社员权,这种社员权属于单一权利,并非集合体权利。[18]

4. 股东地位说。该学说否认股权是一种具体权利,主张股权是股东在公司取得的成为各种权利基础的法律地位,以此法律地位为基础确认的权利(股东的具体权利)才是股权的内容。[19]

---

〔16〕 丁焕春:《企业法概论》,中国政法大学出版社 1989 年版,第 284 页。

〔17〕 郭峰:《股份制企业所有权问题的探讨》,载《中国法学》1988 年第 3 期。

〔18〕 康德瑄:《股权性质论辨》,载《政法论坛》1994 年第 1 期。

〔19〕 [日]松田二郎:《株式会社法的理论》,岩波书店 1962 年版,第 26 页。

5. 集合体说。该学说认为,公司是由股东组成的企业法人,股东按自己认缴的出资或持有的股份享受一定的权利和承担一定的义务,股权就是股东基于其股东的法律地位而获得的权利和义务的集合体,即股权是股东具体权利和义务的抽象概括,并非单一的权利。[20]

我们认为,股权是一种新型的权利,不应从原有法律所规定的传统权利中研究股权的性质,而应以公司这种现代企业制度关于股东财产和公司财产相分离、股东人格和公司人格彼此独立、股东与公司之间产权分化的实际情况和需要出发来探讨股权性质。[21]

(三)股权的分类

1. 自益权与共益权

根据股权的行使是为了自己的利益还是为了股东共同的利益为标准,可将股权分为自益权和共益权。

自益权是股东为了自己的利益而行使的权利,如股利分配请求权、剩余财产分配请求权、新股认购请求权等。自益权主要体现为股东获取投资回报及其相应的财产权。这正是股东投资的本来目的所在。

共益权是股东为全体股东的共同利益而间接为自己利益而行使的权利,如表决权、请求召集股东会的权利、请求判决股东会决议无效的权利、请求查阅账簿的权利等。共益权实际上也是股东参与公司经营管理的一种体现,该种权利行使所获得的利益使股东间接受益。

2. 单独股东权与少数股东权

根据股权的行使条件是否需要股东持有一定比例的股份为标准,可将股权区分为单独股东权和少数股东权。自益权均为单独股东权;共益权中虽然有相当一部分是单独股东权,但限于持有一定比例以上股份才能行使权利的情形也不少见。

可以由股东单独行使的权利为单独股东权。法律对这种权利的行使没有设置任何限制,只要持有公司股份即可行使股权。只能由少数股东行使的权利为少数股东权。法律对这种权利的行使设置了一定的限制,即只有持有一定比例的股份才可以行使。这里的核心是要求"持有一定比例股份"。至于是一人股东单独持有一定比例股份,还是若干股东联合持有一定比例股份,则在所不问。

我国公司法对少数股东权的规定,大致有如下情形:

(1)请求召开股东会或者股东大会临时会议。《公司法》第 39 条规定,代表 1/10以上表决权的股东提议召开临时股东会议的,应当召开临时会议。《公司法》第 100 条规定,单独或者合计持有公司 10% 以上股份的股东请求,可以召开临时股东

---

〔20〕 肖国顺等主编:《股份经济学原理》,中国商业出版社 1993 年版,第 74 页。

〔21〕 赵旭东主编:《公司法学》(第 2 版),高等教育出版社 2006 年版,第 315 ~ 325 页。

大会。

(2)股东大会的召集和主持。《公司法》第40条第3款规定,董事会或者执行董事不能履行或者不履行召集股东会会议职责的,由监事会或者不设监事会的公司的监事召集和主持。监事会或者监事不召集和主持的,代表1/10以上表决权的股东可以自行召集和主持。《公司法》第101条第2款规定,董事会不能履行或者不履行召集股东大会会议职责的,监事会应当及时召集和主持;监事会不召集和主持的,连续90日以上单独或者合计持有公司10%以上股份的股东可以自行召集和主持。

(3)股东临时提案。《公司法》第102条第2款规定,单独或者合计持有公司3%以上股份的股东可以在股东大会召开10日前提出临时提案。

(4)提议召开董事会临时会议。《公司法》第110条第2款规定,代表1/10以上表决权的股东可以提议召开董事会临时会议。

(5)股东派生诉讼的提起。《公司法》第151条规定,股份有限公司连续180日以上单独或者合计持有公司1%以上的股东可以提起派生诉讼。

(6)解散公司请求权。《公司法》第182条规定,公司经营管理发生严重困难,继续存续会使股东利益受到重大损失,通过其他途径不能解决的,持有公司全部股东表决权10%以上的股东,可以请求人民法院解散公司。

3. 比例股权与非比例股权

根据股权内容的确定是否以股东的持股比例为依据,可将股东权利区分为比例股权与非比例股权。比例股权,是指股东权利的内容必须依照股东持有股份比例为基础予以确定的股东权利。譬如,股利分配请求权、剩余财产分配请求权、新股认购权、表决权均为比例股权。

非比例股权,是指股东权利的内容不以股东持有股份比例为基础即可确定的股东权利。譬如,股东提起各种诉讼等权利均为非比例股权。

4. 普通股权与特别股权

普通股股东享有的权利为普通股东权。特别股股东享有的权利为特别股东权。关于这一区分,参见本书"公司资本制度(二)"章节中有关股份分类的内容。

(四)股权的内容

1. 股利分配请求权

股东的股利分配请求权(dividend claims),是指股东基于其公司股东地位和资格所享有的请求公司向自己分配股利的权利。股利分配请求权,从本质上说,是股东对自己的投资期望得到回报的一种权利。既然股利分配请求权是股东对自己的投资回报所享有的期待权,那么,股东是否能够实现这种权利,则在事实上取决于公司经营是否产生利润。公司如无盈利,则不能分配。所以,公司只有在有盈利的情况下才可能发生股利的分配。即使是公司有盈利,根据公司法的规定,也必须首先弥补公司亏损、依法提取公积金之后才能依照出资比例或者持股比例向股东分配股利。我国法律允许经全体股东约定或者公司章程规定可以不按照出资比例或者持股比例进行分配。

2. 剩余财产分配请求权

股东的剩余财产分配请求权(residual claims),是指股东在公司清算时,就公司的剩余财产所享有的请求分配的权利。公司剩余财产分配请求权的发生必须以公司向其全体债权人清偿债务之后尚有剩余财产为其实质要件。因为从一定意义上讲,公司法人财产构成对公司债的担保,若公司清算时不先清偿债务就向股东分配,显然是构成对公司债权人的侵害。

3. 公司新增资本或者发行新股时的优先权

在有限责任公司新增资本时,《公司法》第 34 条规定,股东有权优先按照出资比例认缴出资。但是,全体股东约定可以不按照出资比例优先认缴出资。同样,股份有限公司发行新股时,原有股东享有新股认购优先权(preemptive rights),即原有股东享有优先于一般人按照自己原有持股比例认购新股的权利。这种权利是一种期待权,只有公司现实地增加资本或者发行新股时,股东才能行使该项权利。同时,这种权利也是一种选择权,股东可以行使,也可以放弃。

4. 表决权

股东在公司治理的基本模式中的地位不是直接管理公司,而是通过其表决权来发表意见。股东表决权(voting rights),是指股东就股东会议的议案的决议权。股东表决权是股东的一项重要权利,它体现的是股东参与公司重大决策的权利和选择管理者的权利。股东表决权是股东的固有权利,公司债权人、职工等其他利害关系人不享有表决权,尽管他们也向公司提供资金或者劳务。这是因为债权人和职工等对公司所享有的权利是确定的,债权人享有要求公司到期还本付息的权利,职工享有要求公司按期支付薪酬的权利。然而,股东却仅享有在职工和债权人获得支付后获取剩余利益的权利(residual rights),这种权利是不确定的,股东是企业风险的最后承担者。因此,应当将决定企业经营管理的权利赋予股东,而不是债权人或者职工等其他利害关系人。

原则上,股东表决权不能剥夺。但是,公司若发行无表决权股份时则为例外。无表决权股份(non voting shares)是股东以牺牲表决权为条件换取分配顺序上的优先,而且无表决权股份的股息往往是确定的。公司发行无表决权股的主要目的是因应广大社会公众小股东的需求设计的一种融资手段。就投资风险而言,无表决权股份持有人仅仅高于债权人,这是其不享有表决权的法理基础。但应注意的是,即使是无表决权股份,在特定情况下,譬如,在该优先股种类股东会议上,仍然享有表决权。无表决权股份的表决权在一定情况下有可能复活。譬如,当公司不按照公司章程规定向优先股东优先分配时,无表决权股份的表决权可能回复。

原则上,股东表决权不受限制。但是,特定情况下,这一原则也有例外。譬如,在公司持有自己股份的情况下,该种股东没有表决权。我国《公司法》第 103 条明确规定,公司持有的本公司股份没有表决权。又如,在相互持股的情况下,有的法律将表决权的行使限定在一定比例范围之内。再如,在子公司持有母公司股份的情况下,有的法律规定,子公司对母公司没有表决权。[22]

原则上,股东表决权不得与股份分离而转让。但是,在特定情况下,这一原则也存在一些变异。譬如,在表决权信托(voting trust)情况下,表决权可由受托人行使。在表决权代理(voting proxy)情况下,表决权可由他人代理行使。在股份托管情况下,表决权可由托管人(如证券托管机构)行使。

股东表决权可由股东亲自行使,也可以委托他人代理行使。在法人股东情形下,则只能是由法人委托自然人代理行使表决权。譬如,在我国,国家基于投资而持有股权的情况下,就只能委派国有股权代表人出席股东会议和参与表决。

原则上,表决权应当统一行使。但在特定情况下,也可以不统一行使。譬如,一股东持有股份 10 股,可将 7 股投赞成票,3 股投反对票。但不统一行使是有条件的,一般限定于股份信托、托管与股份共有情形,并且在程序上应当事先通知公司。除此之外,公司可以拒绝表决权的不统一行使。因为,如果允许表决权不统一地随意行使,容易导致混乱。不统一行使的赞成票和反对票应当分别计算。

表决权行使的原则是股权平等原则。通常情况下,体现为"一股一权"(one share,one vote)或者按照出资比例行使表决权。二者的形式不同,但本质是一致的。股权平等原则有时也可能有例外。譬如,有的法律允许"一股多权"(multiple voting)或者"多股一权"(fractional voting)或者"有股无权"(non voting)。我国公司法允许有限责任公司的章程对表决权的行使另作规定,但是,对于股份有限公司,则规定为一股一权,不允许公司章程另作规定。关于这种例外,参见本书相关部分。

表决权行使的规则是"多数决原则"(majority rule)。一般是形成一项决议需要多数股份出席,并经出席股份多数通过。多数规则有简单多数(simple majority)和绝对多数(absolute majority)之分。通常法律规定,一般事项的决议需要简单多数通过即可,特别事项则需要绝对多数通过。有的法律也可能规定,公司可以通过公司章程规定提高或者降低这一表决要求。

---

〔22〕 有的法律规定,对于股东会议的决议有特别利害关系者不得行使表决权。譬如,进行关于免除发起人、董事、监事责任的决议时,作为发起人、董事、监事的股东;进行营业转让、营业受让、经营委托等决议时,作为交易方的股东;决定董事、监事报酬时,作为董事、监事的股东等,属于有特别利害关系者。但这种方法是否可取,仍然存在疑问。对于此类交易,英美法上的做法是将其纳入自我交易范畴,并采用公平交易规则调整。

5. 知情权

股东知情权(information rights)是指公司股东了解公司信息的权利。从实质上看,该种权利主要包括公司股东了解公司经营状况、财务状况以及其他与股东利益存在密切关系的公司情况;从形式上看,主要表现为公司股东查阅公司一系列文档,包括公司章程、股东会会议记录、董事会会议记录,监事会会议记录、公司财务会计报告,以及股东名册、公司债券存根等。从更为积极的方面来理解,股东知情权不仅指单纯地了解公司有关信息的权利,而且包含着对公司进行检查监督的权利(right of inspection),如对公司提出建议或者质询。

股东知情权的权利主体当然是股东。通常而言,股东是指向公司出资或者认购股份并记载在公司章程或者股东名册上的人。这一概念包含了两层含义:其一,在实质意义上,股东是向公司出资或者认购股份的人;其二,在形式意义上,股东是被记载在公司章程或者股东名册上的人,或者简化地说,是被记载在股东名册上的人。这样的股东通常被称为"在册股东"(record owner)。由于股东名册具有推定的效力,即在股东名册上记载为股东的,推定为公司股东,所以在册股东自然应当是股东知情权的主体,除非有相反证据成功地证明股东名册上记载的股东在实质上不具有股东资格。[23]《公司法》第 33 条规定了有限责任公司股东查阅权及其行使程序。股东有权查阅、复制公司章程、股东会会议记录、董事会会议决议、监事会会议决议和财务会计报告。股东可以要求查阅公司会计账簿。股东要求查阅公司会计账簿的,应当向公司提出书面请求,说明目的。公司有合理根据认为股东查阅会计账簿有不正当目的,可能损害公司合法利益的,可以拒绝提供查阅,并应当自股东提出书面请求之日起 15 日内书面答复股东并说明理由。公司拒绝提供查阅的,股东可以请求人民法院要求公司提供查阅。对于不具有公司股东资格的人,原则上不享有知情权,但是有初步证据证明在持股期间其合法权益受到损害的人除外。《公司法司法解释(四)》第 7 条规定:"股东依据公司法第三十三条、第九十七条或者公司章程的规定,起诉请求查阅或者复制公司特定文件材料的,人民法院应当依法予以受理。公司有证据证明前款规定的原告在起诉时不具有公司股东资格的,人民法院应当驳回起诉,但原告有初步证据证明在持股期间其合法权益受到损害,请求依法查阅或者复制其持股期间的公司特定文件材料的除外。"关于不正当目的,《公司法司法解释(四)》第 8 条详细解释:有限责任公司有证据证明股东存在下列情形之一的,人民法院应当认定股东有公司法第三十三条第二款规定的"不正当目的":(一)股东自营或者为他人经营与公司主营业务有实质性竞争关系

〔23〕 关于出资受益人(指那些已经向公司出资但其名字还没有来得及记载于公司股东名册的人)知情权和股东知情权行使限制的论述,详见施天涛:《公司法论》,法律出版社 2006 年版,第 246～252 页。

业务的,但公司章程另有规定或者全体股东另有约定的除外;(二)股东为了向他人通报有关信息查阅公司会计账簿,可能损害公司合法利益的;(三)股东在向公司提出查阅请求之日前的三年内,曾通过查阅公司会计账簿,向他人通报有关信息损害公司合法利益的;(四)股东有不正当目的的其他情形。《公司法》第97条规定了股份有限公司股东的查阅权与对公司经营的建议和质询权。股东有权查阅公司章程、股东名册、公司债券存根、股东大会会议记录、董事会会议决议、监事会会议决议、财务会计报告,对公司的经营提出建议或者质询。同时,股东的知情权也受到一定限制:《公司法司法解释(四)》第11条第1款明确规定:股东行使知情权后泄露公司商业秘密导致公司合法利益受到损害,公司请求该股东赔偿相关损失的,人民法院应当予以支持。

应当注意的是,公司法没有规定股份有限公司股东对相关报告和文件的复制权。

6. 诉讼权

股东的诉讼权,是指公司股东针对侵害自己利益的情势所享有的提起诉讼以保护自己合法权益的权利。譬如,《公司法》第20条规定,公司股东应当遵守法律、行政法规和公司章程,依法行使股东权利,不得滥用股东权利损害其他股东的利益。公司股东滥用股东权利给其他股东造成损失的,应当依法承担赔偿责任。根据该条规定,如果公司股东滥用股东权利侵害了其他股东的利益,被侵害的股东可以依法提起民事诉讼请求损害赔偿。又如,《公司法》第152条规定,董事、高级管理人员违反法律、行政法规或者公司章程的规定,损害股东利益的,股东可以向人民法院提起诉讼。依据该条规定,公司董事、高级管理人员在履行其管理职责时应当遵守法律、行政法规和公司章程的规定,不得有损害股东利益的违法、违规或者违章行为,否则,受害股东可以提起民事诉讼以维护自己的权益。

这里所说的股东诉讼专指股东为了个人利益或者股东享有提诉权所提起的诉讼。这种诉讼不同于股东为了公司的利益而提起的诉讼。前者称之为股东直接诉讼(shareholder direct litigation),后者称之为股东派生诉讼(shareholder indirect litigation)。所谓派生诉讼,又称代表诉讼,是指当公司的董事、监事、高级管理人员等主体侵害了公司权益,而公司怠于追究其责任时,符合法定条件的股东可以自己的名义代表公司提起诉讼。股东派生诉讼是现代各国或地区公司法上的一项重要制度,被认为是弥补公司治理结构缺陷及其他救济方法不足的必要手段,在保护中小股东权益等方面发挥着重要作用。[24]

---

[24] 关于股东派生诉讼的原告资格限制、派生诉讼中公司的地位、可诉范围等问题,可参见赵旭东主编:《公司法学》(第2版),高等教育出版社2006年版,第310~313页;施天涛:《公司法论》,法律出版社2006年版,第431~477页。

第二节　公司法人财产权

一、公司法人财产权的概念

公司是企业法人，其作为独立法人承担责任的基础是独立的法人财产，只有公司对自己的财产拥有独立的权利，才能进而承担独立地责任。《公司法》第3条的规定："公司是企业法人，有独立的法人财产，享有法人财产权。公司以其全部财产对公司的债务承担责任。"这是公司法对公司享有全部法人财产权的立法表述。但公司法人财产权究竟包括哪些内容，以及与所有权的关系如何？对于这一问题的回答，目前学界较为流行的观点是法人所有权说和综合权说。法人所有权说认为公司法人财产权是具有所有权性质的物权，具有占有、使用、收益和处分的权能，而股东对于公司只享有股权。这一理论承认法人财产权为所有权从而使法人财产权成为独立于公司股东的独立财产权，并基于此建立起公司法人的独立人格。综合权说认为法人财产权并不属于大陆法系物权制度中的一项具体的权利类型，而应当是众多具有财产内容的具体民事权利的总称，应该包括物权、债权、知识产权等，而法人财产权只是表明这些物权、债权、知识产权应当归属于法人所有。因而法人享有的各种具体财产权利可总称为法人财产权。所有权说与综合权说的分歧在于对权利对象范围的认识不同。我们认为，公司对其财产权利不仅限于物权，同时也享有准物权、知识产权、债权及其他权利，因而赞同综合权说。但无论哪种学说，都强调公司财产的权利归属于公司，公司是其财产的唯一所有者，并且法人财产权的核心是财产所有权。否认这一点，将直接动摇公司存在的财产基础。

公司享有法人财产权可以从以下几个方面来透视：

第一，从公司法人财产的来源看，在公司成立前，各个股权投资者对其各自的出资分别享有所有权；公司成立后，原先由股东个别出资的财产形成了公司整体财产的一部分。公司财产一旦形成，它就独立于股东的个别财产。这时，公司即以法人的名义和意志对公司整体财产享有占有、使用、收益和处分的权利。〔25〕这即是说，虽然公司财产在设立时是由各股东出资的财产所组成，但一经形成公司财产，则任何股东均不能以个人名义去支配该种财产，而必须由公司进行统一支配。

从公司的债权资本来看，道理也是一样的。无论公司是向银行借贷还是向第

---

〔25〕 关于法人财产权的性质，有不同的解说，主要包括法人财产所有权说、法人财产信托所有权说、法人财产经济所有权说、法人财产占有权说、法人财产经营权说、法人财产物权说以及法人财产股东按份所有权说等。参见梅慎实：《现代公司治理结构规范运作论》，中国法制出版社2002年版，第161～183页。

三人借贷,借贷关系一旦成立,所借款项的所有权转移给公司,贷款人作为公司的债权人对公司享有债权请求权。但由于该种资产所有权已经发生转移,所以,债权人对该资金丧失支配权。

第二,从公司行使法人财产权利所得利益来看,公司因行使财产权利所得利益归公司所有,而不直接归股东所有。股东的受益权实际上属于公司所得利益的第二次分配。公司必须于每一营业年度结束时首先弥补亏损、提取公积金、公益金之后才能向股东分配利润。而债权人则是按照债权合同约定,由公司到期还本付息。

第三,从公司对法人财产的支配来看,公司自其成立后在生产经营活动中就是以公司法人自己的名义和意志对公司财产行使支配性权利。这里排除了任何股东个人或者债权人的名义和意志。它体现的是公司的意志。虽然股东可以通过股东会的形式对公司施加影响,但股东会自身就是公司的一种组织机构,而非凌驾于公司之上的第三种力量。

现代法律一般不认可债权人对公司享有治理上的权利,唯一的例外是在公司的破产处置程序中债权人可能通过债权人会议对处于破产程序中的公司清算问题发表意见。但是,当公司处于破产程序之中时,公司的管理由清算组织接管,清算组织成为清算中公司的代表机关。债权人会议只是清算中的一道程序而已。

第四,从公司承担义务和责任来看,它也是独立负责的。公司自主经营,独立核算,自负盈亏,对外独立承担义务(包括债务、纳税和其他法定义务)、独立承担责任(如公司破产时,公司应以其全部财产清偿债务,股东个人的责任实际上随着其出资的缴纳就已履行完毕)。

我国立法之所以一直不明确承认公司享有法人财产权,是因为担心承认公司法人财产权会使得国家丧失国有公司中国家出资部分的所有权,从而影响我国社会主义公有制的性质。正如我国 1993 年《公司法》特别强调"公司中的国有资产所有权属于国家"。但 2005 年《公司法》第 3 条删除了这一表述,表明了我国对法人财产权制度的充分接受和认可。其实,国有资产投入公司后,由公司对该资产享有法人财产权,国家并没有因此丧失其作为原所有人的利益,还可通过其股权的行使,控制更多的资本,获取更大的利益。

二、公司法人财产权的性质

围绕公司法人财产权的性质,法学界和经济学界进行了长期的争论,形成了各种不同的观点,主要有经营权说、他物权说、支配权说、所有权说、信托所有权说、经济所有权说、占有权说、物权说、股东按份所有权说以及以所有权为核心的综合权说等,但综合起来看,可以主要归纳为法人财产经营权说、支配权说、所有权说和以所有权为核心的综合权说。以下作将要介绍:

(一)经营权说

该说主要依据"所有权—经营权"两权分离的思路,结合《民法通则》第 82 条的规定:"全民所有制企业对国家授予它经营管理的财产依法享有经营权,受法律保护"以及1993年《公司法》第4条第3款"公司中的国有资产所有权属于国家"的规定,并针对当时国有企业转换经营机制的特殊历史条件提出了这一观点,认为公司享有的法人财产只是经营权,公司中的国有资产属于国家所有。可见,经营权说是我国在经济体制改革的特殊时期为了解决"政企不分"而创设的一个法律术语,是一个政策产物。在世界范围的立法中,1804年公布实施的法国《民法典》、1900年1月1日生效的德国《民法典》和1942年生效的意大利《民法典》,均无"经营权"概念。随着市场经济体制的深入发展和新《公司法》的颁布,持此说的学者将越来越少。

(二)支配权说

该说认为公司法人财产权是"独立支配"的民事权利,是支配权,即公司依法所享有的、对股东投资形成的公司资本和公司在生产经营活动中积累的全部财产独立支配的民事权利。在民事权利理论上,支配权是指直接支配权利标的之权利也。物权、无体财产权、亲属权等皆属之。但是通常认为,财产权是与人身权相对应的一组民事权利的分类,是指以财产利益为内容,直接体现某种物质利益的权利,如物权、债权等;财产权不仅具有支配权的性质,而且包括请求权、形成权、抗辩权的性质。所以,将法人财产权定性为支配权没有反映出法人财产权的内涵和外延。

(三)所有权说

该说认为公司法人财产权本质就是所有权,包括占有、使用、收益和处分四种权能。公司法人财权基于股东出资设立公司而产生,在取得方式和消灭原因上与所有权也都相同。因此,公司法人财产权就是所有权。但是,对公司法人财产所有权的种类和形式却有不同的认识,形成以下观点:

1. 信托所有权说。该学说的理论基础显然是英美法系国家的信托制度。英国公司制度的建立与其信托制度密切联系。按照信托制度的安排,在信托财产上产生两个权利:一是受托人的普通法上的所有权;二是受益人的衡平法上的所有权。受托人也即为名义上的所有人,受益人即为实际的所有人。信托制度用于公司之中,公司就是受托人,它被赋予普通法上的所有权,但它只是公司财产的名义上的所有人,股东才是公司财产的实际所有人。

2. 双重所有权说。该学说认为,公司和股东各自都享有所有权,股东凭借其所有权享有股东的自益权和共益权,而公司凭借其所有权,作为法人进入民事流转领域独立享受民事权利和承担民事义务。这种双重结构也保证了公司内部权力配置和相互制衡的和谐状态,从而使股份制的生命力长盛不衰。其理论基础主要在于马克思主义政治经济学中的"商品二重性"学说,即物具有价值和使用价值,且两者可以分离,所以可以对物的所有权分为商品实物形态所有权和价值形态所有权。

“双重所有权说”必然违背大陆法系的“一物一权”原则。它与经济所有权说、相对所有权和经营权说等同出一辙。

3. 分割所有权说。该说认为在公司全部财产上,只有一个所有权,也只有一个所有权人。所有权人由公司和股东全体组成,公司和股东共同行使所有权。只有公司才能对外行使所有权,而决策权则由股东全体通过股东会的组织形式行使。股东只拥有微观决策权,股东会是所有权人的意思机关,公司则是所有权人的执行机关和代表机关。股东全体和公司对公司财产都拥有所有权,但都不是完全意义上的所有权,而是所有权的部分权能。二者拥有的各项权能加起来,构成一个完整的、充分的所有权。“分割所有权说”将股权和公司法人财产权视为由一个所有权分割出的不同权能,二者拥有的各项权能加起来,又构成了一个所有权,那所有权人到底是公司,还是股东,或是公司与股东共有?公司与股东的权利义务怎么分配?这种学说其结果必然否定了公司法人财产权。

4. 法人所有权说。该说认为,法人财产权应该是法人所有权,法人所有权是公司产权制度的基本内涵。现代公司的产权制度是公司的所有权和股东的股权的结合。公司对其财产享有所有权,股东对其出资享有股权。该说强调公司法人财产权是公司法人所有权,这无疑是非常正确的,所有权是公司法人财产权中比较重要的权利。但公司法人财产权绝不仅限于所有权,根据《公司法》第 27 条“股东可以用货币出资,也可以用实物、知识产权、土地使用权等可以用货币估价并可以依法转让的非货币财产作价出资……”它还包括他物权、债权、知识产权和自身投资于其他公司而产生的股权等。所以,法人所有权说也有概括不全面的缺陷。

综上所述,上述各种学说不同程度地存在各自理论上的缺陷,都没有能全面地阐述公司法人财产权性质。我们认为,公司法人财产权是一种以所有权为核心的包括物权、债权、知识产权和其他权利在内的一种综合权利,或者说公司法人财产权是一种以所有权为核心所形成的权利束。

三、公司法人财产权的历史发展

(一)公司法人财产权的演变与发展

公司法人财产权的发展经历了一个从单个财产所有权到共同财产所有权,再由共同财产所有权到法人财产权所有权的发展过程。从国家产生起,单个人所有权就出现了。在这一时期,所有权表现为可以由单个人任意使用和支配的权利,除了法律之外,所有权人行使其权利不受任何他人意志的干涉。虽然所有权也可能因其权能的分离,而受到一定的限制,但这种限制只是暂时的,被分离出去的权能最终要回归所有权。而且从另一个方面来看,所有权权能的分离,也是所有权人依其单个人的意志而行使其所有权的表现。但在后来,随着共同所有权的出现,单个人对物的绝对支配开始受到了他人意志的限制。共同所有权就是一个所有权由两个或两个以上的人享有的情形。至少有两种原因导致了共同所有权的产生:一是契约，二是继承。因契约而产生共同所有权的，比如合伙。在合伙人将个人享有所有权的财产作为合伙事业的财产的时候，这些财产就成为一个整体，而为共有财产。各合伙人的权利并不局限于共有财产的某一部分，或就共有财产的某一部分单独地享有所有权，其权利及于共有财产的全部。但各合伙人在行使其权利时，就不能完全由其个人意志支配了。继承同一份财产也会发生这种情形。公司所有权（公司法人财产权的核心）则走向另一个极端：在共同所有权下，虽然所有权只有一个，但所有权主体仍然是各个共有人（多人）；在公司法人所有权下，所有权主体只有一个，即公司。也就是说，公司财产的所有权由公司享有，个人（出资人）不能单独享有，也不能共同享有公司财产权。

这种公司所有权，无论是大陆法系国家，还是英美法系国家，几乎都是承认的。例如，德国《有限责任公司法》第 13 条即规定，“有限责任公司本身独立具有其权利和义务；它可以取得所有权和不动产的其他物权”。美国《标准公司法》第 3.02 节规定，公司“有权力像一个个别的人那样去做一切对经营公司业务和处理公司事务有必要的或有利的事情，这包括下列不受限制的权力：……（4）购买、接受、租用或用其他方法获取、拥有、持有、改善、使用或者用其他方法处理无论置于何处的动产和不动产或任何设于财产上的法定的或合乎衡平原则的权益；（5）销售、转让、抵押、担保、租赁、交换或用其他方法处置它的全部或一部分财产。”但在公司所有权的形成历史上，大陆法系国家和英美法系国家并不相同。他们分别是受两个不同制度影响的结果：总有和信托。

大陆法系国家公司所有权的形成和日耳曼法中的总有制度密不可分。在日耳曼各王国形成时期，农村公社制度逐渐移植到新的国土上，产生了一种新的土地所有制形式，即农村公社土地所有制。按照这种所有制，土地属于公社所有，其中耕地分配给各家庭使用；其他的土地由全体社员共同使用。使用公共财产的规则由全体社员决定。这种形式在后代被称为“总有”。总有制度对欧洲中世纪以后的团体影响很大。“以后的一切同业公会，都是按照马尔克公社的样子建立起来的，首先就是城市的行会，它的规章制度不过是马尔克公社的规章制度在享有特权的手工业上而不是在一定的土地面积上的应用。整个组织的中心点，是每个成员都同等地分享那些对全体来说都有保证的特权和利益。”〔26〕但当时的这些团体没有独立的人格，因而这些团体不享有所有权。这种“总有”形式，不过是共同共有的一种特殊形式，其权利主体仍然是团体的成员（社员）。随着一些团体取得人格，尤其是股份公司出现后，公司直接成为所有权人，总有也就转化为公司所有。这正如史尚宽先生所谓：“总有团体转化为法人，总有权成为法人之单纯所有权。”〔27〕

---

〔26〕《资本论》（第 3 卷），人民出版社 1976 年版，第 1020 页。

〔27〕史尚宽：《物权法论》，台湾，荣泰印书馆 1957 年版，第 158 页。

实际上,从内部结构来看,公司所有和总有几乎是一致的:“在那里,每个股份都享有同等的一份利益,并且像马尔克成员的份地一样,每个股份的权利和义务也可以分割。”〔28〕

信托制度是英国法上的特有制度。信托的实质在于分割财产权,即信托财产上的权利一分为二,法律上的所有权属于受托人,衡平法上的所有权属于受益人。换言之,受托人是信托财产法律上的所有人,受益人则是信托财产衡平法上的所有人,受益人和信托人都享有信托财产的所有权。早期的英国公司制度就是建立于信托制度上,即公司受委托而拥有财产,财产的所有权和经营权根据信托契约由受信托人即公司享有。〔29〕但当时公司的主要形式即合股公司没有法人资格,且合股人要承担无限责任,合股公司只能被视为合伙企业。直到后来《合股公司法》《有限责任法》等法律颁布后,合股公司才取得法人资格,其股东也只需承担有限责任。同时,公司拥有财产所有权也得到了承认。〔30〕

(二)我国公司法人财产权的发展

我们已经看到,西方主要国家,无论是大陆法系国家,还是英美法系国家,在其不同的法律制度背景下,“自然”地肯定了公司法人财产所有权。但中国情况则不一样。尽管新中国成立前,公司拥有财产所有权,也许并无争议,但在新中国成立后,国有经济是按照列宁的“国家辛迪加”模式建立起来的,国有企业当然不享有所谓的“所有权”。随着国有企业改革,立法开始对企业的地位及其权利作出规定。其中最重要的是《民法通则》的颁布。1986 年制定的《民法通则》第 3 章规定了“法人”制度,确定了企业法人的法律地位,国有企业享有权利也就成为可能。同时,《民法通则》在第 82 条规定,全民所有制企业对国家授予它经营管理的财产依法享有经营权,受法律保护。该条是规定在“财产所有权和与财产所有权有关的财产权”一节之中,理论上因此将企业的经营权作为所有权以外的他物权看待。1988 年制定的《全民所有制企业法》对企业的经营权作了详细的规定。该法第 2 条第 2 款规定,“企业的财产属于全民所有,国家依照所有权和经营权分离的原则授予企业经营管理。企业对国家授予其经营管理的财产享有占有、使用和依法处分的权利”。该法并在第三章对企业的经营权加以列举。1992 年国务院发布了《全民所有制工业企业转换经营机制条例》对企业的经营权又作了进一步规定。从这些法规规定可以看出,虽然随着体制改革的深入,企业的权利逐渐得到扩大,

〔28〕《资本论》(第 3 卷),人民出版社 1976 年版,第 1020 页。

〔29〕周小明:《信托制度的比较法研究》,法律出版社 1996 年版,第 28 页。

〔30〕从英国法院的判例就可以看出这一点。尤其是在 1938 年以后的判例,已经很明确地肯定公司财产不能为公司和股东所共有,股东不得直接支配公司的资产,公司对其财产享有所有权,股东只是股份这种无体财产的权利人。参见江平、孔祥俊:《论股权》,载《中国法学》1994 年第 1 期。

但企业仍不对其财产享有所有权,它只享有经营权。

十四届三中全会中共中央《关于建立社会主义市场经济体制若干问题的决定》第一次明确提出了"法人财产权"的概念,并指出,"企业中的国有资产所有权属于国家,企业拥有包括国家在内的出资者投资形成的全部法人财产权"。1993年制定的《公司法》几乎采用了同样的表述。该法第4条规定,"公司股东作为出资者按投入公司的资本额享有所有者的资产受益、重大决策和选择管理者等权利。公司享有由股东投资形成的全部法人财产权,依法享有民事权利,承担民事责任。公司中的国有资产所有权属于国家"。2005年《公司法》第3条第1款规定为"公司是企业法人,有独立的法人财产,享有法人财产权。公司以其全部财产对公司的债务承担责任",将"公司中的国有资产所有权属于国家"的表述删除,最终承认了公司法人财产权。

但什么是"法人财产权",这些"决定"和《公司法》没有明确界定。1994年,国务院发布《国有企业财产监督管理条例》,该"监管条例"第27条规定,"企业享有法人财产权,依法独立支配国家授予其经营管理的财产。政府和监督机构不得直接支配企业法人财产"。原国家经济体制改革委员会对此作出解释为,"本条例所称财产权,不是归属意义上的所有权,而是一种独立的支配权,主要是指占有、使用和依法处分的权利……但这种权利毕竟不是所有权,因为它只是所有权的其中几项权能,是一种不完全的物权"。[31] 从这一条例及其解释来看,对公司法人财产权的认识还有待于进一步研究和提高。

四、股权与公司法人财产权的关系

(一)公司法人财产权与股权是相伴而生的一对权利

股权是公司对股东出资支付的对价,是出资行为的法定后果,是股东因出资而享有的权利。公司一经成立,出资就转化为公司所有的财产,出资人身份也由此变成了股东而享有股权,公司依法享有由股东出资所形成的财产所有权。股权和公司法人财产权是因股东出资和公司成立而产生的。没有股权,公司法人财产权也无从谈起,股东拥有股权的同时,公司也就拥有了法人财产权。所以,公司法人财产权与股权是相伴而生的一对法定权利。

(二)公司法人财产权与股权相互独立

股东一旦把自己的财产投入公司,就丧失了自己原先享有的财产权,而取得了股权;公司则对这些财产享有法人财产权,在公司存续期间,股东不得抽回出资。《公司法》第28条规定:"股东应当足额缴纳公司章程中规定的各自所认缴的出资额。股东以货币出资的,应当将货币出资足额存入准备设立的有限责任公司在银

---

〔31〕 国家体改委政策法规司编:《国有企业财产监督管理条例释义》,企业管理出版社1994年版,第82页。

行开设的账户;以非货币出资的,应当依法办理其财产权的转移手续。"第 35 条规定:"公司成立后,股东不得抽逃出资。"第 83 条对股份有限公司股东出资也作了类似规定。这些规定清楚地表明,股东财产与公司财产相互分离,公司法人财产权与股权是性质不同的独立权利。公司法人财产权的客体包括股东的出资,股权的客体则是由股东的出资所转化的股份。法人财产权的享有者只能是公司,股权的享有者只能是股东,公司不能因为享有法人财产权而影响股东行使股权,股东也不能因为享有股权而直接干涉公司行使其财产权。

(三)公司法人财产权与股权相互制衡

公司法人财产权与股权是一对制衡关系。首先,从股权的角度分析。根据公司法的规定及公司运转的实际情况,股东可以通过两种方式制约公司,一是通过股东会选举和罢免董事,并通过股东会对董事会进行控制,来实现对公司的控制;二是以发达和完善的证券市场为依托,通过股份的转让来制约公司的经营管理。这些是股权对公司法人财产权制约的方式,目的是实现股东利益的最大化。其次,从公司法人财产权的角度分析。公司享有法人财产权,是独立的民事主体。这就决定了股权的任何变动,都只能在保障公司独立法律地位的限度内,违背这一点,公司就会失去活力,股东利益也将无从谈起。另外,公司独立于股东,它可以通过行使法人财产权,来自主地根据市场需要,进行生产经营管理活动,来拒绝股东对公司的经营管理活动进行直接干涉。公司为了经济效益的最大化,不断地扩大生产经营规模,也会使分给股东的利益相对减少,从而制约了股权。

【拓展阅读】

进一步思考股权和法人财产权性质和相互关系,深入理解股权、法人财产权和公司自治之间的联系

[1]张力:《解构与重构——探求"法人财产权"理论的当代出路》,载《浙江社会科学》2007 年第 3 期。

[2]赵旭东:《公司法人财产权与公司治理》,载《北方法学》2008 年第 1 期。

[3]梁开银:《论公司股权之共有权》,载《法律科学》2010 年第 2 期。

[4]胡吕银:《现代物权思维下对公司财产权利结构的新解析》,载《法学》2012 年第 2 期。

[5]吴洁:《确立法人财产权 完善产权保护制度》,载《人民论坛》2014 年第 23 期。

【问题讨论】

1. 实践中,股票(或股东出资证明)、股东名册和股东登记在股东资格认定中

三者之间效力如何？

2. 隐名投资者与名义股东之间股权如何确认和保护？

3. 公司法人财产权与公司治理结构之间的关系如何？

【司法实践】

案例一

【案件名称】谢浩峰与江苏无锡朝阳集团股份有限公司股东资格确认纠纷案

【案件字号】(2016)苏02民终386号

【案件来源】【法宝引证码】CLI. C. 8431116

【案情简介】

2008年7月19日，谢浩峰与鲍文梅签订隐名股东协议，约定：谢浩峰将其持有的朝阳公司61,410股隐名在鲍文梅名下，成为隐名股东；除收益权外谢浩峰持有的股权所涉有关事宜均委托鲍文梅处理或办理相关手续；隐名股东协议有效期至朝阳公司注销工商登记日为止；朝阳公司盖章确认了上述隐名股东协议。同时，该协议另载明：经2012年12月5日第四次股东大会通过，以每10股送4股增加股权，隐名股东本次增加股权24,564股；谢浩峰签字确认了上述内容。

2011年10月29日，朝阳公司召开股东大会并形成决议，确认了朝阳公司2009年度、2010年度的利润分配方案；鲍文梅以到会股东身份签字确认了该份决议。2011年12月9日，朝阳公司分批开具存单分配红利；同日，朝阳公司将谢浩峰应得的红利存至其名下，并于2012年2月17日为谢浩峰缴纳个人所得税。

2012年12月5日，朝阳公司召开股东大会并形成决议，确认了朝阳公司2011年度的利润分配方案；鲍文梅以到会股东身份签字确认了该份决议。

2013年11月8日，朝阳公司召开股东大会并形成决议，确认了朝阳公司2012年度的利润分配方案；鲍文梅以到会股东身份签字确认了该份决议。

2015年5月5日，朝阳公司召开股东大会并形成决议，确认了朝阳公司2013年度、2014年度的利润分配方案；鲍文梅以到会股东身份签字确认了该份决议。

【裁判理由】

原审法院认为：谢浩峰与鲍文梅签订隐名股东协议，由鲍文梅代持朝阳公司的相应股份，并明确除收益权外的股权所涉有关事宜均由鲍文梅处理。协议签订后至今，均由鲍文梅作为朝阳公司记名在册的股东行使相应的股东权利，且朝阳公司现登记在册的股东均不同意谢浩峰成为朝阳公司的股东，故对谢浩峰直接要求朝阳公司确认其为股东的主张，法院难以支持。

二审法院认为：本案实际为隐名股东要求“显名化”的股东资格确认纠纷。隐名股东一般需具备实际出资及与名义出资人签订委托投资合同两个条件,并不能直接行使公司股东权利,其若要登记于公司的工商登记资料中,即“显名化”,还要遵守《公司法》和公司章程的相关规定。从本案现有证据看,谢浩峰因实际出资而享有收益权,取得朝阳公司历年来分配的红利、增发的股权等,但并非朝阳公司股东,不享有除资产收益以外的其他股东权利,如参与重大决策权、选择管理者权、行使表决权等。即使2013年11月的《隐名股东协议》,未有谢浩峰的签字,该协议未生效,谢浩峰仍从鲍文梅处取得2013年后的红利及增发的股权等,至今谢浩峰未有行使《公司法》及公司章程规定,成为显名股东的依据,对此,诉讼中,朝阳公司的显名股东均表示不同意谢浩峰成为显名股东,谢浩峰的股权仍由鲍文梅代持。故谢浩峰有关应确认其为朝阳公司的股东,享有股东权利的上诉诉称及其理由不能成立,本院不予采信。

案例二:享有盈余分配请求权的条件

【案件名称】杜锦仪、佛山市嘉珏贸易有限公司公司盈余分配纠纷案

【案件字号】(2018)粤06民终6992号

【案件来源】【法宝引证码】CLI. C. 64559104

学习心得

第九章　公司治理结构及其构成

【内容导读】

公司治理结构是公司管理和控制的制度体系，是公司分权和制衡的基础。各国市场经济发展的路径和模式不同，以及受不同法律文化传统的影响，形成了公司治理的不同模式：以英美为代表的“外部监控”型（又称“一元”治理模式）和以德国、日本为代表的“内部监控”型（又称“二元”治理模式）两种。各国不同的公司治理模式和治理结构主要表现在治理机关的组成及其权力配置不完全相同。是否设置监事会及其地位如何是区分“一元”和“二元”治理模式的依据。一般而言，股东会是公司的权力和决策机关；董事会是公司股东会的常设机关，负责日常经营决策；监事会是公司监督机关，负责公司经营监督；公司经理在董事会领导下具体负责公司日常经营。无论何种公司治理结构，都必须集中解决两个核心问题：一是保证实现股东对公司的控制，二是保证董事、经理享有充分的管理权。决议是股东会、董事会和监事会行使权力的基本形式。决议必须遵守法定或章程规定的职权和程序。违反法律、法规或公司章程的决议，其效力受到影响，股东等相关人员可以对瑕疵决议提起无效、撤销或不成立之诉。

【问题思考】

某有限责任公司有股东20人，注册资本200万元，公司章程约定董事会由5人组成，董事长及董事由股东会选举产生。后股东会选举吴某、王某等5人组成董事会，吴某担任董事长。后公司连年亏损，但吴某作为董事长未按照公司章程规定，召集股东会，也不向股东会报告工作，后王某联合公司15个股东（占到公司注册资本的3/4）召开临时股东会，吴某未参加。在此次会议上，通过了两项决议：1. 罢免吴某董事长职务，选举王某为董事长；2. 罢免谢某（公司职工，非股东）的监事职务。后吴某以临时股东会的召集及决议事项非法为由拒不执行，谢某也以监事身份由职工推举为由，不愿离职。为此发生争执，双方将此诉诸法院。法院经审理查明：吴某怠于履行职责，不主持召集股东会，其任期还有10个月届满；选举王某为董事长符合公司章程规定；谢某系职工代表出任监事，任期未满。法院认为：临时股东会召集合法，但其第二项决议不合法。

问题一:有限责任公司股东会的职权范围是什么?

问题二:本案临时股东会的决议效力如何?

【基础阅读】

理解公司治理结构的概念,明确公司治理结构的确立原则,了解各国公司治理的模式。

第一节　公司治理结构

一、公司治理结构的概念

公司治理结构(Corporate Governance Structure),或称法人治理结构、公司治理系统(Corporate Governance System)、公司治理机制(Corporate Governance Mechanism),是一种对公司进行管理和控制的制度体系。具体来说,是指公司作为一个独立的法人实体,为保障其正常有效地运营,而以股权为基础建立起来的内部组织系统及彼此制约牵制的运作体系。

目前学界关于公司治理结构的概念并未达成一致,主要包括以下三类观点:(1)公司治理结构就是公司各个组织机构之间权利分配的问题,其研究的核心是公司各组织机构之间权利、义务的具体分配问题。(2)完整意义上的公司治理结构的含义应相对于对象而言:对于所有者而言,它是一种经营机制;对于监督者而言,它是一种监督机制;对于社会而言,它是一种规范机制。公司治理结构是建立在公司内部利益主体所共有的安全高效理念基础上的内在协调机制。(3)公司治理结构就是解决公司的委托—代理问题,解决公司制企业制度下的两个核心问题,即经营者的选择机制和激励机制问题。[1]

二、公司治理结构的确立原则

公司治理结构的核心问题是公司经营者的选择和激励问题。无论何种公司治理结构,确立治理结构都以解决这两个核心问题为目标,一方面需要实现股东对公司的控制;另一方面又要使董事、经理享有充分的管理权。这就要求公司治理结构需要坚持以下原则:

(一)资本支配与资本平等

资本支配与资本平等是确定公司治理结构的基石。资本支配体现为出资者主权,意味着股东享有公司的最高权力。具体体现为股东会为公司的最高权力机构,

---

〔1〕 吴春岐等编著:《公司法新论》,中国政法大学出版社2003年版,第166~167页。

公司的一切重大事项,如公司章程的变更,董事的任免,公司的合并、分立、解散,公司重大经营方案的批准等,都必须由股东会作出决议。资本支配在股东内部的分配上则要奉行资本平等原则,公司股东在资本面前人人平等,按其投入公司的资本额分享权利。具体体现为股东的平等对待原则,公司组织机构的设置应确保所有股东,特别是中小股东享有平等的权利,并承担相应的义务。公司法中的同股同权原则、保护中小股东的累积投票制、大股东对关联交易的投票回避制等均体现了该原则。

(二)权力分立与权力制衡

权力分立与权力制衡决定了公司治理结构的形式架构。对公司进行管理的股东会、董事会、监事会分别享有决策权、执行权和监督权。这种权力的分立是公司所有权与经营权相分离的具体体现。在分权的基础上,公司各组织机构的权力配置又形成了相互制衡的格局,在公司的各组织机构之间形成一个互相依赖、互相作用并相互制衡的组织系统。公司治理结构中的权力分立与权力制衡平衡了公司内部不同利益主体之间的利益,使独立于股东会、董事会、监事会的公司意志和利益得以形成,最大程度地保证了公司的行为理性,实现了经济利益的最大化。

(三)效率优先与兼顾公平

效率优先和兼顾公平是公司治理结构的价值取向。公司的决策权、执行权和监督权进行分离后,各组织机构的权利或权力就形成了一种此消彼长的负相关关系,其间存在矛盾和冲突。当权利的配置发生矛盾和冲突时,要按照效率优先与兼顾公平的原则处理。在肯定公司治理结构奉行效率优先价值取向的同时,也不能忽视兼顾公平的要求。在公司治理结构中强调兼顾公平,意味着首先要保证资本平等,其次要保证公司对内、对外利益之均衡,最后要对小股东的利益予以特别的保护。这也是近年来对中小股东利益进行保护的原因——将更有利于公司的稳定协调和可持续发展。

三、公司治理结构的基本模式

受政治、经济、法律、历史和文化等因素的影响,各国公司治理模式的差异较大。主要有三大模式:

第一,以英美法系为代表的单一制模式。它是指仅由股东会和董事会组成的公司组织机构模式。美国的公司治理结构被称为单层委员会制,公司不设监事会,治理结构只由股东大会、董事会和总经理三者构成。美国实行的是董事会中心主义,股东会的权力通常仅限于公司法和公司章程的明确列举。董事会是业务执行机关,是公司最重要的决策者和管理机关,也是公司对外进行业务活动的全权代表,同时也承担着业务监督的职责。美国的董事会比其他国家的董事会有着更为严格的内部控制制度。为了加强内部监督,一般要求董事会必须有外部董事。董事会下设若干委员会,包括执行委员会、财务委员会、审计委员会、薪酬委员会、提名委员会等。其中审计委员会全部由外部董事组成,负责董事会与外部审计师联系,避免执行人员控制董事会和审计人员。内部审计委员会就是公司的监督机构。美国公司治理结构,如图 9－1 所示。

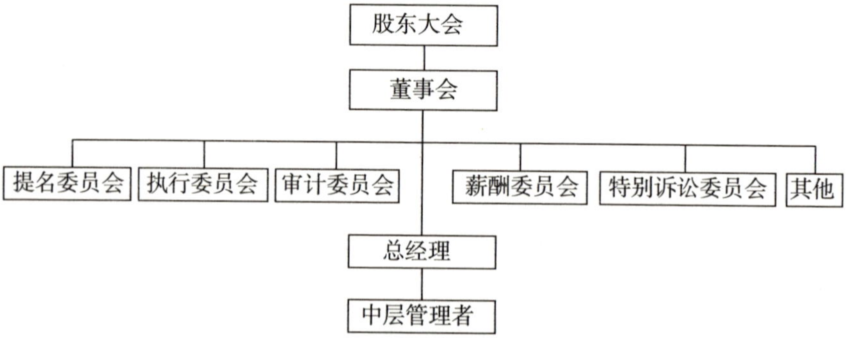

图 9－1　美国公司治理结构

第二,以大陆法系为代表的双重制模式。它是指除股东会、董事会外,还设有监事会的一种公司组织机构模式,德国是这一模式的最典型代表。德国公司治理结构有三大特点:一是监事会位高权重;二是职工参与公司治理;三是银行的主导性。德国公司由股东会选举产生监事会,监事会任命董事会成员,监督董事会执行业务,但不履行具体的管理职能。董事会负责执行公司的业务。此外,银行作为公司主要的股东和债权人,在监事会中占有主要的席位。银行在公司治理结构中的作用也是通过监事会来实现的。德国公司的治理结构,如图 9－2 所示。

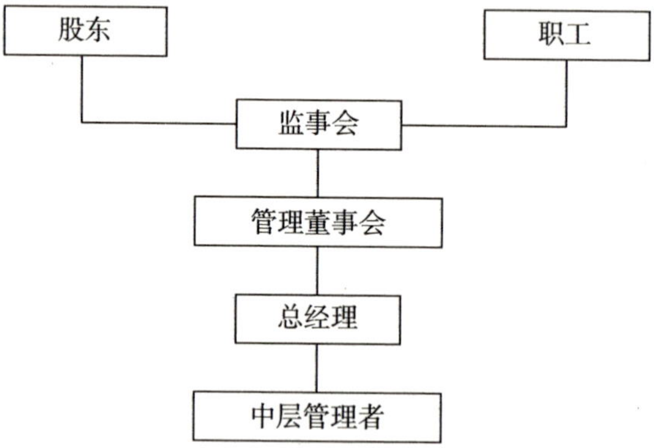

图 9－2　德国公司治理结构

第三,以日本为代表的折中制模式。它是指在公司中设股东会、董事会、总经理而不设监事会,只设独任监察人对董事会进行监督的一种组织机构模式。与德国不同，董事会和监事人是平等的机关，均由股东会选举产生，相互之间没有隶属关系。这种模式不同于单一制，股东会直接对董事会进行制约；也不同于双重制，由监事会对董事会进行制约，而是由监察人对董事会进行有限的制约。2005 年日本《公司法》规定了公司可以根据公司规模及其需要选择美国式的治理模式。日本公司的治理结构，如图 9－3 所示。

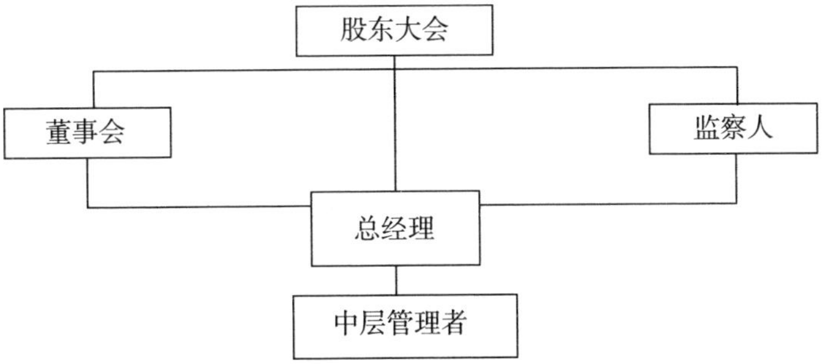

图 9－3　日本公司的治理模式

这三大模式概括起来可归为两种类型，即以英美为代表的“外部监控”型和以德国、日本为代表的“内部监控”型。在英美等国家，由于证券市场较成熟、股权高度分散，其公司治理更强调信息披露、公司接管等证券市场力量。当公司治理出现问题时，股东往往采取抛售股票的方式来制约公司组织机构。同时，完善的股东派生诉讼制度和董事义务理论以及由判例形成的董事义务规则，使股东可以通过诉讼程序有效地保护自身的利益，同时也制约了董事的行为，因而其公司治理强调外部监控。在德国和日本等后起的资本主义国家，由于公司的股权结构较为集中，银行持股和法人交叉持股较为普遍，因而其公司治理更强调股东、董事通过公司内部权力机关对公司进行直接控制。

第二节　股　东　会

一、股东会概述

（一）股东会的概念和特征

股东会，是指由公司全体股东组成的公司最高权力机构，行使对公司的控制权。在有限责任公司中称为股东会，而在股份有限公司中则称为股东大会。它具有以下四个特征：

1. 股东会由全体股东组成

自然人与法人通过出资与认股方式，成为公司的股东。按照《公司法》第 36

条和第98 条的相关规定,凡具有股东资格者均为公司股东会成员,均有权出席股东会会议。法人股东需委派自然人作为股东代表行使股东权。

2. 股东会是公司的最高权力机关

我国《公司法》第36条和第98条均规定,股东会是公司的权力机构,依照公司法的规定行使职权。公司法的这一规定,确定了股东会在公司组织机构中的地位。作为公司的组织机构之一,就其性质而言,股东会是公司的意思形成机构;就其地位而言,股东会是公司的最高权力机关。

股东会有权对公司的一切重要事务作出决议,董事会成员和监事会成员均由股东会决定产生,董事会和监事会均须对股东会负责。随着经济社会的发展和公司制度的改革,传统的股东会中心主义被董事会中心主义所取代,股东会的职权也因此受到了一定程度的限制,但这并没有改变股东会作为公司权力机构的性质和地位。

3. 股东会是公司内部的意思表达机关

股东会是公司的表意机关,公司作为法人,本身不能表达意思,只有通过股东会形成集体意志。股东会一般不以自己的名义对外活动,它只是一个内部机关,不能代表公司对外从事业务活动。

4. 股东会是公司的法定机构

在现代社会,虽然股东会权力萎缩和董事会权力扩张是不可逆转的事实和趋向,但在组建公司时,股东会的设立仍然受法律的强制性约束。在大多数国家,股东会是公司依法必须设立的公司组织机构。但是,针对特殊类型的公司,法律也会作出特殊规定,例如,我国相关法律规定,国有独资公司不设股东会,由国有资产监督管理机构行使股东会职权,国有资产监督管理机构可以授权公司董事会行使股东会的部分职权;一人有限责任公司也不设股东会,而由一人股东行使股东会的相应职权;外商投资设立的有限责任公司只设立董事会,由董事会代行股东会的权力。

股东会虽然是法定机构、必设机构,但并非常设机构,仅以定期会议和临时会议的形式行使职权。在股东会闭会后,股东只能通过有关参与权的行使,表达自己的意思,对公司生产经营活动施加影响。

(二)股东会的职权

随着经济社会的发展,公司的组织机构经历了一个由股东会中心主义到董事会中心主义的变迁。与此相适应,股东会的职权也经历了一个从宽泛到不断萎缩的过程。在早期的公司法中,由于各国均奉行股东会中心主义,赋予了股东会广泛的决议权,规定了必须由股东会决议的事项、可由股东会决议的事项以及是否经股东会决议由股东会自行决定的事项。除享有法定职权外,股东会还在公司章程中为自己设定了种种职权。但自20 世纪初以来,各国公司立法开始奉行董事会中心主义,逐渐强化董事会的职权。股东会的职权大为削弱。实际上由股东会决定的事项只剩下少数涉及公司生存与发展的重大问题。而且在不同种类的公司中,股东会所实际行使的职权及行使职权的条件也不尽相同,它与公司的规模大小、股权结构和股东的偏好密切相关。一般来说,有限责任公司股东会行使的权力要远比股份有限公司大,股权集中的公司比股权分散的公司大。

股东会是公司的最高权力机构。因此,股东会只负责就公司的重大事项作出决议,集体行使投资者权益。根据公司法的规定,股东会职权有法定职权和章程规定的职权两类。在法定职权之外,公司可以以章程的形式规定股东会的其他职权。

关于股东会的法定职权,各国公司法的规定较为相似。根据《公司法》第37条规定,我国公司股东会行使如下职权:(1)决定公司的经营方针和投资计划;(2)选举和更换非由职工代表担任的董事、监事,决定有关董事、监事的报酬事项;(3)审议批准董事会的报告;(4)审议批准监事会或者监事的报告;(5)审议批准公司的年度财务预算方案、决算方案;(6)审议批准公司的利润分配方案和弥补亏损方案;(7)对公司增加或者减少注册资本作出决议;(8)对发行公司债券作出决议;(9)对公司合并、分立、解散、清算或者变更公司形式作出决议;(10)修改公司章程;(11)公司章程规定的其他职权。从上述规定事项来看,我国公司的股东会享有较为广泛的职权。

二、股东会会议

(一)股东会会议的概念

股东会会议和股东会是两个不同的概念。股东会是由全体股东组成的公司最高权力机构,股东会会议是股东议事以行使股东会权力的具体方式。具体来说,就是股东会的职权需要依赖股东会会议才能实现。

(二)股东会会议的种类

股东会是由全体股东组成的。股东会作为公司的权力机构,通过召开股东会会议行使自己的权力,股东通过股东会会议对公司的经营管理表达自己的意志,行使对公司的控制权。为保障股东会权力的行使,各国的公司立法都对股东会会议作了专门规定。在我国,股东会的会议一般分为定期会议和临时会议两类。

1.定期会议

定期会议,也称普通会议、股东常会或股东年会,是指公司依据法律和公司章程的规定在一定时间内必须召开的股东会议。定期会议是股东行使决议权的基本形式,可以审议或决议股东会职权内的所有事项。在一般情况下,主要是审议批准公司的年度财务预算和决算方案、董事会和监事会的报告、选举和更换董事和监事等事项。

定期会议召开的时间由公司章程规定。在我国,有限责任公司的定期会议一般在每个会计年度结束之后即行召开;股份有限公司的定期会议一般在会计年度终了后6个月内召开。

定期会议每两次会议之间的最长间隔期,各国的规定有所不同。英国公司法规定两次会议之间的间隔自上一年度大会举行之日起不得超过15个月,美国许多州公司法规定的间隔期为不超过13个月。根据我国公司法的规定,有限责任公司的定期会议应当依照公司章程的规定按时召开,股东大会应当每年召开一次年会。

2. 临时会议

临时会议,也称特别会议,是指在定期会议以外根据法定人员或机构的提议而召开的股东会议。

考察各国公司法的规定,在以下情况下可以召开临时会议:(1)持有一定比例股份的股东申请时。(2)根据董事提议或在董事会认为必要时。(3)根据监事提议或在监事会认为必要时。(4)发生法定事由时。例如,英国1967年《公司法》规定,凡需要临时撤换一个董事,或任命一位年逾70岁的董事,或者任命一位新的审计员时,均需要召开股东会临时会议。(5)其他情况。

我国《公司法》第39条规定,有限责任公司有下列情形之一的,应当召开临时股东会会议:(1)代表1/10以上表决权的股东提议的;(2)1/3以上的董事提议的;(3)监事会或者不设监事会的公司的监事提议的。第100条规定,股份有限公司有下列情形之一的,应当在两个月内召开临时股东大会:(1)董事人数不足公司法规定人数或者公司章程所定人数的2/3时;(2)公司未弥补的亏损达实收股本总额的1/3时;(3)单独或者合计持有公司10%以上股份的股东请求时;(4)董事会认为必要时;(5)监事会提议召开时;(6)公司章程规定的其他情形。

应当注意的是,国外的公司立法大多规定法院可依职权裁定公司召开临时股东会议。例如,法国《商事公司法》第158条规定,"在紧急情况下,应任何利害关系人之请求或至少持有公司十分之一资本者一名或数名股东之请求,由法院指定的代理人"召集股东大会。英国公司法也规定,法院可以责令当事人以适当方式和时间召集临时股东会议。对此,我国的公司法没有规定。事实上,规定法院有权裁定召开临时股东会,是为了保障股东会职权得以行使的司法救济措施,是健全股东会制度不可缺少的内容,我国的公司立法应当予以借鉴。此外,清算组认为必要时可以召开股东会也是各国公司立法的通例。

三、股东会会议的召集

(一)召集人

股东会会议由董事会召集是各国公司立法的通例。我国公司法也规定,股东会会议由董事会召集,董事长主持。有限责任公司不设董事会的,股东会会议由执行董事召集和主持。

在公司运作过程中,有时会出现董事长怠于行使职权,不召集和主持股东会会议,并且不指定其他人员主持的尴尬局面。为了避免这种僵局的出现,消除这一障碍,我国公司法采用了一种递进、替补式的安排,设计了一条按董事会—监事会—股东顺序依次确定召集和主持股东会会议的补救制度,规定了公司各机关和符合法定条件的股东在特定条件下的股东会召集权。在董事长不能履行或者不履行职务时,由副董事长、半数以上董事共同推举的董事主持;在董事会或者执行董事不能履行或者不履行召集股东会会议职责时,由监事会或者不设立监事会的公司的监事行使召集和主持权;在监事会或者监事不召集和主持时,由少数股东自行召集和主持。这项制度,在程序上保证了股东会的正常召开,保障了公司治理机制的正常运行,避免了公司僵局的出现。

但是,少数股东在行使自行召集和主持权时,应当具备一定条件,符合法律的规定。一是代表性要求。有限责任公司的股东应当拥有公司 1/10 以上的表决权,股份有限公司的股东应当单独或者合计持有公司 1/10 以上的股份。二是时间限制。股份有限公司的股东应当连续持有上述股份达到 90 日以上。《公司法》的这两个限制条件,既保证了股东会会议召开的意志基础,也彰显了这一制度的严肃性。

(二)召集程序

由于股东会并非公司的常设机构,股东也非公司的工作人员。因此,股东对公司需要审议的事项并不是很熟悉。为了提高股东出席股东会会议的比率和股东会工作的效率,也为了防止董事会或控股股东利用不对称的信息资源,采用突然袭击的办法控制股东会,主宰股东会的决议,各国公司法都规定了股东会召集的通知程序。

通知和公告是召集股东会会议的具体方式。获得股东会会议召开的信息,是股东的权利;向股东传递有关股东会会议召开的信息,则是召集人的义务。如果召集人不能将股东会会议召开的信息依法、及时地告知股东,有可能导致股东会会议召开的无效。

1. 通知的时间。为了保证股东会会议的高效和顺利,相关的会议信息应当提前告知股东,以便股东准备决议的有关问题。至于通知的时间,各国要求并不完全一致。一般来说,对有限责任公司的要求比较宽松,对股份有限公司的要求比较严格。我国公司法规定,有限责任公司召开股东会会议的,应当于会议召开 15 日前通知全体股东。股份有限公司召开股东会会议的,应当将会议召开的时间、地点和审议的事项于会议召开 20 日前通知各股东;临时股东会应当于会议召开 15 日前通知各股东;发行无记名股票的,应当于会议召开 30 日前公告会议召开的时间、地点和审议事项。股份有限公司单独或者合计持有公司 3% 以上股份的股东,可以在股东大会召开 10 日前提出临时提案并书面提交董事会;董事会应当在收到提案后 2 日内通知其他股东,并将该临时提案提交股东会审议。临时提案的内容应当属于股东会的职权范围,并有明确议题和具体决议事项。

2. 通知的形式。各国公司法对会议通知都有形式上的要求,多采用信函方式发出,有的国家(如德国、奥地利)还特别要求采用挂号信函的方式发出。从实践中看,通知的方式可以是口头的,也可以是书面的,还可以采用公告的方式。但无论采用何种方式,都应当包括会议即将讨论的议题。对通知中未列明的事项,股东会不得作出决议。

四、股东会的开会

(一)会议主持人

《公司法》第40条规定:“有限责任公司设立董事会的,股东会会议由董事会召集,董事长主持;董事长不能履行职务或者不履行职务的,由副董事长主持;副董事长不能履行职务或者不履行职务的,由半数以上董事共同推举一名董事主持。有限责任公司不设董事会的,股东会会议由执行董事召集和主持。董事会或者执行董事不能履行或者不履行召集股东会会议职责的,由监事会或者不设监事会的公司的监事召集和主持;监事会或者监事不召集和主持的,代表十分之一以上表决权的股东可以自行召集和主持。”

《公司法》第101条规定:“股东大会会议由董事会召集,董事长主持;董事长不能履行职务或者不履行职务的,由副董事长主持;副董事长不能履行职务或者不履行职务的,由半数以上董事共同推举一名董事主持。董事会不能履行或者不履行召集股东大会会议职责的,监事会应当及时召集和主持;监事会不召集和主持的,连续九十日以上单独或者合计持有公司百分之十以上股份的股东可以自行召集和主持。”

(二)出席会议的相关规定

公司所有股东均有权参加股东会议,但也有一些特殊情况,如数人共有股份时,应要求共有人推选代表参加;法人作为股东的,可由法定代表人或者其委托人参加;此外,记名股东可以直接参加股东会,而无记名股票持有人则需在会议召开前5日至会议结束期间将股票存于公司。股东可以委托他人出席,但应出具公司印发的委托书,载明授权范围。

(三)会议表决

1. 股东的表决权

股东的表决权是股东为作出对股东会决议事项表示赞成或者否决的意思表示而参与决议的权利。表决权是公司股东权利的中心内容,是股东基于其股东地位而享有的一种固有权利,除非依据法律规定,不得以公司章程或股东会决议予以剥夺或限制。

公司作为企业法人,是由股东投入的资本构成的。股东投入公司的资本数额以及在公司中享有权利的多少,都是以股东所认缴出资额或者持有的股份数来表示的。因此,股东在股东会的表决权不是按参加会议的股东人数来计算,而是以股东所持有的公司资本的比例来确定的。我国《公司法》第42条规定,“股东会会议由股东按照出资比例行使表决权”。但是,“公司持有的本公司股份没有表决权”。

因为股东行使表决权的目的是形成公司意志，而公司股份代表的已经是公司意志，没有必要再参与股东会会议的表决。如果赋予公司持有的本公司股份表决权，那么，控制公司的股东就可能利用公司所持有股份的表决权为自己谋取利益，这对其他股东来说是不公平的。

由于公司的资合性特点，其他国家的公司立法大多确立了股东行使表决权的基本原则，即资本多数决原则或者一股一票原则，我国公司法也确立了相同的原则。《公司法》第42条和第103条规定，有限责任公司股东出席股东会的，按照出资比例行使表决权；股份有限公司股东出席股东会的，所持每一股份有一表决权。每一股份具有平等的表决权，是每一股份投资、收益和风险平等的必然结果，它既包括每一股份享有平等的表决机会，也包括每一股份的表决具有平等的效力。

资本多数决原则或者一股一票原则是法律的强制性规范。除非公司法另有规定，公司不得以章程或者股东会决议设立这一原则的例外，限制或剥夺某种股份或股东的表决权。但为了防止大股东操纵股东会的表决，保护少数股东或小股东的利益，一些国家的公司法规定，公司可以以章程来限制大股东的表决权。这些限制主要包括：(1)对表决权数上的限制。股东拥有股份数额超过一定比例的，其超额部分的表决权应打折计算。(2)对表决权代理的限制。受托人代理的表决权不得超过股份总数表决权的一定比例。(3)对表决权行使的回避。如果某些表决事项，关乎一些股东的特别利益，表决结果可能因此损及公司利益时，该股东应当回避，等等。相比较之下，我国的公司立法还有待进一步完善。

2. 股东表决的方式

(1)出席表决

出席表决，是指公司股东亲自出席股东会并进行投票的一种表决方式。出席股东会并依法行使表决权是股东的固有权利。在一般情况下，股东都应当出席股东大会，亲自进行表决。出席表决的优点是便于股东全面了解会议的内容和相关情形，使其能够充分表达自己的真实意志，但这种表决方式的成本较高。

在股东亲自投票的情况下，确认股东身份是至关重要的。记名股东通过股东名簿登记事项即可确定其身份，无记名股东则只能通过持有的股票确认其身份。为防止假冒股东现象的发生，保障会议的正常秩序，各国公司法都规定了相应的确认办法。我国《公司法》第102条规定，无记名股票持有人出席股东会会议的，应当于会议召开5日前至股东会闭会时将股票交存于公司。

(2)委托表决

委托表决，是指公司股东委托代理人出席股东会并进行投票的一种表决方式。随着股权的日益分散化，中小股东逐渐丧失了参与公司经营控制的兴趣和动力，从而加剧了股东会的“空壳化”。而委托表决却有利于调动中小股东行使投票表决权的积极性，充分发挥股东会的职能，从而有效防止股东会的“空壳化”。因此，委托代理人在股东会上行使表决权,已成为公司股东参与公司决策程序的主要模式。从实践中看,各国公司法对委托表决大致有三种立法模式:一是限制立法主义,如法国《商事公司法》第161条作了特别限制的规定:"一股东得由另一股东或者由自己配偶代表之"。二是不限制立法主义,如日本《公司法》第310条规定:"股东可以由代理人行使其表决权",但该股东或代理人须向股份有限公司提交证明代理权的书面委托书。比利时《统一商事公司法》规定,股东可以通过代理人参加投票表决,但对代理人的资格没有规定。代理人是否必须是股东,是由公司章程来规定的。三是折中立法主义,如意大利《民法典》第2372条规定,除公司章程另有规定外,可以进行代理表决,但董事、审计员、公司或其子公司的雇员以及银行或其他债权机构和团体不得成为代理人。

我国《公司法》第106条规定:"股东可以委托代理人出席股东大会会议,代理人应当向公司提交股东授权委托书,并在授权范围内行使表决权。"这一规定,虽然确立了股东表决权的代理行使机制,但过于原则和抽象,极易为个别经营者操纵和利用。为了防止委托表决方式成为他人谋取私利、操纵股东会的工具,我们应当借鉴国外公司法的成功经验,对代理人的资格、人数、授权书的有效期限、代理人所控制表决权的比例以及对代理表决权的生效条件作出明确规定,对招揽代理权的行为进行严格限制,完善并健全我国的委托表决制度。

(3)书面表决

书面表决,是指股东不出席股东会而用书面方式表明自己意见的一种表决方式。它能使股东在无法出席股东会的情况下亲自表达自己的意见,比委托表决更能真实、准确地反映股东的意志。但是,这种方式缺乏灵活性,股东不能根据股东会的进程和变化及时修正自己的意见。为了避免这一不足,国外公司立法在允许股东会采用这种表决方式的同时,也制定了相应的表决规则,如对书面表决相关事项资料的传递,书面表决票的制作以及统计、保管、公布等事项都有规定。我国公司法既没有规定,也没有禁止。如果公司章程有规定的,可以采用这种表决方式,但应当注意相应规则的完善。

随着科学技术的发展,电话、传真、互联网等现代通信工具不断涌现,为了降低投票成本,提高中小股东积极性,许多国家还立法承认了通信表决的有效性,允许股东利用通信工具表达自己对股东会决议的意见。虽然我国公司法没有规定通信表决方式,但在中国证券监督管理委员会、国家经济贸易委员会2002年发布的《上市公司治理准则》中规定,上市公司应在保证股东大会合法、有效的前提下,通过各种方式和途径,包括充分运用现代信息技术手段,扩大股东参与股东大会的比例。由此可见,如果操作得当,通信表决也能成为一种有效的表决方式。

(四)会议决议

股东会决议是股东对公司法和公司章程规定的事项进行表决形成的股东集体

意志。由于股东会是公司的权力机关,因而股东会决议在公司内部具有管理决策的功能,对外则具有公司行为意思的意义。

决议类型

根据股东会表决事项的不同,一般将股东会决议分为普通决议和特别决议两种。对于不同的决议事项,法律规定了不同的通过标准。

(1)普通决议。普通决议指决定公司普通事项时,以简单多数通过方为有效的决议。普通决议的事项,法律一般不强行要求,而是由公司章程规定。对于普通决议的通过比率,我国《公司法》作了不同的规定。有限责任公司股东会的议事方式和表决程序,由公司章程规定。股份有限公司股东会作出决议的,必须经出席会议的股东所持表决权过半数通过。

(2)特别决议。特别决议指决定公司的特别事项时,以绝对多数通过方为有效的决议。公司法设立特别决议制度主要是为了保障少数股东的利益。股东会的特别决议,有限公司必须经代表2/3以上表决权的股东通过,股份有限公司要经出席会议的股东所持表决权的2/3以上通过。按照《公司法》的规定,股东会特别决议的事项,包括修改公司章程的决议,增加或者减少注册资本的决议,公司合并、分立、解散或者变更公司形式的决议。此外,上市公司在1年内购买、出售重大资产或者担保金额超过公司资产总额30%的,应当由股东会作出特别决议。

与国外公司立法相比较,我国对特别决议事项的规定较少,对股东会召开的最低出席人数或者其所代表的股份数额也没有要求。这一规定主要考虑到股东会的召开,须依法定程序通知股东,股东不参加股东会会议,就表明其放弃了自己的权利,股东会就可经出席会议的股东进行表决,按照法定所需表决权数作出决议。这可以方便股东会作出决议,提高公司的决策效率。但是,它也可能导致股东会决议不能代表多数股东的意愿,在股东之间引起纠纷,未出席股东会的股东甚至可以另外召开股东会,作出新决议,导致公司陷入僵局。为了避免上述弊端,公司可以在章程中规定股东会会议的最低出席人数以及所持的最低股份数。

此外,为了明确股东会会议参加人的责任,公司法还规定了会议记录和签名制度。股东会应当对所议事项的决定作成会议记录,出席会议的股东应当在会议记录上签名。会议记录应当与出席会议的股东的签名册及代理出席的委托书一并保存。

第三节　董　事　会

一、董事会概述

股东会作为公司的权力机关,其特点决定了不可能由它来管理公司的日常经营事务。要维持公司的生存和发展,需要有一个专门的机关,代表股东会行使经营管理的权力,董事会便应运而生。在公司治理结构上,董事会是仅次于股东会的权力执行机关。在股东会闭会期间它总揽公司大权。按照我国公司法的原理,董事会是通常由股东会选举产生,由董事组成,行使公司经营管理权力,执行公司事务的法定机构。董事会的这一概念,包含以下几层意思:

(一)董事会是股东会的执行机关

作为公司的权力机关,股东会不是公司的常设机关,它是以会议形式存在的。董事会由股东会选举产生,要对股东会负责,执行股东会的决议并向股东会报告工作。董事会作为股东会的执行机关,一方面要实施股东会依法就公司重大事项所作出的决策;另一方面要按照公司法的规定行使职权,负责公司的经营管理工作。虽然董事会执行的是股东会的决议,但董事会的权限并不仅限于此。只要是公司的经营管理行为,董事会都有权行使。

在我国,鉴于国有独资公司的特殊情形,公司董事会成员并不完全是由股东会选举产生的,但无论其成员的产生方式如何,都改变不了董事会应对股东会负责,是股东会执行机关的性质,这是公司治理结构中早已确定的格局。

(二)董事会是公司的经营决策和领导机关

在现代公司里,董事会权力的强化和股东会职权的削弱是一种不可逆转的趋势,董事会已成为事实上的经营决策和领导机关。1974 年的美国《示范商事公司法》规定:"公司的一切业务活动和事务都应在董事会的指导下经营管理","如公司章程另有规定,则本法赋予董事会的权力和职责应在公司章程规定的范围内由公司章程规定的人员来行使或履行。"由此可见,在法律结构上,董事会虽然被定性为公司事务的执行机关,但其权力主要是公司事务的决策权。董事会决定股东会权力范围以外的事务,而公司的具体事务则交由其聘任的高级职员去完成。根据我国公司法的规定,公司的经营计划和投资方案、基本管理制度的制订、内部管理机构的设置均由董事会决定,并任命经理来执行公司的日常经营事务,经理对董事会负责。

(三)董事会是集体行使权力的机关

董事会是由若干董事组成的,若每个董事都单独享有管理公司事务的权力,则公司必然处于一盘散沙的状态。因此,实践要求董事会以集体决议的方式履行其职权。美国公司法 Henn 教授曾经指出,董事会制度的价值在于以"商议"、"评议"以及"集体判断"的方式作出有利于公司业务执行的决定。从实践中看,国内外的公司立法都规定,公司应当组成董事会,并采取合议制,集体行使相关职权。董事会集体行使权力包括两层含义:一是董事会作为公司业务执行机构和经营决策的领导机构所享有的职能是董事会集体的职权,不是董事会成员个人的职权。二是董事会集体享有的职权由董事会集体行使,不能由个人随意行使,而董事会集体行使权力的方式就是经合议后作出决议。

（四）董事会是法定的必要机关

董事会是由公司法规定的公司必须设立的机构。作为公司的经营决策和领导机关，董事会与股东会的存在形式不同。董事会自公司成立之日起就一直以组织的形式存在，其下设相应的机构，与经理一起形成公司的经营决策和管理系统，对公司的运营实行全面的管理和控制。作为一个不可或缺的机关，虽然它有开会、闭会之分，其成员经选任或者更换而变动，但作为一个合法组织，董事会应当始终存在，其活动不能停止。公司不得以章程或者股东会决议的名义不设立或者取消董事会，也不得以其他名称代替。在我国，虽然股东人数较少和规模较小的有限责任公司依法可以不设董事会，但应当设立一名执行董事，由执行董事履行董事会的职责。

董事会由全体董事组成。我国公司法规定，两个以上的国有企业或者其他国有投资主体投资设立的有限责任公司，其董事会成员中应当有公司职工代表；其他有限责任公司董事会成员中可以有公司职工代表。至于董事会组成人数的要求以及各部分董事的比例，各国法律的规定不尽相同。根据我国公司法的规定，有限责任公司的董事会成员为3人至13人，股份有限公司的董事会成员为5人至19人。此外，在上市公司中还应有独立董事。

二、董事和董事长

（一）董事的选任

董事是由股东会选举产生的、管理公司事务的董事会的必要成员，它有权出席董事会会议，参与公司重大经营事务的决策，可对外代表公司（在我国，目前只有董事长、执行董事或者经理具有对外代表权）。可以说，没有董事就没有董事会机关的产生。因此，目前董事资格、选任、义务等问题，是公司立法的重要内容。

公司首届董事的产生因公司类型的不同而有所差异。有限责任公司由全体股东选举产生，股份有限公司在发起设立模式下由发起人选举产生，在募集设立模式下由创立大会选举产生。在公司成立后，董事一般由股东会任免，但职工董事的产生办法，由法律另行规定。具体来说，股东董事由股东会选举和更换（国有独资公司的股东董事由国有资产监督管理机构委派），职工董事则由公司职工通过职工代表大会、职工大会或者其他形式民主选举和更换。上市公司在选举公司董事时，可以依照公司章程的规定或者股东大会的决议，采用累积投票制。

董事的任职期限，各国的规定不同。根据我国公司法的规定，董事的任期由公司章程规定，但每届任期不得超过3年。董事任期届满，连选可以连任。董事任期届满未及时改选，或者董事在任期内辞职导致董事会成员低于法定人数的，在改选出新的董事就任前，原董事仍应当依照法律、行政法规和公司章程的规定，履行董事职务。

股东会认为公司董事不适合继续担任董事职务的,有权予以撤换。但职工董事的罢免,应由职工代表大会或者职工大会进行,股东会无权罢免。

(二)董事的资格

董事的资格,是指其任职应具备的能力、经验以及人格、品质等条件,包括积极资格和消极资格两个方面。积极资格是指成为董事应当具备的资格,消极资格是指成为董事不能有的情形,即任职资格限制。考察各国的公司立法,主要是从身份、年龄、国籍、兼职、品行等方面对董事的任职资格进行限制。

1. 身份限制。董事的身份限制,实质上就是董事是否应为股东、法人或者自然人的问题。从立法趋势看,为了适应所有权与经营权分离的需要,便于公司求取人才,各国和地区一般都不再规定董事须持有资格股。至于是否允许法人担任董事,美国、德国、意大利等国规定,董事必须是自然人;英国、比利时、荷兰及我国台湾地区规定,法人也可以担任董事,但必须指定自然人为其常任代表。从我国公司法的有关规定看,董事既可由股东担任,也可由非股东担任。董事为法人单位的,应指定一名有行为能力的自然人为其代表。

2. 年龄限制。对于董事的年龄,各国都规定未成年人不能担任董事。至于上限,英国公司法规定,董事的年龄不得超过70岁。法国公司法规定,超过70岁的董事不得超过董事会成员的1/3,且董事长和总经理年龄不得超过65岁。

3. 国籍限制。除瑞士、丹麦等少数国家要求董事会的多数成员必须居住在本国境内外,多数国家对董事的国籍没有限制,我国对此也没有作出限制性规定。

4. 兼职限制。为了保证董事有充足的精力处理公司事务,防止其利用其特殊地位损害公司利益,各国都对董事的兼职行为作出限制甚至禁止的规定。德国公司法规定,未经许可,董事不得成为其他公司或商号的董事或实际管理人。法国公司法则限制兼职的数目,规定任何人不得兼任8个以上法国公司的董事。我国《公司法》第69条规定:"国有独资公司的董事长、副董事长、董事、高级管理人员,未经国有资产监督管理机构同意,不得在其他有限责任公司、股份有限公司或者其他经济组织兼职。"对于其他公司的董事能否兼职,公司法没有作出规定。

5. 品行限制。多数国家的公司立法都规定,被追究过刑事责任、严重违反法律、个人资信状况较差的人,在一定期限内不得担任公司的董事。

6. 其他限制。有些国家规定,政府官员、公证员、律师不得兼任公司的董事。我国公司法虽未作类似规定,但根据国家公务员不得从事营利性活动和不得在公司内兼职的规定,应当认为国家公务员不能兼任公司董事。对董事任职资格进行必要的限制,是世界通行的做法,我国主要从消极资格方面对董事的任职资格进行了限定。根据我国公司法和相关法律的规定,有下列情形之一的,不得担任公司的董事:(1)无民事行为能力或者限制民事行为能力;(2)因贪污、贿赂、侵占财产、挪用财产或者破坏社会主义市场经济秩序,被判处刑罚,执行期满未逾5年,或者因犯罪被剥夺政治权利,执行期满未逾5年;(3)担任破产清算的公司、企业的董事或者厂长、经理,对该公司、企业的破产负有个人责任的,自该公司、企业破产清算完结之日起未逾3年;(4)担任因违法被吊销营业执照、责令关闭的公司、企业的法定代表人,并负有个人责任的,自该公司、企业被吊销营业执照之日起未逾3年;(5)个人所负数额较大的债务到期未清偿;(6)国家公务员。公司违反规定选举、委派董事的,该选举、委派或者聘任无效。董事在任职期间出现上述情形的,公司应当解除其职务。

我国公司法对公司董事任职资格的限制性规定,同样适用于公司的监事和高级管理人员。

(三)董事的义务

董事是基于股东的信任由股东会选举产生的。董事组成董事会,董事会的职权由董事集体行使。可以说,在法律和公司章程的范围内董事被授予了广泛参与管理公司事务和财产的权力。为确保董事权力的正当行使,防止董事放弃、怠于行使权力或者为自己的利益滥用权力,保护公司和股东的最大利益,从法律上对董事的义务进行规范是十分必要的。大陆法系和英美法系国家的法律都对董事规定了严格的义务。我国法律对此也作了明确的规定,《公司法》第147条第1款规定:"董事、监事、高级管理人员应当遵守法律、行政法规和公司章程,对公司负有忠实义务和勤勉义务。"

1.忠实义务。忠实义务是指董事应当忠实履行职责,在自身利益与公司利益发生冲突时,应当维护公司利益,不得利用董事地位牺牲公司利益,为自己或者第三人牟利。从实践中看,公司董事违反忠实义务,利用职务便利,牺牲公司利益,牟取个人利益的情况比较多,这给公司的发展造成了很大的危害。为了更好地规范董事行为,我国公司法对违反忠实义务的行为,作出了严格的禁止性规定。根据规定,公司董事挪用公司资金;将公司资金以其个人名义或者以其他个人名义开立账户存储;违反公司章程的规定,未经股东会、股东大会或者董事会同意,将公司资金借贷给他人或者以公司财产为他人提供担保;违反公司章程的规定或者未经股东会、股东大会同意,与本公司订立合同或者进行交易;未经股东会或者股东大会同意,利用职务便利为自己或者他人谋取属于公司的商业机会,自营或者为他人经营与所任职公司同类的业务;接受他人与公司交易的佣金归为己有以及擅自披露公司秘密的行为,都属于违反公司忠实义务的行为,由此所得的收入应当归公司所有。

2.勤勉义务。勤勉义务是指董事履行职责时,应当为公司的最大利益,尽到普通人在类似情况和地位下谨慎的合理注意义务。对勤勉义务,一些国家确定了相应的标准。例如,美国《示范商业公司法》规定,董事履行其职责时应当怀有善意;以一个普通智者在类似情况下应有的谨慎去履行职责;依照他能合理地认为符合公司最大利益的方式履行其职责。德国《股份公司法》第 93 条规定,董事对其管理的公司事务,应尽"通常正直而又严谨的业务领导者的注意"。然而,我国公司法并没有规定判断勤勉义务的适用标准。对此,应当尽快完善,以保证公司法律的适用性。

监事和高级管理人员在公司中处于重要的地位,被法律和公司章程授予了监督和管理公司事务的权力,他们在执行公司职务的过程中,同样负有忠实和勤勉义务。

(四)董事长

董事长是董事会的法定构成人员。我国公司法规定,董事会设董事长一人,可以设副董事长。有限责任公司的董事长、副董事长的产生办法由公司章程规定,但国有独资公司的董事长、副董事长由国有资产监督管理机构从董事会成员中指定;股份有限公司的董事长和副董事长由董事会以全体董事的过半数选举产生。

根据公司立法的规定,董事长并不必然为公司的法定代表人。公司法定代表人依照公司章程的规定,可以由董事长、执行董事或者经理担任,并依法登记。

关于董事长的职权,我国公司法仅明文规定董事长依法行使两项职权:召集和主持董事会会议,检查董事会决议的实施情况。其他职权可由公司章程规定。

根据公司法的规定,董事长依照法律和公司章程的规定行使职权,副董事长协助董事长工作。董事长不能履行职务或者不履行职务的,由副董事长履行职务;副董事长不能履行职务或者不履行职务的,由半数以上董事共同推举一名董事履行职务。

三、董事会的职权

在现代社会,公司组织日渐庞大,经营层级日益复杂,股东数量不断增加并散居全国各地,极少过问公司的经营事务。股东会的权限被弱化,公司的营运权大都为董事会所控制。为了提高公司经营的效率,各国公司法均赋予董事会广泛的职权。但对于董事会职权的规定方式,各国立法又有所不同。有的国家采取列举的方式,明确授予董事会各项职权;有的国家采取排除的方式,明确规定哪些权力必须由股东会行使,除此之外的权力都由董事会行使;有的国家对董事会的职权不作具体规定,而授权公司章程规定。

我国对董事会的职权采取列举的方式。根据《公司法》第 46 条规定,董事会对股东会负责,行使下列职权:(1)召集股东会会议,并向股东会报告工作;(2)执行股东会的决议;(3)决定公司的经营计划和投资方案;(4)制订公司的年度财务预算方案、决算方案;(5)制订公司的利润分配方案和弥补亏损方案;(6)制订公司增加或者减少注册资本以及发行公司债券的方案;(7)制订公司合并、分立、解散或者变更公司形式的方案;(8)决定公司内部管理机构的设置;(9)决定聘任或者解聘公司经理及其报酬事项,并根据经理的提名决定聘任或者解聘公司副经理、财务负责人及其报酬事项；(10)制定公司的基本管理制度；(11)公司章程规定的其他职权。

董事会的这些职权，归纳起来，包括以下几个方面：

(1)股东会会议召集权。它体现了董事会与股东会的实质关系。董事会作为公司的经营决策机关，对公司的权力机关——股东会负责，有权召集股东会会议，并向股东会报告工作，执行股东会的决议。这既是董事会的职权，也是其法定职责。

(2)经营计划和投资方案决定权。在股东会决定了公司的经营方针和投资计划后，董事会据此决定公司的经营计划和投资方案，并组织实施，是董事会经营决策权最重要的体现。

(3)重大事项的方案制订权，包括年度财务预算、决算方案，利润分配和弥补亏损方案，增加或者减少注册资本以及发行公司债券的方案，公司合并、分立、解散或者变更公司形式的方案。对于这些事项，股东会有最终决策权，但董事会可以通过制订方案，并提交股东会审议、表决，来施加影响，参与公司重大事项的决策。

(4)内部事务决定权，包括内部管理机构的设置，公司经理、副经理、财务负责人的聘用及报酬事项的决定，公司基本管理制度的制定。这是董事会经营决策权的重要体现，是董事会执行股东会决议、实施公司经营计划和投资方案，保障公司良性运行的基础。

(5)其他职权。股东可以根据公司的具体情况，通过公司章程授权董事会行使其他职权，如规定由董事会决定承办公司审计业务的会计师事务所的聘用等。

四、董事会会议

(一)董事会会议的种类

董事会作为一个机构是通过召开会议并形成决议的方式行使职权的。董事会会议与股东会会议的分类相同，可以分为定期会议和临时会议。根据《公司法》第48条规定，这两类会议的议事方式和表决程序，除法律有规定的以外，均应由公司章程规定。

定期会议是在公司章程规定的固定时间召开的例会。我国公司法未对有限责任公司董事会会议召开的次数予以规定，但根据《公司法》第110条规定，股份有限公司董事会每年度至少应召开两次会议，每次会议应当于会议召开10日前通知全体董事和监事。

临时会议是应法律规定的提议人提议而召开的董事会会议。根据《公司法》的相关规定，股份有限公司下列人员有权提议召开临时董事会：(1)代表1/10以上表决权的股东；(2)1/3以上董事或者监事；(3)独立董事。提议人一般都是在公司经营中遇到需要董事会及时决策的事项时，才提议召开公司临时董事会的。

(二)董事会会议的召集

董事会会议由董事长召集和主持。对于董事长选出前的第一次董事会会议,一般由得票数最多的董事召集。但我国香港特别行政区规定,董事会会议可以由任何董事直接通知或者由秘书通知召集。

对于会议的召集时间,各国公司立法多无限制性规定。但我国公司立法仍然规定了股份有限公司董事会的召集时间。根据我国《公司法》第 110 条的规定,股份有限公司董事会召开年会的,每次会议应当于会议召开 10 日前通知全体董事和监事。临时董事会的召开,董事长应当自接到提议后 10 日内,召集和主持董事会会议。董事会召开临时会议,也可以另定召集董事会的通知方式和通知时限。

(三)董事出席会议的比例

我国公司法规定,董事会会议应有过半数的董事出席方可举行。因此,董事会举行的前提条件是出席会议的董事超过全体董事的半数(不包括本数)。董事参加会议的方式可以分为直接参加和委托参加。直接参加,即由董事本人出席会议;委托参加,即委托他人代理其参加董事会议。在委托参加的情况下,董事应当签署书面授权委托书给代理人,并在委托书中载明授权范围。

(四)董事会决议的通过

我国公司法规定,董事会作出决议,必须经全体董事的过半数通过。董事会决议的表决,实行一人一票。应当注意的是,董事会的表决程序与股东会的表决程序是有区别的,董事会通过决议实行的是一人一票制,即每一名董事对所需决议的事项有一票表决权。董事会的表决以董事的"人数"为计算出席及决议的标准,而不是以董事持有的股份或者出资额作为计算出席及决议的依据。因此,在只有刚过半数董事参加会议的情况下,其决议经到会的全体董事同意才能达到法定的通过票数要求。

为使董事会决议公开并确保无损于公司或者其他股东的利益,各国公司法或者公司章程都规定,凡涉及董事自身利害关系的事项,该董事不得参加表决,亦不得代理他人进行表决,但应计算在董事会出席人数之内。鉴于我国存在大量的关联公司与关联交易,从保护中小股东与债权人利益的角度出发,我国《公司法》第 124 条规定:"上市公司董事与董事会会议决议事项所涉及的企业有关联关系的,不得对该项决议行使表决权,也不得代理其他董事行使表决权。该董事会会议由过半数的无关联关系董事出席即可举行,董事会会议所作决议须经无关联关系董事过半数通过。出席董事会的无关联关系董事人数不足三人的,应将该事项提交上市公司股东大会审议。"

但是,对于有限责任公司董事会的议事方式和表决程序,我国公司立法没有具体要求。这主要是考虑到该类企业千差万别,且规模不大,社会关注度不强,不宜作强制性的规定,以免损害公司法律的权威。因此,在董事会的活动方式上留下一定的空间,让投资者通过公司章程予以规定。

根据公司法的规定,董事会应当对会议所议事项的决定作成会议记录,出席会议的董事应当在会议记录上签名。董事应当对董事会的决议承担责任。董事会的决议违反法律、行政法规或者公司章程、股东大会决议,致使公司遭受严重损失的,参与决议的董事对公司负赔偿责任。但经证明在表决时曾表明异议并记载于会议记录的,该董事可以免除责任。

五、上市公司的独立董事

独立董事是指不在公司担任除董事外的其他职务,并与其所受聘的公司及其主要股东不存在可能妨碍其进行独立客观判断的关系的董事。独立董事制度起源于美英公司法。它的兴起和普遍推行,既是公司内部矛盾激化的结果,也是公平原则的体现。在传统的股东利益最大化的模式下,董事属于股东的代理人,维护股东利益是其最高的和唯一的目标。董事作为股东利益的化身,无须具有独立性,独立董事不可能有用武之地。在公司组织机构走向以董事会为中心后,出现了一股和几股独掌公司的局面,内部人控制现象也随之产生。于是,发达的西方国家开始引入独立董事制度。实践表明,以英美为代表的英美法系国家在不改变“一元制”的模式下,通过设立独立董事制度达到了改善公司治理、提高监控职能、降低代理成本的目的,实现了公司价值与股东利益的最大化。而在美国董事会中设立的负责审计、薪酬、提名的3个委员会中,半数以上成员是由独立董事担任的。20世纪90年代以来,许多国家纷纷效仿,引发了一场公司治理中的“独立革命”。

我国对独立董事制度的引入,是从上市公司开始的。而将独立董事纳入立法的领域,是从部门规章制度开始的。最早规定独立董事制度的法律性文件是1997年12月中国证监会发布的《上市公司章程指引》,它规定“公司根据需要,可以设立独立董事”。但该规定为选择性条款,并没有强制上市公司设置独立董事。为了强化上市公司的治理,我国证监会2001年发布了《关于在上市公司建立独立董事制度的指导意见》,创设了我国的独立董事制度。按照规定,在2003年6月30日前,上市公司的董事会成员中应当至少包括1/3的独立董事。2005年10月通过的《公司法》进一步规定:“上市公司设独立董事,具体办法由国务院规定”,以基本法的形式确立了独立董事制度。

根据法律的有关规定,独立董事独立履行职责,不受上市公司主要股东、实际控制人或者其他与上市公司存在利害关系的单位或者个人的影响。独立董事原则上最多在5家上市公司兼任独立董事,并确保有足够的时间和精力有效地履行独立董事的职责。

担任独立董事应当符合下列基本条件:(1)根据法律、行政法规及其有关规定,具备担任上市公司董事的资格;(2)符合证监会所要求的独立性;(3)具备上市公司运作的基本知识,熟悉相关法律、行政法规、规章及规则;(4)具有5年以上法律、经济或者其他履行独立董事职责所必需的工作经验;(5)公司章程规定的其他条件。此外,独立董事及拟担任独立董事的人士应当按照中国证监会的要求,参加相关培训。

独立董事由上市公司董事会、监事会、单独或者合并持有上市公司已发行股份1%以上的股东提名,经股东大会选举决定。独立董事每届任期与该上市公司其他董事任期相同,任期届满,连选可以连任,但连任时间不得超过6年。独立董事连续3次未亲自出席董事会会议的,由董事会提请股东大会予以撤换。

独立董事除应当具有公司法和其他相关法律、法规赋予董事的职权外,还具有下列职权:(1)重大关联交易(指上市公司拟与关联人达成的总额高于300万元或者高于上市公司最近经审计净资产值的5%的关联交易)应由独立董事认可后,才能提交董事会讨论;(2)向董事会提议聘用或者解聘会计师事务所;(3)向董事会提请召开临时股东大会;(4)提议召开董事会;(5)独立聘请外部审计机构和咨询机构;(6)可以在股东大会召开前向股东征集投票权。独立董事行使上述职权时应取得全体独立董事的1/2以上同意。

上市公司应当保证独立董事享有与其他董事同等的知情权,提供独立董事履行职责所必需的工作条件和费用。独立董事行使职权时,上市公司有关人员应当积极配合,不得拒绝、阻挠或者隐瞒,不得干预其独立行使职权。

六、董事会秘书

董事会秘书是股份有限公司特别是上市公司辅助董事会进行日常重要工作的公司高级管理人员。

董事会秘书在英美法系国家中具有重要地位。最初的董事会秘书仅作为公司的普通雇员,从事一般性工作,处理一些文书事务,与普通“秘书”无本质区别。到20世纪中期,董事会秘书的地位和职能被重新认识,一些国家的公司立法明确规定了董事会秘书制度。1985年和1989年的英国《公司法》都对董事会秘书的任职资格、职权、责任等方面作了详细的规定。2002年的美国《示范商业公司法》更是将董事会秘书作为公司的高级管理人员予以规范。

在我国,董事会秘书作为高级管理人员在公司中设置,经历了从境外上市的外资股,到境内上市的外资股,再到境内上市的内资股的渐进过程。1993年,深圳市人民代表大会制定的《深圳经济特区股份有限公司条例》规定,董事会设秘书,秘书负责董事会的日常事务,受董事会聘任,对董事会负责。2004年,沪深证券交易所修订的《股票上市规则》进一步强调了董事会秘书在上市公司中的高管地位和相关职责,并明确规定上市公司不得无故解聘董事会秘书。

为更好地发挥董事会的职能,我国公司立法将董事会秘书纳入了调整范围。按照现行公司法的规定,上市公司必须设立董事会秘书。而对一般的股份有限公司,是否设置董事会秘书则由公司自主决定。至于董事会秘书应由谁聘任,法律没有明确规定。从一般原理分析，作为公司的高级管理人员，董事会秘书由董事会聘任为宜。

董事会秘书对董事会负责，承担公司股东大会和董事会会议的筹备、文件保管以及公司股东资料的管理，办理信息披露事务等事宜。从实践中看，董事会秘书在处理董事会执行职权所涉及的事务中起着不可或缺的作用。董事会秘书的工作，维系着公司运作程序的合法性、公正性和完整性。

董事会秘书为履行职责，有权了解公司的财务和经营情况，参加有关的会议，查阅相关的资料和文件。上市公司应当为董事会秘书履行职责提供便利，董事、监事和其他高级管理人员应当支持、配合董事会秘书的工作。

董事会秘书对公司负有忠实和勤勉义务。如果在执行公司职务时违反法律、行政法规或者公司章程的规定，给公司造成损失的，应当承担赔偿责任。

第四节　监　事　会

一、监事会的性质

在现代公司制度下，股东的所有权和经营权是相分离的，公司的事务由董事会管理和控制。为了防止董事会滥用权力，保护公司、股东和债权人的权益，就必须设计一套监督机制，对公司的管理者进行监督。在各国的立法实践中，有关公司的监督机制，主要有两种不同的模式。一是以英国、美国为代表的英美法系模式。在股东会之下不设监事会，公司的监督职能由董事会兼任。如美国董事会中不执行公司业务的外部董事，实际上承担了公司的监督职能。特别是上市公司董事会下设的内部审计委员会，其成员全部由独立董事组成，是专门的监督部门。二是以德国、日本为代表的大陆法系模式。在公司内部设立监事会，作为专门的监督机关，负责监督公司的业务执行情况和检查公司的财务状况。我国采取了大陆法系国家通行的公司监管模式，在股东会下设监事会，行使公司的监督职责。

监事会是公司的监督机构。虽然各国对监事会的称谓不同，有的称监事会，有的称监察委员会，还有的称会计监察人，但在本质、功能上并无太大的差别。从我国的公司立法看，所谓监事会，是指依法设立并对公司的经营管理行为和财务状况进行监督的常设机构。由此可知，监事会具有如下内涵：

(1)监事会是由依法产生的监事组成的。监事是监事会的成员。监事一般由股东会选举产生，但有的国家也规定了监事的其他产生途径。例如，我国公司法规定，监事会由股东代表和适当比例的公司职工代表组成。监事会中的职工代表由公司职工通过职工代表大会、职工大会或者其他形式民主选举产生。

(2)监事会是公司的监督机构。为防止董事会滥用权力，保护公司、股东和债权人的权益,现代公司立法在加强董事会权力的同时,也确立了监事会的地位。一是对股东会负责,执行公司的监督事务;二是与董事会地位平行,彼此不存在隶属关系。作为公司的监督机构,监事会主要是对董事、经理的经营行为和公司财务进行监督。

(3)监事会是公司的常设机构。为保证经营者尽职尽责地履行义务,监事会必须能够对其实施监控与制约。因此,作为公司的组织机构,监事会的设立是必不可少的。它自公司成立时就已经存在,并伴随公司的整个生命过程。通过监事会的工作,达到公司内部自治监督的目的,从而形成股东会、董事会、监事会三足鼎立的制衡关系。

虽然各国在公司治理中均设立了行使监督职能的公司机构,但是,与公司其他机构的设置相比,有关监事会设置的规定差异最大。近年来,随着经济全球化和一体化进程的加快,公司的治理模式之间出现了相互借鉴和融合的趋势。在我国,市场经济尚不发达,相关机制还不健全,制度也不完善,监事会的作用未能有效发挥,公司(尤其是上市公司)治理频频出现混乱情况。为了解决这些问题,我国的公司监督制度也在进行变革。非上市公司的监督制度在原有体制的基础上进行完善,上市公司则通过借鉴其他国家的模式,对原有的监督体制进行改造,设置了独立董事,公司的监督职能由监事会和独立董事共同承担。

二、监事会的组成

(一)监事会的人数

监事会由监事组成。监事会的设置,目的在于牵制公司的业务执行机关。因此,在设计监事会人数时,一要遵守公司立法的规定,二要考虑公司的股本规模、职工数量以及投资者与经营者的关系,不可一概而论。从国外的立法看,各国对监事会的组成人数并无强制规定,而是授权公司根据具体情况以章程确定。

对于监事会的人数,日本原则上不加限制,法国规定为1人至数人,德国法律规定:“监事会由3名成员组成。章程也可以规定某个较多的成员数。成员数必须是能被3除尽的。监事会成员的最大数目在拥有基本资金不同的各公司中为:不足300万德国马克的9人,超过300万德国马克的15人,超过2000万德国马克的为21人。”

我国公司法规定,有限责任公司设监事会,其成员不得少于3人。股东人数较少或者规模较小的有限责任公司,可以设1至2名监事,不设监事会。股份有限公司设监事会,其成员不得少于3人。

对于监事的任职资格,我国公司法作了与董事相同的规定和要求。

(二)监事会的结构

根据传统的公司立法,监事会成员一般应由有行为能力的股东担任。随着市场经济的发展,劳动力已经资本化,体现在劳动者身上的人力财产已经成为公司财产不可或缺的一部分。公司经营状况变化,除股东和债权人外,为公司服务的职工也会受到较大的影响。从身份变化来看,股东可以通过转让股份而随时脱离公司,债权人可以通过债权实现等方式解除与公司的关系,而职工离开公司则面临着许多困难,要承担较大的损失。因此,职工的命运与公司的生存是紧密联系在一起的,他们与公司的关系比一般股东和债权人更加密切,他们更加关注公司的经营现状和发展前景,双方属于一损俱损、一荣俱荣的关系。在此情形下,各国公司立法都作了不同程度的修改,允许职工代表进入监事会,分享监督公司经营管理的权力,充分维护职工的利益。

在西方国家中,德国有关职工参与监事会的规定最具特色,也最完备。德国的立法理念是,职工把劳动力投入公司与股东把资本投入公司同等重要,二者之间可以视为“合伙”关系,即共同为公司的资产增值。因此,职工应与股东一样,享有选派代表进入公司监事会的权利。按照德国《共同决定法》的规定,监事会必须由同等人数的股东代表和职工代表组成,各方可以分别为 6 人、8 人或者 10 人。其中,职工代表必须分别来自工人、职员、高级职员和工会代表。如果可以选举 6 位或者 8 位监事,那么必须至少有 2 位为工会代表;如果监事会中可以有 10 位职工代表,那么至少应有 3 位工会代表。监事会中的其余 3 位、5 位或者 6 位职工代表,必须根据企业中所有工人和职员在整个企业职工中的比例分别从工人和职员中选任。同时,监事会职工代表中还必须有一位高级职员代表。

德国的这项制度,对西方其他国家产生了较大的影响。目前,欧洲大陆的许多国家(如德国、荷兰、奥地利等)都通过立法,规定监事会成员中应当有一定比例的职工代表,参与对公司经营管理活动的监督。

我国公司法规定,公司应当设立监事会,其成员不得少于 3 人。监事会应当包括股东代表和适当比例的公司职工代表,其中职工代表的比例不得低于 1/3,具体比例由公司章程规定。监事会中的职工代表由公司职工通过职工代表大会、职工大会或者其他形式民主选举产生。

为了保证监事和监事会行使职权的独立性和公正性,各国公司法都限制董事、经理、财务人员与监事相互兼职。我国法律也作了类似的规定,明确禁止公司的董事、经理及财务负责人兼任监事。

(三)监事的任期

监事的任期,各国立法规定不一,有 1 年、3 年、5 年、6 年等不同规定。但任期的长短,大体与董事的任期一致。有学者认为,监事的任期应比董事会的任期短,以便于监督作用的发挥。因为人员的更替可使前后两届监事会对同一届董事会进行交替监督。但如果监事的任期过短,就难以了解管理者管理公司的细节和过程,不能对管理者的经营活动作出快速反应,监督的职能也就无法充分发挥。从目前各国公司立法关于监事任期的规定看,基本上坚持与董事任期一致或者长于董事任期的原则,以便对董事的经营管理活动进行切实、持续和跟踪监督。同时,许多国家还规定,监事会成员任期届满,可连选连任。

我国《公司法》规定,监事的任期为3年。监事任期届满,连选可以连任。监事任期届满未及时改选,或者监事在任期内辞职导致监事会成员低于法定人数的,在改选出的监事就任前,原监事仍应当按照法律、行政法规和公司章程的规定,履行监事的职务。

(四)监事会主席

监事会主席是监事会的负责人。在大陆法系国家,凡设置监事会的立法都规定要设立监事会主席。设置监事会主席,有利于充分发挥监事会的职能作用,使监事会的工作能够有条不紊地进行。在特殊情况下,监事会主席还可以召集临时会议,从而充分发挥监督功能。

我国公司法适应时代潮流,确立了监事会主席制度,并规定了监事会主席的产生办法和职责范围。根据规定,监事会设主席一人,可以设副主席。监事会主席和副主席由全体监事过半数选举产生;监事会主席召集和主持监事会会议;监事会主席不能履行职务或者不履行职务的,由监事会副主席召集和主持监事会会议;监事会副主席不能履行职务或者不履行职务的,由半数以上监事共同推举一名监事召集和主持监事会会议。

从国外立法看,监事会主席的作用非常重要。为防止监事会决策形成僵局,法律赋予监事会主席特别权力。德国法律规定,监事会会议实行多数表决制。但在两派意见僵持不下时,主席享有两票表决权。与西方国家的规定相比较,我国法律给予监事会的关注还不够,还有许多需要完善的地方。

三、监事会的职权

随着股东会中心主义向董事会中心主义的转变,在现代公司制度下,董事会的地位日益显赫,权力日渐膨胀。那么,监事会又有哪些制衡权力呢?对监事会的职权,各国的规定差别较大。有的权限广泛,足以与董事会抗衡或者支配董事会;有的权力有限,监事会事实上成为董事会的附庸。对其职权的界定,有的规定详细而严格,有的则粗疏而宽泛。从实践中看,凡监督制度健全、权力强大的,监事会的作用就明显,监督实效就高;凡权力弱小且弹性较大的,监督效果就不明显,监事会的作用也不突出。考察德、法、日等国的法律规定,监事会的职权主要包括以下几个方面。

(一)董事会成员任免权

根据德国公司立法的规定,在董事会与监事会的权力划分中,监事会独揽大权,以简单多数享有董事会成员的任免权,决定董事的薪金、兼职、车辆的使用办法以及差旅费、搬家费的支付范围和待遇。在法国双层委员会体制下,董事会的成员由监事会选任,股东会在任何时候都可以根据监事会的提议罢免董事。

（二）经营活动监督权

监事的功能在于监督公司的运作。监事会设置的目的在于牵制公司的执行机关，防止其滥用权力。因此，凡董事的行为足以影响公司业务执行的，均在监事会的监督范围内。为保障其监督职能，监事会可派代表列席董事会会议，定期和随时参加董事会报告工作，对董事会的决议提出异议并可要求复议。对于董事会违反法律和公司章程的行为，监事会有权通知董事会停止其行为，必要时可予以阻止。根据我国台湾地区"公司法"的规定，任何监事在行使监督权发现董事有违规行为时，可不必征求其他监事的意思而随时单独行使。

（三）公司财务检查权

一般情况下，在每个会计年度终了时，董事会应当编制各种会计报表，交由监事会审核。监事会对其真实性审查后，将审查意见向股东会报告。这是一种事后监督权，旨在了解、核实公司的真实财务状况。当然，这是一项经常性的工作。无论何时，监事会都有权调阅本公司的会计报表、财产物品、账簿文件以及其他可能显示公司财务状况变化的全部资料。为保证审查的合法和准确，监事会还可以代表公司委托律师、会计师协助审查，由此产生的费用由公司承担。

（四）临时股东会召集权

从各国公司立法看，召集股东会本是董事会的一项基本权力。但是，监事会在监督过程中，若发现与公司利害攸关的重大情况，而董事会无法或者不愿意召集股东会的，便可行使紧急处分权，自行召开股东会。德国《股份公司法》规定，为了"公司的利益"，监事会认为有必要时，有权召集股东会。

（五）公司代表权

根据公司治理的制度设计，公司的代表权由董事会行使。但在公司与董事会成员间有诉讼行为，或者董事为自己或其亲属与公司有业务来往，或者代表公司委托律师、会计师时，由监事会代表公司行使权力。在日本，就公司经营而言，监事无论是不是股东，都不拥有公司的代表权，但其商法规定，公司对董事或者董事对公司提起诉讼时，由监事代表公司。由此可知，作为公司经营的监督机关，监事会以监督权为原则，代表权为例外。

（六）违法行为制止权

董事会、经理在管理公司事务过程中，违反法律或者公司章程的规定，或者未经股东会许可，作出越权行为时，监事会有权予以制止。日本《商法典》规定："董事不在公司目的范围以内的行为，以及其他违反法令或者章程的行为，因之而有致使公司有发生显著损害之虞时，监事可以要求制止董事的这种行为。"同时，对此获得的收益，监事会可召集股东会，作出将其收益收归公司所有的决议。

（七）业务拘束权

这是德国法律赋予监事会的一项重要权力。根据规定，董事会在行使业务执行权时,不可任意妄为,某些特定事项只有在取得监事会同意后才可进行。但该“同意”并非执行业务的行为,也不是业务执行的决定,只是业务执行的生效条件。然而,监事会的业务拘束权不可绝对化。必要时,股东会可对其进行修正,行使终局裁决权。

根据我国公司法和公司章程的有关规定,监事会的职权虽与其他国家或者地区的规定不尽相同,但其权力范围还是比较广泛的。若行使得当,完全可以成为制约董事会的力量,达到设立监事会的目的。在我国,监事会、不设监事会的公司监事可以行使下列职权:(1)检查公司财务;(2)对董事、高级管理人员执行公司职务的行为进行监督,对违反法律、行政法规、公司章程或者股东会决议的董事、高级管理人员提出罢免的建议;(3)当董事、高级管理人员的行为损害公司的利益时,要求董事、高级管理人员予以纠正;(4)提议召开临时股东会会议,在董事会不履行《公司法》规定的召集和主持股东会会议职责时,召集和主持股东会会议;(5)向股东会会议提出提案;(6)依照《公司法》第151条的规定,对董事、高级管理人员提起诉讼;(7)公司章程规定的其他职权。

同时,监事可以列席董事会会议,并对董事会决议事项提出质询或者建议。上市公司的监事会可要求公司董事、经理及其他高级管理人员、内部及外部审计人员出席监事会会议,回答其所关注的问题。

为了保障监事有效行使职权,公司应采取措施保障监事的知情权,为监事正常履行职责提供必要的帮助,任何人不得干预、阻挠。监事履行职责所需的合理费用应由公司承担,按时拨付。在公司与董事、经理之间的诉讼中,监事可代表公司;监事在履行职责的过程中,发现公司经营情况异常的,可以进行调查;必要时,可以聘请会计师事务所等协助其工作,费用由公司承担。这些规定,将赋予监事和监事会更多、更大的权力,从而能够在实际上形成与董事会、经理权力制衡的局面,以切实强化监督制约的效果。

四、监事会的议事规则

监事会行使监督职能是通过召开监事会会议,形成监事会决议的形式来实现的。因此,法律有必要对监事会权力的行使程序作出规定。从其他国家的公司立法来看,有的国家规定监事会的召集与议事规则由公司章程规定,也有的国家准用董事会的有关规定。在德国,由于监事会地位的特殊性,其公司法对监事会的召集、议事及表决均作了较为详细的规定。

在借鉴外国公司立法和总结监事会运作机制成功经验的基础上,我国公司法对监事会会议的召集与主持、会议召开的次数、决议的通过原则、会议的记录等议事机制作了明确规定。对法律没有涉及的相关内容,则授权公司章程规定。

根据我国公司法的规定,监事会会议由监事会主席召集和主持。监事会主席不能履行职务或者不履行职务的,由监事会副主席召集和主持监事会会议;监事会副主席不能履行职务或者不履行职务的，由半数以上监事共同推举一名监事召集和主持监事会会议。

有限责任公司的监事会每年度至少召开一次会议，股份有限公司的监事会至少每6个月召开一次会议。此外，监事可以提议召开临时监事会会议。

监事会的决议应当经半数以上监事通过。监事会应当对所议事项的决定作成会议记录，出席会议的监事应当在会议记录上签名。

第五节　经　　理

一、经理的地位

在传统的公司法中，董事会被视为公司的业务执行机构，它负责公司的经营管理和代表公司进行对外活动。随着证券市场的发展，公司股权日渐分散，股东对公司管理的也日益漠视。与此同时，经济分工的细化和市场竞争的激烈程度，使公司的管理进一步专门化，现实中大多由股东组成的董事会已不能适应现代化大生产的需要。董事会为了履行其职能，就需要一个专门的机构来辅助自己，需要一批精于管理的专门人才来帮助自己。于是，辅助董事会执行业务的经理机构便应运而生。

经理，又称经理人，是指在授权范围内协助董事会管理公司事务的人。从一些国家和地区的公司法律制度看，经理具有以下特征：

(1)经理不是公司的法定机关。与股东会、董事会、监事会不同，经理并非公司的必设机关。公司既可以设置经理，也可以不设经理。是否设立经理，由公司根据自身的经营规模和具体情况而定。在我国的公司实践中，股份有限公司均设经理，作为董事会的执行辅助机关，而有限责任公司则可设可不设。

(2)经理是董事会的业务执行机构。作为董事会的辅助机构，经理属于公司的业务执行机关。在董事会的领导下，负责公司的日常生产经营管理工作。

(3)经理是公司的雇员。各国公司立法都规定，经理由董事会决定聘任或者解聘，对董事会负责，向董事会报告工作，接受董事会的监督。

(4)经理的权力源于董事会的授权。经理在董事会的授权范围内对外代表公司，并享有管理公司的广泛权力。公司章程、董事会或者公司与经理的协议可以对经理的权力进行限制。但对经理权力的限制，不得对抗善意的第三人。

公司设置经理的目的就是辅助董事会执行业务。因此，有无必要设置经理完全由公司视自身情况而定，法律并未作强制性规定。在现代公司制度中，尽管经理是由公司章程任意设定的机构，但事实上一般都设有经理机构。尤其是在实行所有与经营、决策与管理相分离的公司企业中，经理更是必不可少的常设业务辅助执行机关。随着董事会中心主义的不断强化,董事会的地位和职权也在不断变化,主要权力逐渐由业务执行向经营决策转变。董事会可以决定股东会权力范围外的一切事务,而公司的具体业务执行多由经理去完成。即使如此,经理的性质并未发生根本性变化,经理依然是公司的业务辅助执行机构。

在董事会权力不断扩大的背景下,公司立法也呈现出经理地位被不断强化的趋势。因此,正确界定并妥善处理董事会与经理的关系,是公司法律理论与实践必须解决的问题。不仅要在股东会、董事会和监事会之间建立起有效的监督制衡机制,而且要在公司经营阶层内部形成一定的分权与制衡机制。就董事会与经理的关系而言,是以董事会对经理实施控制为基础的合作关系。其中,控制是第一性的,合作是第二性的。既不能失去对经理的控制,使董事会形同虚设,沦为经理的附庸;又不能事无巨细,概由董事会议决,使经理无所事事。

二、经理的选任

作为董事会的辅助执行业务机构,经理的选任由董事会决定。各国公司法大多规定,聘任经理是董事会的权力。董事会通过投票决定公司经理的人选。在美国,有的公司还专门设立提名委员会,寻找并向董事会推荐经理等高级管理人员的合适人选。

经理是公司日常经营的实际管理者。因此,经理的资格是公司运营中的重要问题。经理应当具备两个方面的条件,即积极条件和消极条件。积极条件是指经理应当具备的各种能力和素质。它的影响因素较多,认定标准难以统一,法律一般不干预,而将其作为内部事务交由董事会决定。消极条件是排除条件,是担任经理不得出现的情形,各国公司法大多是由此对公司经理的任职资格进行规范的。我国公司法对经理任职资格的限制与董事、监事的任职条件限制是完全一致的。

经理由董事会聘任,其权力源于董事会的授权。因此,董事会对其权力可以作出扩大或者缩小的决定。如果经理违法经营或者其能力、素质不足以管理公司,董事会可依法予以解聘。解聘不合格的经理,是董事会对经理进行事后制约的重要手段。在西方国家,一个经理由于经营不善而被解聘时,他的历史记载上就多了一笔不可抹杀的失败记录。有过市场失败记录者,很难重新谋求到新的经理职位。保住经理职务的唯一途径就是努力工作,不断提高公司的利润水平,增强公司的竞争实力,使公司得以长期稳定地发展。这一点,确实值得我们思考和借鉴。

三、经理的职权

作为董事会的辅助机关,经理的职权来自董事会的授权。经理从属于董事会,他必须听从董事会的指挥和监督,在董事会授权的范围内对外代表公司,执行公司业务。对于专属于董事会的管理事项,经理不得越俎代庖,擅自决定。

我国《公司法》第 49 条规定,经理对董事会负责,行使下列职权:(1)主持公司的生产经营管理工作,组织实施董事会决议;(2)组织实施公司年度经营计划和投资方案;(3)拟订公司内部管理机构设置方案;(4)拟订公司的基本管理制度;(5)制定公司的具体规章;(6)提请聘任或者解聘公司副经理、财务负责人;(7)决定聘任或者解聘除应由董事会决定聘任或者解聘以外的负责管理人员;(8)董事会授予的其他职权。公司章程对经理职权另有规定的,从其规定。经理作为公司的雇员,公司章程有权对其职权作出不同于法律的规定。既可以扩大,也可以缩小。

此外,作为董事会的执行机构,经理可以列席董事会会议。列席董事会会议,既是经理的权利,也是经理的义务。

国有独资公司设经理,负责公司的生产经营管理工作,是董事会的辅助机关。经理由董事会聘任或者解聘。经国家授权投资的机构或者部门同意,国有独资公司的董事可以兼任经理。国有独资公司经理的职权与一般有限责任公司的经理相同。

第六节　公司瑕疵决议及其效力

一、公司瑕疵决议的概念

公司瑕疵决议,一般是指决议内容或程序违反法律、法规或公司章程规定的决议。根据不同的标准可以做出不同的分类。以瑕疵的种类为标准来划分,可分为内容瑕疵决议和程序瑕疵决议两种。内容瑕疵决议是指决议内容违反法律、行政法规和违反公司章程的决议;程序瑕疵决议主要指召集程序、表决方式违反法律、行政法规及违反公司章程的决议。以瑕疵决议的效力为标准来划分,可以分为无效的决议、可撤销的决议以及不成立的决议。

我国《公司法》第22条及《公司法司法解释(四)》第5条对公司决议瑕疵及其效力作了具体的规定:公司决议内容违反法律、行政法规的无效;股东会或者股东大会、董事会的会议召集程序、表决方式违反法律、行政法规或公司章程,或决议内容违反公司章程的,股东可自决议作出之日起60日内,请求人民法院撤销(见图9－4);股东会或者股东大会、董事会决议存在下列情形之一,当事人主张决议不成立的,人民法院应当予以支持:(一)公司未召开会议的,但依据公司法第37条第2款或者公司章程规定可以不召开股东会或者股东大会而直接作出决定,并由全体股东在决定文件上签名、盖章的除外;(二)会议未对决议事项进行表决的;(三)出席会议的人数或者股东所持表决权不符合公司法或者公司章程规定的;(四)会议的表决结果未达到公司法或者公司章程规定的通过比例的;(五)导致决议不成立的其他情形(见图9－5)。至此,我国正式确立了公司决议无效、可撤销及不成立之诉。

二、公司瑕疵决议的效力

(一)公司决议的无效

公司决议内容违反法律、行政法规的无效。任何股东认为决议内容违反公司法及其他有关法律、行政法规规定的,可以提起决议无效之诉。公司决议内容违反效力性强制性法律规定,经法院认定为无效的,自始无效。

1. 提起决议无效之诉的条件

根据 1993 年《公司法》规定,提起决议无效之诉既要求决议内容违反法律、行政法规的规定,还要求必须侵犯了股东的合法权益。但在司法实践中,该规定很难真正救济股东受损权益。因为股东很难举证证明权益受损的事实,其承担的诉讼成本可能是巨大的,而实际受益者则是其他诸多股东,所以股东在诉讼中会存在"搭便车"的心理,最终导致救济落空。现行《公司法》第 22 条取消了这一要求,规定无论公司决议是否侵害了股东权益,只要决议内容违反法律、行政法规的规定,股东就有权提起决议无效之诉。

2. 提起决议无效之诉的主体

我国《公司法》规定,股东有权提起公司决议无效之诉。《公司法司法解释(四)》第 1 条规定,股东、董事、监事等均有权提起公司决议无效之诉。

3. 决议无效的法律后果

公司决议无效,意味着公司决议自始不发生法律效力。对于公司内部而言,产生自始无效的溯及力,所有依据该决议所发生的权利和义务关系应该回复原状;对于公司外部而言,并不当然发生自始无效的法律后果,不具有绝对溯及力,公司依据该决议与善意相对人形成的民事法律关系不受影响。

(二)公司决议的可撤销

股东会或者股东大会、董事会的会议召集程序、表决方式违反法律、行政法规或者公司章程,或者决议内容违反公司章程的,股东有权依法提起诉讼,请求人民法院予以撤销。《公司法司法解释(四)》第 4 条规定,会议召集程序或者表决方式仅有轻微瑕疵,且对决议未产生实质影响的,人民法院对撤销诉请不予支持。决议撤销之诉要求股东在决议作出之日起 60 日内提起;超过 60 日的,法院不再受理该撤销之诉。股东提起决议撤销之诉时,应当持有该公司股权,即具有公司股东的适格性。当决议被人民法院撤销后,该决议自撤销之日起失去效力。

1. 提起决议撤销之诉的主体

我国《公司法》第 22 条第 2 款规定提起决议撤销之诉的主体限于股东,《公司法司法解释(四)》第 1 条将决议无效之诉和不成立之诉的诉讼主体扩展到股东以外的其他主体,如董事、监事。我们认为公司决议效力之诉的原告范围在立法中应实现统一,将可撤销、不成立、无效之诉的原告范围统一规定为股东、董事、监事等决议利益相关者。

2. 提起决议撤销之诉的期限

为维护公司决议的稳定性,法律规定股东应在一定期限内提起决议撤销之诉。我国《公司法》规定,股东有权自决议作出之日起 60 日内向法院提起撤销之诉。从公司法理论上看,60 日应当为除斥期间,不存在中止、中断和延长的情形,若期间无人提起决议撤销之诉,则该公司决议具有确定的法律效力。

3. 提起决议撤销之诉的担保

为了保障公司运行效率,促使股东正当行使诉权,法律规定法院可以应被诉公司的请求,要求股东提供与公司因诉讼暂停决议执行而遭受的损失相适应的担保。股东因滥用诉权给公司造成损失的,应当对公司承担赔偿责任。

4. 撤销决议的法律后果

依照一般民事法律行为制度,被撤销的法律行为自行为开始起无效。因此,决议撤销之诉的判决效力应当及于决议之时。依据《公司法》第 22 条第 4 款及《公司法司法解释(四)》第 6 条的规定,公司根据股东会或者股东大会、董事会决议已办理变更登记的,人民法院宣告该决议无效或者撤销该决议后,公司应当向公司登记机关申请撤销变更登记;股东会或者股东大会、董事会决议被人民法院判决确认无效或者撤销的,公司依据该决议与善意相对人形成的民事法律关系不受影响。

(三)公司决议的不成立

根据《公司法司法解释(四)》第 5 条的规定,股东会或者股东大会、董事会决议存在以下情形之一的,当事人可以向法院主张决议不成立:(1)公司未召开会议的,但依据《公司法》第37 条第2 款或者公司章程规定可以不召开股东会或者股东大会而直接作出决定,并由全体股东在决定文件上签名、盖章的除外;(2)会议未对决议事项进行表决的;(3)出席会议的人数或者股东所持表决权不符合公司法或者公司章程规定的;(4)会议的表决结果未达到公司法或者公司章程规定的通过比例的;(5)导致决议不成立的其他情形。

1. 提起决议不成立之诉的主体

《公司法司法解释(四)》第 1 条规定,"公司股东、董事、监事等请求确认股东会或者股东大会、董事会决议无效或者不成立的,人民法院应当依法予以受理"。即公司股东、董事及监事均可向人民法院提起决议不成立之诉。

2. 决议不成立的法律后果

依据民事法律行为理论的一般原理,法律行为的成立是其生效的逻辑前提。公司决议不成立当然不发生法律效力。依据《公司法司法解释(四)》第 6 条规定,股东会或者股东大会、董事会决议被人民法院判决确认无效或者撤销的,公司依据该决议与善意相对人形成的民事法律关系不受影响。所以,公司决议一旦被法院裁决不成立,对公司内外应当适用或产生决议无效的法律后果。

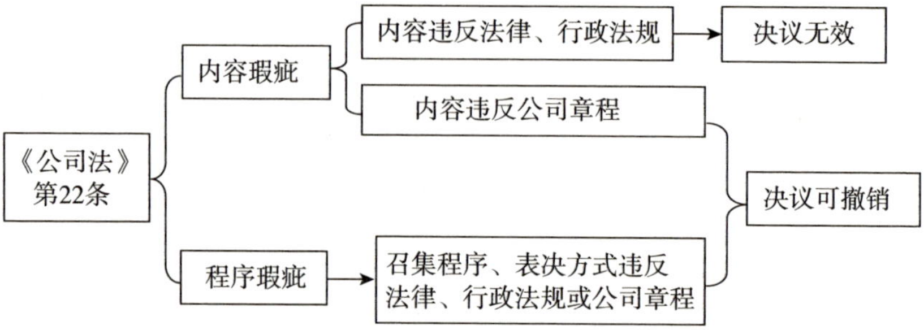

图 9－4 《公司法》第 22 条规定的图解

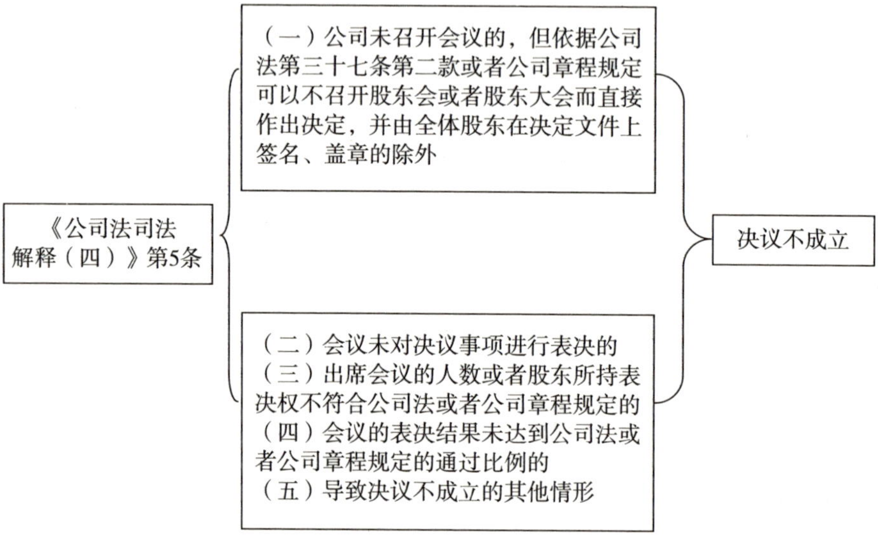

图 9－5 《公司法司法解释(四)》第 5 条规定的图解

【拓展阅读】

进一步阅读有关公司治理的文章和书籍,反思我国公司治理结构所存在的问题,在了解公司内部治理结构现状的同时,进一步思考我国公司外部治理结构状况。

[1]甘功仁、史树林:《公司治理法律制度研究》,北京大学出版社 2007 年版。

[2]刘晓霞、马建兵:《公司治理内涵的反思与层次性解构》,载《甘肃社会科学》2012 年第 1 期。

[3]申文君、李秋成:《国有公司法人治理结构及其法治化路径》,载《河北法学》2018 年第 6 期。

[4]李志刚:《公司股东会撤销决议之诉的当事人:规范、法理与实践》,载《法学家》2018年第4期。

[5]殷秋实:《法律行为视角下的决议不成立》,载《中外法学》2019年第1期。

【问题讨论】

1. 公司控制权与公司治理之间的关系如何?

2. 公司法关于公司组织机构的规定是如何体现权力制衡原则的?

3. 公司法是否应该规定公司决议未生效类型?是否应该规定确认决议无效之诉的行使期限?

【司法实践】

案例一

【案件名称】李建军诉上海佳动力环保科技有限公司公司决议撤销纠纷案

【案件字号】(2010)沪二中民四(商)终字第436号

(2009)黄民二(商)初字第4569号

【案件来源】最高人民法院指导性案例10号

http://www.court.gov.cn/fabu-xiangqing-13307.html

【裁判要点】

人民法院在审理公司决议撤销纠纷案件中应当审查:会议召集程序、表决方式是否违反法律、行政法规或者公司章程,以及决议内容是否违反公司章程。在未违反上述规定的前提下,解聘总经理职务的决议所依据的事实是否属实,理由是否成立,不属于司法审查范围。

【基本案情】

法院经审理查明:原告李建军系被告佳动力公司的股东,并担任总经理。佳动力公司股权结构为:葛永乐持股40%,李建军持股46%,王泰胜持股14%。3位股东共同组成董事会,由葛永乐担任董事长,另两人为董事。公司章程规定:董事会行使包括聘任或者解聘公司经理等职权;董事会须由2/3以上的董事出席方才有效;董事会对所议事项作出的决定应由占全体股东2/3以上的董事表决通过方才有效。2009年7月18日,佳动力公司董事长葛永乐召集并主持董事会,3位董事均出席,会议形成了"鉴于总经理李建军不经董事会同意私自动用公司资金在二级市场炒股,造成巨大损失,现免去其总经理职务,即日生效"等内容的决议。该决议由葛永乐、王泰胜及监事签名,李建军未在该决议上签名。

【裁判结果】

上海市黄浦区人民法院于2010年2月5日作出(2009)黄民二(商)初字第

4569号民事判决:撤销被告佳动力公司于2009年7月18日形成的董事会决议。宣判后,佳动力公司提出上诉。上海市第二中级人民法院于2010年6月4日作出(2010)沪二中民四(商)终字第436号民事判决:一、撤销上海市黄浦区人民法院(2009)黄民二(商)初字第4569号民事判决;二、驳回李建军的诉讼请求。

【裁判理由】

法院生效裁判认为:根据《公司法》第22条第2款的规定,董事会决议可撤销的事由包括:一、召集程序违反法律、行政法规或公司章程;二、表决方式违反法律、行政法规或公司章程;三、决议内容违反公司章程。从召集程序看,佳动力公司于2009年7月18日召开的董事会由董事长葛永乐召集,3位董事均出席董事会,该次董事会的召集程序未违反法律、行政法规或公司章程的规定。从表决方式看,根据佳动力公司章程规定,对所议事项作出的决定应由占全体股东2/3以上的董事表决通过方才有效,上述董事会决议由3位股东(兼董事)中的两名表决通过,故在表决方式上未违反法律、行政法规或公司章程的规定。从决议内容看,佳动力公司章程规定董事会有权解聘公司经理,董事会决议内容中"总经理李建军不经董事会同意私自动用公司资金在二级市场炒股,造成巨大损失"的陈述,仅是董事会解聘李建军总经理职务的原因,而解聘李建军总经理职务的决议内容本身并不违反公司章程。

董事会决议解聘李建军总经理职务的原因如果不存在,并不导致董事会决议撤销。首先,公司法尊重公司自治,公司内部法律关系原则上由公司自治机制调整,司法机关原则上不介入公司内部事务;其次,佳动力公司的章程中未对董事会解聘公司经理的职权作出限制,并未规定董事会解聘公司经理必须要有一定原因,该章程内容未违反公司法的强制性规定,应认定有效,因此佳动力公司董事会可以行使公司章程赋予的权力作出解聘公司经理的决定。

案例二:实际控制公司的股东所虚构的公司股东会议及其决议不成立

【案件名称】张艳娟诉江苏万华工贸发展有限公司、万华、吴亮亮、毛建伟股东权纠纷案

【案件来源】《中华人民共和国最高人民法院公报》2007年第9期(总第131期)

【法宝引证码】CLI. C. 83948

【案情简介】

原告张艳娟与被告万华为夫妻关系。被告万华工贸公司成立于1995年,注册资本为106万元,发起人为被告万华、原告张艳娟及另外两名股东朱前、沈龙。其中万华出资100万元,张艳娟等3名股东各出资2万元。万华工贸公司章程中规定了"股东不得向股东之外的人转让股权"。2006年6月,原告因故查询工商登记时发现万华工贸公司的股东、法定代表人均已于2004年4月发生了变更,原告的

股权已经转让给了被告毛建伟，万华也将其100万出资中的80万所对应的公司股权转让给了被告吴亮亮，公司法定代表人由万华变更为吴亮亮。万华工贸公司做出上述变更的依据是2004年4月6日召开的万华工贸公司股东会会议决议，但原告作为该公司股东，从未被通知参加该次股东会议，从未转让自己的股权，也未见到过该次会议的决议。该次股东会议决议以及出资转让协议中原告的签名并非原告本人书写。因此，原告认为该次股东会议实际并未召开，会议决议及出资转让协议均属虚假无效，侵犯了原告的合法股东权益。故原告请求法院确认所谓的2004年4月6日万华工贸公司股东会决议无效……而被告则抗辩：2004年4月6日通过的股东会决议内容并无违反法律之处，原告张艳娟认为其本人未收到会议通知，没有参加该次股东会议，即便其主张成立，也只能说明2004年4月6日的万华工贸公司股东会会议程序不符合法律和该公司章程的规定。根据修订后的《公司法》第22条规定，只能提起决议撤销之诉。但原告时隔两年才起诉，已经过了起诉时效，不应受理。

【裁判理由】

南京市玄武区人民法院认为：虽然被告万华享有被告万华工贸公司的绝对多数的表决权，但并不意味着万华个人利用控制公司的便利作出的个人决策过程就等同于召开了公司股东会议，也不意味着万华个人的意志即可代替股东会决议的效力。根据本案事实，不能认定2004年4月6日万华工贸公司实际召开了股东会，更不能认定就该次会议形成了真实有效的股东会决议。万华工贸公司据以决定办理公司变更登记、股权转让等事项的所谓“股东会决议”，是当时该公司的控制人万华所虚构，实际上并不存在，因而当然不能产生法律效力。法院最终判决2004年4月6日的被告万华工贸公司股东会决议不成立。

学习心得

第十章　公司债券

【内容导读】

公司债券是现代公司的一种重要的融资方式，是公司长期资金的主要来源，在发行主体、表现形式等方面皆不同于普通公司债务。《公司法》以及相关法规以公司债券的持有人、股东、公司等主体的利益平衡为原则，从公司债券的发行、转让、偿还、转换等各个环节加以规制。公司债券的发行需要符合法定条件，由公司的权力机关作出决议，并申请主管机关登记或核准。公司债券应当在依法设立的证券交易所上市交易或者在国务院批准的其他交易场所转让。一般情况下，公司债券应当到期清偿，如果发行合同中约定发行公司可提前偿还的，发行公司则可以提前清偿。公司发行可转换为股票的公司债券的，应当按照其转换办法向债券持有人换发股票，但债券持有人对转换股票或者不转换股票有选择权。

【问题思考】

案例一：发行公司债券案

甲公司是由自然人乙和自然人丙于2002年8月共同投资设立的有限责任公司。2006年4月，甲公司经过必要的内部批准程序，决定公开发行公司债券，并向国务院授权的部门报送有关文件，报送文件中涉及有关公开发行公司债券并上市的方案要点如下：

(1)截止到2005年12月31日，甲公司经过审计后的财务会计资料显示：注册资本为5000万元，资产总额为26,000万元，负债总额为8000万元；在负债总额中，没有既往发行债券的记录；2003年度至2005年度的可分配利润分别为1200万元、1600万元和2000万元。

(2)甲公司拟发行公司债券8000万元，募集资金中的1000万元用于修建职工文体活动中心，其余部分用于生产经营；公司债券年利率为4%，期限为3年。

(3)公司债券拟由丁承销商包销。根据甲公司与丁承销商签订的公司债券包销意向书，公司债券的承销期限为120天，丁承销商在所包销的公司债券中，可以预先购入并留存公司债券2000万元，其余部分向公众发行。

问题一：甲公司是否具备发行公司债券的主体资格？

问题二：甲公司的净资产和可分配利润是否符合公司债券发行的条件？

问题三：甲公司发行的公司债券数额和募集资金用途是否符合有关规定？如果公司债券发行后上市交易，公司债券的期限是否符合规定？

案例二：发行可转换公司债券案

A实业股份有限公司是于1995年依法成立的一家上市公司。为了进一步扩大市场经营规模，2016年1月该公司董事会决议以发行可转换公司债券的方式筹集所需资金。2016年2月公司股东大会决议通过了董事会制定的债券募集办法。具体内容包括：拟发行的可转换公司债券总额为6000万元人民币，债券的票面金额是100元人民币，利率为10%，债券的期限是5年，到期本息一次还清。此外决议通过了赎回条款以及回售条款、向股东配售和所募资金用途等事项。2016年6月中国证监会批准该公司发行可转换公司债券。由于A公司良好的市场声誉，以及该公司发行债券的宣传力度较大，6000万元可转换公司债券顺利发行完毕，所募资金全部到位。但是，市场状况变幻莫测，A公司的生产经营不久陷入危机状态，面临破产倒闭的危险。A公司为了减轻自己的债务负担，决定将所有可转换公司债券持有人的债券转换为股票，让其与公司共担风险。债券持有人周某等不同意A公司的做法，将其诉至法院。

问题一：可转换公司债券持有人对所持债券是否享转换选择权？其性质如何？

问题二：A公司是否有权强行将可转换公司债券转换为股票？

【基础阅读】

理解公司债券的概念和特征、公司债券的发行条件、公司债券的偿还等内容。掌握可转换公司债券相关的法律制度以及有关债券持有人的保护制度。

第一节　公司债券的概说

一、公司债券的概念与特征

（一）公司债券的概念

我国《公司法》第153条第1款规定："本法所称公司债券，是指公司依照法定程序发行、约定在一定期限还本付息的有价证券。"公司债券代表着发债公司和投资者之间的一种债权债务关系。公司债券持有人有权按照约定期限取得利息、收回本金，但是无权参与公司的经营管理，对公司的经营状况也不承担法律责任。发行公司债券是一种融资形式，有助于有效利用社会闲散资金，解决公司资金短缺的困难。公司债券是一种直接融资的手段，是资本市场的重要组成部分。

(二)公司债券的法律特征

1. 公司债券是公司为筹集生产经营资金而发行的。发行公司债券所筹款项只能用于生产经营活动,如扩大公司生产规模、进行技术改造或者作为流动资金等,不得用于非生产性支出,如派发股利、为公司工作人员提高福利待遇等,也不得用于弥补公司亏损。

2. 公司债券必须依照法定程序和条件发行。由于发行公司债券是向不特定的社会公众进行借贷,涉及广大社会公众的利益,所以公司在发行公司债券时,必须遵守法定的条件和程序,以保护社会公众的合法权益,维护社会秩序的稳定。

3. 公司债券是一种要式有价证券。公司债券首先是一种有价证券,它表明了持券人对公司拥有一定数量的债权。不仅如此,从我国《公司法》第155条的规定来看,这种有价证券还是一种要式证券,依法必须在债券上载明公司的名称、债券的票面金额、利率、偿还期限等事项,并由法定代表人签名,公司盖章。

4. 公司债券是在一定期限内还本付息的债务凭证。公司债券与股票不同,债券持有人是公司债权人,不享有参与公司经营决策、选择管理者的权利。但无论公司是否盈利,债券持有人都享有在债务期限届满时请求公司还本付息的权利。并且在公司解散时,对公司财产享有优先于股东的受偿权。

二、公司债券的种类

公司债券按不同标准可以分为很多种类,最常见的分类有以下几种:

(一)记名公司债券与不记名公司债券

按照是否记名,可将公司债券分为记名公司债券与不记名公司债券。如果公司债券上登记有债券持有人的姓名或名称,即为记名公司债券;反之,则为无记名公司债券。我国《公司法》第156条明确规定:“公司债券,可以为记名债券,也可以为无记名债券。”

这种分类的法律意义在于对债券持有人行使权利的方式及意外灭失债券时的保护措施有所不同。在我国,记名公司债券和无记名公司债券两者主要区别在于发行对象与转让方式不同。记名债券由债券持有人以背书方式或者法律、行政法规规定的其他方式转让。无记名债券,由债券持有人将该债券交付给受让人后即发生转让的效力。

(二)可转换公司债券和不可转换公司债券

以公司债券是否可以转换为发行公司股份为标准,可将公司债券分为可转换公司债券和不可转换公司债券。

可转换公司债券是公司债券的一种,其含义有广义和狭义之分。狭义的可转换公司债券,是指债券持有人有权依照约定的条件将所持有的公司债券转换为发行公司的股份的公司债券。广义的可转换公司债券是指赋予了债券持有人转换为他种证券权利的公司债券,转换对象不限于发行公司的股份。例如,可以转换为长期公司债券的短期公司债券、可以转换为发行公司他种公司债券的公司债券、可以转换为发行公司的母公司或子公司债券的公司债券,甚至可以转换为发行公司享有转换权的公司债的其他公司债券,都属于广义的可转换公司债券。不可转换公司债券是相对于可转换公司债券而言的。这种分类的意义在于两类公司债券的债权人所享有的权利不同。

根据公司立法的规定,我国可以发行可转换公司债券。但同时规定了较发行非转换公司债券更为严格的条件和程序。

(三)担保公司债券和无担保公司债券

以公司债券在偿还上是否有担保为标准,可将公司债券分为担保公司债券和无担保公司债券。

担保公司债券,是指发行公司对公司债券的偿还设定财产或人的担保的公司债券。担保公司债券有广义和狭义之分。广义的担保公司债券是指发行公司以其全部或部分资产,或者由发行公司之外的第三人对偿还公司债券本息提供担保而发行的公司债券。狭义的担保公司债券,仅是指附有发行公司物上担保的公司债券,即发行公司以其资产的全部或部分对偿还公司债券的本息提供担保而发行的公司债券。由于给公司债券的偿还设定了担保,债券持有人在其债权不能实现时,可依担保权的行使而优先受偿。因此,对债券的持有人而言,风险要小得多。

无担保公司债券是指公司仅以其自身信用为担保,并无其他财产或财产权利作为担保所发行的公司债券,由于未就发行的公司债券设定担保,因此,公司债权人仅能作为普通债权人取得受偿,其风险要大于有担保的公司债券。为了保护无担保公司债券持有人的利益,在一些英美法系国家,确立了“消极担保”的制度,对发行公司的一些行为予以限制。一些大陆法系国家也有类似的规定,例如,限制发行公司对红利的分派及对资产的处置等。

根据多数国家的惯例,担保公司债券的担保行为,通常发生在母子公司之间,即由母公司对子公司所发行的公司债券予以担保,例外的情形是由国家对公司债券予以担保。在有些国家和地区,公司法允许股份有限公司发行有担保的公司债券和无担保的公司债券,但是两者所适用的条件有较大差异,即对发行无担保公司债券所要求的条件比有担保公司债券的发行要严格。而且,绝大部分普通公司债券均采用担保公司债券的方式发行,仅有转换公司债券等特殊种类的公司债券,以及经营业绩特别优良的公司发行的公司债券,才可能以无担保公司债券的方式发行。

(四)可上市的公司债券和非上市的公司债券

以公司债券能否在证券市场公开交易为标准,公司债券可以分为可上市的公司债券和非上市的公司债券两种。

可上市的公司债券是指发行之后可以在依法设立的证券交易所挂牌交易的公

司债券。非上市的公司债券则是指发行之后不在证券交易所挂牌交易的公司债券,虽然持有人也可以转让该债券,但是投资者并不能在证券交易所进行买卖。由于交易的场所不同,这两种债券的交易规则当然也不一样。

(五)一般公司债券和利益公司债券

以公司债券持有人享有利益的不同和风险不同为标准,公司债券可以分为一般公司债券和利益公司债券。

一般公司债券是指有确定利息率的公司债券。利益公司债券是指没有确定的利息率,其利息的多少要根据公司利润的有无和多少而确定的公司债券。二者的区别在于:(1)债券持有人所承担的收益风险不同。一般公司债券具有确定的利息率,债券到期就应当还本付息;而利益公司债券没有确定的利息,利息的支付与公司的经营状况紧密联系在一起,公司无盈利则不能付息。(2)债券持有人的收益稳定性不同。一般公司债券有一个稳定的利息预期,而利益公司债券的利息与其公司的业绩结合起来,具有不稳定性,但对发债公司来讲,这种公司债券形式对他们更有利。

除上述公司债券种类之外,各国在实践中还曾创造不动产抵押公司债券、证券抵押信托公司债券、设备信托公司债券、参与公司债券、收益公司债券、附新股认股权公司债券、可兑换公司债券、可提前偿还公司债券、可展期公司债券、不定期限公司债券、分期偿还公司债券、登记公司债券和实物公司债券等。

三、公司债券与公司其他融资方式的比较

(一)公司债券与借贷债务

借贷债务是指公司在经营过程中(不包括发行公司债券)向银行等金融机构借贷而形成的金钱债务。公司债券与借贷债务有许多相同之处,两者都是债权债务关系,标的都是金钱,权利义务的内容都是还本付息。两者的不同之处主要表现在以下几个方面:

1. 债权主体不同。公司债券的债权人具有公众性,属于不特定的多数人;而公司借贷债务的债权人通常为特定的金融机构,不具有公众性的特点。

2. 举债方式不同。公司债券是在一定时期内,将借入总额依一定金额予以划分,然后以同一条件分别与不同的债权人建立借贷关系,具有明显的集中性。而公司借贷债务的成立,虽然也可能是在同一时期内与不同的债权人成立借贷关系,但并无总额的特别划分,也不以同一条件成立,不具有集中性。

3. 债的表现形式不同。公司债券具有有价证券的性质,有相应的发行和转让市场,具有较强的流通性。而公司借贷债务属于非证券化的债务,通常表现为借贷协议,缺乏市场,难以流通。只是在符合债权转让条件时,才可以在有限的当事人间转让。

4. 债权人地位不同。公司债券是公司所负担的集团债务,同一次发行的公司债券的持有人所享有的权利是相同的,即公司债券持有人的地位是平等的。而公司借贷债务形成的原因是多元的,即使债权人人数众多,也可能因其他原因(如债权受偿的优先次序不同)而导致债权人之间的不平等。

5. 调整的法律规范不尽相同。公司债券是向不特定的社会公众发行的,涉及面广,影响度深,因而发行条件高,工作程序复杂,法律管制严格。在我国,公司债券的发行,主要由公司法和证券法来调整。而公司借贷债务是在特定主体间形成的,主要由合同法来调整。

(二)公司债券与股票

公司债券和股票作为公司筹集资金的主要形式,具有很多共同点和相似处。它们都是有价证券,都是向不特定的社会主体发行的,都是投资者的投资工具,都具有一定的流通性,都要受到公司法和证券法的调整。然而,二者也存在明显的区别,主要表现在:

1. 法律性质不同。发行公司债券和股票是两种不同性质的法律行为,所形成的法律关系也是不同的。公司债券是一种债权融资行为,基于债券发行产生的是一种债权债务法律关系。股票是一种股权融资行为,基于股票发行产生的是一种股权法律关系。债券持有人是公司的债权人,发行债券所募资金构成公司的负债。股票持有人是公司的股东,发行股票所募资金构成公司的资本金。

2. 发行主体不同。在我国,股票的发行主体只限于股份有限公司,而公司债券的发行主体一般情况下不受限制。只要符合法律规定的条件,股份有限公司和有限责任公司经过核准后都可以发行公司债券。

3. 发行条件不同。公司债券的发行价格可以按票面金额,也可以超过或者低于票面金额。股票的发行价格可以按票面金额,也可以超过票面金额,但不得低于票面金额。

4. 投资人享有的权利不同。债券持有人是公司的债权人,只享有在债券到期之后,对发行公司请求还本付息的权利。在一般情况下,没有参与公司经营管理的权利。股票持有人是公司的股东,享有基于股东身份所产生的各种股东权利,如按投入公司的出资额享有所有者的资产受益、重大决策和选择管理者等直接或者间接参与公司经营管理的权利。

5. 投资风险和收益不同。对于公司债券,公司应当按约定的时间和利率向持有人还本付息。“还本”就是返还投资本金;“息”就是债券利息,是投资人的利益回报。公司债券的利息一般都是事先约定的、固定的,不受公司经营业绩的影响。对于股票,股东一般不得抽回投资,不能要求公司返还投资本金。股票是没有期限的,投资回报也不能事先约定,无盈不分是股票投资的基本原则。因此,公司债券的投资风险比股票投资风险要小,当然,其投资回报一般也不如股票投资回报高。

(三)公司债券与公司债

公司债,是指公司依照法定条件和程序,通过发行公司债券向社会公众募集资金并在约定期限内还本付息的货币之债。公司债券是公司债的表现形式,二者的关系就如同股票与股份的关系。《公司法》第153条规定,“本法所称公司债券,是指公司依照法定程序发行,约定在一定期限还本付息的有价证券”。基于公司债券的发行,在债券持有人与发行公司之间形成了以还本付息为内容的债权债务关系。

第二节　公司债券的发行

一、公司债券的发行主体

公司债券的发行,是指公司依据法定条件和程序向社会公众筹集生产经营资金的行为。公司债券作为资金筹措的一种途径,经常为公司所采用。但从公司立法看,并非任何形态的公司都具有发行公司债券的资格。各国法律都明确规定了公司债券的发行主体,只有法律允许发行公司债券的公司,才具有发行的主体资格。法律对公司债券发行主体资格的限制,主要是考虑到这一举债方式的广泛性和社会影响性,从保障社会经济秩序和公众利益的要求出发,需要对公司债券的发行主体进行限定。只有具备一定规模和坚实的经营基础的公司,才可以发行公司债券。股份有限公司由于其资合性、公开性强的特点,成为公司债券发行的主要主体。而有限责任公司由于股东人数较少,经营活动相对封闭,安全性相对较差,我国法律一般不允许其发行公司债券,即使允许发行的,也规定了许多限制。

考虑我国经济和证券市场的发展现实,借鉴国外的经验,我国放松了对公司债券发行主体的限制,把公司债券的发行决定权交给了市场。《公司法》第153条第2款规定:“公司发行公司债券应当符合《中华人民共和国证券法》规定的发行条件。”《证券法》第9条第1款规定:“公开发行证券,必须符合法律、行政法规规定的条件,并依法报经国务院证券监督管理机构或者国务院授权的部门注册。未经依法注册,任何单位和个人不得公开发行证券。证券发行注册制的具体范围、实施步骤,由国务院规定。”由此可知,无论是股份有限公司还是有限责任公司,无论有限责任公司的投资主体是谁,只要符合公司债券发行的条件要求,经过核准,履行相关程序后,都可以发行公司债券。

二、公司债券发行的条件

我国公司法对公司债券的发行只进行了原则性规定,有关公司债券发行的具体内容则集中规定在证券法中。按照2019年《证券法》第15条的规定,公司公开发行债券,应当符合下列条件:(1)具备健全且运行良好的组织机构;(2)最近三年平均可分配利润足以支付公司债券一年的利息;(3)国务院规定的其他条件。

公开发行公司债券筹集的资金,必须按照公司债券募集办法所列资金用途使用;改变资金用途,必须经债券持有人会议作出决议。公开发行公司债券筹集的资金,不得用于弥补亏损和非生产性支出。

上市公司发行可转换为股票的公司债券,除应当符合第一款规定的条件外,还应当遵守本法第十二条第二款公司发行新股的相关规定。但是,按照公司债券募集办法,上市公司通过收购本公司股份的方式进行公司债券转换的除外。

三、再次公开发行公司债券的限制

公司基于生产经营的需要,往往需要不止一次地发行公司债券。但为了防止滥发公司债券和保护债权人利益,证券法等对公司再次发行公司债券作了限制性规定,即具备法定条件和按法定程序经批准已发行过公司债券的公司,凡有下列情形之一的,不得再次公开发行公司债券:

1. 对已公开发行的公司债券或者其他债务有违约或者延迟支付本息的事实,仍处于继续状态。公司出现上述情形,说明该公司的信用及经营状况较差,如果允许此类公司再次发行公司债券,将严重损害公司债权人的利益,因此予以禁止。

2. 违反证券法规定,改变公开发行公司债券所募集资金的用途。资金的用途关系公司的经营风险。公司在发行债券时应就发行债券所募资金的投资去向予以说明。如果公司擅自改变所募资金的用途,尤其是违反法律、法规的强制性规定,以此来弥补亏损和非生产性支出等,则是法律所不允许的,也是再次发行债券所禁止的。

四、公司债券发行的程序

公司债券的发行程序有内部程序与外部程序之分。内部程序是关于公司债券发行的公司内部决定权的归属的。关于此内容,各国规定不一。有的赋予股东会,如德国;有的规定可以授权董事会、经理决定,如法国;有的规定由董事会决定,如英国、美国、日本。在我国,《公司法》第46条、第108条第4款规定,董事会制订公司发行债券的方案,而后交由股东会作出决议(《公司法》第37条、第99条)。国有独资公司发行公司债券,必须由国资委决定(《公司法》第66条)。

外部程序是关于公司债券发行的公司外部管理权的归属。关于此内容,各国规定同样不一。英美公司法对公司发行债券实行实名登记制,在发行公司债券前应先向公司管理机关登记备案。如美国《证券法》规定,发行总额在30万美元以上的债券,要向证券交易委员会登记备案,同时须附有公开说明书、公司章程、经审计的财务报表等文件;证券交易委员会在20日内未作否定表示,即视为同意发行。德国、法国、意大利等大陆法系国家实行核准制,公司发行的债券总额超过一定数额,或发行有担保的债券、可转换债券、参与分配公司利润的债券等,须经政府的有关部门批准。但日本规定发行公司债券不需要履行批准或备案手续。

我国《证券法》第 9 条规定公司债券发行实行注册制。在这一体制之下,结合公司法的有关规定,我国公司债券发行程序概括为:

1. 由董事会制订公司发行公司债券的方案。根据《公司法》第 46 条、第 108 条第 4 款规定,董事会制订公司发行公司债券的方案。

2. 由公司权力机关作出发行公司债券的决议。根据《公司法》第 37 条、第 99 条规定,股份有限公司、有限责任公司发行公司债券,由股东会或者股东大会作出决议。根据《公司法》第 66 条规定,国有独资公司发行公司债券,必须由国有资产监督管理机构决定。

3. 依照公司法和证券法的规定,报经国务院授权的部门或者国务院证券监督管理机构注册。国务院授权的部门或者国务院证券监督管理机构应当自受理证券发行申请文件之日起 3 个月内,依照法定条件和法定程序作出予以注册或者不予注册的决定,发行人根据要求补充、修改发行申请文件的时间不计算在内;不予注册的,应当说明理由。国务院授权的部门或者国务院证券监督管理机构对已作出的注册公司债券发行的决定,发现不符合法定条件或者法定程序,尚未发行公司债券的,应当予以撤销,停止发行。已经发行尚未上市的,撤销发行注册决定,发行人应当按照发行价并加算银行同期存款利息返还公司债券持有人;发行人的控股股东、实际控制人以及保荐人应当与发行人承担连带责任,但是能够证明自己没有过错的除外;发行人的控股股东、实际控制人有过错的,应当与发行人承担连带责任。

4. 发行公司债券的申请经国务院授权的部门或者国务院证券监督管理机构注册后,应当公告公司债券募集办法。依《公司法》第 154 条规定,公司债券募集办法中应当载明下列主要事项:“(一)公司名称;(二)债券募集资金的用途;(三)债券总额和债券的票面金额;(四)债券利率的确定方式;(五)还本付息的期限和方式;(六)债券担保情况;(七)债券的发行价格、发行的起止日期;(八)公司净资产额;(九)已发行的尚未到期的公司债券总额;(十)公司债券的承销机构。”

5. 公开发行公司债券的,通过有承销资格的证券公司以代销或者包销的方式向社会公开发行。

第三节 公司债券的流转

一、公司债券的转让

(一)公司债券转让的概念

公司债券的转让,是指债券持有人与受让人达成的,由持有人将其持有的公司债券让渡给受让人的一种法律行为。作为一种有价证券,公司债券的转让制度对于公司债券的持有人、潜在的投资者、发债公司都具有积极的意义。对于公司债券的持有人,转让制度是一种退出机制,可以使其提前收回投资;对于潜在的投资者,转让制度是一种进入机制,可以通过受让债券而成为公司的债权人,实现投资的目的;对于发债公司,转让制度则是其参与债券市场的一种机制,可以使其通过在公开市场买回债券的方式提前偿还债务,并参与可转换公司债券的流通市场,通过维持债券市场价格间接地达到维持股票市场价格的目的。因此,公司债券的转让,不仅意味着可供投资者选择的调整机会的增多,又可以丰富证券市场的交易品种,还可以为所有的市场参与者提供有关公司债券的信息。

(二)公司债券转让的原则

我国《公司法》第159条确定了公司债券转让的三条原则,即自由转让、依法转让和价格约定的原则。

1. 自由转让,是指对公司债券的转让不附加任何特别的限制。法律允许公司债券自由转让,对于发债公司来说,不但没有任何不利的影响,反倒可以吸引社会公众认购公司债券,保障公司债券的成功发行。对认购人来说,公司债券的自由转让则是一项很大的便利,在其有资金需求时,可以随时提前收回所投入的资金。

2. 依法转让,是指公司债券的转让应当采取法律允许的方式和法律规定的场所及交易规则转让。《证券法》第37条规定,公开发行的证券,应当在依法设立的证券交易所上市交易或者在国务院批准的其他全国性证券交易场所交易。非公开发行的证券,可以在证券交易所、国务院批准的其他全国性证券交易场所、按照国务院规定设立的区域性股权市场转让。这是基于公司债券的公众性和大量性,从维护社会和金融秩序的需要出发而实行的原则。

3. 价格约定,是指公司债券的转让价格由转让人和受让人自行约定,而不受发行价格、票面金额或者其他方面的特别限制。在通常情况下,考虑到利率因素,公司债券的转让价格一般要高于发行价格或者票面金额。特别是可转换公司债券,由于有可能转换为股票的因素,其转让价格有可能在更大幅度上超过发行价格或者票面金额。

(三)公司债券转让的场所

根据法律的规定,公司债券转让的场所是依法设立的证券交易所或者国务院批准的其他证券交易场所。公司债券的转让,依债券种类的不同而有所差异。

1. 记名公司债券的转让。记名公司债券的转让通常须依背书方式或法律、行政法规规定的其他方式转让。以背书的方式转让,即由转让人在公司债券上记载受让人姓名或者名称,并经转让人签章后,交付受让人,从而完成公司债券的转让。以其他方式进行的转让,是指在公司债券上进行背书以外的、通过制作其他的公司债券转让文件的方式所进行的公司债券转让。记名公司债券转让后由公司将受让人的姓名或者名称及住所记载于公司债券存根簿。

2.无记名公司债券的转让。无记名公司债券转让方式相对简单,由债券持有人将该债券交付给受让人后即发生转让的效力。

二、公司债券的上市

(一)公司债券上市交易的条件

公司债券的上市,是指已经公开发行的公司债券根据法律的有关规定在证券交易所挂牌交易。根据2019年《证券法》第46条第1款的规定,申请证券上市交易,应当向证券交易所提出申请,由证券交易所依法审核同意,并由双方签订上市协议。该法第47条间接规定了上市交易的基本条件,“申请证券上市交易,应当符合证券交易所上市规则规定的上市条件。证券交易所上市规则规定的上市条件,应当对发行人的经营年限、财务状况、最低公开发行比例和公司治理、诚信记录等提出要求。”2019年修订的《证券法》改变了直接规定债券上市交易条件的方式,采用授权证券交易所在发行人经营年限、财务状况、最低公开发行比例和公司治理、诚信记录等方面进行具体规定的办法,赋予了证券交易所对债券上市交易较大的自主审核权。

(二)公司债券上市交易的审核

我国证券法律规定,申请证券上市交易,应当向证券交易所提出申请,由证券交易所依法审核同意,并由双方签订上市协议。

2014年《证券法》具体规定了公司向证券交易所申请其债券上市交易,应当向证券交易所报送下列文件:(1)上市报告书;(2)申请公司债券上市的董事会决议;(3)公司章程;(4)公司营业执照;(5)公司债券募集办法;(6)公司债券的实际发行数额;(7)证券交易所上市规则规定的其他文件。申请可转换为股票的公司债券上市交易,还应当报送保荐人出具的上市保荐书。2019年新修订的《证券法》没有规定公司申请债券上市交易应当向证券交易所提交的文件,而是改由证券交易所自己规定。

经证券交易所审核同意后,双方应当签订上市协议。签订上市协议的公司应当在规定的期限内公告上市及有关文件,并将其申请文件置备于指定场所供公众查阅。证券交易所在法律规定的时间内安排该债券上市交易。

(三)公司债券上市交易的终止

2019年《证券法》取消了证券暂停上市交易制度,对于不再符合上市条件或其他情形的证券,直接终止其上市交易。其第48条第1款规定,“上市交易的证券,有证券交易所规定的终止上市交易情形的,由证券交易所按照业务规则终止其上市交易。”这一变化,既反映了国家从严管理证券上市交易的要求,也赋予了证券交易所规定证券上市交易终止条件的更大自主权。

根据2014年《证券法》,公司债券上市交易后,公司发生下列情形之一的,由证券交易所决定暂停其公司债券上市交易:(1)公司有重大违法行为;(2)公司情况发生重大变化不符合公司债券上市条件;(3)发行公司债券所募集的资金不按照核准的用途使用;(4)未按照公司债券募集办法履行义务;(5)公司最近2年连续亏损。公司债券上市交易后,公司发生下列情形之一的,由证券交易所决定终止其债券上市交易:(1)公司有重大违法行为或者未按照公司债券募集办法履行义务,经查实后果严重的;(2)公司情况发生重大变化不符合公司债券上市条件,或者发行公司债券所募集的资金不按照核准的用途使用,或者公司最近2年连续亏损的,在期限内未能消除的,由证券交易所决定终止其公司债券上市交易。此外,公司解散或者被宣告破产的,由证券交易所终止其公司债券上市交易。上述规定不再在证券法中直接规定,而是由证券交易所业务规则具体规定。

根据证券法的规定,证券交易所决定暂停或者终止公司债券上市交易的,应当及时公告,并报国务院证券监督管理机构备案。

三、公司债券的转换

公司债券的转换相对于可转换公司债券而言的,是公司债券的一种特殊流通方式。我国《公司法》第162条规定:"发行可转换为股票的公司债券的,公司应当按照其转换办法向债券持有人换发股票,但债券持有人对转换股票或者不转换股票有选择权。"

(一)公司债券转换的行使

公司债券的转换,又称可转换公司债券的转股,是指在发行人所确定的转换期内,债券持有人按照约定的条件将其所持有的可转换公司债券换成公司股票的行为。

可转换公司债券的转换以可转换公司债券持有人的自由判断为基础,债券持有人在已经确定的转换期内,请求行使转换权时,发行公司负有将可转换公司债券换发为公司股票的义务。

公司法将可转换公司债券持有人的转换权规定为形成权,有利于对债券持有人的保护。根据规定,转换的请求在送达约定的交付场所时生效,发行公司负有将可转换公司债券换发为公司股票的义务。对债券持有人的转换请求,发行公司应当满足,及时向行使转换权的债券持有人换发股票,否则,即构成违约。债权持有人有权根据民法中有关债务不履行的规定向发行公司请求赔偿。

(二)公司债券的转换期和转换价格

公司债券的转换期,应当由发行公司根据可转债存续期及公司财务情况确定。在转换期内,持有人可以以约定的转换价格及相关条件随时将其所持有的债券转换成股票。关于转换期,《上市公司证券发行管理办法》第21条规定:"可转换公司债券自发行结束之日起六个月后方可转换为公司股票,转股期限由公司根据可转换公司债券的存续期限及公司财务状况确定。债券持有人对转换股票或者不转换股票有选择权,并于转股的次日成为发行公司的股东。"

公司债券的转股价格,是指募集说明书事先约定的可转换公司债券转换为每股股份所支付的价格。《上市公司证券发行管理办法》第22条第1款规定:“转股价格应不低于募集说明书公告日前二十个交易日该公司股票交易均价和前一交易日的均价。”根据财政部《关于国有金融企业发行可转换公司债券有关事宜的通知》,国有金融企业发行可转换公司债券,应当按照市场化原则,综合考虑银行贷款利率、同类债券利率以及上市公司未来发展前景等因素,合理确定债券利率和转股价格。可转换公司债券转股价格应不低于债券募集说明书公告日前1个交易日、前20个交易日、前30个交易日该公司股票均价中的最高者。

(三)可转换公司债券与公司股东的保护

可转换公司债券的当初发行直接增加公司负债,与股东的利益关系甚大。在可转换公司债券转换为股份后,会对股东产生两个后果,其中之一是发行公司原股东的股份比例会下降,导致其对公司的控制力削弱。因此,关于可转换公司债券的发行,法律必须重视对发行公司股东的利益保护,主要的法律措施有:

1. 股东会决议。在英美以及日本,公司董事会决定可转换债券的发行及条件。在法国、德国,可转换公司债券的发行须经股东会决议通过。在我国,也规定由上市公司股东大会对可转换公司债券的发行作出决议,以示慎重。

2. 审核制。一些国家的公司法还规定,公司发行可转换公司债券须在公司管理机关登记备案。在我国,上市公司发行可转换公司债券,应当报证监会核准,除应当具备公司债券的发行条件外,还应当符合股票发行的条件,缺一不可。

3. 赋予股东优先购买权。通常公司股东对公司发行的可转换公司债券有优先购买权,这种优先购买权在英、法、德等国由公司法授予,但可被公司章程排除;在美、日等国,这种优先购买权只能由公司章程特别授予。可见各国公司法都不排斥公司章程规定股东对可转换公司债券的优先购买权。如果公司章程没有规定,股东会决议也可以赋予股东优先购买权。股东的优先购买权可以有效防止将来发生转换时原股东的股份被稀释。

(四)可转换公司债债权人的特殊保护

除了适用前述公司债债权人保护制度外,可转换公司债债权人还受到特殊的保护。为增强可转换公司债券的吸引力,各国法律都规定或发行公司自行设计一些可保护可转换公司债券持有人的特别条款。

1. 反稀释措施

可转换公司债券发行时初始转股价格已确定,如果后来因为发行公司股份分割、增发新股、配股等事项改变其股份的构成而使股价下降的,可转换公司债债权人仍按原定价格转换,将遭受损失。为防止这种情形的发生,一些国家的公司法规定了反稀释措施。如法国《转换公司债令》对于发行人在转换前的法律地位严加约束,并限制各种金融操作。美国、日本法对此不加干涉,但在实践中,发行人与持有人往往约定反稀释措施。在我国,证监会《上市公司证券发行管理办法》第25条规定:“募集说明书应当约定转股价格调整的原则及方式。发行可转换公司债券后,因配股、增发、送股、派息、分立及其他原因引起上市公司股份变动的,应当同时调整转股价格。”

2. 发行担保

在个股的公司实务中,可转换公司债券发行时发行由公司或者第三人提供担保的比例,远高于普通公司债券的担保比例,这使得可转换公司债的偿还获得更好的保障。在我国,《上市公司证券发行管理办法》第20条规定:“公开发行可转换公司债券,应当提供担保,但最近一期末经审计的净资产不低于人民币十五亿元的公司除外。提供担保的,应当为全额担保,担保范围包括债券的本金及利息、违约金、损害赔偿金和实现债权的费用。以保证方式提供担保的,应当为连带责任担保,且保证人最近一期经审计的净资产额应不低于其累计对外担保的金额。证券公司或上市公司不得作为发行可转债的担保人,但上市商业银行除外。设定抵押或质押的,抵押或质押财产的估值应不低于担保金额。估值应经有资格的资产评估机构评估。”

四、公司债券的质押

在一定意义上,公司债券的质押也是广义的债券流转。一是由于公司债券持有人的权利上面增加了质押负担;二是由于质押权人获得了对质押权的交换价值的支配和控制,并有可能在主债务人不能及时足额清偿债务时以质押债券抵偿其债权。

《物权法》第223条规定,债务人或者第三人有权处分的下列权利可以出质:(一)汇票、支票、本票;(二)债券、存款单;(三)仓单、提单;(四)可以转让的基金份额、股权;(五)可以转让的注册商标专用权、专利权、著作权等知识产权中的财产权;(六)应收账款;(七)法律、行政法规规定可以出质的其他财产权利。该法第224条规定,以汇票、支票、本票、债券、存款单、仓单、提单出质的,当事人应当订立书面合同。质权自权利凭证交付质权人时设立;没有权利凭证的,质权自有关部门办理出质登记时设立。由于该条款未考虑公司债券的特殊性,故应当对此条进行解释。对于无记名的公司债券应自债券交付时设立,对于记名的公司债券应当以背书的方式或者法律、行政法规规定的其他方式予以设定,同时应当由公司将质押权人的姓名或者名称及住所记载于公司债券存根簿,质押权人才能以其质权对抗发债公司。

五、公司债券的偿还

公司债券是公司依照发行程序发行的,约定在一定期限还本付息的有价证券。因此,发行公司债券的公司在约定期限届满时,有向债券持有人还本付息的义务,公司债券的持有人则享有请求发行公司还本付息的权利。

(一)公司债券偿还的概念

公司债券的偿还,就是指发行公司按照事先约定的时间和利率等条件,将公司债券的本息交付给公司债券持有人的行为。到期偿还公司债券本息是公司债权消灭的最基本形式。除此之外,由公司债券表明的债权债务法律关系,与其他公司债务一样,也会因提存、抵销、免除及混同等原因而消灭。

(二)公司债券偿还的期限

公司债券期限届满时,发行公司应当履行偿还义务。因此,公司债券的偿还期限与公司债券的期限有关,因为公司债券一般都是到期偿还。但关于公司债券的期限,我国公司法并没有作出明确的规定。不过,根据《上市公司证券发行管理办法》的规定,上市公司应当在可转换公司债券期满后5个工作日内办理完毕偿还债券余额本息的事项。

(三)公司债券偿还的方式

公司债券的偿还方式有一次全部偿还和分批分期偿还两种方式。(1)一次全部偿还。在公司债券期限届满时,公司按照约定的利息率,一次性偿还该次所发行公司债券的全部本金和相应的利息。(2)分批分期偿还。分批分期偿还是指公司债券发行后,公司按照约定的日期和利息率,以多次的形式将债券的本金和利息偿还给持有人。具体又包括两种情形:一是在公司债券期限届满时,发行公司先向债券持有人支付利息,到规定的偿还本金期限届满时,再向债券持有人归还全部本金;二是发行公司按照规定的偿还日期和利息率向公司债券持有人支付利息,然后在规定的偿还本金期限内,通过抽签方式,每年向公司债券持有人偿还一部分本金,直到还完本金为止。在实践中,公司债券多采用一次全部偿还的方式偿还。

【拓展阅读】

进一步思考和理解可转换公司债券与普通公司债券的区别以及公司债券持有人和公司普通债权人的法律保护。

[1]刘迎霜:《我国公司债券法律制度修订评析——兼与台湾公司债法律制度比较》,载《社会科学研究》2009 年第 1 期。

[2]蒋大兴:《被忽略的债券制度史——中国(公司)债券市场的法律瓶颈》,载《河南财经政法大学学报》2012 年第 4 期。

[3]徐明:《进一步完善公司债券市场的法律制度》,载《证券法苑》2012 年第 1 期。

[4]冯果、刘秀芬:《优化债券市场监管体系的法律思考》,载《江西财经大学学报》2016 年第 5 期。

[5]南玉梅:《公司债券内部增信的规则构建——以限制条款为核心》,载《法

商研究》2017 年第 6 期。

【问题讨论】

1. 公司债券持有人与公司普通债权人权益的保护制度有何不同？

2. 可转换公司债券与普通公司债券有什么不同？

【司法实践】

案例一

【案件名称】甘肃股权交易中心股份有限公司与甘肃永辉教育科技股份有限公司、甘肃津源信用担保有限公司公司债券交易纠纷案

【案件字号】(2015)白中民二初字第 59 号

【案件来源】【法宝引证码】CLI. C. 16020831

【案情简介】

2014 年 11 月 18 日被告甘肃永辉教育科技股份有限公司向原告出具《甘肃永辉教育科技股份有限公司私募债券募集说明书》，载明："甘肃永辉教育科技股份有限公司成立于 2011 年 4 月，2014 年 6 月完成股份制改革，同年 8 月 18 日在上海股权托管交易中心挂牌上市。"该说明书第 4 条明确了本期私募债发行基本情况及发行条款。同日，被告甘肃永辉教育科技股份有限公司向原告甘肃股权交易中心提供《承诺书》，承诺该公司及全体董事、监事和高级管理人员保证向投资者充分揭示相关风险情况，提交的发行文件及信息披露内容真实、完整、准确，无虚假记载、误导性陈述或重大遗漏，并对其真实性、准确性、完整性承担个别和连带法律责任。2014 年 11 月 21 日，甘肃津源信用担保有限公司向甘肃股权交易中心提供津信兰保字 2014(11)号《借款担保承诺函》，载明："我公司同意为甘肃永辉教育科技股份有限公司在贵中心申请备案的永辉教育私募债券(金额：伍佰万元整，期限：六个月，年利率 9.5%)的本金及利息兑付提供全额无条件不可撤销的连带责任担保。"2014 年 12 月 10 日，原告甘肃股权交易中心股份有限公司(甲方)与被告甘肃永辉教育科技股份有限公司(乙方)签订《甘肃股权交易中心私募债销售服务协议》，约定：永辉科技私募债已在甘肃股权交易中心股份有限公司完成备案，本期备案额度为 500 万元，乙方就本期私募债委托甲方进行销售。乙方应按本期私募债实际募集金额的 1.5% 向甲方支付销售服务费用，本期私募债募集项目总目标金额的 100% 为募集成功。

2015 年 6 月 1 日，原告甘肃股权交易中心股份有限公司向被告甘肃永辉教育科技股份有限公司发出《甘肃永辉教育科技股份有限公司私募债券 514016 号还本

付息通知书》,通知甘肃永辉教育科技股份有限公司于2015年6月5日将本次应付本金及利息全额存入偿债保障金专户,并于2015年6月12日将本次应付本金及利息全额划入甘肃股权交易中心结算账户。2015年6月19日,原告向被告甘肃永辉教育科技股份有限公司、甘肃津源信用担保有限公司发出《告知函》,载明:"甘肃永辉教育科技股份有限公司私募债(2014016号)于2014年12月10日通过甘肃股权交易中心审核向甘肃省股权交易市场监管中心备案,2014年12月18日通过甘肃股权交易中心'兴陇宝'平台完成发行,二公司均未按协议约定按时将本期债券还本付息资金划入甘肃股权交易中心结算账户,对本期债券的正常兑付造成违约。"

【裁判理由】

合同当事人双方主体资格合法,合同形式完备,合同内容不违反法律、行政法规的强制性规定,应认定合法有效,双方当事人均应按合同的约定履行各自的义务。公司债券是公司依照法定程序发行,约定在一定期限内还本付息的有价证券。公司债券的发行人对公司债券的持有人负有按发行债券时所约定的期限偿还本息(兑付)的义务。因此,当债券发行人未按约定期限偿付该债券的本息时,债券持有人有权向债券发行人主张民事权利。合同签订后,当事人应本着诚实信用原则按约履行合同,原告甘肃股权交易中心股份有限公司已按照合同约定通过甘肃股权交易中心"兴陇宝"平台完成"永辉科技私募债"发行,并将募集金额500万元支付被告甘肃永辉教育科技股份有限公司,被告甘肃永辉教育科技股份有限公司应按合同约定对公司债券的持有人负有按发行债券时所约定的期限偿还本息(兑付)的义务。其未能按约履行,应承担相应的违约责任。

案例二

【案件名称】陈旭伟与协鑫集成科技股份有限公司证券虚假陈述责任纠纷案

【案件字号】(2017)苏01民初2438号

【案件来源】【法宝引证码】CLI. C. 11338247

学习心得

第十一章　公司变更与终止

【内容导读】

公司的变更,是指公司登记事项发生变化,需要进行工商变更登记的行为。公司合并与分立是公司组织形式的重大变更,应当符合法定程序,切实保护债权人利益。所谓公司合并,是指两个或两个以上的公司通过订立合并协议,依照公司法等有关法律、行政法规的规定,依照法定程序组成一个新的公司的法律行为;公司分立是指一个公司依据法律、行政法规的规定,分成两个或者两个以上的公司的法律行为。公司的合并与分立,既带来新公司的成立,也可能导致相关公司的终止。公司的终止,是指公司事实上与法律上的消亡。公司终止必须通过公司解散与清算的前置性法定程序。公司解散后,进入清算程序,权利能力受到限制,停止营业活动。公司清算,主要是了结公司经营过程中所产生的债权债务关系,一般包括破产清算和非破产清算两种类型。公司清算义务人是公司清算主体,承担公司清算的法律责任。清算组是具体从事公司清算事务的组织。

【问题思考】

案例一:公司变更后的债权债务处理案

甲公司和乙公司是业务上的合作伙伴。后因乙公司欠甲公司货款无力偿还,双方约定以乙公司全部资产抵债。两个公司进行合并,甲公司吸收乙公司。乙公司被吸收后,所有的员工由甲公司妥善安排,其全部债权债务由甲公司承担。之后因为甲公司经营不善,造成公司严重亏损。甲公司的债权人得知这一情况后,纷纷上门讨债。甲公司为逃避债权人的追讨,决定将公司分立为丙公司、丁公司和戊公司。3 家公司签订了分立协议,并约定公司的一些资产由 3 个公司平均分担,主要的债务由丙公司承担。后债权人找到戊公司要求其承担债务,戊公司以分立时约定由丙公司承担债务为由拒绝偿还债务。

问题一:公司合并后的债权债务如何处理?

问题二:公司分立后的债权债务如何处理?

问题三:本案中戊公司是否有权拒绝偿还债务?债权人是否可以向法院起诉要求戊公司偿还债务?

案例二:公司解散与清算案

甲公司成立时在公司章程中写明:当公司出现经营困难,难以实现公司成立的目的时,经全体股东的2/3多数同意可以解散公司。公司成立之初效益一直很好,在公司税后的利润提取了法定公积金、法定公益金、任意公积金后,各股东获得的利益丰厚。后公司开始出现经营困难,经董事会提议,甲公司召开了临时股东会,在股东会上股东中2/3以上同意解散公司。公司成立了清算组,决定偿还了银行贷款和债权人的债务后,再支付职工的工资和劳动保险费用。为此职工们认为清算组的程序不对。

问题一:公司解散的原因有哪些?

问题二:清算组在清算中的职权有哪些?

问题三:甲公司清算组的清算方案是否符合《公司法》的规定?

【基础阅读】

理解公司合并与分立的概念、种类、程序与法律效力,掌握公司解散的原因、法律后果、公司清算的种类、清算组的职权、清算程序等。思考非破产清算程序与破产清算程序的联系与区别以及实践中公司清算制度存在的问题。

第一节　公司变更与终止的概念

一、公司的变更

公司的变更是指公司登记事项发生变化,需要进行工商变更登记的行为。根据我国《公司法》与《公司登记管理条例》的规定,公司变更的情形包括以下11种情形:

1. 公司名称的变更。根据《公司登记管理条例》第28条规定:"公司变更名称的,应当自变更决议或者决定作出之日起30日内申请变更登记。"

2. 公司住所的变更。根据《公司登记管理条例》第29条规定:"公司变更住所的,应当在迁入新住所前申请变更登记,并提交新住所使用证明。公司变更住所跨公司登记机关辖区的,应当在迁入新住所前向迁入地公司登记机关申请变更登记;迁入地公司登记机关受理的,由原公司登记机关将公司登记档案移送迁入地公司登记机关。"

3. 公司法定代表人的变更。根据《公司登记管理条例》第30条规定:"公司变更法定代表人的,应当自变更决议或者决定作出之日起30日内申请变更登记。"

4. 公司注册资本的变更。根据《公司登记管理条例》第31条规定:"公司增加注册资本的,应当自变更决议或者决定作出之日起30日内申请变更登记。公司减少注册资本的,应当自公告之日起45日后申请变更登记,并应当提交公司在报纸上登载公司减少注册资本公告的有关证明和公司债务清偿或者债务担保情况的说明。”

5.公司经营范围的变更。《公司登记管理条例》第32条规定:“公司变更经营范围的,应当自变更决议或者决定作出之日起30日内申请变更登记;变更经营范围涉及法律、行政法规或者国务院决定规定在登记前须经批准的项目的,应当自国家有关部门批准之日起30日内申请变更登记。公司的经营范围中属于法律、行政法规或者国务院决定规定须经批准的项目被吊销、撤销许可证或者其他批准文件,或者许可证、其他批准文件有效期届满的,应当自吊销、撤销许可证、其他批准文件或者许可证、其他批准文件有效期届满之日起30日内申请变更登记或者依照本条例第六章的规定办理注销登记。”

6.公司组织形式的变更。公司组织形式的变更,是指依照公司法之规定,在不改变公司法人资格的前提下,将公司从一种法定形式变更为另一种法定形式的行为,即公司类型的变更。公司组织形式变更的最大好处是不中断公司人格,无须经过解散清算程序,就可以实现组织形式的变更,继续维持营业。[1] 各国公司法多有公司组织形式变更的规定,只要公司性质相近,均可作类型互换。在我国,公司的组织形式只有有限责任公司与股份有限公司两种,且依照我国《公司法》的第9条第1款的规定,不仅允许有限责任公司变更为股份有限公司,也允许股份有限公司变更为有限责任公司。因此,公司组织形式的变更只能是这两种公司组织的相互转变。我国公司法对公司组织形式变更的条件和程序作了如下规定:(1)由股东会决议变更,股东会决议应采取特别决议的方式进行,即应由2/3的表决权通过。(2)依照公司设立的条件和程序办理。(3)有限责任公司变更为股份有限公司时,折合的实收股本总额不得高于公司净资产额。这是为了保证公司资本真实,防止损害后加入股东和债权人的利益。有限责任公司变更为股份有限公司,为增加资本公开发行股份时,应依法办理变更登记。

7.公司股东或发起人的变更。有限责任公司变更股东的,应当自变更之日起30日内申请变更登记,并应当提交新股东的主体资格证明或者自然人身份证明。有限责任公司的自然人股东死亡后,其合法继承人继承股东资格的,公司同样应当依照前述规定申请变更登记。股份有限公司的发起人改变姓名或者名称的,应当自改变姓名或者名称之日起30日内申请变更登记。

8.公司章程的变更。公司章程的变更应依法定程序进行,并进行变更登记,如公司章程修改未涉及登记事项的,公司应当将修改后的公司章程或者公司章程修

---

〔1〕 刘连煜:《现代公司法》,新学林出版股份有限公司2006年版,第136页。

正案送原公司登记机关备案。

9. 公司董事、监事、经理的变更。根据《公司登记管理条例》第 37 条规定:“公司董事、监事、经理发生变动的,应当向原公司登记机关备案。”

10. 公司经营期限的变更。公司章程规定经营期限的,公司经营期限届满,需要延期,应当办理变更登记。超出经营期限不办理变更登记的,按照《公司登记管理条例》处罚。

11. 公司的合并、分立。

根据我国《公司法》《民法通则》《公司登记管理条例》的规定,公司变更登记事项,应当依法向原公司登记机关申请变更登记。未经核准变更登记,公司不得擅自改变登记事项。公司申请变更登记时,应当向公司登记机关提交以下文件:公司法定代表人签署的变更登记申请书;依照《公司法》作出的变更决议或者决定;国家市场监督管理总局规定要求提交的其他文件。同时公司变更登记事项涉及修改公司章程的,应当提交由法定代表人签署的修改后的公司章程或公司章程修正案。

二、公司的终止

公司的终止是指公司依据法律程序,使其法人资格消灭的一种行为。公司的终止按其原因划分主要包括因破产而终止和因公司解散而终止。破产通常可以从两个方面理解其含义:一是客观状态,即债务人不能清偿到期债务的客观事实状态;二是法律程序,即当债务人不能清偿到期债务时,法院根据当事人的申请或依职权,以债务人的所有财产公平清偿给全体债权人的一种概括性强制执行程序。公司解散,是指已成立的公司,因发生法律或章程规定的解散事由而停止营业活动,开始处理未了结事务,并最终失去法律人格的法律行为。公司除因破产、合并导致的解散外,必须伴随着公司财产与债权债务的清理结算的终止而丧失其法人资格。公司的破产主要由《企业破产法》《民事诉讼法》进行规范,而公司解散则主要由《公司法》予以规范。

第二节　公司的合并与分立

一、公司的合并

(一)公司合并的含义和特点

公司合并,是指两个或两个以上的公司通过订立合并协议,依照公司法等有关法律、行政法规的规定,依照法定程序组成一个新的公司的法律行为。

公司合并有以下特点:

1. 公司合并是公司之间共同的法律行为

公司合并是以公司间订立合并协议的形式进行的,一般是由准备合并的公司各方的法定代表人或者法定代表人的代理人以各自公司的名义,就合并事宜而达成一致的双方或者多方的协议,双方或多方依据该协议进行公司的合并。所以说,公司的合并是公司本身之间的合并。但需要说明的是,公司的法定代表人或者法定代表人的代理人对外签订合并协议,要首先经过股东会或股东大会决议或者投资人决定授权进行。比如,按照公司法的规定,国有独资公司合并必须由国有资产监督管理机构决定;两个以上的出资人设立的有限责任公司的合并,由股东会作出决议。

2. 公司合并是公司之间的自由合并

这种自由合并是指有限责任公司之间、股份有限公司之间以及两者相互之间的自由合并。但是,按照世界通行的做法,一般有限责任公司与股份有限公司合并时,存续的公司必须是股份有限公司。合并任何一方均不能强迫另一方同自己进行合并,否则,其合并无效。这是私法自治精神在公司合并中的体现,当然这并不排除政府对公司合并的行政审查。

3. 公司之间的合并是一种依法进行的合并

公司间是否合并由公司决定。但是,公司合并并不是无限制的合并,应当依照法定的程序进行。

4. 公司合并的目的是进行竞争,免除解散、清算等复杂程序

公司合并目的是要减少竞争对手,使合并后的公司立于不败之地。对于那些无力经营的公司来说,通过合并程序可以减少对公司财产的清算、债权与债务的清偿和财产的处理等,这样可以避免支付解散、清算的费用。

5. 公司合并并不是取消股东资格的合并

公司合并以后原公司的股东仍然存在,原股东或者因合并而成为存续公司的股东,或者因合并而成为新设公司的股东。也就是说,除非股东自己退出,股东资格一般是存在的。

6. 公司合并是一种民事法律行为

公司要合并必须经过合并各方的协商一致,才能产生合并的结果;同时,公司合并必须依法进行,否则其合并无效,即会产生无效的民事行为。因而,公司合并应当遵守合同法、公司法和其他法律、行政法规中的强制性规定。

(二)公司合并与相关概念的辨析

1. 公司合并与公司联合

公司联合是公司相互之间的合作行为,根据联合的方式和程度不同,可以分为股权式的联合和契约式的联合。公司合并与公司联合有共同之处,即都是在两个或两个以上的公司之间进行的民事法律行为,但二者之间有着根本的不同——无论是股权式联合还是契约式联合,公司联合均不产生参与联合的公司主体资格消灭的结果;而公司合并则必然引起原公司主体的消灭,出现由两个或多个法人主体

形成单一法人主体的结果。

2. 公司合并与公司兼并

“兼并”目前在认识上和法律上都还不是一个完全统一的概念。一般认为具有广义和狭义之分。狭义上的兼并即等同于合并中的吸收合并形式,因此二者是种属关系。广义的兼并除了吸收合并的含义外,还有“接管”的意思。例如《企业兼并有关财务问题的暂行规定》(已失效)第2条规定:“本规定所称‘兼并’,指一个企业通过购买等有偿方式取得其他企业的产权,使其失去法人资格或虽然保留法人资格但变更投资主体的一种行为。”所谓变更投资主体的兼并,即“在被兼并企业资产与债务基本等价的情况下,兼并方企业承担被兼并企业债务的,经批准,兼并方企业可以采取划转方式取得被兼并企业的资产”。可见,该规定中所称“兼并”与“吸收合并”显然是不能等同的,二者最大的区别就在于前者的被兼并方包括了丧失法人资格和继续保留法人资格的情形。前者采取的保留法人资格的兼并形式就是“接管”,即兼并方以承担被兼并方的债务为前提,通过划转方式接受与其债务基本相等的资产,从而在被兼并方法人主体资格不变的情况下取得对其的完全控制权。因此,公司合并与广义上的公司兼并从概念上既有交叉重合部分,又有完全不相干的部分。

作者注意到,正是由于合并与广义上的兼并存在差异,兼并不能完全纳入合并的形式之中,因此国外有的学者将合并与兼并统称为“并合”。〔2〕

3. 公司合并与公司收购

在我国,公司收购作为法律概念见于《证券法》第4章即“上市公司的收购”。公司收购主要是指一公司通过购买另一公司股份(一般为50%以上)而取得对该公司控制权的行为。公司合并与公司收购从概念上应该属于并列关系,同属于公司并购的下属概念,它们的联系在于:收购达到一定程度的,收购公司与目标公司也可以合并,包括收购公司兼并目标公司,或者二者新设合并为新公司。如《证券法》第99条就规定了收购公司与被收购公司的合并问题。公司收购〔3〕与公司合并有相似之处,但也有明显的不同。其不同主要表现在以下几点:(1)交易主体不同。公司合并是两个或两个以上的公司之间的行为,参与合并的公司是交易或合作的主体;而公司收购通常发生在公司与作为被收购方的目标公司的股东之间。(2)公司之间的关系不同。合并完全出于参与合并的公司的真实意愿,是各方平等、自愿、协商的结果;而收购对收购方和被收购的目标公司的关系而言,则并不尽

---

〔2〕 [美]罗伯特·W.汉密尔顿:《公司法概要》,李存捧译,中国社会科学出版社1999年版,第354页。

〔3〕 公司收购又可分为资产收购与股权收购,公司合并中至少有一方解散,不存在控制问题,而公司收购则不然。

然。有时收购方的收购行为会得到目标公司及管理层的响应和配合,而有时则会遭到目标公司的反对和抗拒,拒绝收购时双方会形成对抗。因此,公司收购就有友好式收购和敌意式收购之分。(3)法律后果不同。公司合并必然导致原公司主体资格的变更和权利义务的改变;而公司收购对于收购方来讲,是以取得目标公司的控制权为目标,所以只需取得目标公司一定比例以上的股份即可实现对目标公司的控制,并不会带来目标公司实体法律地位的改变,收购方也无须直接承担目标公司的债务。当然收购方也可能通过收购而取得目标公司的全部股份,并将目标公司予以注销,此时其后果与公司合并就没有实质性差异。(4)适用法律不同。公司合并主要由公司法和合同法调整;而公司收购有要约收购和协议收购之分,要约收购主要借助于证券市场实现,因此公司收购更多地受证券法和合同法规制。

4. 公司合并与公司并购

公司并购,是指一切涉及公司控制权转移与合并的行为,它包括资产收购、股权收购和公司合并等方式。公司并购是一个集合概念,包括公司吸收合并和公司收购。当然,公司并购目前还不是法律概念,《公司法》或其他法律上均无直接规定,只见诸一些法规性的文件中,如《外国投资者并购境内企业暂行规定》(已失效)第2条规定:“本规所称外国投资者并购境内企业,系指外国投资者协议购买境内非外商投资企业(以下称‘境内公司’)的股东的股权或认购境内公司增资,使该境内公司变更设立为外商投资企业(以下称‘股权并购’);或者,外国投资者设立外国投资企业,并通过该企业协议购买境内企业资产且运营该资产,或,外国投资者协议购买境内企业资产,并以该资产投资设立外商投资企业运营该资产(以下称‘资产并购’)。”可见,并购有些相似于前述公司收购的含义。另外,我国台湾地区“企业并购法”第4条也规定:“并购:指公司之合并、收购及分割。”[4]从目前学者对并购的认识来看,一般认为公司并购相当于兼并(merger)和收购(acquisition)的合称。如果这一认识成立,公司合并与公司并购就是既有区别,又有交叉重合的公司行为。

(三)公司合并的形式

公司合并的形式,是指公司合并过程中以什么结构出现而成为另一个公司的法律行为。公司合并是公司变更的一种特殊形式。我国《公司法》第172条对公司的合并规定了两种形式:一种是吸收合并,另一种是新设合并。

---

[4] 从我国台湾地区“企业并购法”第4条的规定来看,根据其对“并购”所作的解释,“合并”与“收购”与我国大陆的基本同义,“分割”类似于我国《公司法》上的“转投资”,其原文表述为:“分割:指公司依本法或其它法律规定将其得独立营运之一部或全部之营业让与既存或新设之他公司,而由既存公司或新设公司以股份、现金或其他财产支付予该公司或其股东作为对价之行为。”

1. 吸收合并

又称存续合并,它是指两个或者两个以上的公司合并时,其中一个或者一个以上的公司并入另一个公司的法律行为。并入的公司并入另一个公司以后,其法人资格即消灭,成为另一个公司的组成部分;接受并入公司的公司,应当于公司合并以后到市场监督管理部门办理变更登记手续,继续享有法人的地位;被合并的公司应当宣告停业,并到市场监督管理部门办理注销手续,以合并后的公司进行生产经营活动。比如,甲公司和乙公司合并以后,甲公司依然存在,乙公司解散,乙公司并入甲公司内部。甲公司到市场监督管理部门办理变更登记手续;乙公司到市场监督管理部门办理解散登记手续。另外,根据被兼并公司的性质不同,吸收合并又可分为同类吸收合并与异类吸收合并。

2. 新设合并

新设合并,是指两个或两个以上的公司组合成为一个新公司的法律行为。这种合并以原有公司的法人资格均已消灭为前提,以这种形式合并的公司一旦合并,原来合并的公司的各方应到市场监督管理部门办理注销手续。新设立的公司应当到市场监督管理部门办理设立登记手续,取得法人资格。需要说明的是,新设合并在法律性质上属于一种特殊的公司设立。新设立的公司应该符合我国公司法规定的设立公司的基本条件。

(四)公司合并的程序

只有按照法定的程序进行公司合并,才能确保合并顺利有效地进行以及保护各方当事人的利益。各国关于公司合并的程序基本相同。按照我国《公司法》规定,公司合并应依照以下程序进行:

1. 签订合并协议。参加合并的各方应在平等协商的基础上,就合并的有关事项达成合并协议。合并协议应采用书面形式。我国《公司法》没有具体规定合并协议的条款,实践中,合并协议主要包括下列内容:合并各方的名称、住所、法定代表人;合并后存续公司或新设公司的名称、住所、法定代表人;合并各方债权债务的承继方案;合并形式;职工安置办法;存续公司或新设公司因合并而增资发行的股份总数、种类和数量;违约责任;解决争议的方式、合并各方[5]认为需要载明的其他事项。

2. 通过合并决议。公司合并是公司内部的重大问题,既涉及股东、债权人的权益,又涉及社会的稳定,应当由公司的出资人或者股份持有人的议事机构即股东会或股东大会等以决议的形式来决定。公司合并的决议属特别决议,有限责任公司与股份有限公司必须分别经全体股东或出席股东会议的股东所持表决权的 2/3 以上通过。股东中不同意合并的,有权请求公司按合并时的公正价格收买其持有的

---

〔5〕 合并各方是指合并公司而非合并公司的股东。

股份。依我国《公司法》第37条、第46条、第99条、第103条、第108条第4款规定,公司合并由董事会制订、提出方案,交股东会决议;参与合并的各公司须经各自的股东会以特别决议通过合并协议。另依《公司法》第66条规定,国有独资公司的合并应由国有资产监督管理机构决定,其中重要的国有独资公司合并,应当由国有资产监督管理机构审核后报本级人民政府批准。

3. 编制资产负债表及财产清单。公司决定合并时,应当编制公司的资产负债表和财产清单,以供债权人查询。资产负债表应明确公司资产的借贷情况,财产清单应将公司所有的动产、不动产、债权、债务及其他资产分别注明。

4. 通知债权人和公告。为保护公司债权人的利益,各国公司法都在公司合并程序中规定了对债权人的保护措施,即要求在作出公司合并决议后,应及时通知和公告债权人,并明确规定在法定期限内,债权人有权对公司的合并提出异议。公司股东会或股东大会等作出合并决议之日起10日内通知债权人,并于30日内在报纸上进行公告。债权人自接到通知书之日起30日内,未接到通知书的自公告之日起45日内,可以要求公司清偿债务或者提供担保,超过以上期限未向公司提出要求的,视为承认公司的合并。

5. 进行资本合并和财产移转。完成了催告债权的程序后,合并的公司即可进行资本的合并和财产的转移。

6. 合并登记。在完成上述程序后,合并公司应在法定期限内依法进行公司变更或注销登记。因合并而存续的公司,须变更登记;因合并而消灭的公司,须注销登记;因合并而设立的公司,须办理设立登记。按照我国现行审批规定,审批就是办理合并登记的前提条件。登记后,公司合并程序即告完成。

(五)公司合并的法律后果

公司合并的法律后果之一就是债权、债务的接受。所谓债权、债务的接受,是指合并后存续的公司或者新设立的公司,必须无条件地接受因合并而消灭的公司的对外债权与债务。合并后公司有权对原来公司的债权进行清理并予以收取,有义务清偿原公司的债务。

此外,公司合并还有如公司的消灭、存续、设立、股东的重新入股或者退股等法律后果。

(六)公司合并中相关主体的利益保护

公司合并作为重大的法律行为,涉及公司内部及外部各相关主体的利益,《公司法》也必然会对相关主体利益保护问题作出必要的规定。

1. 保护债权人

公司合并涉及公司资产的重新配置,直接关系公司债权人利益。各国公司法保护债权人的措施主要有:

(1)告知制度。在合并过程中合并各方有义务向各自的债权人告知合并事实,债权人享有合并的知情权。告知的效力在于,当债权人收到告知后,如果未能在规定的期限内对公司合并提出异议,则丧失异议权。我国《公司法》第173条规定了合并的公司应当向债权人履行告知的义务,并涉及告知的时间和告知方式,但没有具体规定告知的内容、告知的效力以及违反告知义务的民事责任(其第204条规定了行政责任)。

(2)债务法定转移制度。合并的公司未清偿的合并前的债务,按照我国《公司法》第174条、《合同法》第90条,由合并后存续的公司或者新设的公司自动承担。

(3)债权人异议制度。债权人依法要求公司在合并前清偿债务或提供债务担保,是公司合并中债权人保护的核心内容,其背景是:在公司合并中,债权人不能参与合并表决,对于公司股东会决议的合并计划,债权人不能阻止。所以赋予债权人事后的异议权,提供底线式的保护。主要包括:①异议的成立要件。各国的规定存在分歧:一是无条件,只要债权人按相应的程序提出异议,公司即须为清偿或担保,无须法院的参与。我国、日本采此例。二是以危害债权为条件,认为异议权的行使须以公司合并对债权人产生危害为前提,危害是否存在由法院判断。法国、意大利采此例。从兼顾公司合并效率与公平的角度,似乎对异议权设定条件更可取。②异议的效力。主要有四种立法例:一是合并不得对抗异议债权人。公司未适当履行债权人保护程序并不导致合并无效,也不产生妨碍合并实施的效果,但合并的效果不得对抗异议债权人。二是合并对提出异议的债权人无效。不承认合并的债权人以公司怠于履行保护债权人义务为由,提出合并无效之诉。三是阻止合并实施的效力。在异议未经撤销或者判决执行前,合并停止执行;只有在异议被法院驳回,或者对债权人进行清偿或者提供担保的前提下,合并才可以执行。四是对债权人提供最有力的法律保护措施,但同时有损害公司合并效率之嫌。[6] 我国1993年《公司法》第184条第3款曾采此立法例,即"不清偿债务或者不提供相应的担保的,公司不得合并"。2005年修订时删除了这一条规定。问题在于,如果公司对债权人的异议不予理会,公司合并程序可以继续进行,则债权人的异议权如何获得救济?我国现行《公司法》第173条规定:"公司合并,应当由合并各方签订合并协议,并编制资产负债表及财产清单。公司应当自作出合并决议之日起十日内通知债权人,并于三十日内在报纸上公告。债权人自接到通知书之日起三十日内,未接到通知书的自公告之日起四十五日内,可以要求公司清偿债务或者提供相应的担保。"

2. 保护少数股东

少数股东虽然可以参与公司合并决议的表决,但难以阻止多数股东的合并意思,故公司合并同样涉及对少数股东的保护问题。对公司合并持异议的少数股东,

---

〔6〕 李建伟:《公司法学》,中国人民大学出版社2008年版,第152页。

公司法设有四项保护措施：

(1)阻止决议通过。第一，合并交易须得到各方股东会的特别决议通过，实际上赋予了单独或者联合持有股份超过1/3的股东拥有对合并决议的否决权；第二，种类股份作为单独的表决权集团进行表决，那么该种类股份实际上也拥有对合并决议的否决权；第三，公司章程也可以约定保护少数股东的措施，如多数股东的表决权限制、关联股东的表决权排除制度等。

(2)异议股东股份回购请求权。对股东会关于公司合并、分立的决议持有异议的股东，可以请求公司以公正价格收购自己所持股份。我国《公司法》第74条、第142条规定了这一制度。

(3)多数股东的诚信义务。我国《公司法》第20条规定的股东诚信义务适用于公司合并场合，典型地适用于排挤合并。由于某种原因，控制股东可能对与少数股东共存的局面不满意，因此，可能采取某种措施将后者排挤出去。这种策略被称为“排挤式”(freeze-out〔7〕)合并。这就引出一个问题：这些合并交易只要遵守了法定的程序要件就可以成为有效的交易，还是在将这些交易强加给反对股东时还需要适用某种实质上的公平标准接受司法审查？早期法律的立场是，法律不应当评判合并的主观动机，如果合并遵守了适当程序且为少数股东提供了某种保护措施，如为异议股东提供了股份回购权，该交易就是有效的。但现代公司法认为，仅仅遵守法定程序还不够，还应该适用公平标准对该交易的公正性进行司法审查，以达到对受到排挤的少数股东进行救济的目的。

(4)对股东的信息披露。为了防止多数股东的“暗箱操作”，各国公司法对公司合并的信息披露作出要求。我国《公司法》对公司合并的相关信息披露没有作专门的规定。

3. 保护职工

职工也是公司合并中应当着重保护的弱势利益群体，公司合并、分立中，如忽视保护职工利益，往往容易引起社会局部甚至较大范围的动荡，所以许多立法重视对公司合并中职工利益的保护问题。我国现行法有关公司合并中的职工利益保护的内容包括：

(1)职工的建议权和监督权。《公司法》第18条第3款规定：“公司研究决定改制以及经营方面的重大问题、制定重要的规章制度时，应当听取公司工会的意见，并通过职工代表大会或者其他形式听取职工的意见和建议。”此处的“改制以

---

〔7〕 Freeze-out：与此类似的一个术语是 squeeze out，主要表现为一种事实上的“排挤”，如封闭公司采取“无股利政策”(no dividend)将少数股东排挤出去。Freeze out 指采取法定手段如并购方法来排挤少数股东，控制股东排挤少数股东的动因包括：在利润较好的公司为了独占将来的收益；在有股东矛盾的公司为了增强股东凝聚力；基于私有化战略需要等。

及经营方面的重大问题”,包括公司合并、分立事项。

(2)职工安置。《劳动合同法》第34条规定,“用人单位发生合并或者分立等情况,原劳动合同继续有效,劳动合同由承继其权利和义务的用人单位继续履行”。据此有理由认为,公司合并时应当负有妥善安置职工的义务。

二、公司的分立

(一)公司分立的含义和特点

公司分立是指一个公司依据法律、行政法规的规定,分成两个或者两个以上的公司的法律行为。

公司分立有以下特点:

1. 公司分立是公司本身的行为

公司分立是根据分立前公司的单方意思表示即可生效的法律行为。公司分立的主体是公司,公司本身的行为是指公司分立由公司的投资人来决定,即要由公司的股东会或者股东大会决定作出分立决议。公司分立只有在股东会或者股东大会依法同意下才能进行。否则,分立无效。当然,为了贯彻反垄断法,政府亦有权依据法律授权来采取强制拆分的反垄断措施。

2. 公司分立是分立各方共同的行为

公司分立涉及该公司的债权、债务和财产的分割等一系列的问题。只有分立各方就分立过程中涉及的一切问题达成一致的意见后,公司的分立工作才能顺利进行。否则,公司难以分立。

3. 公司分立是依法进行的法律行为

公司分立要依照我国公司法及有关法律、行政法规的规定进行。否则,分立无效。

4. 公司分立是公司变更的一种形式

公司分立并不是公司的完全解散,而是或者以解散的原来公司而成立新的公司的形式出现,或者在原有的公司中分出一部分成立新的公司,原有的公司依然存在。无论何种情况,原有公司实质上并不消灭,只是同原来的公司相比,有了新的变化。可以说,公司分立是法律设计的一种简化程序,使公司在无须消灭的情况下成功达到分立的效果。

5. 公司分立是一种法律行为

这种行为是由公司的分立各方经过协商,最终达成一致意见的结果;公司分立各方未达成一致意见的,公司不能分立。公司分立是依法进行的,违反法律规定的,分立无效。

(二)公司分立协议

按照通常做法,公司分立应当订立分立协议。所谓公司分立协议,是指公司分立各方就公司分立过程中的有关事项达成的一致约定。《公司法》未对公司分立协议的内容作出原则性的规定。一般来讲,公司分立协议应当包括以下内容:即将分立各方的公司名称、地址;分立各方的财产范围;分立各方的债权、债务,即分立各方从原来的公司取得的债权种类、数量,分立以后各方应当承担债务的种类、债权人、数量等;分立以后股东的姓名、地址、股东在分立以后享有的股份比例或者享有股份的种类、数额等;分立以后公司的营业范围;分立各方认为应当载明的其他事项。

(三)公司分立应履行的义务

按照公司法规定,公司分立应履行以下义务:

1.进行财产分割

公司分立前分立各方(包括分立发起人之间、分立发起人与原公司法定代表人之间)应签订分立协议,对公司的债权债务等作出妥善处理,对其财产作相应分割,同时还应编制资产负债表及财产清单。

2.通知债权人

公司分立涉及债权人的利益,公司作出分立决议以后,应当自作出分立决议之日起10日内通知债权人,并于30日内在报纸上公告。债权人自得知公司分立后宜立即到公司请求自己的债权。如何请求,公司法未作规定,如可以要求公司必须清偿自己的债务或者要求提供一定的担保,也可以不要求清偿债务或者提供担保。不要求清偿债务或者提供担保并不会损害债权人的合法权益,按照公司法的规定,公司在分立前与债权人就债务清偿未达成书面协议的,公司分立前的债务由分立后的公司承担连带责任。

此外,公司分立后应办理相应的登记手续。

(四)公司分立前债务的承担

公司分立前债务的承担,根据《公司法》第176条的规定,有以下几种方式:

1.按约定办理

债权人与分立的公司就债务清偿问题达成书面协议的,按照协议办理。如一方不履行协议的,另一方可依法定程序请求履行协议。

2.承担连带责任

公司分立前未与债权人就清偿债务问题达成书面协议的,分立后的公司承担连带责任。债权人可以向分立后的任何一方请求自己的债权,要求偿还债务。被请求的一方不得以各种非法定的理由拒绝履行偿还义务。否则,债权人有权依照法定程序向人民法院起诉,由人民法院依法作出裁决。

(五)公司分立中对利害关系人的保护

公司分立往往是原公司多数股东的意志所致,由于公司分立会减少公司财产,势必对股东、债权人等相关利益主体产生影响。为此,法律有必要对少数股东、债权人、职工等外部人规定必要的保护措施。

1. 保护债权人

(1)通知债权人。我国《公司法》第 175 条第 2 款规定,公司应当自作出分立决议之日起 10 日内通知债权人,并于 30 日内在报纸上公告。这一规定的用意在于保障债权人对公司分立的知情权,使其及时主张权利以免遭受损害。但是,如果公司违反了通知义务将如何处理,《公司法》没有任何规定,使这一规定的实效性大打折扣。

(2)债务法定转移。公司分立中对债权人利益影响重大的一个问题,就是债务移转。《公司法》第 176 条规定,"公司分立前的债务由分立后的公司承担连带责任。但是,公司在分立前与债权人就债务清偿达成的书面协议另有约定的除外"。《合同法》第 90 条亦规定,"当事人订立合同后分立的,除债权人和债务人另有约定的以外,由分立后的法人或其他组织对合同的权利和义务享有连带债权,承担连带债务"。对于这两个规定的解读:①原公司的债务可由公司在分立前与债权人订立清偿债务的协议。该协议一经达成,即对分立后的公司和债权人具有拘束力,于此情形,债务的处理按照协议办理。②如果没有订立上述协议,则应当由分立后的公司承担连带责任。③分立后的公司之间订立清偿原公司债务协议的,该协议不得约束原公司债权人。

(3)其他。如因公司派生分立而需减资,则债权人还受到《公司法》关于公司减资规定的保护(第 177 条)。

2. 公司分立无效及其诉讼

违反《公司法》和其他法律、行政法规中强制性规定的,公司分立行为无效。鉴于公司分立涉及多方公司及其股东、职工、债权人等利益相关者的利益,公司分立无效只能由法院裁决认定。公司分立中的任何一方当事人和利害关系人均可向法院提起公司分立无效确认之诉。

第三节 公司的解散与清算

一、公司的解散

(一)公司解散的概念

公司解散,是指已成立的公司,因发生法律或章程规定的解散事由而停止营业活动,开始处理未了结事务,并最终失去法律人格的法律行为。公司除因破产、合并导致的解散外,必须伴随着公司财产与债权债务的清理结算的终止而丧失其法人资格。

对于解散与清算的关系,各国立法规定不同,主要有两种制度:一为"先算后散”,即规定公司只有在清算后才能解散,如英国公司法;[8]二为“先散后算”,即规定公司应先宣布解散,然后再进行清算,大陆法系国家的公司法多作此规定。在“先算后散”的场合,宣告公司解散即消灭法人资格,解散是使公司法人资格消灭的法律行为;在“先散后算”的场合,解散只是法人消灭的原因,只有在清算终结后,才消灭公司的法人资格。因此,在清算终结之前,尽管公司的权利能力受到限制,但公司法人资格仍被视为存续。依据我国《公司法》第10章的规定,在进入清算程序前,应宣告公司解散,然后成立清算组进行清算。这一规定,究其实质,与大陆法系国家的“先散后算”制度无异。

(二)公司解散的原因

公司解散因其原因或条件不同,按照是否属于公司股东的意愿,可分为任意解散和强制解散两大类,任意解散和强制解散又各分为若干具体类型。

1. 任意解散

任意解散,又称自愿解散,是指由公司发起人或股东决定或决议公司解散。这取决于公司的意志,与外在的意志无关,是一种自愿行为。任意解散的程序却不任意,仍需依法定程序进行。其事由包括以下几个方面:

(1)公司章程规定的营业期限届满或者公司章程规定的其他解散事由出现。公司章程有“公司宪章”之称,有限责任公司是由公司设立时的全体股东制定的,而股份有限公司是由发起人制订并经创立大会通过的,它对公司、股东、董事、监事、高级管理人员都具有约束力。我国公司法既未规定公司的最高经营期限,又未强制要求公司章程对其规定,因此,经营期限是我国公司章程任意规定的事项。如果公司章程中规定了经营期限,在此期限届满前,股东会或者股东大会可以形成延长经营期限的决议,如果没有形成此决议,公司即进入解散程序。一般来说,解散事由是公司章程的相对必要记载事项,股东在制定公司章程时,可以预先约定公司的各种解散事由。如果在公司经营中,规定的解散事由出现,股东会或者股东大会可以决议解散公司。

(2)股东会或者股东大会决议解散。股东(大)会是公司的权力机构,有权对公司的解散事由作出决议。有限责任公司经代表2/3以上表决权的股东通过,股份有限公司经出席股东大会的股东所持表决权的2/3以上通过,股东(大)会可以作出解散公司的决议。股东(大)会决议解散公司不受公司章程规定的解散事由的约束,可以在公司章程规定的解散事由出现前,根据股东的意愿决议解散公司,也可以修改公司章程,改变事先约定的解散事由。一人公司的解散由单个股东决定。国有独资公司不设股东会,其解散由国有资产监督管理委员会决定;重要的国有独资公司的解散,由国有资产监督管理委员会审核后报本级人民政府批准(《公

---

〔8〕［英］丹尼斯·吉南:《公司法》,朱羿锟等译,法律出版社2005年版,第439页。

司法》第66条)。中外合资公司也不设股东会,可由董事会决议解散,并报审批机构批准。

(3)因公司合并或者分立需要解散。当公司吸收合并时,吸收方存续,被吸收方解散;当公司新设合并时,合并各方均解散。当公司分立时,如果原公司存续,则不存在解散问题;如果原公司分立后不再存在,则原公司应解散。公司的合并、分立决议均应由股东(大)会作出。

(4)其他解散事由出现。公司章程规定的营业期限以外的其他解散事由,常见的有目的事业已经完成或者无法完成、重要股东消亡、股东低于法定人数等。

2. 强制解散

强制解散,是指因主管机关决定或法院判决而导致公司解散,其事由包括以下几个方面:

(1)命令解散。[9] 公司成立后,在进行生产经营活动的过程中,如违反国家法律、法规,实施危害社会公共利益的行为,登记主管机关有权依法命令其解散,吊销其营业执照、责令关闭或撤销。这种解散属于行政性强制解散,即在公司经营活动中严重违反了工商、税收、劳动、市场、环境保护等对公司行为进行规制的法律法规和规章时,为了维护社会秩序,有关违法事项的主管机关可以作出决定以终止该公司的主体资格,使其永久不能进入市场进行经营。在不同的法律、法规和规章中,解散公司、撤销公司设立登记、吊销公司营业执照、责令停产停业、责令关闭的行政行为一般都会导致公司解散,这些情形均属于强制解散。我国公司法规定的公司因行政命令而产生的解散包括:公司因违法而被责令解散,公司成立后无正当理由超过6个月未开业或开业后连续停业6个月以上而被公司登记机关撤销公司登记或者吊销营业执照等情形。另外,我国《公司法》第180条第4项规定,“依法被吊销营业执照,责令关闭或者被撤销”属于解散事由之一,此即一种行政解散。

(2)判决解散。依照《公司法》第182条的规定,公司出现第182条规定的情况,即公司经营管理发生严重困难,继续存续会使股东利益受到重大损失,通过其他途径不能解决的,人民法院可以根据持有公司全部股东表决权10%以上的股东请求判决解散公司。判决解散的宗旨主要是保护少数股东利益,为少数股东提供一种退出公司的机制和利益保护机制。我国1993年《公司法》没有规定司法裁判解散,2005年修订时规定了这一制度,现行公司法也一直在沿用。

---

[9] 命令解散又可分为行政命令解散和司法机关命令解散。我国公司法没有规定司法机关命令解散。

(三)公司解散的法律后果

1. 进入清算程序,成立清算组织

公司解散无论解散程序在清算程序之前还是在清算程序之后,都必须依法成立清算组织。成立清算组织后,公司原来的代表及业务执行机关即丧失权利,由清算组取而代之,清算组代表公司一切行为。公司由此成为清算中的公司。

2. 限制权利能力,停止营业活动

公司宣告解散后,其权利能力即受到法律的特别限制,这种限制特指解散公司的权力能力仅局限于清算范围内。除为实现清算目的,由清算组代表公司处理未了结业务外,公司不得开展新的经营活动。

二、公司的清算

(一)公司清算的概念

所谓公司清算,指公司被依法宣布解散后,依照一定程序了结公司事务,收回债权,清偿债务并分配财产,使公司归于消灭的一系列法律行为和制度的总称。除公司合并、分立两种情形外,公司解散后都应当依法进行清算,不经清算,公司不得注销设立登记。因此,清算是公司解散到公司终止前的一个必经程序。通过清算,结束解散公司既存的法律关系,分配解散公司的剩余财产,从而最终消灭解散公司的法人资格。

(二)公司清算的种类

1. 破产清算与非破产清算

根据是否在破产情况下进行,公司清算可以分为破产清算和非破产清算(解散清算)。前者须依破产法程序进行,后者则须依公司法程序进行。这里所说的公司清算系指解散清算,或曰一般清算,并不涉及破产程序。非破产清算与破产清算都会发生相同的法律后果,即在了结公司债权债务关系后消灭公司的法律人格。二者具有明显区别:(1)适用前提不同。公司由于合并、分立以外的事由解散,公司资产足以抵偿债务的,将进行非破产清算,即资产足以偿债是公司非破产清算启动的前提。当公司资产不足以抵偿所欠债务时,则只能进行破产清算。因此,如在非破产清算过程中发现公司资不抵债,则公司非破产清算程序必须终止,转而进行破产清算。(2)启动主体不同。公司非破产清算程序由公司股东自行启动,公司外的任何主体均无权要求公司进行非破产清算。而破产清算除了公司自行启动外,还可能因为债权人的请求而启动。(3)清算机构产生方式不同。公司非破产清算的清算机构由公司自行组织,只有在出现明显清算障碍时方可因相关权利主体申请而由法院指定清算机构进行清算。破产清算由于公司资不抵债而发生,为保证债权人债权公平实现,清算机构必须由法院指定。(4)清算程序显著不同。非破产清算程序较为简单,清算机构进行清算工作时受到较少限制。破产程序须严格按照破产法进行,债权人具有较大权力来影响清算工作,在清算过程中司法机关的介入也相对较多。

2. 任意清算与法定清算

根据清算是依公司自行确定的程序还是依照法定程序进行,解散清算还可以分为法定清算与任意清算两类。法定清算是指按法律规定的清算程序进行的清算。法定清算适用于任何公司,特别是资合公司,只能进行法定清算,不能进行任意清算。我国因只承认有限责任公司和股份有限公司,故解散清算只能实行法定清算。任意清算是指公司按照公司章程或者股东会决议进行的清算。换言之,任意清算可以不按照法律规定的方式和程序进行,所以具有"任意性"。任意清算与法定清算不同,前者更加适用于人合公司,因为我国不存在人合公司,自然不适用任意清算。〔10〕

3. 普通清算与特别清算

根据是否受到法院或者行政机关的干预,法定清算又可以分为普通清算和特别清算。

普通清算,是指由公司自行依法组织的清算组按照法定程序进行的清算。根据《公司法》规定,公司因第 180 条第 1、2、4、5 项规定而解散的,应当自公司章程规定的事实上的解散事由出现之日起 15 日内成立清算组进行清算。清算组,又称清算人,是指在公司清算期间负责清算事务执行的法定机构。一旦公司进入清算程序,董事会或者执行董事、经理即应退任而由清算组行使管理公司业务和财产的职权,对内执行清算事务,对外代表公司,所以清算组为一法定的、必备的机构。关于清算组人员的构成,根据《公司法》第 183 条规定,在普通清算中,分为两种,即法定清算人和选任清算人。具体来说是指:有限责任公司进行普通清算的,其清算组成员为法定清算人,即由该有限责任公司的股东组成;股份有限公司进行普通清算的,其清算组可以由法定清算人即该股份公司的董事组成,也可以采用选任清算人的方式,由股东大会确定的人员组成。一般来说,股份有限公司应当采取股东大会选任清算人优先的原则,只有在没有股东大会选任清算人时,董事才开始履行清算组的职责。

特别清算是指当解散的公司实行普通清算有明显障碍时,由法院或者行政机关命令组织清算的清算方式。最高人民法院《关于适用〈中华人民共和国公司法〉若干问题的规定(二)》(以下简称《公司法司法解释(二)》)第 7 条进一步规定了适用特别清算的情形:(1)公司解散逾期不成立清算组进行清算的;(2)虽然成立清算组但故意拖延清算的;(3)违法清算可能严重损害债权人或者股东利益的。而且在债权人未提起清算申请时,公司股东可以申请人民法院指定清算组进行清算。这一规定对于保护少数股东的利益有积极意义。在我国公司法中,普通清算

〔10〕 李建伟:《公司法学》,中国人民大学出版社 2008 年版,第 179 页。

与特别清算的主要区别就是清算组成员的组成方式不同。根据《公司法》第183条规定，只有当公司逾期不成立清算组时，债权人才可以申请人民法院指定有关人员组成清算组进行清算，该公司所在地人民法院应当受理该申请，并及时组织清算组成员，进行清算。对于清算组具体人员的选任条件和任职资格，公司法未作限定，法人和自然人均可出任清算人。为了提高清算效率，保护股东和债权人利益，人民法院应当重视并做好清算人的选任和指派工作。此外，由于清算组行使董事、经理的职权，因此，我国《公司法》第146条关于董事、经理的任职资格规定同样适用于清算组人员的选任。除此之外，特别清算是普通清算向破产清算进行过渡的“中间制度”，是结合了普通清算与破产清算的若干特点的混合物。

（三）清算组的职权

由于公司在宣布解散之后，公司的业务执行机关，如董事会、经理等，即失去了原先的业务执行的权力，公司的后继事务由清算组接管，清算组在清算期内对内是公司的法人机关，对外可以代表清算中的公司，其法律地位相当于正常营业中公司的董事会、经理。因此，在清算期间，清算组是公司业务的执行机构，全面负责公司相关业务的处理。

公司清算组享有为实现清算目的所需要的广泛的权力，此种权力分为一般性权力和受限制的权力。所谓一般性权力是指公司法为确保清算组职责的充分实现而赋予他们的各种广泛性的权力，如出卖公司的财产、收受公司债权、任命代理人来完成自己不能亲自完成的事务，以及从事公司解散和财产分配所必需的其他行为。而受限制的权力，是指在公司强制性解散中，公司某些权力的行使应当得到法院或行政机关的同意，这些权力通常包括：以公司名义提起诉讼或以公司名义应诉；为了更好地完成公司清算而继续经营公司的事业；同那些向公司提出请求权的人和解等。《公司法》第184条规定的清算组在清算期间的职权为：

1. 清理公司财产，分别编制资产负债表和财产清单

公司解散时，清算组要全面清理公司的全部财产，包括固定资产、流动资产、有形资产、无形资产、债权债务等现有的自有资产，并列出财产清单，同时编制公司的资产负债表，明晰公司的负债情况。

2. 通知、公告债权人

清算组接管公司财产后，应立即在法定期限内直接通知已知的债权人和通过报纸、电台、电视台等传媒通知或者公告未知的债权人，以便债权人在法定期限内向清算组申报债权。逾期不申报的，视为放弃债权，不列入清算之列，通知和公告债权人申报债权是清算组的法定职责，清算组应当依法履行其职责。

3. 处理与清算有关的公司未了结的业务

公司未了结的业务主要是指公司解散前已经订立，目前尚在履行中的合同事项等。对公司尚在履行的合同是继续履行或者终止履行，清算组有权根据清算工

作的需要,作出决定。但是无权进行与清算无关的新的业务活动。清算组在处理此项业务时应当坚持三条原则:第一,作出的处理决定必须合法;第二,有利于保护公司和债权人的合法权益;第三,有利于尽快了结公司未了结的业务。

4. 清算所欠缴税款及清算过程中产生的税款

国家财政收入的主要来源和经济建设的重要支柱就是税收,所有负有纳税义务的单位和个人均应依法履行纳税义务。在公司解散时,清算组应当对公司的纳税事宜进行清查,发现有以前欠缴税款的情况,或者在清算过程中产生的税款情况,都有责任报请国家有关税务机关逐项查实,应纳的税款由清算公司财产予以缴纳。

5. 清理债权、债务

公司解散清算前和为清算的目的而产生的各项债权、债务关系均由清算组予以清理。清算组接管公司后应立即着手清理公司依法享有的债权和承担的债务,包括按照合同的约定产生的债权、债务和依照法律的规定产生的债权、债务。如公司对某一当事人既享有债权又负有债务的,其债权和债务可以相互冲抵。

6. 处理公司清偿债务后的剩余财产

公司清偿债务后的剩余财产是指公司的财产在支付清算费用、职工工资、劳动保险费用和法定补偿金,清缴税款,清偿所欠债务后,公司剩余的财产。这部分的财产属于股东权益,有限责任公司应按照股东的出资比例分配,股份有限公司应按照股东持有的股份比例分配。同时,如果在清算的过程中发现公司财产不足以清偿债务时,清算组应及时向人民法院申请宣告破产,在公司经人民法院裁定宣告破产后,清算组应当将清算事务移交给人民法院,进入破产清算程序。

7. 代表公司参与民事诉讼活动

在清算期间,清算组代表公司从事一切对外事务。清算组有权代表公司就公司涉及的民事权利义务问题向人民法院起诉和应诉,在职权范围内清算组代表公司参与民事诉讼的活动受法律保护。

(四)公司清算的程序

根据《公司法》《公司法司法解释(二)》的有关规定,公司解散清算程序如下:

1. 成立清算组。清算组应当在解散事由出现之日起15日内成立,清算组成立之日即为清算开始之日。根据《公司登记管理条例》的规定,公司解散,依法应当清算的,清算组应当自成立之日起将清算组成员、清算组负责人名单向公司登记机关备案。[11] 清算开始后,公司便负有相应的义务,如不得展开与清算无关的经营活动。

2. 通知和公告债权人。根据我国《公司法》第185条以及《公司法司法解释

〔11〕 在国外,清算组选人后应当进行登记,而我国则没有这项要求。

(二)》第11条规定,清算组应当自成立之日起10日内通知债权人,并于60日内根据公司规模和营业地域范围在全国或者公司注册登记地省级有影响的报纸上公告。债权人应当自接到通知书之日起30日内,未接到通知书的自公告之日起45日内,向清算组申报其债权。债权人申报债权,应当说明债权的有关事项,并提供证明材料。清算组应当对债权进行登记。清算组未按照规定履行通知和公告义务,导致债权人未及时申报债权而未获清偿,债权人主张清算组成员对因此而造成的损失承担赔偿责任的,应予以支持。在债权申报期间,由于公司的债务还处于不明确状态之中,为了维护公司债务清偿的公平性,在申报债权期限结束之前,清算组不得对债权人进行清偿。

《公司法司法解释(二)》第12条规定,债权人对清算组核定的债权有异议的,可以要求清算组重新核定;清算组不予重新核定,或者债权人对重新核定的债权仍有异议,债权人以公司为被告向法院提起确认之诉的,法院应予受理。第13条规定,债权人在规定的期限内未申报债权,在公司清算程序终结之前补充申报的,清算组应予登记。第14条规定,债权人补充申报的债权,可以在公司尚未分配财产中依法清偿。公司尚未分配财产不能全额清偿,债权人主张股东以其在剩余财产分配中已经取得的财产予以清偿的,法院应予支持;但债权人因重大过错未在规定期限内申报债权的除外。债权人或者清算组,以公司尚未分配财产和股东在剩余财产分配中已经取得的财产,不能全额清偿补充申报的债权为由,向法院提出破产清算申请的,人民法院应不予受理。

3.制定清算方案并报股东(大)会或人民法院确认。清算组在清理公司财产、编制资产负债表和财产清单后,应当制订清算方案,并报股东会或有关主管机关确认。清算组在清理公司财产、编制资产负债表和财产清单后,发现公司财产不足以清偿债务的,应当立即向法院申请宣告破产。公司经法院裁定后,清算组应当将清算事务移交给法院,自此便进入破产清算程序。《公司法司法解释(二)》第15条规定,未经确认的清算方案,清算组不得执行;否则,由此给公司或者债权人造成损失的,公司、股东或者债权人可以主张清算组成员承担赔偿责任。

4.分配财产。公司的清算方案经确认后,清算组即可依法按照清算方案来分配财产。依照《公司法》第186条第2款的规定,财产法定分配顺序依次为:(1)支付清算费用;(2)支付职工工资和劳动保险费用;(3)缴纳所欠税款以及清算过程中产生的税款;(4)清偿公司债务;(5)前述四项款项清偿完毕后的公司剩余财产,有限责任公司按照股东的出资比例分配,股份有限公司按照股东持有的股份比例分配。分配财产必须严格依照法定顺序进行,如果在进行其他清偿前向股东分配财产,属无效行为,不仅需追回所分配的财产,相关人员还会被依法追究法律责任。

5.清算终结。《公司法》规定,公司清算终结后,清算组应当制作清算报告,报股东会或股东大会或者人民法院确认。公司清算组应当自公司清算结束之日起

30日内向原公司登记机关申请注销登记。《公司法司法解释(二)》第16条规定,特别清算应当自清算组成立之日起6个月内清算完毕;因特殊情况无法在6个月内完结的,清算组应当向法院申请延长。

(五)普通清算程序与破产清算程序的衔接

在多种情况下,清算组能够按照既定清算程序,圆满履行自己的职权,最终顺利办理公司注销登记手续。但在某些情况下,清算组可能无功而返。倘若清算组在清理公司财产、编制资产负债表和财产清单后,发现公司财产不足以清偿债务,应当向人民法院申请宣告破产。公司经人民法院裁定宣告破产后,清算组应当将清算事务交给人民法院(《公司法》第187条)。公司被依法宣告破产的,依照有关企业破产的法律实施破产清算(《公司法》第190条)。实现非破产清算程序向破产清算程序的转化旨在通过强化法院与债权人对清算程序的干预力度,进而在了断清算公司的全部债权债务关系时体现债权人公平受偿原则。相比之下,在普通清算程序中,清算公司及其董事、股东往往在清算过程中处于主导地位,而法院与债权人往往处于从属、消极监督地位。而在破产清算程序中,法院与债权人可以积极地干预清算事务的执行,甚至行使必要的决策权(如债权人会议与债权人委员会制度)。[12]

为降低债权人的债权实现成本,避免债权人由于费时花钱的破产清算程序而遭受财产损失,最大限度提高债权人的受偿比例,尽快消灭清算公司的既存法律关系,《公司法司法解释(二)》第17条充分尊重清算公司与其债权人之间的契约自由,鼓励清算公司与其债权人通过低成本的协商机制消灭悬而未结的债权债务关系,及时终结公司清算程序。该条规定:"人民法院指定的清算组在清理公司财产、编制资产负债表和财产清单时,发现公司财产不足清偿债务的,可以与债权人协商制作有关债务清偿方案。债务清偿方案经全体债权人确认且不损害其他利害关系人利益的,人民法院可依清算组的申请裁定予以认可。清算组依据该清偿方案清偿债务后,应当向人民法院申请裁定终结清算程序。债权人对债务清偿方案不予确认或者人民法院不予认可的,清算组应当依法向人民法院申请宣告破产。"

(六)与公司解散和清算相关的其他几个法律问题

1. 清算中公司的法律地位

我国学界关于清算中公司的法律地位存有分歧,主要学说有:(1)消灭说。消灭说认为,公司一经解散,其法人资格即告消灭,此时公司的财产转而变为股东的共有财产,而在此期间的诉讼行为应以所有股东为共同原告或被告。如有学者认为"法人一经解散,人格即归消灭,而财产归社员共有……"[13](2)清算法人说。

---

〔12〕 刘俊海:《公司法学》,北京大学出版社2008年版,第447页。

〔13〕 胡长清:《中国民法总论》,中国政法大学出版社1997年版,第118页。

此说认为法人因解散事由出现而消灭主体资格,法律专为法人的清算目的而设立一种清算法人,这种法人是不依附于原法人而独立存在的另一个清算法人,故其权利能力也是特殊的。(3)拟制法人说。此说认为法人因解散事由出现而丧失权利能力。仅为了清算之目的,法律拟制一个法人在清算目的范围内享有权利能力。(4)同一法人说。此说认为公司的解散并不消灭其人格,清算中的公司与原公司为同一法人,只是在清算阶段其权利能力受到限制。[14]

我国司法实践对于清算中公司的法律地位的态度从否定到逐步肯定。我国《公司法》吸收同一法人说,第186条第3款规定:"清算期间,公司存续,但不得开展与清算无关的经营活动。……"从清算中公司的法律地位来看,公司解散事由出现后,其法人人格一直延续到清算终结。但是,这时公司存续仅仅是为了便于清算,相应地,其权利能力就限定于清算范围之内,不得从事清算目的范围外的其他活动,否则,不发生法律效力。[15] 清算中公司与解散前的公司互为一体,在解散前所存在的法律关系不因解散的发生而有所变更。

但是,清算中公司的法律地位与设立中公司并不完全相同:后者尚未取得法人资格,属于非法人社团;清算中公司已经具有法人资格,只是因其即将终止而在能力上受到限制,即"不得开展与清算无关的经营活动"。

2. 清算主体和责任的设置

清算主体的确定具有极其重要的意义,关系到由谁来主持清算及清算不能时由谁承担不能清算的责任。《公司法》规定,公司因发生非破产清算事由而解散的,应当在解散事由出现之日起15日内成立清算组,有限责任公司的清算组由股东组成,股份有限公司的清算组由董事或者股东大会确定的人员组成;逾期不成立清算组进行清算的,债权人可以申请人民法院指定有关人员组成清算组进行清算。人民法院应当受理该申请,并及时组织清算组进行清算。上述条文规定了公司正常解散情形下普通清算(又称自行清算)时组织清算的责任主体为"股东或股东大会",同时又规定假如其不履行自行清算义务,债权人可以申请人民法院指定"有关人员"组成清算组进行强制清算。实际上,强制清算时(在不自行清算的情况下)组织清算的责任主体仍然是"股东或股东大会",其不愿或不能自行清算所承担的法律后果就是由"债权人申请法院强制清算"。这对于解散公司的"股东或股东大会"来说,几乎是无关痛痒的"强制性规定"。因为其被强制清算与自行清算的后果是相同的,都是承担民事责任,而且强制清算也需要"股东或股东大会"予

---

〔14〕 有些国家的立法例采用了同一人格说,如俄罗斯《民法典》第61条第1款规定:"法人清算的后果是法人的终止,而其权利和义务并不依照权利继受方式转让给他人。"

〔15〕 对此,外国公司立法也有明确的规定,如法国《民法典》第2449条规定:"当解散公司的事由出现时,董事不得再拓展新业务。"

以配合,清算的结果在很大程度上仍要依赖其配合的程度。所以,笔者认为《公司法》第183条的规定缺乏强制性,不能使组织清算的责任主体自觉履行组织清算义务。

各国法律通常规定股东或者董事是清算主体,负有在公司终止时组织清算的责任。比如德国《民法典》第48条规定董事会负责公司清算,日本《民法典》第74条规定理事为清算人。《公司法》第183条第2款规定,有限责任公司的清算组由股东组成,股份有限公司的清算组由董事或者股东大会确定的人员组成。逾期不成立清算组进行清算的,债权人可以申请人民法院指定有关人员组成清算组进行清算。人民法院应当受理该申请,并及时组织清算组进行清算。《公司法司法解释(二)》第8条规定,"清算组成员可以从下列人员或者机构中产生:(一)公司股东、董事、监事、高级管理人员;(二)依法设立的律师事务所、会计师事务所、破产清算事务所等社会中介机构;(三)依法设立的律师事务所、会计师事务所、破产清算事务所等社会中介机构中具备相关专业知识并取得执业资格的人员。"《民法总则》第70条规定:"法人解散的,除合并或者分立的情形外,清算义务人应当及时组成清算组进行清算。法人的董事、理事等执行机构或者决策机构的成员为清算义务人。法律、行政法规另有规定的,依照其规定。清算义务人未及时履行清算义务,造成损害的,应当承担民事责任;主管机关或者利害关系人可以申请人民法院指定有关人员组成清算组进行清算。"公司执行机构或决策机构的成员作为清算义务人,应当及时组成清算组履行清算义务,否则应当承担相应的民事责任。公司清算是公司解散后,依法清理公司债权债务并向股东分配剩余财产,终结公司所有法律关系的行为。为强化清算主体的清算意识,要设计清算民事、行政、刑事三种不同的责任。民事上要设计清算主体的清算义务,即法律要求清算主体在公司面临法定清算的情形下,必须主动清算公司,清理公司债权人、公司债务人、公司股东的相关权益。如清算主体不及时清算,法院可依据其义务设定要求清算主体履行义务。在清算主体违抗法院的强制决定和恶意清算时可判令清算主体承担赔偿责任。现实中可以通过司法解释的形式,明确规定当公司发生非破产清算事由后,清算主体不对公司进行清算或违法进行清算时,将对债权人承担如下几种民事责任:

(1)清算责任。司法实践中,如果债权人仅起诉清算主体要求其承担清算责任的,法院可以直接判决清算主体对公司进行清算,承担清算责任;如果债权人以公司和清算主体为共同被告,要求清算主体承担清算责任的,法院应当判决公司承担给付义务,清算主体承担清算责任,并以清理的公司财产承担公司的清偿费用。

(2)赔偿责任。为了保证公司解散后清算的及时进行,必须让负有清算义务的人(清算主体)对其不履行清算义务而造成的损失承担赔偿责任。但值得注意的是,司法实践中由于公司解散时的控制权在法定清算主体手中,公司会计账簿等文件归其保存,因此债权人很难举证证明公司解散时存在多少财产,无法证明自己受到多大损失,法院也无法判定股东应当承担赔偿责任的具体数额。关于清算责任的法律规定因此而流于形式。针对这种困境,身为公司股东往往比债权人更加清楚公司的资产状况,因为股东往往参与公司的经营。笔者认为,人民法院应根据公平和诚信原则,综合双方的举证能力、证据距离等因素,正确分配当事人的举证责任,可将有关公司财产状况的举证责任转移给股东承担,如可以尝试适用举证责任倒置,即可以将公司财产状况的举证责任分配给清算主体承担,如果法定清算主体不能证明公司解散时的资产状况和其行为造成公司财产价值减损的数额,或者公司现有财产已经下落不明的,则推定解散时公司财产足以清偿债权人的债权,法定清算主体应对公司财产不足清偿债权人的部分承担全部责任。

(3)补充责任。公司解散时,股东尚未缴纳的出资均应作为清算财产。股东尚未缴纳的出资,包括到期应缴未缴的出资,以及依照《公司法》第27条和第82条规定的分期缴纳尚未届满缴纳期限的出资。公司财产不足以清偿债务时,债权人主张未缴出资股东,以及公司设立时的其他股东或者发起人在未缴出资范围内对公司债务承担连带清偿责任的,人民法院应依法予以支持。按照民法理论,公司应以其财产对外独立承担民事责任,股东不对公司债务直接承担责任。但是,如果股东没有缴足出资或者抽逃出资、转移公司财产,在公司解散后,公司财产不足以清偿公司债务的,股东应对公司的债务在出资不实、抽逃或者转移财产的范围内对债权人承担责任。

(4)担保责任。公司解散应当在依法清算完毕后,申请办理注销登记。如果公司未经清算即向工商登记机关办理公司注销登记,清算主体承诺对公司未了结的债务承担责任或者负责处理的,要对公司未了结的债务承担连带担保责任。

(5)无限责任。如果清算义务人存在逃债意图明显的严重违法行为,应该突破有限责任的限制,要求法定清算主体赔偿债权人的全部债权损失,也就是让法定清算主体对公司债务承担无限连带责任:①如果清算中发现股东滥用公司法人独立地位和股东有限责任,逃避债务,严重损害债权人利益,即有《公司法》第20条规定情形的,应由股东对公司债务承担连带责任。②清算程序中如果清算主体利用公司控制地位不尽清算义务、拒不清算或者违法清算的,发生人格混同,由清算主体对公司债务承担连带责任。③清算中发现股东虚假出资、出资不实或者抽逃出资导致资金没有达到法律规定的最低标准,违背了资本法定原则,则其不具备法人资格,由股东对公司债务承担连带责任。④公司法人资产不明,账目不清,无法清算时,可以推定股东滥用公司人格或者董事故意侵权,由他们对公司债务承担无限连带责任。

此外,清算主体不履行清算组织职责,其应承担的法律责任还应包括行政、刑事处罚与资格剥夺两方面。在行政责任设置上,如清算主体不积极清算,可由公司登记部门直接对其实施行政处罚。至于公司恶意清算、转移公司财产,给相关社会主体造成极大损失的,可设定清算欺诈刑事处罚责任,追究相关清算主体的刑事责任。

3. 设立限时清算制度的构想

由于我国公司非破产清算法律并未对清算期限作出规定,现实生活中,公司清算主体拖延清算的情况比比皆是,这种久拖不清的情况严重妨碍了公司相关权益人的合法权益。因此,法律必须对公司清算主体在清算时间上予以规定。《公司法》对清算主体履行组织清算义务的期限作了限制。该法第 183 条规定,“公司因本法第一百八十条第(一)项、第(二)项、第(四)项、第(五)项规定而解散的,应当在解散事由出现之日起十五日内成立清算组,开始清算”。超出该 15 日期限的,即应视为清算主体逾期履行组织清算义务。但《公司法》对清算主体履行实施清算义务的期限未作规定,即没有规定清算主体完成清算义务的期限。我国台湾地区“公司法”第 87 条第 3 项规定,清算人应于 6 个月内完结清算;不能于 6 个月内完结清算时,清算人得申叙理由,向法院申请延期。参照最高人民法院 2002 年出台的《关于审理解散的企业法人所涉民事纠纷具体适用法律若干问题的规定》(征求意见稿)第 10 条“清算义务人组成清算组织后,应当在 6 个月内清算完毕。如有特殊情况需要延长的,可以向作出裁定的人民法院提出延长清算期限的申请,但延长的期限不得超过 6 个月”的规定,司法实践中的一般做法是将期限设定为 6 个月,即限定清算主体必须在组成清算组之后的 6 个月内,按照法定程序完成清算并注销公司登记。对于一些未了结法律关系众多、公司财务状况比较复杂的情形,可以确定一个较长的合理期限,当公司非破产清算主体未能如期清算完毕时,在限定期限届满前向法院提出延长清算期限的申请,但延长的期限不得超过 6 个月。对于清算主体无正当理由未能在限定期限内完成清算,或者经延长期限后仍不能完成清算的,应视为不能清算,清算主体应在不能清算的范围内,对公司债权人承担债权无法实现的侵权损害赔偿责任。

4. 对清算具体程序的考虑

公司清算的具体程序主要涉及通知和公告程序,债权人会议的组成和表决机制,公司清算委员会的具体设定,公司清算费用的承担问题,公司财产的分配问题。公司在清算时,对能通知到的债权人应当通知其在法定期限内申报公司债权,对无法通知到的债权人应当在法定载体上予以公告,要求其申报债权,并决定超期申报债权的认定机制。为了遏制公司恶意对能通知到的债权人不通知而公告,意图逃避债务的行为,可设定相应的责任承担机制。债权人会议的组成和表决机制可借鉴破产清算中的做法。对公司清算费用的承担,一般应设定为公司义务,并在财产中优先支配,但是在法院强制清算的情况下,可责令由公司清算主体承担公司的清算费用。关于公司财产的分配问题,可借鉴《外商投资企业清算办法》的规定,即应先支付清算费用,然后按职工工资、福利,国家税收、公司普通债权的顺序分配,如有担保债权,则担保债权在普通债权前受偿。

【拓展阅读】

进一步理解公司合并与分立、解散与清算的内在机理,反思司法实践中相关问题。

[1]李建伟:《公司清算义务人基本问题研究》,载《北方法学》2010 年第 2 期。

[2]刘敏:《公司解散清算制度》,北京大学出版社 2010 年版。

[3]陶蛟龙、史和新:《关联公司合并破产重整若干法律问题研究——以纵横集团"1 +5"公司合并重整案件为视角》,载《政治与法律》2012 年第 2 期。

[4]肖雄:《论公司清算人中心主义的回归与重建》,载《政治与法律》2017 年第 11 期。

[5]王长华:《论有限责任公司清算义务人的界定——以我国〈民法总则〉第 70 条的适用为分析视角》,载《法学杂志》2018 年第 8 期。

【问题讨论】

1. 在公司合并与分立中,如何保护中小股东与职工的权益?

2. 公司清算中瑕疵出资股东对债权人如何承担民事责任?

3. 有限责任公司股东是否都应该承担清算义务或者作为清算义务人?

【司法实践】

案例一

【案件名称】林方清诉常熟市凯莱实业有限公司、戴小明公司解散纠纷案

【案件字号】(2010)苏商终字第 0043 号

资料来源:最高人民法院指导性案例 8 号

http://www.court.gov.cn/fabu-xiangqing-4221.html

【裁判要点】

《公司法》第 183 条将"公司经营管理发生严重困难"作为股东提起解散公司之诉的条件之一。判断公司经营管理是否发生严重困难,应从公司组织机构的运行状态进行综合分析。虽公司处于盈利状态,但其股东会机制长期失灵,内部管理有严重障碍,已陷入僵局状态的,可以认定为公司经营管理发生严重困难。对于符合公司法及相关司法解释规定的其他条件的,人民法院可以依法判决公司解散。

【基本案情】

法院经审理查明:凯莱公司成立于 2002 年 1 月,林方清与戴小明系该公司股

东,各占50%的股份,戴小明任公司法定代表人及执行董事,林方清任公司总经理兼公司监事。凯莱公司章程明确规定:股东会的决议须经代表1/2以上表决权的股东通过,但对公司增加或减少注册资本、合并、解散、变更公司形式、修改公司章程作出决议时,必须经代表2/3以上表决权的股东通过。股东会会议由股东按照出资比例行使表决权。2006年起,林方清与戴小明两人之间的矛盾逐渐显现。同年5月9日,林方清提议并通知召开股东会,由于戴小明认为林方清没有召集会议的权力,会议未能召开。同年6月6日、8月8日、9月16日、10月10日、10月17日,林方清委托律师向凯莱公司和戴小明发函称,因股东权益受到严重侵害,林方清作为享有公司股东会1/2表决权的股东,已按公司章程规定的程序表决并通过了解散凯莱公司的决议,要求戴小明提供凯莱公司的财务账册等资料,并对凯莱公司进行清算。同年6月17日、9月7日、10月13日,戴小明回函称,林方清作出的股东会决议没有合法依据,戴小明不同意解散公司,并要求林方清交出公司财务资料。同年11月15日、25日,林方清再次向凯莱公司和戴小明发函,要求凯莱公司和戴小明提供公司财务账册等供其查阅、分配公司收入、解散公司。

【裁判结果】

江苏省苏州市中级人民法院于2009年12月8日以(2006)苏中民二初字第0277号民事判决,驳回林方清的诉讼请求。宣判后,林方清提起上诉。江苏省高级人民法院于2010年10月19日以(2010)苏商终字第0043号民事判决,撤销一审判决,依法改判解散凯莱公司。

【裁判理由】

法院生效裁判认为:首先,凯莱公司的经营管理已发生严重困难。根据《公司法》第183条和《公司法司法解释(二)》第1条的规定,判断公司的经营管理是否出现严重困难,应当从公司的股东会、董事会或执行董事及监事会或监事的运行现状进行综合分析。"公司经营管理发生严重困难"的侧重点在于公司管理方面存有严重内部障碍,如股东会机制失灵、无法就公司的经营管理进行决策等,不应片面理解为公司资金缺乏、严重亏损等经营性困难。本案中,凯莱公司仅有戴小明与林方清两名股东,两人各占50%的股份,凯莱公司章程规定"股东会的决议须经代表二分之一以上表决权的股东通过",且各方当事人一致认可该"二分之一以上"不包括本数。因此,只要两名股东的意见存有分歧、互不配合,就无法形成有效表决,显然影响公司的运营。凯莱公司已持续4年未召开股东会,无法形成有效股东会决议,也就无法通过股东会决议的方式管理公司,股东会机制已经失灵。执行董事戴小明作为互有矛盾的两名股东之一,其管理公司的行为,已无法贯彻股东会的决议。林方清作为公司监事不能正常行使监事职权,无法发挥监督作用。由于凯莱公司的内部机制已无法正常运行,无法对公司的经营作出决策,即使尚未处于亏损状况,也不能改变该公司的经营管理已发生严重困难的事实。

其次,由于凯莱公司的内部运营机制早已失灵,林方清的股东权、监事权长期处于无法行使的状态,其投资凯莱公司的目的无法实现,利益受到重大损失,且凯莱公司的僵局通过其他途径长期无法解决。《公司法司法解释(二)》第5条明确规定了"当事人不能协商一致使公司存续的,人民法院应当及时判决"。本案中,林方清在提起公司解散诉讼之前,已通过其他途径试图化解与戴小明之间的矛盾,服装城管委会也曾组织双方当事人调解,但双方仍不能达成一致意见。两审法院也基于慎用司法手段强制解散公司的考虑,积极进行调解,但均未成功。此外,林方清持有凯莱公司50%的股份,也符合公司法关于提起公司解散诉讼的股东须持有公司10%以上股份的条件。

案例二:清算组成员怠于履行清算通知义务,应承担损害赔偿责任

【案件名称】陈永华、杨旭明等与朗光科技有限公司、李波清算责任纠纷案

【案件字号】(2019)沪02民终1011号

【案件来源】【法宝引证码】CLI. C. 72044163

学习心得

第十二章　公司财务、会计制度

【内容导读】

公司财务、会计制度是公司财务制度和会计制度的统称，有时简称“财会制度”，是公司完整、全面地揭示公司资金运行等基本信息的法定方式。公司应当在每一会计年度终了时依法编制、审计财务会计报告。公司必须在缴纳税款后分配当年利润前，提取利润的10%列入公司法定公积金。当法定公积金累计额达公司注册资本的50%以上时，可不再提取。公司的财务、会计信息应当依法公开，成为公司法主体了解公司经营以及潜在投资者决策是否投资的主要依据。

【问题思考】

1997年4月22日，联华超市商业公司和上海A商贸总公司（以下简称A公司）投资设立上海联华B超市有限责任公司（以下简称B超市）。新公司章程中约定：公司应当在每一年度终了时制作财务会计报告，经依法审验后，10天内送交各股东及各政府有关部门，并接受其监督；股东各方有权自行聘请审计师、会计师查阅公司账簿，查阅时，B超市应当提供方便。

2008年9月2日，A公司向B超市发函，要求其提供经营和资产情况报告以及会计师事务所的年度审计报告。B超市因A公司要求过于广泛，拒绝了A公司的要求。2009年7月28日，A公司再次向B超市发函，告知为了解B超市的资产状况，拟于下月10日开始对B超市财务账册、资产状况进行审计和核查，要求B超市予以配合。B超市回函表示，因A公司拟出让股权给案外人，已由具有资质的中介机构完成了对B超市的财务报表审计和整体资产评估，相关审计报告和资产评估报告已提供给A公司，A公司亦未提出异议，故不再接受新的审计核查。A公司诉至法院要求实现股东知情权，请求法院判令：被告提供2000年1月1日起至2009年9月8日止的财务会计报告、会计账簿及原始凭证以供查阅。

问题一：股东是否享有查阅公司财务会计报告的权利？

问题二：公司财务会计报告要求包含哪些内容？

【基础阅读】

理解公司财务、会计制度的概念、内容和功能，思考公司财务会计报告的基本要求和基本内容，以及与公司股东、债权人利益保护，公司红利分配，公司监管等的联系。

第一节　公司财务、会计制度的概念

一、公司财务、会计制度的概念

公司财务、会计是指在会计法规、会计原则或者会计制度的指导下，以货币为主要计量形式，对公司的整个财务活动和经营状况进行记账、算账、报账，为公司管理者和其他利害关系人定期提供公司财务信息的活动。公司的财务、会计制度是关于公司财务、会计行为规范的总称，包括财务制度和会计制度。所谓财务制度，是指公司资金管理、成本费用的计算、营业收入的分配、货币的管理、公司的财务报告、公司的清算及公司纳税等方面的规程。所谓会计制度，是指会计记账、会计核算等方面的规程，它是公司生产经营过程中各种财务制度的具体反映。公司的财务制度是通过会计制度来实现的。公司应建立自己的财务、会计制度是公司立法中的一项重要的法律制度，也是公司的法定要求。

二、公司财务、会计制度的法律意义

公司本身的资合性质决定着公司的资产运营内容，它关系着公司债权人、潜在投资者、潜在交易对象、公司职工及一系列利益关系主体的权益。公司财务、会计制度本属于企业的内部事务，然而世界多数国家和地区的公司立法都毫不例外地对此作了强制性的具体规定，其根本原因在于其涉及股东、他人和债权人等的合法权益。我国公司法设专章规定公司财务、会计的立法理由在于：

（一）保护股东合法权益

对于股东而言，现代企业制度最典型的组织形式——有限责任公司和股份有限公司最显著的特点是实现了财产所有权和经营管理权的分离。股东一旦将自己的财产以股份的形式投入公司，除享有收取股息红利、选择管理者和索回公司剩余财产等权利外，丧失了其对出资财产的直接控制权，股东能否从公司取得利润、取得多少利润，能以何种价格转让出资或股份已经不直接由其行为决定，而是与公司财务状况密切相关。然而，股份分散化往往导致所有权与控制权分离，公司的运作多由经理人员、董事操控，股东并不直接参与。为防止执行公司业务的人损害股东利益，依法建立健全的财务、会计制度对公司财务、会计作出强制性的规定，有利于公司股东及股东委托的人查询有关账目，监督经营者的行为。

(二)保护公司债权人合法权益

对于债权人而言,公司是一个独立的法律实体,承担有限责任的股东对公司债权人不直接负任何责任,债权人的债权得以清偿只能针对公司名下的财产,这是有限责任公司和股份有限公司的最大特点。债权人的最大保证就是公司的资产,公司财产有多少,如何变动、能否即时变现以偿债,均是债权人关切的问题。因此,公司法规定公司应建立自己的财务、会计制度,一方面便于公司债权人依法了解公司的有关情况,有助于债权人更好地评估公司的信用;另一方面如公司法明确禁止公司在弥补亏损、提取公积金之前向股东分配税后利润,这也保证了公司的资产不受侵犯。

(三)保护公司职工合法权益

对于公司职工而言,公司职工将其人力资本投入公司,用自己的劳动为公司创造价值。由于人力资本的不可分性,职工无法像资本所有者那样将风险分散。因此,为了保护公司职工的利益,公司法财务、会计制度要求公司提取法定公益金,用于职工的集体福利。但在实践中存在大量违规行为,职工往往无法享受此项利益。随着我国社会保障体系的建立与完善,以及公司治理结构的完善和全社会观念的转变,公司职工乃至全社会的社会保障工作应由社会保障体系来承担。因此,2005年修订的《公司法》取消了提取法定公益金这一强制性要求。

(四)保护社会公众合法权益

对于社会公众而言,股份有限公司是对大众投资开放的公司,公司股东、债券持有人、潜在投资者和其他利害关系人均依赖于公司披露的财务信息作出决定,因此,公司法要求"以募集方式成立的股份有限公司"必须公告其财务会计报告。

(五)国家执法部门监督的需要

公司一经设立就应履行法律、行政法规等规定的各项义务,如纳税义务等。国家执法部门监督的重要手段之一就是检查公司的财务、会计制度及财务会计的运行情况。

因此,为了保护不同主体的利益,法律要求公司内部建立规范的财务、会计制度,这体现了经济活动社会化所带来的不同主体的利益在公司中的交汇和碰撞。

三、公司建立财务、会计制度的法律依据

根据我国公司法的规定,公司建立财务、会计制度的法律依据有:

(一)法律

法律是指全国人大及其常委会通过的规范性文件,主要包括公司法、会计法、注册会计师法等,其中会计法是财务、会计制度的重要依据。现行《会计法》经过1985年1月21日第六届全国人大常委会第九次会议通过、1993年12月29日第八届全国人大常委会第五次会议第一次修正、1999年10月31日第九届全国人大常委会第十二次会议修订、2017年11月4日第十二届全国人大常委会第三十次会议第二次修正。其主要就会计核算、会计监督、会计机构和会计人员、法律责任作了规定。

(二)行政法规

行政法规,是指国务院通过或批准的规范性文件。如国务院于2000年6月21日颁布的《企业财务会计报告条例》,国务院批准的《企业财务通则》《企业会计准则》等。

(三)行政规章

行政规章,是指国务院财政部门颁布的规范性文件。如财政部根据《企业财务通则》《企业会计通则》制定的工业企业的会计制度,商品流通企业的会计制度,交通运输企业的会计制度,旅游、饮食服务的企业会计制度,施工企业的会计制度,种植、养殖等农业方面的会计制度,对外经济合作方面的会计制度,金融会计制度等。

第二节　公司财务会计报告

一、公司财务会计报告的概念

公司财务会计报告,是指反映公司生产经营的成果和财务状况的总结性书面文件,它由公司的会计报表构成。会计报表是指以货币形式综合反映公司在一定时期内(会计期间)生产经营活动和财务状况的一种书面报告文件。按照《企业财务会计报告条例》的规定,财务会计报告分为年度、半年度、季度和月度财务会计报告。年度、半年度财务会计报告应当包括:会计报表、会计报表附注、财务情况说明书。会计报表应当包括:资产负债表、利润表、现金流量表及相关附表。

二、公司财务会计报告的基本要求

我国公司法对公司财务会计报告的要求有:

1. 在每一会计年度终了时编制

按照《会计法》的规定,会计年度自公历1月1日至12月31日。

2. 依法经会计师事务所审计

这一规定是为了确保财务会计报告的真实性、准确性和可信度。这里所讲的"法"是一个广泛的概念,包括法律、行政法规和各财政等部门的规定。

3. 依法制作

应按照《会计法》《公司法》《证券法》《企业财务会计报告条例》等法律、行政法规、行政规章的规定制作。

按照《会计法》的规定,财务会计报告应当由单位负责人和主管会计工作的负责人、会计机构负责人(会计主管人员)签名并盖章,设置总会计师的单位还须由总会计师签名并盖章。单位负责人应当保证财务会计报告真实、完整。

按照《企业财务会计报告条例》的规定,企业编制财务会计报告应当依据真实的交易事项以及完整、准确的账簿记录等资料,按照国家统一的会计制度规定的编制基础、编制依据、编制原则和方法。企业不得违反该条例和国家统一的会计制度规定,随意改变财务会计报告的编制基础、编制依据、编制原则和方法。任何组织和个人不得授意、指使、强令企业违反条例和国家统一的会计制度规定,改变财务会计报告的编制基础、编制依据、编制原则和方法。

企业在编制年度财务会计报告前,应当按照下列规定全面清查资产,核实债务、结算款项,包括应收款项、应付款项、应交税金等是否存在,与债务、债权单位的相应债务、债权金额是否一致;原材料、在产品、自制半成品、库存商品等各项存货的实存数量与账面是否一致,是否有报废损失和积压物资等;各项投资是否存在,投资收益是否按照国家统一的会计制度规定进行确认和计量;房屋建筑物、机器设备、运输工具等各项固定资产的实存数量与账面是否一致;在建工程的实际发生额与账面记录是否一致;需要清查、核实的其他内容。企业依照规定清查、核实,查明财产物资的实存数量与账面数量是否一致、各项结算款项的拖欠情况及其原因、材料物资的实际储备情况、各项投资是否达到预期目的、固定资产的实用情况及其完好程度等。

企业清查、核实后,应当将清查、核实的结果及其处理办法向企业的董事会或者相应机构报告,并根据国家统一的会计制度的规定进行相应的会计处理。企业应当在年度中间根据具体情况,对各项财产物资和结算款进行重点抽查、轮流清查或者定期清查。

企业在编制会计报告前,除应当全面清查资产、核实债务外,还应当完成下列工作:核对各会计账簿记录与会计凭证的内容、金额是否一致,记账方向是否相符;核定是否依照条例规定的结账日进行结账,结出有关会计账簿的余额和发生额,并核对各会计账簿之间的余额;检查相关的会计核算是否按照国家统一的会计制度的规定进行;对于国家统一的会计制度没有规定核算方法的交易、事项,检查其是否按照会计核算的一般原则进行确认和计量以及相关账务处理是否合理;检查是否存在因会计差错、会计政策变更等原因需要调整前期或者本期的相关项目。在工作中发现问题应当按照国家统一的会计制度的规定进行处理。

企业编制年度财务会计报告时,对经查实后的资产、负债有变动的,应当按照资产、负债的确认和计量标准进行确认和计量,并按照国家统一的会计制度的规定进行会计处理。企业应当按照国家统一的会计制度的会计报表格式和内容,根据登记完整、核对无误的会计账簿记录和其他有关资料编制会计报表,做到内容完整、数字真实、计算准确,不得漏报或者任意取舍。企业发生合并、分立情形的,应当按照国家统一的会计制度的规定编制相应的财务会计报告。企业终止营业的,应当在终止营业时按照编制年度财务会计报告的要求全面清查资产、核实债务、进行结账，并编制财务会计报告；在清算期间，应当按照国家统一的会计制度的规定编制清算期间的财务会计报告。按照国家统一的会计制度的规定，需要编制合并会计报表的企业集团，母公司除编制其个别会计报表外，还应当编制企业集团的合并会计报表。

三、公司财务会计报告的基本内容

财务会计报告一般由以下六类会计表册构成：

（一）资产负债表

资产负债表表示一定时期内公司财产的总体构成状况，以左右平衡式账户列示“借方”与“贷方”，借方记载资产，贷方记载资本与负债，借贷双方必须平衡，故亦称资产负债平衡表。

资产负债表的平衡公式是：资产总额 – 负债总额 = 所有者权益（净资产）总额。

资产负债表是分析公司财务的主要依据，分析指标有以下 6 个：

1. 速动比率

速动比率为速动资产与流动负债之比。速动资产是可立即用以清偿到期债务的那部分流动资产，包括：现金、银行存款、证券和应收账款。流动负债是在 1 年或超过 1 年的一个营业周期内必须偿还的债务，包括：短期借款、应付账款、应付票据、预收货款、应付工资、应交税金、应付利润、其他应付款、预提费用等。

速动比率是表明企业短期偿债能力的指标。会计学认为：速动比率 1/1 意味着公司可以随时清偿到期债务。然而，“应付账款”“证券”能否按账面价值变现，则包含着许多未定因素：公司债务人不履行给付义务，迟延给付，“应收账款”未必能如期实现——在三角债屡清不止的背景下，“应收账款”过高往往是不祥之兆；“证券”能按何种价格变现，取决于证券市场的行情——在市场走势大起大落的情况下，证券占流动资产的比例过高，反而说明公司偿债能力受制于其本身难以控制的因素。因此，单凭财务指标来分析公司的状况未必能得出可靠的结论。

2. 流动比率

流动比率为流动资产净值与流动负债之比。“流动资产”等于速动资产加存货，“流动资产净值”等于流动资产减去削价准备、坏账准备之后的差额。

流动比率的意义与速动比率相同，只是可靠性要次于速动比率。

3. 负债比率

负债比率为负债总额与资产总额之比。负债比例显示由举债而形成的资产在公司的资产总额中占多大比例。负债比率的高低通常反映债权的安全程度——负债比率越高，债权人的风险越大，公司无力清偿债务时，资产变现所得往往低于账面价值。但是金融机构和正在迅速扩展的企业的负债比率高于其他企业则属正常情况。

4. 负债对所有者权益比率

在公司资产总额中,来自所有者投资和投资形成的财产增值,称“所有者权益”。所有者权益包括股本、资本公积、盈余公积和未分配利润。如果把公司的债权人看成一个抽象整体,所有者权益就是公司可用于清偿债务的全部财产。因此,在一般情况下负债对所有者权益比率与债权人承担的风险成正比,与债权人受保障的程度成反比。

5. 固定资产对所有者权益比率

该项指标是负债对所有者权益比例的补充,显示公司固定资产投资在多大程度上依赖于债权人提供的资金。当这一比率超过 100% 的时候,表明固定资产不仅消耗了全部所有者权益,而且消耗了债权人提供的一部分资金。公司只能靠发行新股、变卖资产和借款来筹措流通资金。此时,公司的固定资产之上通常已经设定了抵押。

6. 长期负债对净运用所有者权益的比率

流动资产减去流动负债的差额为“净运用所有者权益”。长期负债对净运用所有者权益的比率越小,债权人的风险也越小。

(二) 损益表

损益表亦称“损益计算书”,是计算一定期间内损失和获益状况的动态会计报表。

损益表以收入、费用、利润 3 个会计要素为基础,分别列示营业收入、流转税、营业成本,期间费用,分别计算出营业利润、应纳所得税额和税后利润,显示一定期间内公司的盈亏。一般来讲,损益表可以提供以下几个方面的信息:(1) 反映公司经营活动的成果。(2) 反映公司长期偿债的能力。(3) 反映公司所得税的纳税基础。(4) 通过前后各期损益表的对比,可以预测公司未来一定时期的盈利趋势,评估公司的经营管理水平。

(三) 财务状况变动表

财务状况变动表显示资金如何进入公司,公司如何使用资金,故又称资金来源及运用表或现金流量表。通过该表提供的数字,可考察公司营运资金的构成(股本、借款、合同预付款等)、投向、收支状况。

(四) 利润分配表

利润分配表是董事会向股东会提交的利润分配方案,还是经股东会决议批准并付诸实施的利润分配方案,公司法对此无明文规定。鉴于董事会应向股东会提交“利润分配方案和弥补亏损方案”,提交的时间和方式是在每一会计年度终期与其他会计报表一并报股东年会,在股东会决议批准之前,全部会计报表对公司并无拘束力,因此利润分配表应理解为“利润分配方案和弥补亏损方案”。根据《企业财务通则》(已失效)第 32 条规定,公司利润应按以下顺序分配:填补被没收财务、交付税费滞纳金、罚款给公司造成的损失;弥补亏损;提取法定公积金;提取公益金;向投资者分配利润。

(五)损益表和利润分配表

通过损益表和利润分配表可以分析公司的经营状况,这种分析主要是计算下列指标:

1. 营业利润率

营业利润率=(营业利润/销售总额)×100%

一般来说,公司的营业利润率越高,收益就越大。比较同行业公司的营业利润率,就可以发现它们之间的差距。

2. 每股盈利

每股盈利=(净利润总额-优先股股息)/已发行股份总数

每股盈利多少是衡量公司经营状况好坏的一项重要指标。长期投资者通常是根据每股盈利来作出投资决策。

每股盈利基本上是不分行业的。如果说营业利润率因行业不同而呈现差异,而这种差异未必能反映公司经营状况好坏。那么每股利润多少则是一个与行业无关而由公司经营管理状况决定的问题。选择合适的投资对象,需要比较不同公司的每股盈利,计算同一公司在若干年之内的每股平均盈利,以预计投资回报率。

3. 价格/盈利比例(市盈率)

每股市场价除以每股盈利即得出市盈率。在一般情况下,市盈率反映每股市价与每股盈利之间的内在联系。市盈率低,说明投资收益率高,投资风险小;市盈率高,说明投资收益率低,投资风险大。从理论上说,市盈率与每股收益成反比,与投资风险成正比。

如果市盈率高,股票价格仍然上升,可能存在两种情况:一是公司前景好,潜在的获利能力极强;二是投机者希望抬高股票价格而卖出股票。

如果市盈率低,也没有多少人去购买,通常说明投资者并不看好公司前景。

然而,由于股票的市场价格直接影响市盈率高低,在投机性市场,市盈率总是随着股票价格的起落频繁变动,而与每股盈利并无多大关系。

4. 股利支付率

股利支付率=(每股股利/每股盈利)×100%

股利支付率反映股东当年得到的回报在公司当年净利润中所占的比例。股利支付率与公司经营状况的关系应根据情况具体分析。有的公司虽然股利支付率不高,但利润率却很高,少发放股利是为了将利润用以再投资,扩大生产规模。从长远来看,这些公司的股票一定会再增值。另外,股利支付率与行业的经营特点亦有关系,收入较为稳定的行业,如公用事业、服务行业,其股利支付率一般比较高;收入不太稳定的行业,如家用电器、棉纺、冶炼行业,其股利支付率一般比较低。

5. 每股收益率

每股收益率=(每股市价/前一年每股股利)×100%

收益率高低首先取决于公司的盈利状况,其次取决于公司的发展速度、董事会的政策,再次取决于股票市场的行情。仅凭收益率不足以判断一个公司的经营状况。

(六)财务状况说明书

财务状况说明书是对会计报表的有关项目进行解释,使之易于理解的文件。其内容包括(但不限于):会计处理方法及其变更情况、变更原因;会计处理方法变更对财务状况和经营成果的影响;非经常性项目的说明;会计报表中有关项目的明细资料。

现行《公司法》第164条已将2004年《公司法》第175条关于"财务会计报告应当包括下列财务会计报表及附属明细表:(一)资产负债表;(二)损益表;(三)财务状况变动表;(四)财务情况说明书;(五)利润分配表"的规定修改为:"财务会计报告应当依照法律、行政法规和国务院财政部门的规定制作。"修改后的规定较为灵活、科学,法律、行政法规和国务院财政部门对不同公司的财务会计报告会有不同的要求,避免因法律僵硬导致公司不易操作。

四、依法公开财务会计报告

为保护股东的合法权益,确保股东有效行使权利,我国公司法对公司财务会计报告向股东公开作了原则性的要求。

(一)有限责任公司的要求

我国《公司法》第165条第1款规定:"有限责任公司应当依照公司章程规定的期限将财务会议报告送交各股东。"依照《公司法》的规定,有限责任公司的股东在50人以下,因为其人数较少,所以要求有限责任公司要将财务会计报告送交各股东。关于送交的期限,公司法并未作强制性规定,只要求按照公司章程的规定执行。据此,有限责任公司的章程应当规定在公司召开股东会前多少日内将财务会计报告送交各股东。公司章程既可以规定一个时段,也可以规定具体时间。比如,可以规定在财务会计报告制定后多少日后送交,也可以规定在开会前多少日内送交。

(二)股份有限公司的要求

《公司法》第165条第2款规定,股份有限公司的财务会计报告应当在召开股东大会年会20日前置备于本公司,供股东查阅。由于股份有限公司规模大,股东人数众多,不可能像有限责任公司那样将财务会计报告逐一送交各股东。所以,公司法要求股份有限公司要将财务会计报告在召开股东大会年会的20日前置备于本公司,以便供股东查阅。

(三)公开发行股票的股份有限公司的要求

《公司法》第165条第2款规定,公开发行股票的股份有限公司必须公告其财务会计报告。公开发行股票的股份有限公司,股东范围广泛,遍布于全社会。因此,公开发行股票的股份有限公司不仅要将财务会计报告置备于本公司,而且还要公告其财务会计报告,通过新闻媒介(一般是当地主要报纸或者是全国性报纸)进行公告,以尽可能地使广大股东看到公司的财务会计报告。

第三节 公司税后利润的分配

一、公司税后利润分配的原则

依照《企业会计准则》的规定,公司利润是指公司在一定会计期间的经营成果,包括营业利润、投资净收益和营业外收支净额。在利润表上,利润应当按照营业利润和净利润的构成分类分项列示。

公司法对公司税后利润分配作出提取法定公积金的要求。按照《公司法》第166条的规定,公司分配当年税后利润时,应当提取利润的10%列入公司法定公积金。公司法定公积金累计额为公司注册资本的50%以上的,可以不再提取。公司的法定公积金不足以弥补以前年度亏损的,在依照规定提取法定公积金之前,应当先用当年利润弥补亏损。公司从税后利润中提取法定公积金后,经股东会或者股东大会决议,还可以从税后利润中提取任意公积金。公司弥补亏损和提取公积金后所余税后利润,有限责任公司依照《公司法》第34条的规定分配;股份有限公司按照股东持有的股份比例分配,但股份有限公司章程规定不按持股比例分配的除外。股东会、股东大会或者董事会违反规定,在公司弥补亏损和提取法定公积金之前向股东分配利润的,股东必须将违反规定分配的利润退还公司。公司持有的本公司股份不得分配利润。

二、公积金制度

公积金又称储备金,是公司为了巩固自身的财产基础,提高公司的信用和预防意外亏损,依照法律和公司章程的规定,在公司资本以外积存的资金,其性质属附加资本。在资产负债表中,公积金列入负债项下,仅为计算上的一种金额,并非提出现金而加以保管。

(一)公积金种类

以来源为标准,公积金分为资本公积金与盈余公积金,前者来自盈余之外的财源,后者来自公司的税后利润。

以提留是否依照法律强制规定为标准,盈余公积金又分为法定盈余公积金与任意盈余公积金。前者依法律规定而提留,后者依股东会或股东决议而提留。《公司法》第八章的“法定公积金”,系指法定盈余公积金。

(二)公积金的提留

1. 资本公积金

资本公积金是按照收入来源提取的,以下收入需计入资本公积金:

(1)公司超过票面金额发行股票所得的溢价收入,即实际投资超过注册资本的部分。在公司合并过程中,从存续公司概括承受的财产中,减去存续公司因合并而增加的债务、对被吸收公司股东的给付之后,其余额相当于超面额发行股票的溢价收入,故应记入资本公积金。

(2)接受赠与的财产。

(3)国家拨入企业的用于技术改造、技术研究等专门项目的资金,按专门规定应当转入资本公积金的。

(4)外币资本折算差额,即企业接受外币投资因采用的汇率不同而产生的资本折算差额。

(5)公司减少资本的数额大于公司返还股东的金额或弥补亏损的数额,剩余部分应记入资本公积金。

法律对资本公积金并无最低数额或最高数额的限制,只是强制要求以上五种收入应列为资本公积金。

2. 法定盈余公积金

依《公司法》第166条第1款的规定,公司分配当年税后利润时,应当提取利润的10%列入公司法定公积金。公司法定公积金累计额为公司注册资本的50%以上的,可以不再提取。

3. 任意盈余公积金

依《公司法》第166条第3款的规定,公司从税后利润中提取法定公积金后,经股东会或者股东大会决议,还可以从税后利润中提取任意公积金。

(三)公积金的用途

根据《公司法》第168条规定,公积金应当专门用于:

1. 弥补亏损

理论上无论何种公积金,原则上均可用于弥补亏损。因为设立公积金就是为了维持公司资本的稳定性,以免因亏损而导致公司资本减少。当公司发生亏损时,首先动用盈余公积金还是动用资本公积金填亏,这对股东的影响颇大:先以盈余公积金填亏,则未分配利润将用来填补盈余公积金的缺额,股东可分利润会减少或不复存在;先以资本公积金填亏,则股东在公司亏损的情况下仍然可分得利润,除非亏损额大于资本公积金总额。但根据公司法的规定,资本公积金不得用于弥补公司亏损。

2. 增加资本

公司可根据经营需要，随时将资本公积金、盈余公积金转增股本，但股份有限公司公积金转增股本时，应同时满足以下三个条件：

(1)按股东持股比例派送新股或增加每股面值；

(2)留存的法定盈余公积金不少于转增前公司注册资本25%；

(3)原则上应满足发行股份的实质条件和程序条件。但公积金转增股本毕竟只是现有股东权益形态的变化，新股的发行亦不存在承销、招募的必要，故有关申请手续应予免除，否则只会徒然增加公司的发行成本，造成资源浪费。

3. 扩大公司生产经营

公司为了加快发展，需要不断扩大经营的范围和规模，在不增加公司资本的前提下，以公司公积金来追加投资是一条重要的途径。

三、公司利润分配及时间

公司形式不同，其利润分配也不完全相同。对于公司弥补亏损和提取公积金后所余税后利润，有限责任公司按照股东的出资比例分配，股份有限公司按照股东持有的股份比例分配。但是，有限责任公司股东一致同意不按出资比例分配的，股份有限公司章程规定不按持股比例分配的除外。也就是说，公司法对此不作强制性的规定，股东或公司章程可以更改。当然，如果股东没有一致同意或公司章程没有作出另外规定时，应按公司法的规定执行。需要指出的是：一是股东会、股东大会或者董事会确定分配原则时，不能违反我国公司法有关弥补亏损或提取公积金的强制性规定，如果违反规定进行分配的，股东应将分配的利润退还给公司；二是公司持有的本公司的股份不得分配利润，否则属于违法行为。我国《公司法》并未明确规定公司利润分配的具体时间，一般由公司自主决定。2019年4月29日最高人民法院《公司法司法解释(五)》正式施行，其中第4条规定分配利润的股东会或者股东大会决议作出后，公司应当在决议载明的时间内完成利润分配。决议没有载明时间的，以公司章程规定的为准。决议、章程中均未规定时间或者时间超过1年的，公司应当自决议作出之日起1年内完成利润分配。决议中载明的利润分配完成时间超过公司章程规定时间的，股东可以依据《公司法》第22条第2款规定请求人民法院撤销决议中关于该时间的规定。这是对公司利润分配时间的规定。

【拓展阅读】

进一步理解公司财务会计制度的内容和功能，掌握学术界对公司财务会计制度构建的不同学术观点，反思司法实践中的相关问题。

[1]郑春玉：《论公司法中财务会计制的价值定位及制度完善》，载《内蒙古大学学报》(人文社会科学版)2004年第6期。

[2]白晓红:《新〈公司法〉有关法定审计制度的若干问题》,载《中国注册会计师》2006年第3期。

[3]郝自贤:《论〈公司法〉对公司财务会计报告法定审计范围的规定》,载《中央社会主义学院学报》2007年第6期。

[4]王文红、孔玉生:《上市公司利润操纵案例分析》,载《商业会计》2011年第28期。

[5]黄本愚:《刍议上市公司财务信息虚假的民事责任及其预防》,载《商业会计》2013年第3期。

【问题讨论】

1. 公司财务报告舞弊的形式和后果是什么?
2. 公司法中的各类公积金的作用是什么?
3. 公司法规定公司利润分配规则的意义是什么?

【司法实践】

案例一

【案件名称】赵玉红诉西安市五星商贸有限公司股东知情权纠纷案

【案件字号】(2016)陕0102民初1863号

(2016)陕01民终9362号

(2017)陕民申286号

【案件来源】【法宝引证码】CLI. C. 11237300

【裁判要点】

公司拒绝股东查阅公司会计账簿的,则应举证证明股东查阅的实质目的具有不正当性,不宜对不正当目的的内涵作扩大理解。股东知情权查阅的范围应当及于与会计账簿记载内容有关的会计凭证。

【案情简介】

2010年,西安五星商贸中心改制为五星公司,注册资本205万元,法定代表人为韩伯良,赵玉红为五星公司的自然人股东之一,认缴货币出资20万元,实缴货币出资20万元,时任五星公司董事。2014年,五星公司原董事长病故后,五星公司于2014年7月7日召开了董事会会议,选举姚蓁担任公司董事长。2014年7月17日,赵玉红在西安日报发布通告一份,通告内容为:“西安市五星商贸有限公司定于2014年8月1日上午九点在公司召开股东大会,望各位股东按时参加。”2014年7月31日,姚蓁向西安市公安局新城分局解放门派出所报案称:五星公司门被撬。西安市公安局新城分局解放门派出所的处警情况为:五星公司因为董事长韩伯良病逝，现公司赵玉红与姚蓁各称自己是合法董事长，赵玉红于2014年7月31日凌晨私自打开财务室要取公司公章。西安市公安局新城分局解放门派出所的处警结果为：民事纠纷调解。2016年1月6日，五星公司将2015年度的财务报告在公司公告栏内进行了公示。后赵玉红前往五星公司要求查阅复制公司章程、股东会会议记录、董事会会议记录、监事会会议决议、财务会计报告等，五星公司未答复。2016年1月22日，赵玉红将五星公司张贴在公告栏的财务会计报告撕走。另五星公司表示公司每年都将会计事务所所作的会计报告在公司公告栏张贴，赵玉红表示五星公司仅张贴了2015年度的财务会计报告。经释明后，五星公司未向一审法院提供公司历年的财务会计报告。

【裁判结果】

西安市新城区人民法院判令：驳回赵玉红的诉讼请求。西安市中级人民法院判决：1. 撤销西安市新城区人民法院(2016)陕0102民初1863号民事判决；2. 西安市五星商贸有限公司于本判决生效之日起10日内提供其2011年至2015年财务会计报告、会计账簿(含总账、明细账、日记账、其他辅助性账簿)及会计凭证(含记账凭证、相关原始凭证及作为原始凭证附件入账备查的有关资料)供赵玉红查阅。终审宣判后，五星公司不服，陕西省高级人民法院驳回五星公司的再审申请。

【裁判理由】

根据《公司法》第33条规定："股东可以要求查阅公司会计账簿。股东要求查阅公司会计账簿的，应当向公司提出书面请求，说明目的。公司有合理根据认为股东查阅会计账簿有不正当目的，可能损害公司合法利益的，可以拒绝提供查阅，并应当自股东提出书面请求之日起十五日内书面答复股东并说明理由。公司拒绝提供查阅的，股东可以请求人民法院要求公司提供查阅。"本案中，赵玉红提交了录音资料作为其向公司书面请求查阅公司财务会计报告、会计账簿、会计凭证，并说明查阅目的的证据。该份证据确有其向五星公司办公室主任耿伟提交书面函查询财务会计报告、会计账簿的内容。同时，赵玉红称该书面函中载明了查阅目的是为维护股东权益，确认公司收入是否完全入账、费用支出是否合法合规、公司分配是否合法合规、财务会计报告是否真实。现有证据可以证明赵玉红向五星公司提交了行使股东知情权的书面请求，说明了目的，其符合我国公司法规定的行使股东知情权的法定条件。

案件二：公司在缴纳税款、提取法定公积金后分配利润

【案件名称】郑国凤诉淮安第一钢结构有限公司公司盈余分配纠纷案

【案件字号】(2010)河商初字第73号

(2011)淮中商终字第2号

【案件来源】【法宝引证码】CLI. C. 875289

附录1:中华人民共和国公司法[1]

(1993年12月29日第八届全国人民代表大会常务委员会第五次会议通过　根据1999年12月25日第九届全国人民代表大会常务委员会第十三次会议《关于修改〈中华人民共和国公司法〉的决定》第一次修正　根据2004年8月28日第十届全国人民代表大会常务委员会第十一次会议《关于修改〈中华人民共和国公司法〉的决定》第二次修正　2005年10月27日第十届全国人民代表大会常务委员会第十八次会议修订　根据2013年12月28日第十二届全国人民代表大会常务委员会第六次会议《关于修改〈中华人民共和国海洋环境保护法〉等七部法律的决定》第三次修正　根据2018年10月26日第十三届全国人民代表大会常务委员会第六次会议《关于修改〈中华人民共和国公司法〉的决定》第四次修正)

第一章　总　　则

第一条　为了规范公司的组织和行为,保护公司、股东和债权人的合法权益,维护社会经济秩序,促进社会主义市场经济的发展,制定本法。

第二条　本法所称公司是指依照本法在中国境内设立的有限责任公司和股份有限公司。

第三条　公司是企业法人,有独立的法人财产,享有法人财产权。公司以其全部财产对公司的债务承担责任。

有限责任公司的股东以其认缴的出资额为限对公司承担责任;股份有限公司的股东以其认购的股份为限对公司承担责任。

第四条　公司股东依法享有资产收益、参与重大决策和选择管理者等权利。

第五条　公司从事经营活动,必须遵守法律、行政法规,遵守社会公德、商业道德,诚实守信,接受政府和社会公众的监督,承担社会责任。

公司的合法权益受法律保护,不受侵犯。

第六条　设立公司,应当依法向公司登记机关申请设立登记。符合本法规定

---

[1] 为便于学习,编者将与法条相关的司法解释附在相应法条之下。

的设立条件的,由公司登记机关分别登记为有限责任公司或者股份有限公司;不符合本法规定的设立条件的,不得登记为有限责任公司或者股份有限公司。

法律、行政法规规定设立公司必须报经批准的,应当在公司登记前依法办理批准手续。

公众可以向公司登记机关申请查询公司登记事项,公司登记机关应当提供查询服务。

第七条 依法设立的公司,由公司登记机关发给公司营业执照。公司营业执照签发日期为公司成立日期。

公司营业执照应当载明公司的名称、住所、注册资本、经营范围、法定代表人姓名等事项。

公司营业执照记载的事项发生变更的,公司应当依法办理变更登记,由公司登记机关换发营业执照。

第八条 依照本法设立的有限责任公司,必须在公司名称中标明有限责任公司或者有限公司字样。

依照本法设立的股份有限公司,必须在公司名称中标明股份有限公司或者股份公司字样。

第九条 有限责任公司变更为股份有限公司,应当符合本法规定的股份有限公司的条件。股份有限公司变更为有限责任公司,应当符合本法规定的有限责任公司的条件。

有限责任公司变更为股份有限公司的,或者股份有限公司变更为有限责任公司的,公司变更前的债权、债务由变更后的公司承继。

第十条 公司以其主要办事机构所在地为住所。

第十一条 设立公司必须依法制定公司章程。公司章程对公司、股东、董事、监事、高级管理人员具有约束力。

第十二条 公司的经营范围由公司章程规定,并依法登记。公司可以修改公司章程,改变经营范围,但是应当办理变更登记。

公司的经营范围中属于法律、行政法规规定须经批准的项目,应当依法经过批准。

第十三条 公司法定代表人依照公司章程的规定,由董事长、执行董事或者经理担任,并依法登记。公司法定代表人变更,应当办理变更登记。

第十四条 公司可以设立分公司。设立分公司,应当向公司登记机关申请登记,领取营业执照。分公司不具有法人资格,其民事责任由公司承担。

公司可以设立子公司,子公司具有法人资格,依法独立承担民事责任。

第十五条 公司可以向其他企业投资;但是,除法律另有规定外,不得成为对所投资企业的债务承担连带责任的出资人。

第十六条 公司向其他企业投资或者为他人提供担保,依照公司章程的规定,由董事会或者股东会、股东大会决议;公司章程对投资或者担保的总额及单项投资或者担保的数额有限额规定的,不得超过规定的限额。

公司为公司股东或者实际控制人提供担保的,必须经股东会或者股东大会决议。

前款规定的股东或者受前款规定的实际控制人支配的股东,不得参加前款规定事项的表决。该项表决由出席会议的其他股东所持表决权的过半数通过。

第十七条 公司必须保护职工的合法权益,依法与职工签订劳动合同,参加社会保险,加强劳动保护,实现安全生产。

公司应当采用多种形式,加强公司职工的职业教育和岗位培训,提高职工素质。

第十八条 公司职工依照《中华人民共和国工会法》组织工会,开展工会活动,维护职工合法权益。公司应当为本公司工会提供必要的活动条件。公司工会代表职工就职工的劳动报酬、工作时间、福利、保险和劳动安全卫生等事项依法与公司签订集体合同。

公司依照宪法和有关法律的规定,通过职工代表大会或者其他形式,实行民主管理。

公司研究决定改制以及经营方面的重大问题、制定重要的规章制度时,应当听取公司工会的意见,并通过职工代表大会或者其他形式听取职工的意见和建议。

第十九条 在公司中,根据中国共产党章程的规定,设立中国共产党的组织,开展党的活动。公司应当为党组织的活动提供必要条件。

第二十条 公司股东应当遵守法律、行政法规和公司章程,依法行使股东权利,不得滥用股东权利损害公司或者其他股东的利益;不得滥用公司法人独立地位和股东有限责任损害公司债权人的利益。

公司股东滥用股东权利给公司或者其他股东造成损失的,应当依法承担赔偿责任。

公司股东滥用公司法人独立地位和股东有限责任,逃避债务,严重损害公司债权人利益的,应当对公司债务承担连带责任。

第二十一条 公司的控股股东、实际控制人、董事、监事、高级管理人员不得利用其关联关系损害公司利益。

违反前款规定,给公司造成损失的,应当承担赔偿责任。

《公司法司法解释(五)》第一条 关联交易损害公司利益,原告公司依据公司法第二十一条规定请求控股股东、实际控制人、董事、监事、高级管理人员赔偿所造成的损失,被告仅以该交易已经履行了信息披露、经股东会或者股东大会同意等法律、行政法规或者公司章程规定的程序为由抗辩的,人民法院不予支持。

公司没有提起诉讼的,符合公司法第一百五十一条第一款规定条件的股东,可以依据公司法第一百五十一条第二款、第三款规定向人民法院提起诉讼。

第二十二条　公司股东会或者股东大会、董事会的决议内容违反法律、行政法规的无效。

股东会或者股东大会、董事会的会议召集程序、表决方式违反法律、行政法规或者公司章程,或者决议内容违反公司章程的,股东可以自决议作出之日起六十日内,请求人民法院撤销。

股东依照前款规定提起诉讼的,人民法院可以应公司的请求,要求股东提供相应担保。

公司根据股东会或者股东大会、董事会决议已办理变更登记的,人民法院宣告该决议无效或者撤销该决议后,公司应当向公司登记机关申请撤销变更登记。

《公司法司法解释(一)》第三条　原告以公司法第二十二条第二款、第七十四条第二款规定事由,向人民法院提起诉讼时,超过公司法规定期限的,人民法院不予受理。

《公司法司法解释(四)》第一条　公司股东、董事、监事等请求确认股东会或者股东大会、董事会决议无效或者不成立的,人民法院应当依法予以受理。

《公司法司法解释(四)》第二条　依据公司法第二十二条第二款请求撤销股东会或者股东大会、董事会决议的原告,应当在起诉时具有公司股东资格。

《公司法司法解释(四)》第三条　原告请求确认股东会或者股东大会、董事会决议不成立、无效或者撤销决议的案件,应当列公司为被告。对决议涉及的其他利害关系人,可以依法列为第三人。

一审法庭辩论终结前,其他有原告资格的人以相同的诉讼请求申请参加前款规定诉讼的,可以列为共同原告。

《公司法司法解释(四)》第四条　股东请求撤销股东会或者股东大会、董事会决议,符合公司法第二十二条第二款规定的,人民法院应当予以支持,但会议召集程序或者表决方式仅有轻微瑕疵,且对决议未产生实质影响的,人民法院不予支持。

《公司法司法解释(四)》第五条　股东会或者股东大会、董事会决议存在下列情形之一,当事人主张决议不成立的,人民法院应当予以支持:

(一)公司未召开会议的,但依据公司法第三十七条第二款或者公司章程规定可以不召开股东会或者股东大会而直接作出决定,并由全体股东在决定文件上签名、盖章的除外;

(二)会议未对决议事项进行表决的;

(三)出席会议的人数或者股东所持表决权不符合公司法或者公司章程规定的;

(四)会议的表决结果未达到公司法或者公司章程规定的通过比例的;

(五)导致决议不成立的其他情形。

《公司法司法解释(四)》第六条　股东会或者股东大会、董事会决议被人民法院判决确认无效或者撤销的,公司依据该决议与善意相对人形成的民事法律关系不受影响。

第二章　有限责任公司的设立和组织机构

第一节　设　　立

第二十三条　设立有限责任公司,应当具备下列条件:

(一)股东符合法定人数;

(二)有符合公司章程规定的全体股东认缴的出资额;

(三)股东共同制定公司章程;

(四)有公司名称,建立符合有限责任公司要求的组织机构;

(五)有公司住所。

第二十四条　有限责任公司由五十个以下股东出资设立。

第二十五条　有限责任公司章程应当载明下列事项:

(一)公司名称和住所;

(二)公司经营范围;

(三)公司注册资本;

(四)股东的姓名或者名称;

(五)股东的出资方式、出资额和出资时间;

(六)公司的机构及其产生办法、职权、议事规则;

(七)公司法定代表人;

(八)股东会会议认为需要规定的其他事项。

股东应当在公司章程上签名、盖章。

第二十六条　有限责任公司的注册资本为在公司登记机关登记的全体股东认缴的出资额。

法律、行政法规以及国务院决定对有限责任公司注册资本实缴、注册资本最低限额另有规定的,从其规定。

第二十七条　股东可以用货币出资,也可以用实物、知识产权、土地使用权等可以用货币估价并可以依法转让的非货币财产作价出资;但是,法律、行政法规规定不得作为出资的财产除外。

对作为出资的非货币财产应当评估作价,核实财产,不得高估或者低估作价。法律、行政法规对评估作价有规定的,从其规定。

《公司法司法解释(三)》第七条　出资人以不享有处分权的财产出资,当事人之间对于出资行为效力产生争议的,人民法院可以参照物权法第一百零六条的规定予以认定。

以贪污、受贿、侵占、挪用等违法犯罪所得的货币出资后取得股权的,对违法犯罪行为予以追究、处罚时,应当采取拍卖或者变卖的方式处置其股权。

《公司法司法解释(三)》第八条　出资人以划拨土地使用权出资,或者以设定权利负担的土地使用权出资,公司、其他股东或者公司债权人主张认定出资人未履行出资义务的,人民法院应当责令当事人在指定的合理期间内办理土地变更手续或者解除权利负担;逾期未办理或者未解除的,人民法院应当认定出资人未依法全面履行出资义务。

《公司法司法解释(三)》第九条　出资人以非货币财产出资,未依法评估作价,公司、其他股东或者公司债权人请求认定出资人未履行出资义务的,人民法院应当委托具有合法资格的评估机构对该财产评估作价。评估确定的价额显著低于公司章程所定价额的,人民法院应当认定出资人未依法全面履行出资义务。

《公司法司法解释(三)》第十一条　出资人以其他公司股权出资,符合下列条件的,人民法院应当认定出资人已履行出资义务:

(一)出资的股权由出资人合法持有并依法可以转让;

(二)出资的股权无权利瑕疵或者权利负担;

(三)出资人已履行关于股权转让的法定手续;

(四)出资的股权已依法进行了价值评估。

股权出资不符合前款第(一)、(二)、(三)项的规定,公司、其他股东或者公司债权人请求认定出资人未履行出资义务的,人民法院应当责令该出资人在指定的合理期间内采取补正措施,以符合上述条件;逾期未补正的,人民法院应当认定其未依法全面履行出资义务。

股权出资不符合本条第一款第(四)项的规定,公司、其他股东或者公司债权人请求认定出资人未履行出资义务的,人民法院应当按照本规定第九条的规定处理。

第二十八条　股东应当按期足额缴纳公司章程中规定的各自所认缴的出资额。股东以货币出资的,应当将货币出资足额存入有限责任公司在银行开设的账户;以非货币财产出资的,应当依法办理其财产权的转移手续。

股东不按照前款规定缴纳出资的,除应当向公司足额缴纳外,还应当向已按期足额缴纳出资的股东承担违约责任。

《公司法司法解释(三)》第十条　出资人以房屋、土地使用权或者需要办理权属登记的知识产权等财产出资,已经交付公司使用但未办理权属变更手续,公司、其他股东或者公司债权人主张认定出资人未履行出资义务的,人民法院应当责令当事人在指定的合理期间内办理权属变更手续;在前述期间内办理了权属变更手续的,人民法院应当认定其已经履行了出资义务;出资人主张自其实际交付财产给公司使用时享有相应股东权利的,人民法院应予支持。

出资人以前款规定的财产出资,已经办理权属变更手续但未交付给公司使用,公司或者其他股东主张其向公司交付、并在实际交付之前不享有相应股东权利的,人民法院应予支持。

《公司法司法解释(三)》第十八条　有限责任公司的股东未履行或者未全面履行出资义务即转让股权,受让人对此知道或者应当知道,公司请求该股东履行出资义务、受让人对此承担连带责任的,人民法院应予支持;公司债权人依照本规定第十三条第二款向该股东提起诉讼,同时请求前述受让人对此承担连带责任的,人民法院应予支持。

受让人根据前款规定承担责任后,向该未履行或者未全面履行出资义务的股东追偿的,人民法院应予支持。但是,当事人另有约定的除外。

《公司法司法解释(三)》第二十条　当事人之间对是否已履行出资义务发生争议,原告提供对股东履行出资义务产生合理怀疑证据的,被告股东应当就其已履行出资义务承担举证责任。

第二十九条　股东认足公司章程规定的出资后,由全体股东指定的代表或者共同委托的代理人向公司登记机关报送公司登记申请书、公司章程等文件,申请设立登记。

第三十条　有限责任公司成立后,发现作为设立公司出资的非货币财产的实际价额显著低于公司章程所定价额的,应当由交付该出资的股东补足其差额;公司设立时的其他股东承担连带责任。

《公司法司法解释(三)》第十五条　出资人以符合法定条件的非货币财产出资后,因市场变化或者其他客观因素导致出资财产贬值,公司、其他股东或者公司债权人请求该出资人承担补足出资责任的,人民法院不予支持。但是,当事人另有约定的除外。

第三十一条　有限责任公司成立后,应当向股东签发出资证明书。

出资证明书应当载明下列事项:

(一)公司名称;

(二)公司成立日期;

(三)公司注册资本;

(四)股东的姓名或者名称、缴纳的出资额和出资日期;

(五)出资证明书的编号和核发日期。

出资证明书由公司盖章。

《公司法司法解释(三)》第二十一条　当事人向人民法院起诉请求确认其股东资格的,应当以公司为被告,与案件争议股权有利害关系的人作为第三人参加诉讼。

《公司法司法解释(三)》第二十二条　当事人之间对股权归属发生争议,一方请求人民法院确认其享有股权的,应当证明以下事实之一:

(一)已经依法向公司出资或者认缴出资,且不违反法律法规强制性规定;

(二)已经受让或者以其他形式继受公司股权,且不违反法律法规强制性规定。

第三十二条　有限责任公司应当置备股东名册,记载下列事项:

(一)股东的姓名或者名称及住所;

(二)股东的出资额;

(三)出资证明书编号。

记载于股东名册的股东,可以依股东名册主张行使股东权利。

公司应当将股东的姓名或者名称向公司登记机关登记;登记事项发生变更的,应当办理变更登记。未经登记或者变更登记的,不得对抗第三人。

《公司法司法解释(三)》第二十三条　当事人依法履行出资义务或者依法继受取得股权后,公司未根据公司法第三十一条、第三十二条的规定签发出资证明书、记载于股东名册并办理公司登记机关登记,当事人请求公司履行上述义务的,人民法院应予支持。

《公司法司法解释(三)》第二十四条　有限责任公司的实际出资人与名义出资人订立合同,约定由实际出资人出资并享有投资权益,以名义出资人为名义股东,实际出资人与名义股东对该合同效力发生争议的,如无合同法第五十二条规定的情形,人民法院应当认定该合同有效。

前款规定的实际出资人与名义股东因投资权益的归属发生争议,实际出资人以其实际履行了出资义务为由向名义股东主张权利的,人民法院应予支持。名义股东以公司股东名册记载、公司登记机关登记为由否认实际出资人权利的,人民法院不予支持。

实际出资人未经公司其他股东半数以上同意,请求公司变更股东、签发出资证明书、记载于股东名册、记载于公司章程并办理公司登记机关登记的,人民法院不予支持。

《公司法司法解释(三)》第二十五条　名义股东将登记于其名下的股权转让、质押或者以其他方式处分,实际出资人以其对于股权享有实际权利为由,请求认定处分股权行为无效的,人民法院可以参照物权法第一百零六条的规定处理。

名义股东处分股权造成实际出资人损失,实际出资人请求名义股东承担赔偿责任的,人民法院应予支持。

《公司法司法解释(三)》第二十六条　公司债权人以登记于公司登记机关的股东未履行出资义务为由,请求其对公司债务不能清偿的部分在未出资本息范围内承担补充赔偿责任,股东以其仅为名义股东而非实际出资人为由进行抗辩的,人民法院不予支持。

名义股东根据前款规定承担赔偿责任后,向实际出资人追偿的,人民法院应予支持。

《公司法司法解释(三)》第二十七条　股权转让后尚未向公司登记机关办理变更登记,原股东将仍登记于其名下的股权转让、质押或者以其他方式处分,受让股东以其对于股权享有实际权利为由,请求认定处分股权行为无效的,人民法院可以参照物权法第一百零六条的规定处理。

原股东处分股权造成受让股东损失,受让股东请求原股东承担赔偿责任、对于未及时办理变更登记有过错的董事、高级管理人员或者实际控制人承担相应责任的,人民法院应予支持;受让股东对于未及时办理变更登记也有过错的,可以适当减轻上述董事、高级管理人员或者实际控制人的责任。

《公司法司法解释(三)》第二十八条　冒用他人名义出资并将该他人作为股东在公司登记机关登记的,冒名登记行为人应当承担相应责任;公司、其他股东或者公司债权人以未履行出资义务为由,请求被冒名登记为股东的承担补足出资责任或者对公司债务不能清偿部分的赔偿责任的,人民法院不予支持。

第三十三条　股东有权查阅、复制公司章程、股东会会议记录、董事会会议决议、监事会会议决议和财务会计报告。

股东可以要求查阅公司会计账簿。股东要求查阅公司会计账簿的,应当向公司提出书面请求,说明目的。公司有合理根据认为股东查阅会计账簿有不正当目的,可能损害公司合法利益的,可以拒绝提供查阅,并应当自股东提出书面请求之日起十五日内书面答复股东并说明理由。公司拒绝提供查阅的,股东可以请求人民法院要求公司提供查阅。

《公司法司法解释(四)》第七条　股东依据公司法第三十三条、第九十七条或者公司章程的规定,起诉请求查阅或者复制公司特定文件材料的,人民法院应当依法予以受理。

公司有证据证明前款规定的原告在起诉时不具有公司股东资格的,人民法院应当驳回起诉,但原告有初步证据证明在持股期间其合法权益受到损害,请求依法查阅或者复制其持股期间的公司特定文件材料的除外。

《公司法司法解释(四)》第八条　有限责任公司有证据证明股东存在下列情形之一的,人民法院应当认定股东有公司法第三十三条第二款规定的"不正当目的":

(一)股东自营或者为他人经营与公司主营业务有实质性竞争关系业务的,但公司章程另有规定或者全体股东另有约定的除外;

(二)股东为了向他人通报有关信息查阅公司会计账簿,可能损害公司合法利

益的;

(三)股东在向公司提出查阅请求之日前的三年内,曾通过查阅公司会计账簿,向他人通报有关信息损害公司合法利益的;

(四)股东有不正当目的的其他情形。

《公司法司法解释(四)》第九条　公司章程、股东之间的协议等实质性剥夺股东依据公司法第三十三条、第九十七条规定查阅或者复制公司文件材料的权利,公司以此为由拒绝股东查阅或者复制的,人民法院不予支持。

《公司法司法解释(四)》第十条　人民法院审理股东请求查阅或者复制公司特定文件材料的案件,对原告诉讼请求予以支持的,应当在判决中明确查阅或者复制公司特定文件材料的时间、地点和特定文件材料的名录。

股东依据人民法院生效判决查阅公司文件材料的,在该股东在场的情况下,可以由会计师、律师等依法或者依据执业行为规范负有保密义务的中介机构执业人员辅助进行。

《公司法司法解释(四)》第十一条　股东行使知情权后泄露公司商业秘密导致公司合法利益受到损害,公司请求该股东赔偿相关损失的,人民法院应当予以支持。

根据本规定第十条辅助股东查阅公司文件材料的会计师、律师等泄露公司商业秘密导致公司合法利益受到损害,公司请求其赔偿相关损失的,人民法院应当予以支持。

《公司法司法解释(四)》第十二条　公司董事、高级管理人员等未依法履行职责,导致公司未依法制作或者保存公司法第三十三条、第九十七条规定的公司文件材料,给股东造成损失,股东依法请求负有相应责任的公司董事、高级管理人员承担民事赔偿责任的,人民法院应当予以支持。

第三十四条　股东按照实缴的出资比例分取红利;公司新增资本时,股东有权优先按照实缴的出资比例认缴出资。但是,全体股东约定不按照出资比例分取红利或者不按照出资比例优先认缴出资的除外。

《公司法司法解释(四)》第十三条　股东请求公司分配利润案件,应当列公司为被告。

一审法庭辩论终结前,其他股东基于同一分配方案请求分配利润并申请参加诉讼的,应当列为共同原告。

《公司法司法解释(四)》第十四条　股东提交载明具体分配方案的股东会或者股东大会的有效决议,请求公司分配利润,公司拒绝分配利润且其关于无法执行决议的抗辩理由不成立的,人民法院应当判决公司按照决议载明的具体分配方案向股东分配利润。

《公司法司法解释(四)》第十五条　股东未提交载明具体分配方案的股东会

或者股东大会决议,请求公司分配利润的,人民法院应当驳回其诉讼请求,但违反法律规定滥用股东权利导致公司不分配利润,给其他股东造成损失的除外。

《公司法司法解释(五)》第四条　分配利润的股东会或者股东大会决议作出后,公司应当在决议载明的时间内完成利润分配。决议没有载明时间的,以公司章程规定的为准。决议、章程中均未规定时间或者时间超过一年的,公司应当自决议作出之日起一年内完成利润分配。

决议中载明的利润分配完成时间超过公司章程规定时间的,股东可以依据公司法第二十二条第二款规定请求人民法院撤销决议中关于该时间的规定。

第三十五条　公司成立后,股东不得抽逃出资。

《公司法司法解释(三)》第十二条　公司成立后,公司、股东或者公司债权人以相关股东的行为符合下列情形之一且损害公司权益为由,请求认定该股东抽逃出资的,人民法院应予支持:

(一)制作虚假财务会计报表虚增利润进行分配;

(二)通过虚构债权债务关系将其出资转出;

(三)利用关联交易将出资转出;

(四)其他未经法定程序将出资抽回的行为。

《公司法司法解释(三)》第十四条　股东抽逃出资,公司或者其他股东请求其向公司返还出资本息、协助抽逃出资的其他股东、董事、高级管理人员或者实际控制人对此承担连带责任的,人民法院应予支持。

公司债权人请求抽逃出资的股东在抽逃出资本息范围内对公司债务不能清偿的部分承担补充赔偿责任、协助抽逃出资的其他股东、董事、高级管理人员或者实际控制人对此承担连带责任的,人民法院应予支持;抽逃出资的股东已经承担上述责任,其他债权人提出相同请求的,人民法院不予支持。

《公司法司法解释(三)》第十六条　股东未履行或者未全面履行出资义务或者抽逃出资,公司根据公司章程或者股东会决议对其利润分配请求权、新股优先认购权、剩余财产分配请求权等股东权利作出相应的合理限制,该股东请求认定该限制无效的,人民法院不予支持。

《公司法司法解释(三)》第十七条　有限责任公司的股东未履行出资义务或者抽逃全部出资,经公司催告缴纳或者返还,其在合理期间内仍未缴纳或者返还出资,公司以股东会决议解除该股东的股东资格,该股东请求确认该解除行为无效的,人民法院不予支持。

在前款规定的情形下,人民法院在判决时应当释明,公司应当及时办理法定减资程序或者由其他股东或者第三人缴纳相应的出资。在办理法定减资程序或者其他股东或者第三人缴纳相应的出资之前,公司债权人依照本规定第十三条或者第十四条请求相关当事人承担相应责任的,人民法院应予支持。

《公司法司法解释(三)》第十九条　公司股东未履行或者未全面履行出资义务或者抽逃出资,公司或者其他股东请求其向公司全面履行出资义务或者返还出资,被告股东以诉讼时效为由进行抗辩的,人民法院不予支持。

公司债权人的债权未过诉讼时效期间,其依照本规定第十三条第二款、第十四条第二款的规定请求未履行或者未全面履行出资义务或者抽逃出资的股东承担赔偿责任,被告股东以出资义务或者返还出资义务超过诉讼时效期间为由进行抗辩的,人民法院不予支持。

第二节　组织机构

第三十六条　有限责任公司股东会由全体股东组成。股东会是公司的权力机构,依照本法行使职权。

第三十七条　股东会行使下列职权:

(一)决定公司的经营方针和投资计划;

(二)选举和更换非由职工代表担任的董事、监事,决定有关董事、监事的报酬事项;

(三)审议批准董事会的报告;

(四)审议批准监事会或者监事的报告;

(五)审议批准公司的年度财务预算方案、决算方案;

(六)审议批准公司的利润分配方案和弥补亏损方案;

(七)对公司增加或者减少注册资本作出决议;

(八)对发行公司债券作出决议;

(九)对公司合并、分立、解散、清算或者变更公司形式作出决议;

(十)修改公司章程;

(十一)公司章程规定的其他职权。

对前款所列事项股东以书面形式一致表示同意的,可以不召开股东会会议,直接作出决定,并由全体股东在决定文件上签名、盖章。

第三十八条　首次股东会会议由出资最多的股东召集和主持,依照本法规定行使职权。

第三十九条　股东会会议分为定期会议和临时会议。

定期会议应当依照公司章程的规定按时召开。代表十分之一以上表决权的股东,三分之一以上的董事,监事会或者不设监事会的公司的监事提议召开临时会议的,应当召开临时会议。

第四十条　有限责任公司设立董事会的,股东会会议由董事会召集,董事长主持;董事长不能履行职务或者不履行职务的,由副董事长主持;副董事长不能履行职务或者不履行职务的,由半数以上董事共同推举一名董事主持。

有限责任公司不设董事会的,股东会会议由执行董事召集和主持。

董事会或者执行董事不能履行或者不履行召集股东会会议职责的,由监事会或者不设监事会的公司的监事召集和主持;监事会或者监事不召集和主持的,代表十分之一以上表决权的股东可以自行召集和主持。

第四十一条 召开股东会会议,应当于会议召开十五日前通知全体股东;但是,公司章程另有规定或者全体股东另有约定的除外。

股东会应当对所议事项的决定作成会议记录,出席会议的股东应当在会议记录上签名。

第四十二条 股东会会议由股东按照出资比例行使表决权;但是,公司章程另有规定的除外。

第四十三条 股东会的议事方式和表决程序,除本法有规定的外,由公司章程规定。

股东会会议作出修改公司章程、增加或者减少注册资本的决议,以及公司合并、分立、解散或者变更公司形式的决议,必须经代表三分之二以上表决权的股东通过。

第四十四条 有限责任公司设董事会,其成员为三人至十三人;但是,本法第五十条另有规定的除外。

两个以上的国有企业或者两个以上的其他国有投资主体投资设立的有限责任公司,其董事会成员中应当有公司职工代表;其他有限责任公司董事会成员中可以有公司职工代表。董事会中的职工代表由公司职工通过职工代表大会、职工大会或者其他形式民主选举产生。

董事会设董事长一人,可以设副董事长。董事长、副董事长的产生办法由公司章程规定。

第四十五条 董事任期由公司章程规定,但每届任期不得超过三年。董事任期届满,连选可以连任。

董事任期届满未及时改选,或者董事在任期内辞职导致董事会成员低于法定人数的,在改选出的董事就任前,原董事仍应当依照法律、行政法规和公司章程的规定,履行董事职务。

第四十六条 董事会对股东会负责,行使下列职权:

(一)召集股东会会议,并向股东会报告工作;

(二)执行股东会的决议;

(三)决定公司的经营计划和投资方案;

(四)制订公司的年度财务预算方案、决算方案;

(五)制订公司的利润分配方案和弥补亏损方案;

(六)制订公司增加或者减少注册资本以及发行公司债券的方案;

(七)制订公司合并、分立、解散或者变更公司形式的方案;

（八）决定公司内部管理机构的设置；

（九）决定聘任或者解聘公司经理及其报酬事项，并根据经理的提名决定聘任或者解聘公司副经理、财务负责人及其报酬事项；

（十）制定公司的基本管理制度；

（十一）公司章程规定的其他职权。

第四十七条 董事会会议由董事长召集和主持；董事长不能履行职务或者不履行职务的，由副董事长召集和主持；副董事长不能履行职务或者不履行职务的，由半数以上董事共同推举一名董事召集和主持。

第四十八条 董事会的议事方式和表决程序，除本法有规定的外，由公司章程规定。

董事会应当对所议事项的决定作成会议记录，出席会议的董事应当在会议记录上签名。

董事会决议的表决，实行一人一票。

第四十九条 有限责任公司可以设经理，由董事会决定聘任或者解聘。经理对董事会负责，行使下列职权：

（一）主持公司的生产经营管理工作，组织实施董事会决议；

（二）组织实施公司年度经营计划和投资方案；

（三）拟订公司内部管理机构设置方案；

（四）拟订公司的基本管理制度；

（五）制定公司的具体规章；

（六）提请聘任或者解聘公司副经理、财务负责人；

（七）决定聘任或者解聘除应由董事会决定聘任或者解聘以外的负责管理人员；

（八）董事会授予的其他职权。

公司章程对经理职权另有规定的，从其规定。

经理列席董事会会议。

第五十条 股东人数较少或者规模较小的有限责任公司，可以设一名执行董事，不设董事会。执行董事可以兼任公司经理。

执行董事的职权由公司章程规定。

第五十一条 有限责任公司设监事会，其成员不得少于三人。股东人数较少或者规模较小的有限责任公司，可以设一至二名监事，不设监事会。

监事会应当包括股东代表和适当比例的公司职工代表，其中职工代表的比例不得低于三分之一，具体比例由公司章程规定。监事会中的职工代表由公司职工通过职工代表大会、职工大会或者其他形式民主选举产生。

监事会设主席一人，由全体监事过半数选举产生。监事会主席召集和主持监事会会议;监事会主席不能履行职务或者不履行职务的,由半数以上监事共同推举一名监事召集和主持监事会会议。

董事、高级管理人员不得兼任监事。

第五十二条 监事的任期每届为三年。监事任期届满,连选可以连任。

监事任期届满未及时改选,或者监事在任期内辞职导致监事会成员低于法定人数的,在改选出的监事就任前,原监事仍应当依照法律、行政法规和公司章程的规定,履行监事职务。

第五十三条 监事会、不设监事会的公司的监事行使下列职权:

(一)检查公司财务;

(二)对董事、高级管理人员执行公司职务的行为进行监督,对违反法律、行政法规、公司章程或者股东会决议的董事、高级管理人员提出罢免的建议;

(三)当董事、高级管理人员的行为损害公司的利益时,要求董事、高级管理人员予以纠正;

(四)提议召开临时股东会会议,在董事会不履行本法规定的召集和主持股东会会议职责时召集和主持股东会会议;

(五)向股东会会议提出提案;

(六)依照本法第一百五十一条的规定,对董事、高级管理人员提起诉讼;

(七)公司章程规定的其他职权。

第五十四条 监事可以列席董事会会议,并对董事会决议事项提出质询或者建议。

监事会、不设监事会的公司的监事发现公司经营情况异常,可以进行调查;必要时,可以聘请会计师事务所等协助其工作,费用由公司承担。

第五十五条 监事会每年度至少召开一次会议,监事可以提议召开临时监事会会议。

监事会的议事方式和表决程序,除本法有规定的外,由公司章程规定。

监事会决议应当经半数以上监事通过。

监事会应当对所议事项的决定作成会议记录,出席会议的监事应当在会议记录上签名。

第五十六条 监事会、不设监事会的公司的监事行使职权所必需的费用,由公司承担。

第三节 一人有限责任公司的特别规定

第五十七条 一人有限责任公司的设立和组织机构,适用本节规定;本节没有规定的,适用本章第一节、第二节的规定。

本法所称一人有限责任公司,是指只有一个自然人股东或者一个法人股东的有限责任公司。

第五十八条 一个自然人只能投资设立一个一人有限责任公司。该一人有限责任公司不能投资设立新的一人有限责任公司。

第五十九条 一人有限责任公司应当在公司登记中注明自然人独资或者法人独资,并在公司营业执照中载明。

第六十条 一人有限责任公司章程由股东制定。

第六十一条 一人有限责任公司不设股东会。股东作出本法第三十七条第一款所列决定时,应当采用书面形式,并由股东签名后置备于公司。

第六十二条 一人有限责任公司应当在每一会计年度终了时编制财务会计报告,并经会计师事务所审计。

第六十三条 一人有限责任公司的股东不能证明公司财产独立于股东自己的财产的,应当对公司债务承担连带责任。

第四节 国有独资公司的特别规定

第六十四条 国有独资公司的设立和组织机构,适用本节规定;本节没有规定的,适用本章第一节、第二节的规定。

本法所称国有独资公司,是指国家单独出资、由国务院或者地方人民政府授权本级人民政府国有资产监督管理机构履行出资人职责的有限责任公司。

第六十五条 国有独资公司章程由国有资产监督管理机构制定,或者由董事会制订报国有资产监督管理机构批准。

第六十六条 国有独资公司不设股东会,由国有资产监督管理机构行使股东会职权。国有资产监督管理机构可以授权公司董事会行使股东会的部分职权,决定公司的重大事项,但公司的合并、分立、解散、增加或者减少注册资本和发行公司债券,必须由国有资产监督管理机构决定;其中,重要的国有独资公司合并、分立、解散、申请破产的,应当由国有资产监督管理机构审核后,报本级人民政府批准。

前款所称重要的国有独资公司,按照国务院的规定确定。

第六十七条 国有独资公司设董事会,依照本法第四十六条、第六十六条的规定行使职权。董事每届任期不得超过三年。董事会成员中应当有公司职工代表。

董事会成员由国有资产监督管理机构委派;但是,董事会成员中的职工代表由公司职工代表大会选举产生。

董事会设董事长一人,可以设副董事长。董事长、副董事长由国有资产监督管理机构从董事会成员中指定。

第六十八条 国有独资公司设经理,由董事会聘任或者解聘。经理依照本法第四十九条规定行使职权。

经国有资产监督管理机构同意,董事会成员可以兼任经理。

第六十九条 国有独资公司的董事长、副董事长、董事、高级管理人员,未经国有资产监督管理机构同意,不得在其他有限责任公司、股份有限公司或者其他经济组织兼职。

第七十条 国有独资公司监事会成员不得少于五人,其中职工代表的比例不得低于三分之一,具体比例由公司章程规定。

监事会成员由国有资产监督管理机构委派;但是,监事会成员中的职工代表由公司职工代表大会选举产生。监事会主席由国有资产监督管理机构从监事会成员中指定。

监事会行使本法第五十三条第(一)项至第(三)项规定的职权和国务院规定的其他职权。

第三章 有限责任公司的股权转让

第七十一条 有限责任公司的股东之间可以相互转让其全部或者部分股权。

股东向股东以外的人转让股权,应当经其他股东过半数同意。股东应就其股权转让事项书面通知其他股东征求同意,其他股东自接到书面通知之日起满三十日未答复的,视为同意转让。其他股东半数以上不同意转让的,不同意的股东应当购买该转让的股权;不购买的,视为同意转让。

经股东同意转让的股权,在同等条件下,其他股东有优先购买权。两个以上股东主张行使优先购买权的,协商确定各自的购买比例;协商不成的,按照转让时各自的出资比例行使优先购买权。

公司章程对股权转让另有规定的,从其规定。

《公司法司法解释(四)》第十六条 有限责任公司的自然人股东因继承发生变化时,其他股东主张依据公司法第七十一条第三款规定行使优先购买权的,人民法院不予支持,但公司章程另有规定或者全体股东另有约定的除外。

《公司法司法解释(四)》第十七条 有限责任公司的股东向股东以外的人转让股权,应就其股权转让事项以书面或者其他能够确认收悉的合理方式通知其他股东征求同意。其他股东半数以上不同意转让,不同意的股东不购买的,人民法院应当认定视为同意转让。

经股东同意转让的股权,其他股东主张转让股东应当向其以书面或者其他能够确认收悉的合理方式通知转让股权的同等条件的,人民法院应当予以支持。

经股东同意转让的股权,在同等条件下,转让股东以外的其他股东主张优先购买的,人民法院应当予以支持,但转让股东依据本规定第二十条放弃转让的除外。

《公司法司法解释(四)》第十八条 人民法院在判断是否符合公司法第七十一条第三款及本规定所称的"同等条件"时,应当考虑转让股权的数量、价格、支付方式及期限等因素。

《公司法司法解释(四)》第十九条 有限责任公司的股东主张优先购买转让股权的,应当在收到通知后,在公司章程规定的行使期间内提出购买请求。公司章程没有规定行使期间或者规定不明确的,以通知确定的期间为准,通知确定的期间短于三十日或者未明确行使期间的,行使期间为三十日。

《公司法司法解释(四)》第二十条　有限责任公司的转让股东,在其他股东主张优先购买后又不同意转让股权的,对其他股东优先购买的主张,人民法院不予支持,但公司章程另有规定或者全体股东另有约定的除外。其他股东主张转让股东赔偿其损失合理的,人民法院应当予以支持。

《公司法司法解释(四)》第二十一条　有限责任公司的股东向股东以外的人转让股权,未就其股权转让事项征求其他股东意见,或者以欺诈、恶意串通等手段,损害其他股东优先购买权,其他股东主张按照同等条件购买该转让股权的,人民法院应当予以支持,但其他股东自知道或者应当知道行使优先购买权的同等条件之日起三十日内没有主张,或者自股权变更登记之日起超过一年的除外。

前款规定的其他股东仅提出确认股权转让合同及股权变动效力等请求,未同时主张按照同等条件购买转让股权的,人民法院不予支持,但其他股东非因自身原因导致无法行使优先购买权,请求损害赔偿的除外。

股东以外的股权受让人,因股东行使优先购买权而不能实现合同目的的,可以依法请求转让股东承担相应民事责任。

《公司法司法解释(四)》第二十二条　通过拍卖向股东以外的人转让有限责任公司股权的,适用公司法第七十一条第二款、第三款或者第七十二条规定的"书面通知""通知""同等条件"时,根据相关法律、司法解释确定。

在依法设立的产权交易场所转让有限责任公司国有股权的,适用公司法第七十一条第二款、第三款或者第七十二条规定的"书面通知""通知""同等条件"时,可以参照产权交易场所的交易规则。

第七十二条　人民法院依照法律规定的强制执行程序转让股东的股权时,应当通知公司及全体股东,其他股东在同等条件下有优先购买权。其他股东自人民法院通知之日起满二十日不行使优先购买权的,视为放弃优先购买权。

第七十三条　依照本法第七十一条、第七十二条转让股权后,公司应当注销原股东的出资证明书,向新股东签发出资证明书,并相应修改公司章程和股东名册中有关股东及其出资额的记载。对公司章程的该项修改不需再由股东会表决。

第七十四条　有下列情形之一的,对股东会该项决议投反对票的股东可以请求公司按照合理的价格收购其股权:

(一)公司连续五年不向股东分配利润,而公司该五年连续盈利,并且符合本法规定的分配利润条件的;

(二)公司合并、分立、转让主要财产的;

(三)公司章程规定的营业期限届满或者章程规定的其他解散事由出现,股东会会议通过决议修改章程使公司存续的。

自股东会会议决议通过之日起六十日内,股东与公司不能达成股权收购协议的,股东可以自股东会会议决议通过之日起九十日内向人民法院提起诉讼。

《公司法司法解释(一)》第三条　原告以公司法第二十二条第二款、第七十四条第二款规定事由,向人民法院提起诉讼时,超过公司法规定期限的,人民法院不予受理。

第七十五条　自然人股东死亡后,其合法继承人可以继承股东资格;但是,公司章程另有规定的除外。

第四章　股份有限公司的设立和组织机构

第一节　设　　立

第七十六条　设立股份有限公司,应当具备下列条件:

(一)发起人符合法定人数;

(二)有符合公司章程规定的全体发起人认购的股本总额或者募集的实收股本总额;

(三)股份发行、筹办事项符合法律规定;

(四)发起人制订公司章程,采用募集方式设立的经创立大会通过;

(五)有公司名称,建立符合股份有限公司要求的组织机构;

(六)有公司住所。

第七十七条　股份有限公司的设立,可以采取发起设立或者募集设立的方式。

发起设立,是指由发起人认购公司应发行的全部股份而设立公司。

募集设立,是指由发起人认购公司应发行股份的一部分,其余股份向社会公开募集或者向特定对象募集而设立公司。

第七十八条　设立股份有限公司,应当有二人以上二百人以下为发起人,其中须有半数以上的发起人在中国境内有住所。

第七十九条　股份有限公司发起人承担公司筹办事务。

发起人应当签订发起人协议,明确各自在公司设立过程中的权利和义务。

第八十条　股份有限公司采取发起设立方式设立的,注册资本为在公司登记机关登记的全体发起人认购的股本总额。在发起人认购的股份缴足前,不得向他人募集股份。

股份有限公司采取募集方式设立的,注册资本为在公司登记机关登记的实收股本总额。

法律、行政法规以及国务院决定对股份有限公司注册资本实缴、注册资本最低限额另有规定的,从其规定。

第八十一条　股份有限公司章程应当载明下列事项:

(一)公司名称和住所;

(二)公司经营范围;

(三)公司设立方式;

(四)公司股份总数、每股金额和注册资本;

(五)发起人的姓名或者名称、认购的股份数、出资方式和出资时间;

(六)董事会的组成、职权和议事规则;

(七)公司法定代表人;

(八)监事会的组成、职权和议事规则;

(九)公司利润分配办法;

(十)公司的解散事由与清算办法;

(十一)公司的通知和公告办法;

(十二)股东大会会议认为需要规定的其他事项。

第八十二条　发起人的出资方式,适用本法第二十七条的规定。

第八十三条　以发起设立方式设立股份有限公司的,发起人应当书面认足公司章程规定其认购的股份,并按照公司章程规定缴纳出资。以非货币财产出资的,应当依法办理其财产权的转移手续。

发起人不依照前款规定缴纳出资的,应当按照发起人协议承担违约责任。

发起人认足公司章程规定的出资后,应当选举董事会和监事会,由董事会向公司登记机关报送公司章程以及法律、行政法规规定的其他文件,申请设立登记。

第八十四条　以募集设立方式设立股份有限公司的,发起人认购的股份不得少于公司股份总数的百分之三十五;但是,法律、行政法规另有规定的,从其规定。

第八十五条　发起人向社会公开募集股份,必须公告招股说明书,并制作认股书。认股书应当载明本法第八十六条所列事项,由认股人填写认购股数、金额、住所,并签名、盖章。认股人按照所认购股数缴纳股款。

《公司法司法解释(三)》第六条　股份有限公司的认股人未按期缴纳所认股份的股款,经公司发起人催缴后在合理期间内仍未缴纳,公司发起人对该股份另行募集的,人民法院应当认定该募集行为有效。认股人延期缴纳股款给公司造成损失,公司请求该认股人承担赔偿责任的,人民法院应予支持。

第八十六条　招股说明书应当附有发起人制订的公司章程,并载明下列事项:

(一)发起人认购的股份数;

(二)每股的票面金额和发行价格;

(三)无记名股票的发行总数;

(四)募集资金的用途;

(五)认股人的权利、义务;

(六)本次募股的起止期限及逾期未募足时认股人可以撤回所认股份的说明。

第八十七条　发起人向社会公开募集股份,应当由依法设立的证券公司承销,签订承销协议。

第八十八条 发起人向社会公开募集股份,应当同银行签订代收股款协议。

代收股款的银行应当按照协议代收和保存股款,向缴纳股款的认股人出具收款单据,并负有向有关部门出具收款证明的义务。

第八十九条 发行股份的股款缴足后,必须经依法设立的验资机构验资并出具证明。发起人应当自股款缴足之日起三十日内主持召开公司创立大会。创立大会由发起人、认股人组成。

发行的股份超过招股说明书规定的截止期限尚未募足的,或者发行股份的股款缴足后,发起人在三十日内未召开创立大会的,认股人可以按照所缴股款并加算银行同期存款利息,要求发起人返还。

第九十条 发起人应当在创立大会召开十五日前将会议日期通知各认股人或者予以公告。创立大会应有代表股份总数过半数的发起人、认股人出席,方可举行。

创立大会行使下列职权:

(一)审议发起人关于公司筹办情况的报告;

(二)通过公司章程;

(三)选举董事会成员;

(四)选举监事会成员;

(五)对公司的设立费用进行审核;

(六)对发起人用于抵作股款的财产的作价进行审核;

(七)发生不可抗力或者经营条件发生重大变化直接影响公司设立的,可以作出不设立公司的决议。

创立大会对前款所列事项作出决议,必须经出席会议的认股人所持表决权过半数通过。

第九十一条 发起人、认股人缴纳股款或者交付抵作股款的出资后,除未按期募足股份、发起人未按期召开创立大会或者创立大会决议不设立公司的情形外,不得抽回其股本。

第九十二条 董事会应于创立大会结束后三十日内,向公司登记机关报送下列文件,申请设立登记:

(一)公司登记申请书;

(二)创立大会的会议记录;

(三)公司章程;

(四)验资证明;

(五)法定代表人、董事、监事的任职文件及其身份证明;

(六)发起人的法人资格证明或者自然人身份证明;

（七）公司住所证明。

以募集方式设立股份有限公司公开发行股票的，还应当向公司登记机关报送国务院证券监督管理机构的核准文件。

第九十三条　股份有限公司成立后，发起人未按照公司章程的规定缴足出资的，应当补缴；其他发起人承担连带责任。

股份有限公司成立后，发现作为设立公司出资的非货币财产的实际价额显著低于公司章程所定价额的，应当由交付该出资的发起人补足其差额；其他发起人承担连带责任。

《公司法司法解释（三）》第十三条　股东未履行或者未全面履行出资义务，公司或者其他股东请求其向公司依法全面履行出资义务的，人民法院应予支持。

公司债权人请求未履行或者未全面履行出资义务的股东在未出资本息范围内对公司债务不能清偿的部分承担补充赔偿责任的，人民法院应予支持；未履行或者未全面履行出资义务的股东已经承担上述责任，其他债权人提出相同请求的，人民法院不予支持。

股东在公司设立时未履行或者未全面履行出资义务，依照本条第一款或者第二款提起诉讼的原告，请求公司的发起人与被告股东承担连带责任的，人民法院应予支持；公司的发起人承担责任后，可以向被告股东追偿。

股东在公司增资时未履行或者未全面履行出资义务，依照本条第一款或者第二款提起诉讼的原告，请求未尽公司法第一百四十七条第一款规定的义务而使出资未缴足的董事、高级管理人员承担相应责任的，人民法院应予支持；董事、高级管理人员承担责任后，可以向被告股东追偿。

第九十四条　股份有限公司的发起人应当承担下列责任：

（一）公司不能成立时，对设立行为所产生的债务和费用负连带责任；

（二）公司不能成立时，对认股人已缴纳的股款，负返还股款并加算银行同期存款利息的连带责任；

（三）在公司设立过程中，由于发起人的过失致使公司利益受到损害的，应当对公司承担赔偿责任。

《公司法司法解释（三）》第一条　为设立公司而签署公司章程、向公司认购出资或者股份并履行公司设立职责的人，应当认定为公司的发起人，包括有限责任公司设立时的股东。

《公司法司法解释（三）》第二条　发起人为设立公司以自己名义对外签订合同，合同相对人请求该发起人承担合同责任的，人民法院应予支持。

公司成立后对前款规定的合同予以确认，或者已经实际享有合同权利或者履行合同义务，合同相对人请求公司承担合同责任的，人民法院应予支持。

《公司法司法解释（三）》第三条　发起人以设立中公司名义对外签订合同，公司成立后合同相对人请求公司承担合同责任的,人民法院应予支持。

公司成立后有证据证明发起人利用设立中公司的名义为自己的利益与相对人签订合同,公司以此为由主张不承担合同责任的,人民法院应予支持,但相对人为善意的除外。

《公司法司法解释(三)》第四条　公司因故未成立,债权人请求全体或者部分发起人对设立公司行为所产生的费用和债务承担连带清偿责任的,人民法院应予支持。

部分发起人依照前款规定承担责任后,请求其他发起人分担的,人民法院应当判令其他发起人按照约定的责任承担比例分担责任;没有约定责任承担比例的,按照约定的出资比例分担责任;没有约定出资比例的,按照均等份额分担责任。

因部分发起人的过错导致公司未成立,其他发起人主张其承担设立行为所产生的费用和债务的,人民法院应当根据过错情况,确定过错一方的责任范围。

《公司法司法解释(三)》第五条　发起人因履行公司设立职责造成他人损害,公司成立后受害人请求公司承担侵权赔偿责任的,人民法院应予支持;公司未成立,受害人请求全体发起人承担连带赔偿责任的,人民法院应予支持。

公司或者无过错的发起人承担赔偿责任后,可以向有过错的发起人追偿。

第九十五条　有限责任公司变更为股份有限公司时,折合的实收股本总额不得高于公司净资产额。有限责任公司变更为股份有限公司,为增加资本公开发行股份时,应当依法办理。

第九十六条　股份有限公司应当将公司章程、股东名册、公司债券存根、股东大会会议记录、董事会会议记录、监事会会议记录、财务会计报告置备于本公司。

第九十七条　股东有权查阅公司章程、股东名册、公司债券存根、股东大会会议记录、董事会会议决议、监事会会议决议、财务会计报告,对公司的经营提出建议或者质询。

第二节　股 东 大 会

第九十八条　股份有限公司股东大会由全体股东组成。股东大会是公司的权力机构,依照本法行使职权。

第九十九条　本法第三十七条第一款关于有限责任公司股东会职权的规定,适用于股份有限公司股东大会。

第一百条　股东大会应当每年召开一次年会。有下列情形之一的,应当在两个月内召开临时股东大会:

(一)董事人数不足本法规定人数或者公司章程所定人数的三分之二时;

(二)公司未弥补的亏损达实收股本总额三分之一时;

(三)单独或者合计持有公司百分之十以上股份的股东请求时;

(四)董事会认为必要时;

(五)监事会提议召开时;

(六)公司章程规定的其他情形。

第一百零一条 股东大会会议由董事会召集,董事长主持;董事长不能履行职务或者不履行职务的,由副董事长主持;副董事长不能履行职务或者不履行职务的,由半数以上董事共同推举一名董事主持。

董事会不能履行或者不履行召集股东大会会议职责的,监事会应当及时召集和主持;监事会不召集和主持的,连续九十日以上单独或者合计持有公司百分之十以上股份的股东可以自行召集和主持。

第一百零二条 召开股东大会会议,应当将会议召开的时间、地点和审议的事项于会议召开二十日前通知各股东;临时股东大会应当于会议召开十五日前通知各股东;发行无记名股票的,应当于会议召开三十日前公告会议召开的时间、地点和审议事项。

单独或者合计持有公司百分之三以上股份的股东,可以在股东大会召开十日前提出临时提案并书面提交董事会;董事会应当在收到提案后二日内通知其他股东,并将该临时提案提交股东大会审议。临时提案的内容应当属于股东大会职权范围,并有明确议题和具体决议事项。

股东大会不得对前两款通知中未列明的事项作出决议。

无记名股票持有人出席股东大会会议的,应当于会议召开五日前至股东大会闭会时将股票交存于公司。

第一百零三条 股东出席股东大会会议,所持每一股份有一表决权。但是,公司持有的本公司股份没有表决权。

股东大会作出决议,必须经出席会议的股东所持表决权过半数通过。但是,股东大会作出修改公司章程、增加或者减少注册资本的决议,以及公司合并、分立、解散或者变更公司形式的决议,必须经出席会议的股东所持表决权的三分之二以上通过。

第一百零四条 本法和公司章程规定公司转让、受让重大资产或者对外提供担保等事项必须经股东大会作出决议的,董事会应当及时召集股东大会会议,由股东大会就上述事项进行表决。

第一百零五条 股东大会选举董事、监事,可以依照公司章程的规定或者股东大会的决议,实行累积投票制。

本法所称累积投票制,是指股东大会选举董事或者监事时,每一股份拥有与应选董事或者监事人数相同的表决权,股东拥有的表决权可以集中使用。

第一百零六条 股东可以委托代理人出席股东大会会议,代理人应当向公司提交股东授权委托书,并在授权范围内行使表决权。

第一百零七条 股东大会应当对所议事项的决定作成会议记录,主持人、出席会议的董事应当在会议记录上签名。会议记录应当与出席股东的签名册及代理出席的委托书一并保存。

第三节 董事会、经理

第一百零八条 股份有限公司设董事会,其成员为五人至十九人。

董事会成员中可以有公司职工代表。董事会中的职工代表由公司职工通过职工代表大会、职工大会或者其他形式民主选举产生。

本法第四十五条关于有限责任公司董事任期的规定,适用于股份有限公司董事。

本法第四十六条关于有限责任公司董事会职权的规定,适用于股份有限公司董事会。

第一百零九条 董事会设董事长一人,可以设副董事长。董事长和副董事长由董事会以全体董事的过半数选举产生。

董事长召集和主持董事会会议,检查董事会决议的实施情况。副董事长协助董事长工作,董事长不能履行职务或者不履行职务的,由副董事长履行职务;副董事长不能履行职务或者不履行职务的,由半数以上董事共同推举一名董事履行职务。

第一百一十条 董事会每年度至少召开两次会议,每次会议应当于会议召开十日前通知全体董事和监事。

代表十分之一以上表决权的股东、三分之一以上董事或者监事会,可以提议召开董事会临时会议。董事长应当自接到提议后十日内,召集和主持董事会会议。

董事会召开临时会议,可以另定召集董事会的通知方式和通知时限。

第一百一十一条 董事会会议应有过半数的董事出席方可举行。董事会作出决议,必须经全体董事的过半数通过。

董事会决议的表决,实行一人一票。

第一百一十二条 董事会会议,应由董事本人出席;董事因故不能出席,可以书面委托其他董事代为出席,委托书中应载明授权范围。

董事会应当对会议所议事项的决定作成会议记录,出席会议的董事应当在会议记录上签名。

董事应当对董事会的决议承担责任。董事会的决议违反法律、行政法规或者公司章程、股东大会决议,致使公司遭受严重损失的,参与决议的董事对公司负赔偿责任。但经证明在表决时曾表明异议并记载于会议记录的,该董事可以免除责任。

第一百一十三条 股份有限公司设经理,由董事会决定聘任或者解聘。

本法第四十九条关于有限责任公司经理职权的规定,适用于股份有限公司经理。

第一百一十四条 公司董事会可以决定由董事会成员兼任经理。

第一百一十五条 公司不得直接或者通过子公司向董事、监事、高级管理人员提供借款。

第一百一十六条 公司应当定期向股东披露董事、监事、高级管理人员从公司获得报酬的情况。

第四节 监 事 会

第一百一十七条 股份有限公司设监事会，其成员不得少于三人。

监事会应当包括股东代表和适当比例的公司职工代表，其中职工代表的比例不得低于三分之一，具体比例由公司章程规定。监事会中的职工代表由公司职工通过职工代表大会、职工大会或者其他形式民主选举产生。

监事会设主席一人，可以设副主席。监事会主席和副主席由全体监事过半数选举产生。监事会主席召集和主持监事会会议；监事会主席不能履行职务或者不履行职务的，由监事会副主席召集和主持监事会会议；监事会副主席不能履行职务或者不履行职务的，由半数以上监事共同推举一名监事召集和主持监事会会议。

董事、高级管理人员不得兼任监事。

本法第五十二条关于有限责任公司监事任期的规定，适用于股份有限公司监事。

第一百一十八条 **本法第五十三条、第五十四条关于有限责任公司监事会职权的规定，适用于股份有限公司监事会。**

监事会行使职权所必需的费用，由公司承担。

第一百一十九条 监事会每六个月至少召开一次会议。监事可以提议召开临时监事会会议。

监事会的议事方式和表决程序，除本法有规定的外，由公司章程规定。

监事会决议应当经半数以上监事通过。

监事会应当对所议事项的决定作成会议记录，出席会议的监事应当在会议记录上签名。

第五节 上市公司组织机构的特别规定

第一百二十条 本法所称上市公司，是指其股票在证券交易所上市交易的股份有限公司。

第一百二十一条 上市公司在一年内购买、出售重大资产或者担保金额超过公司资产总额百分之三十的，应当由股东大会作出决议，并经出席会议的股东所持表决权的三分之二以上通过。

第一百二十二条 上市公司设独立董事，具体办法由国务院规定。

第一百二十三条 上市公司设董事会秘书，负责公司股东大会和董事会会议的筹备、文件保管以及公司股东资料的管理，办理信息披露事务等事宜。

第一百二十四条 上市公司董事与董事会会议决议事项所涉及的企业有关联关系的,不得对该项决议行使表决权,也不得代理其他董事行使表决权。该董事会会议由过半数的无关联关系董事出席即可举行,董事会会议所作决议须经无关联关系董事过半数通过。出席董事会的无关联关系董事人数不足三人的,应将该事项提交上市公司股东大会审议。

第五章 股份有限公司的股份发行和转让

第一节 股份发行

第一百二十五条 股份有限公司的资本划分为股份,每一股的金额相等。

公司的股份采取股票的形式。股票是公司签发的证明股东所持股份的凭证。

第一百二十六条 股份的发行,实行公平、公正的原则,同种类的每一股份应当具有同等权利。

同次发行的同种类股票,每股的发行条件和价格应当相同;任何单位或者个人所认购的股份,每股应当支付相同价额。

第一百二十七条 股票发行价格可以按票面金额,也可以超过票面金额,但不得低于票面金额。

第一百二十八条 股票采用纸面形式或者国务院证券监督管理机构规定的其他形式。

股票应当载明下列主要事项:

(一)公司名称;

(二)公司成立日期;

(三)股票种类、票面金额及代表的股份数;

(四)股票的编号。

股票由法定代表人签名,公司盖章。

发起人的股票,应当标明发起人股票字样。

第一百二十九条 公司发行的股票,可以为记名股票,也可以为无记名股票。

公司向发起人、法人发行的股票,应当为记名股票,并应当记载该发起人、法人的名称或者姓名,不得另立户名或者以代表人姓名记名。

第一百三十条 公司发行记名股票的,应当置备股东名册,记载下列事项:

(一)股东的姓名或者名称及住所;

(二)各股东所持股份数;

(三)各股东所持股票的编号;

(四)各股东取得股份的日期。

发行无记名股票的,公司应当记载其股票数量、编号及发行日期。

第一百三十一条 国务院可以对公司发行本法规定以外的其他种类的股份,

另行作出规定。

第一百三十二条 股份有限公司成立后,即向股东正式交付股票。公司成立前不得向股东交付股票。

第一百三十三条 公司发行新股,股东大会应当对下列事项作出决议:

(一)新股种类及数额;

(二)新股发行价格;

(三)新股发行的起止日期;

(四)向原有股东发行新股的种类及数额。

第一百三十四条 公司经国务院证券监督管理机构核准公开发行新股时,必须公告新股招股说明书和财务会计报告,并制作认股书。

本法第八十七条、第八十八条的规定适用于公司公开发行新股。

第一百三十五条 公司发行新股,可以根据公司经营情况和财务状况,确定其作价方案。

第一百三十六条 公司发行新股募足股款后,必须向公司登记机关办理变更登记,并公告。

第二节 股份转让

第一百三十七条 股东持有的股份可以依法转让。

第一百三十八条 股东转让其股份,应当在依法设立的证券交易场所进行或者按照国务院规定的其他方式进行。

第一百三十九条 记名股票,由股东以背书方式或者法律、行政法规规定的其他方式转让;转让后由公司将受让人的姓名或者名称及住所记载于股东名册。

股东大会召开前二十日内或者公司决定分配股利的基准日前五日内,不得进行前款规定的股东名册的变更登记。但是,法律对上市公司股东名册变更登记另有规定的,从其规定。

第一百四十条 无记名股票的转让,由股东将该股票交付给受让人后即发生转让的效力。

第一百四十一条 发起人持有的本公司股份,自公司成立之日起一年内不得转让。公司公开发行股份前已发行的股份,自公司股票在证券交易所上市交易之日起一年内不得转让。

公司董事、监事、高级管理人员应当向公司申报所持有的本公司的股份及其变动情况,在任职期间每年转让的股份不得超过其所持有本公司股份总数的百分之二十五;所持本公司股份自公司股票上市交易之日起一年内不得转让。上述人员离职后半年内,不得转让其所持有的本公司股份。公司章程可以对公司董事、监事、高级管理人员转让其所持有的本公司股份作出其他限制性规定。

第一百四十二条 公司不得收购本公司股份。但是,有下列情形之一的除外:

(一)减少公司注册资本;

(二)与持有本公司股份的其他公司合并;

(三)将股份用于员工持股计划或者股权激励;

(四)股东因对股东大会作出的公司合并、分立决议持异议,要求公司收购其股份;

(五)将股份用于转换上市公司发行的可转换为股票的公司债券;

(六)上市公司为维护公司价值及股东权益所必需。

公司因前款第(一)项、第(二)项规定的情形收购本公司股份的,应当经股东大会决议;公司因前款第(三)项、第(五)项、第(六)项规定的情形收购本公司股份的,可以依照公司章程的规定或者股东大会的授权,经三分之二以上董事出席的董事会会议决议。

公司依照本条第一款规定收购本公司股份后,属于第(一)项情形的,应当自收购之日起十日内注销;属于第(二)项、第(四)项情形的,应当在六个月内转让或者注销;属于第(三)项、第(五)项、第(六)项情形的,公司合计持有的本公司股份数不得超过本公司已发行股份总额的百分之十,并应当在三年内转让或者注销。

上市公司收购本公司股份的,应当依照《中华人民共和国证券法》的规定履行信息披露义务。上市公司因本条第一款第(三)项、第(五)项、第(六)项规定的情形收购本公司股份的,应当通过公开的集中交易方式进行。

公司不得接受本公司的股票作为质押权的标的。

第一百四十三条 记名股票被盗、遗失或者灭失,股东可以依照《中华人民共和国民事诉讼法》规定的公示催告程序,请求人民法院宣告该股票失效。人民法院宣告该股票失效后,股东可以向公司申请补发股票。

第一百四十四条 上市公司的股票,依照有关法律、行政法规及证券交易所交易规则上市交易。

第一百四十五条 上市公司必须依照法律、行政法规的规定,公开其财务状况、经营情况及重大诉讼,在每会计年度内半年公布一次财务会计报告。

第六章 公司董事、监事、高级管理人员的资格和义务

第一百四十六条 有下列情形之一的,不得担任公司的董事、监事、高级管理人员:

(一)无民事行为能力或者限制民事行为能力;

(二)因贪污、贿赂、侵占财产、挪用财产或者破坏社会主义市场经济秩序,被判处刑罚,执行期满未逾五年,或者因犯罪被剥夺政治权利,执行期满未逾五年;

(三)担任破产清算的公司、企业的董事或者厂长、经理,对该公司、企业的破产负有个人责任的,自该公司、企业破产清算完结之日起未逾三年;

(四)担任因违法被吊销营业执照、责令关闭的公司、企业的法定代表人,并负有个人责任的,自该公司、企业被吊销营业执照之日起未逾三年;

(五)个人所负数额较大的债务到期未清偿。

公司违反前款规定选举、委派董事、监事或者聘任高级管理人员的,该选举、委派或者聘任无效。

董事、监事、高级管理人员在任职期间出现本条第一款所列情形的,公司应当解除其职务。

《公司法司法解释(五)》第三条　董事任期届满前被股东会或者股东大会有效决议解除职务,其主张解除不发生法律效力的,人民法院不予支持。

董事职务被解除后,因补偿与公司发生纠纷提起诉讼的,人民法院应当依据法律、行政法规、公司章程的规定或者合同的约定,综合考虑解除的原因、剩余任期、董事薪酬等因素,确定是否补偿以及补偿的合理数额。

第一百四十七条　董事、监事、高级管理人员应当遵守法律、行政法规和公司章程,对公司负有忠实义务和勤勉义务。

董事、监事、高级管理人员不得利用职权收受贿赂或者其他非法收入,不得侵占公司的财产。

第一百四十八条　董事、高级管理人员不得有下列行为:

(一)挪用公司资金;

(二)将公司资金以其个人名义或者以其他个人名义开立账户存储;

(三)违反公司章程的规定,未经股东会、股东大会或者董事会同意,将公司资金借贷给他人或者以公司财产为他人提供担保;

(四)违反公司章程的规定或者未经股东会、股东大会同意,与本公司订立合同或者进行交易;

(五)未经股东会或者股东大会同意,利用职务便利为自己或者他人谋取属于公司的商业机会,自营或者为他人经营与所任职公司同类的业务;

(六)接受他人与公司交易的佣金归为己有;

(七)擅自披露公司秘密;

(八)违反对公司忠实义务的其他行为。

董事、高级管理人员违反前款规定所得的收入应当归公司所有。

第一百四十九条　董事、监事、高级管理人员执行公司职务时违反法律、行政法规或者公司章程的规定,给公司造成损失的,应当承担赔偿责任。

第一百五十条　股东会或者股东大会要求董事、监事、高级管理人员列席会议的,董事、监事、高级管理人员应当列席并接受股东的质询。

董事、高级管理人员应当如实向监事会或者不设监事会的有限责任公司的监事提供有关情况和资料,不得妨碍监事会或者监事行使职权。

第一百五十一条　董事、高级管理人员有本法第一百四十九条规定的情形的，有限责任公司的股东、股份有限公司连续一百八十日以上单独或者合计持有公司百分之一以上股份的股东，可以书面请求监事会或者不设监事会的有限责任公司的监事向人民法院提起诉讼；监事有本法第一百四十九条规定的情形的，前述股东可以书面请求董事会或者不设董事会的有限责任公司的执行董事向人民法院提起诉讼。

监事会、不设监事会的有限责任公司的监事，或者董事会、执行董事收到前款规定的股东书面请求后拒绝提起诉讼，或者自收到请求之日起三十日内未提起诉讼，或者情况紧急、不立即提起诉讼将会使公司利益受到难以弥补的损害的，前款规定的股东有权为了公司的利益以自己的名义直接向人民法院提起诉讼。

他人侵犯公司合法权益，给公司造成损失的，本条第一款规定的股东可以依照前两款的规定向人民法院提起诉讼。

《公司法司法解释(一)》第四条　公司法第一百五十一条规定的180日以上连续持股期间，应为股东向人民法院提起诉讼时，已期满的持股时间；规定的合计持有公司百分之一以上股份，是指两个以上股东持股份额的合计。

《公司法司法解释(四)》第二十三条　监事会或者不设监事会的有限责任公司的监事依据公司法第一百五十一条第一款规定对董事、高级管理人员提起诉讼的，应当列公司为原告，依法由监事会主席或者不设监事会的有限责任公司的监事代表公司进行诉讼。

董事会或者不设董事会的有限责任公司的执行董事依据公司法第一百五十一条第一款规定对监事提起诉讼的，或者依据公司法第一百五十一条第三款规定对他人提起诉讼的，应当列公司为原告，依法由董事长或者执行董事代表公司进行诉讼。

《公司法司法解释(四)》第二十四条　符合公司法第一百五十一条第一款规定条件的股东，依据公司法第一百五十一条第二款、第三款规定，直接对董事、监事、高级管理人员或者他人提起诉讼的，应当列公司为第三人参加诉讼。

一审法庭辩论终结前，符合公司法第一百五十一条第一款规定条件的其他股东，以相同的诉讼请求申请参加诉讼的，应当列为共同原告。

《公司法司法解释(四)》第二十五条　股东依据公司法第一百五十一条第二款、第三款规定直接提起诉讼的案件，胜诉利益归属于公司。股东请求被告直接向其承担民事责任的，人民法院不予支持。

《公司法司法解释(四)》第二十六条　股东依据公司法第一百五十一条第二款、第三款规定直接提起诉讼的案件，其诉讼请求部分或者全部得到人民法院支持的，公司应当承担股东因参加诉讼支付的合理费用。

《公司法司法解释(五)》第一条　关联交易损害公司利益，原告公司依据公司法第二十一条规定请求控股股东、实际控制人、董事、监事、高级管理人员赔偿所造成的损失,被告仅以该交易已经履行了信息披露、经股东会或者股东大会同意等法律、行政法规或者公司章程规定的程序为由抗辩的,人民法院不予支持。

公司没有提起诉讼的,符合公司法第一百五十一条第一款规定条件的股东,可以依据公司法第一百五十一条第二款、第三款规定向人民法院提起诉讼。

《公司法司法解释(五)》第二条　关联交易合同存在无效或者可撤销情形,公司没有起诉合同相对方的,符合公司法第一百五十一条第一款规定条件的股东,可以依据公司法第一百五十一条第二款、第三款规定向人民法院提起诉讼。

第一百五十二条　董事、高级管理人员违反法律、行政法规或者公司章程的规定,损害股东利益的,股东可以向人民法院提起诉讼。

第七章　公司债券

第一百五十三条　本法所称公司债券,是指公司依照法定程序发行、约定在一定期限还本付息的有价证券。

公司发行公司债券应当符合《中华人民共和国证券法》规定的发行条件。

第一百五十四条　发行公司债券的申请经国务院授权的部门核准后,应当公告公司债券募集办法。

公司债券募集办法中应当载明下列主要事项:

(一)公司名称;

(二)债券募集资金的用途;

(三)债券总额和债券的票面金额;

(四)债券利率的确定方式;

(五)还本付息的期限和方式;

(六)债券担保情况;

(七)债券的发行价格、发行的起止日期;

(八)公司净资产额;

(九)已发行的尚未到期的公司债券总额;

(十)公司债券的承销机构。

第一百五十五条　公司以实物券方式发行公司债券的,必须在债券上载明公司名称、债券票面金额、利率、偿还期限等事项,并由法定代表人签名,公司盖章。

第一百五十六条　公司债券,可以为记名债券,也可以为无记名债券。

第一百五十七条　公司发行公司债券应当置备公司债券存根簿。

发行记名公司债券的,应当在公司债券存根簿上载明下列事项:

(一)债券持有人的姓名或者名称及住所;

(二)债券持有人取得债券的日期及债券的编号;

(三)债券总额,债券的票面金额、利率、还本付息的期限和方式;

(四)债券的发行日期。

发行无记名公司债券的,应当在公司债券存根簿上载明债券总额、利率、偿还期限和方式、发行日期及债券的编号。

第一百五十八条 记名公司债券的登记结算机构应当建立债券登记、存管、付息、兑付等相关制度。

第一百五十九条 公司债券可以转让,转让价格由转让人与受让人约定。

公司债券在证券交易所上市交易的,按照证券交易所的交易规则转让。

第一百六十条 记名公司债券,由债券持有人以背书方式或者法律、行政法规规定的其他方式转让;转让后由公司将受让人的姓名或者名称及住所记载于公司债券存根簿。

无记名公司债券的转让,由债券持有人将该债券交付给受让人后即发生转让的效力。

第一百六十一条 上市公司经股东大会决议可以发行可转换为股票的公司债券,并在公司债券募集办法中规定具体的转换办法。上市公司发行可转换为股票的公司债券,应当报国务院证券监督管理机构核准。

发行可转换为股票的公司债券,应当在债券上标明可转换公司债券字样,并在公司债券存根簿上载明可转换公司债券的数额。

第一百六十二条 发行可转换为股票的公司债券的,公司应当按照其转换办法向债券持有人换发股票,但债券持有人对转换股票或者不转换股票有选择权。

第八章 公司财务、会计

第一百六十三条 公司应当依照法律、行政法规和国务院财政部门的规定建立本公司的财务、会计制度。

第一百六十四条 公司应当在每一会计年度终了时编制财务会计报告,并依法经会计师事务所审计。

财务会计报告应当依照法律、行政法规和国务院财政部门的规定制作。

第一百六十五条 有限责任公司应当依照公司章程规定的期限将财务会计报告送交各股东。

股份有限公司的财务会计报告应当在召开股东大会年会的二十日前置备于本公司,供股东查阅;公开发行股票的股份有限公司必须公告其财务会计报告。

第一百六十六条 公司分配当年税后利润时,应当提取利润的百分之十列入公司法定公积金。公司法定公积金累计额为公司注册资本的百分之五十以上的,可以不再提取。

公司的法定公积金不足以弥补以前年度亏损的,在依照前款规定提取法定公积金之前,应当先用当年利润弥补亏损。

公司从税后利润中提取法定公积金后,经股东会或者股东大会决议,还可以从税后利润中提取任意公积金。

公司弥补亏损和提取公积金后所余税后利润,有限责任公司依照本法第三十四条的规定分配;股份有限公司按照股东持有的股份比例分配,但股份有限公司章程规定不按持股比例分配的除外。

股东会、股东大会或者董事会违反前款规定,在公司弥补亏损和提取法定公积金之前向股东分配利润的,股东必须将违反规定分配的利润退还公司。

公司持有的本公司股份不得分配利润。

第一百六十七条 股份有限公司以超过股票票面金额的发行价格发行股份所得的溢价款以及国务院财政部门规定列入资本公积金的其他收入,应当列为公司资本公积金。

第一百六十八条 公司的公积金用于弥补公司的亏损、扩大公司生产经营或者转为增加公司资本。但是,资本公积金不得用于弥补公司的亏损。

法定公积金转为资本时,所留存的该项公积金不得少于转增前公司注册资本的百分之二十五。

第一百六十九条 公司聘用、解聘承办公司审计业务的会计师事务所,依照公司章程的规定,由股东会、股东大会或者董事会决定。

公司股东会、股东大会或者董事会就解聘会计师事务所进行表决时,应当允许会计师事务所陈述意见。

第一百七十条 公司应当向聘用的会计师事务所提供真实、完整的会计凭证、会计账簿、财务会计报告及其他会计资料,不得拒绝、隐匿、谎报。

第一百七十一条 公司除法定的会计账簿外,不得另立会计账簿。

对公司资产,不得以任何个人名义开立账户存储。

第九章 公司合并、分立、增资、减资

第一百七十二条 公司合并可以采取吸收合并或者新设合并。

一个公司吸收其他公司为吸收合并,被吸收的公司解散。两个以上公司合并设立一个新的公司为新设合并,合并各方解散。

第一百七十三条 公司合并,应当由合并各方签订合并协议,并编制资产负债表及财产清单。公司应当自作出合并决议之日起十日内通知债权人,并于三十日内在报纸上公告。债权人自接到通知书之日起三十日内,未接到通知书的自公告之日起四十五日内,可以要求公司清偿债务或者提供相应的担保。

第一百七十四条 公司合并时,合并各方的债权、债务,应当由合并后存续的公司或者新设的公司承继。

第一百七十五条 公司分立,其财产作相应的分割。

公司分立,应当编制资产负债表及财产清单。公司应当自作出分立决议之日起十日内通知债权人,并于三十日内在报纸上公告。

第一百七十六条 公司分立前的债务由分立后的公司承担连带责任。但是,公司在分立前与债权人就债务清偿达成的书面协议另有约定的除外。

第一百七十七条 公司需要减少注册资本时,必须编制资产负债表及财产清单。

公司应当自作出减少注册资本决议之日起十日内通知债权人,并于三十日内在报纸上公告。债权人自接到通知书之日起三十日内,未接到通知书的自公告之日起四十五日内,有权要求公司清偿债务或者提供相应的担保。

第一百七十八条 有限责任公司增加注册资本时,股东认缴新增资本的出资,依照本法设立有限责任公司缴纳出资的有关规定执行。

股份有限公司为增加注册资本发行新股时,股东认购新股,依照本法设立股份有限公司缴纳股款的有关规定执行。

第一百七十九条 公司合并或者分立,登记事项发生变更的,应当依法向公司登记机关办理变更登记;公司解散的,应当依法办理公司注销登记;设立新公司的,应当依法办理公司设立登记。

公司增加或者减少注册资本,应当依法向公司登记机关办理变更登记。

第十章 公司解散和清算

第一百八十条 公司因下列原因解散:

(一)公司章程规定的营业期限届满或者公司章程规定的其他解散事由出现;

(二)股东会或者股东大会决议解散;

(三)因公司合并或者分立需要解散;

(四)依法被吊销营业执照、责令关闭或者被撤销;

(五)人民法院依照本法第一百八十二条的规定予以解散。

《公司法司法解释(五)》第五条 人民法院审理涉及有限责任公司股东重大分歧案件时,应当注重调解。当事人协商一致以下列方式解决分歧,且不违反法律、行政法规的强制性规定的,人民法院应予支持:

(一)公司回购部分股东股份;

(二)其他股东受让部分股东股份;

(三)他人受让部分股东股份;

(四)公司减资;

(五)公司分立;

(六)其他能够解决分歧,恢复公司正常经营,避免公司解散的方式。

第一百八十一条 公司有本法第一百八十条第(一)项情形的,可以通过修改公司章程而存续。

依照前款规定修改公司章程,有限责任公司须经持有三分之二以上表决权的股东通过,股份有限公司须经出席股东大会会议的股东所持表决权的三分之二以上通过。

第一百八十二条 公司经营管理发生严重困难,继续存续会使股东利益受到重大损失,通过其他途径不能解决的,持有公司全部股东表决权百分之十以上的股东,可以请求人民法院解散公司。

《公司法司法解释(二)》第一条 单独或者合计持有公司全部股东表决权百分之十以上的股东,以下列事由之一提起解散公司诉讼,并符合公司法第一百八十二条规定的,人民法院应予受理:

(一)公司持续两年以上无法召开股东会或者股东大会,公司经营管理发生严重困难的;

(二)股东表决时无法达到法定或者公司章程规定的比例,持续两年以上不能做出有效的股东会或者股东大会决议,公司经营管理发生严重困难的;

(三)公司董事长期冲突,且无法通过股东会或者股东大会解决,公司经营管理发生严重困难的;

(四)经营管理发生其他严重困难,公司继续存续会使股东利益受到重大损失的情形。

股东以知情权、利润分配请求权等权益受到损害,或者公司亏损、财产不足以偿还全部债务,以及公司被吊销企业法人营业执照未进行清算等为由,提起解散公司诉讼的,人民法院不予受理。

《公司法司法解释(二)》第三条 股东提起解散公司诉讼时,向人民法院申请财产保全或者证据保全的,在股东提供担保且不影响公司正常经营的情形下,人民法院可予以保全。

《公司法司法解释(二)》第四条 股东提起解散公司诉讼应当以公司为被告。

原告以其他股东为被告一并提起诉讼的,人民法院应当告知原告将其他股东变更为第三人;原告坚持不予变更的,人民法院应当驳回原告对其他股东的起诉。

原告提起解散公司诉讼应当告知其他股东,或者由人民法院通知其参加诉讼。其他股东或者有关利害关系人申请以共同原告或者第三人身份参加诉讼的,人民法院应予准许。

《公司法司法解释(二)》第五条 人民法院审理解散公司诉讼案件,应当注重调解。当事人协商同意由公司或者股东收购股份,或者以减资等方式使公司存续,且不违反法律、行政法规强制性规定的,人民法院应予支持。当事人不能协商一致使公司存续的,人民法院应当及时判决。

经人民法院调解公司收购原告股份的,公司应当自调解书生效之日起六个月内将股份转让或者注销。股份转让或者注销之前,原告不得以公司收购其股份为由对抗公司债权人。

《公司法司法解释(二)》第六条　人民法院关于解散公司诉讼作出的判决,对公司全体股东具有法律约束力。

人民法院判决驳回解散公司诉讼请求后,提起该诉讼的股东或者其他股东又以同一事实和理由提起解散公司诉讼的,人民法院不予受理。

第一百八十三条　公司因本法第一百八十条第(一)项、第(二)项、第(四)项、第(五)项规定而解散的,应当在解散事由出现之日起十五日内成立清算组,开始清算。有限责任公司的清算组由股东组成,股份有限公司的清算组由董事或者股东大会确定的人员组成。逾期不成立清算组进行清算的,债权人可以申请人民法院指定有关人员组成清算组进行清算。人民法院应当受理该申请,并及时组织清算组进行清算。

《公司法司法解释(二)》第二条　股东提起解散公司诉讼,同时又申请人民法院对公司进行清算的,人民法院对其提出的清算申请不予受理。人民法院可以告知原告,在人民法院判决解散公司后,依据公司法第一百八十三条和本规定第七条的规定,自行组织清算或者另行申请人民法院对公司进行清算。

《公司法司法解释(二)》第七条　公司应当依照公司法第一百八十三条的规定,在解散事由出现之日起十五日内成立清算组,开始自行清算。

有下列情形之一,债权人申请人民法院指定清算组进行清算的,人民法院应予受理:

(一)公司解散逾期不成立清算组进行清算的;

(二)虽然成立清算组但故意拖延清算的;

(三)违法清算可能严重损害债权人或者股东利益的。

具有本条第二款所列情形,而债权人未提起清算申请,公司股东申请人民法院指定清算组对公司进行清算的,人民法院应予受理。

《公司法司法解释(二)》第八条　人民法院受理公司清算案件,应当及时指定有关人员组成清算组。

清算组成员可以从下列人员或者机构中产生:

(一)公司股东、董事、监事、高级管理人员;

(二)依法设立的律师事务所、会计师事务所、破产清算事务所等社会中介机构;

(三)依法设立的律师事务所、会计师事务所、破产清算事务所等社会中介机构中具备相关专业知识并取得执业资格的人员。

《公司法司法解释(二)》第九条　人民法院指定的清算组成员有下列情形之

一的,人民法院可以根据债权人、股东的申请,或者依职权更换清算组成员:

(一)有违反法律或者行政法规的行为;

(二)丧失执业能力或者民事行为能力;

(三)有严重损害公司或者债权人利益的行为。

《公司法司法解释(二)》第十条　公司依法清算结束并办理注销登记前,有关公司的民事诉讼,应当以公司的名义进行。

公司成立清算组的,由清算组负责人代表公司参加诉讼;尚未成立清算组的,由原法定代表人代表公司参加诉讼。

《公司法司法解释(二)》第十六条　人民法院组织清算的,清算组应当自成立之日起六个月内清算完毕。

因特殊情况无法在六个月内完成清算的,清算组应当向人民法院申请延长。

《公司法司法解释(二)》第二十四条　解散公司诉讼案件和公司清算案件由公司住所地人民法院管辖。公司住所地是指公司主要办事机构所在地。公司办事机构所在地不明确的,由其注册地人民法院管辖。

基层人民法院管辖县、县级市或者区的公司登记机关核准登记公司的解散诉讼案件和公司清算案件;中级人民法院管辖地区、地级市以上的公司登记机关核准登记公司的解散诉讼案件和公司清算案件。

第一百八十四条　清算组在清算期间行使下列职权:

(一)清理公司财产,分别编制资产负债表和财产清单;

(二)通知、公告债权人;

(三)处理与清算有关的公司未了结的业务;

(四)清缴所欠税款以及清算过程中产生的税款;

(五)清理债权、债务;

(六)处理公司清偿债务后的剩余财产;

(七)代表公司参与民事诉讼活动。

第一百八十五条　清算组应当自成立之日起十日内通知债权人,并于六十日内在报纸上公告。债权人应当自接到通知书之日起三十日内,未接到通知书的自公告之日起四十五日内,向清算组申报其债权。

债权人申报债权,应当说明债权的有关事项,并提供证明材料。清算组应当对债权进行登记。

在申报债权期间,清算组不得对债权人进行清偿。

《公司法司法解释(二)》第十一条　公司清算时,清算组应当按照公司法第一百八十五条的规定,将公司解散清算事宜书面通知全体已知债权人,并根据公司规模和营业地域范围在全国或者公司注册登记地省级有影响的报纸上进行公告。

清算组未按照前款规定履行通知和公告义务,导致债权人未及时申报债权而未获清偿,债权人主张清算组成员对因此造成的损失承担赔偿责任的,人民法院应依法予以支持。

《公司法司法解释(二)》第十二条　公司清算时,债权人对清算组核定的债权有异议的,可以要求清算组重新核定。清算组不予重新核定,或者债权人对重新核定的债权仍有异议,债权人以公司为被告向人民法院提起诉讼请求确认的,人民法院应予受理。

《公司法司法解释(二)》第十三条　债权人在规定的期限内未申报债权,在公司清算程序终结前补充申报的,清算组应予登记。

公司清算程序终结,是指清算报告经股东会、股东大会或者人民法院确认完毕。

《公司法司法解释(二)》第十四条　债权人补充申报的债权,可以在公司尚未分配财产中依法清偿。公司尚未分配财产不能全额清偿,债权人主张股东以其在剩余财产分配中已经取得的财产予以清偿的,人民法院应予支持;但债权人因重大过错未在规定期限内申报债权的除外。

债权人或者清算组,以公司尚未分配财产和股东在剩余财产分配中已经取得的财产,不能全额清偿补充申报的债权为由,向人民法院提出破产清算申请的,人民法院不予受理。

第一百八十六条　清算组在清理公司财产、编制资产负债表和财产清单后,应当制定清算方案,并报股东会、股东大会或者人民法院确认。

公司财产在分别支付清算费用、职工的工资、社会保险费用和法定补偿金,缴纳所欠税款,清偿公司债务后的剩余财产,有限责任公司按照股东的出资比例分配,股份有限公司按照股东持有的股份比例分配。

清算期间,公司存续,但不得开展与清算无关的经营活动。公司财产在未依照前款规定清偿前,不得分配给股东。

《公司法司法解释(二)》第十五条　公司自行清算的,清算方案应当报股东会或者股东大会决议确认;人民法院组织清算的,清算方案应当报人民法院确认。未经确认的清算方案,清算组不得执行。

执行未经确认的清算方案给公司或者债权人造成损失,公司、股东或者债权人主张清算组成员承担赔偿责任的,人民法院应依法予以支持。

第一百八十七条　清算组在清理公司财产、编制资产负债表和财产清单后,发现公司财产不足清偿债务的,应当依法向人民法院申请宣告破产。

公司经人民法院裁定宣告破产后,清算组应当将清算事务移交给人民法院。

《公司法司法解释(二)》第十七条　人民法院指定的清算组在清理公司财产、编制资产负债表和财产清单时,发现公司财产不足清偿债务的,可以与债权人协商制作有关债务清偿方案。

债务清偿方案经全体债权人确认且不损害其他利害关系人利益的,人民法院可依清算组的申请裁定予以认可。清算组依据该清偿方案清偿债务后,应当向人民法院申请裁定终结清算程序。

债权人对债务清偿方案不予确认或者人民法院不予认可的,清算组应当依法向人民法院申请宣告破产。

《公司法司法解释(二)》第二十二条　公司解散时,股东尚未缴纳的出资均应作为清算财产。股东尚未缴纳的出资,包括到期应缴未缴的出资,以及依照公司法第二十六条和第八十条的规定分期缴纳尚未届满缴纳期限的出资。

公司财产不足以清偿债务时,债权人主张未缴出资股东,以及公司设立时的其他股东或者发起人在未缴出资范围内对公司债务承担连带清偿责任的,人民法院应依法予以支持。

第一百八十八条　公司清算结束后,清算组应当制作清算报告,报股东会、股东大会或者人民法院确认,并报送公司登记机关,申请注销公司登记,公告公司终止。

第一百八十九条　清算组成员应当忠于职守,依法履行清算义务。

清算组成员不得利用职权收受贿赂或者其他非法收入,不得侵占公司财产。

清算组成员因故意或者重大过失给公司或者债权人造成损失的,应当承担赔偿责任。

《公司法司法解释(二)》第十八条　有限责任公司的股东、股份有限公司的董事和控股股东未在法定期限内成立清算组开始清算,导致公司财产贬值、流失、毁损或者灭失,债权人主张其在造成损失范围内对公司债务承担赔偿责任的,人民法院应依法予以支持。

有限责任公司的股东、股份有限公司的董事和控股股东因怠于履行义务,导致公司主要财产、账册、重要文件等灭失,无法进行清算,债权人主张其对公司债务承担连带清偿责任的,人民法院应依法予以支持。

上述情形系实际控制人原因造成,债权人主张实际控制人对公司债务承担相应民事责任的,人民法院应依法予以支持。

《公司法司法解释(二)》第十九条　有限责任公司的股东、股份有限公司的董事和控股股东,以及公司的实际控制人在公司解散后,恶意处置公司财产给债权人造成损失,或者未经依法清算,以虚假的清算报告骗取公司登记机关办理法人注销登记,债权人主张其对公司债务承担相应赔偿责任的,人民法院应依法予以支持。

《公司法司法解释(二)》第二十条　公司解散应当在依法清算完毕后,申请办理注销登记。公司未经清算即办理注销登记,导致公司无法进行清算,债权人主张有限责任公司的股东、股份有限公司的董事和控股股东,以及公司的实际控制人对公司债务承担清偿责任的,人民法院应依法予以支持。

公司未经依法清算即办理注销登记,股东或者第三人在公司登记机关办理注销登记时承诺对公司债务承担责任,债权人主张其对公司债务承担相应民事责任的,人民法院应依法予以支持。

《公司法司法解释(二)》第二十一条　有限责任公司的股东、股份有限公司的董事和控股股东,以及公司的实际控制人为二人以上的,其中一人或者数人按照本规定第十八条和第二十条第一款的规定承担民事责任后,主张其他人员按照过错大小分担责任的,人民法院应依法予以支持。

《公司法司法解释(二)》第二十三条　清算组成员从事清算事务时,违反法律、行政法规或者公司章程给公司或者债权人造成损失,公司或者债权人主张其承担赔偿责任的,人民法院应依法予以支持。

有限责任公司的股东、股份有限公司连续一百八十日以上单独或者合计持有公司百分之一以上股份的股东,依据公司法第一百五十一条第三款的规定,以清算组成员有前款所述行为为由向人民法院提起诉讼的,人民法院应予受理。

公司已经清算完毕注销,上述股东参照公司法第一百五十一条第三款的规定,直接以清算组成员为被告、其他股东为第三人向人民法院提起诉讼的,人民法院应予受理。

第一百九十条　公司被依法宣告破产的,依照有关企业破产的法律实施破产清算。

第十一章　外国公司的分支机构

第一百九十一条　本法所称外国公司是指依照外国法律在中国境外设立的公司。

第一百九十二条　外国公司在中国境内设立分支机构,必须向中国主管机关提出申请,并提交其公司章程、所属国的公司登记证书等有关文件,经批准后,向公司登记机关依法办理登记,领取营业执照。

外国公司分支机构的审批办法由国务院另行规定。

第一百九十三条　外国公司在中国境内设立分支机构,必须在中国境内指定负责该分支机构的代表人或者代理人,并向该分支机构拨付与其所从事的经营活动相适应的资金。

对外国公司分支机构的经营资金需要规定最低限额的,由国务院另行规定。

第一百九十四条　外国公司的分支机构应当在其名称中标明该外国公司的国籍及责任形式。

外国公司的分支机构应当在本机构中置备该外国公司章程。

第一百九十五条　外国公司在中国境内设立的分支机构不具有中国法人资格。

外国公司对其分支机构在中国境内进行经营活动承担民事责任。

第一百九十六条 经批准设立的外国公司分支机构,在中国境内从事业务活动,必须遵守中国的法律,不得损害中国的社会公共利益,其合法权益受中国法律保护。

第一百九十七条 外国公司撤销其在中国境内的分支机构时,必须依法清偿债务,依照本法有关公司清算程序的规定进行清算。未清偿债务之前,不得将其分支机构的财产移至中国境外。

第十二章 法律责任

第一百九十八条 违反本法规定,虚报注册资本、提交虚假材料或者采取其他欺诈手段隐瞒重要事实取得公司登记的,由公司登记机关责令改正,对虚报注册资本的公司,处以虚报注册资本金额百分之五以上百分之十五以下的罚款;对提交虚假材料或者采取其他欺诈手段隐瞒重要事实的公司,处以五万元以上五十万元以下的罚款;情节严重的,撤销公司登记或者吊销营业执照。

第一百九十九条 公司的发起人、股东虚假出资,未交付或者未按期交付作为出资的货币或者非货币财产的,由公司登记机关责令改正,处以虚假出资金额百分之五以上百分之十五以下的罚款。

第二百条 公司的发起人、股东在公司成立后,抽逃其出资的,由公司登记机关责令改正,处以所抽逃出资金额百分之五以上百分之十五以下的罚款。

第二百零一条 公司违反本法规定,在法定的会计账簿以外另立会计账簿的,由县级以上人民政府财政部门责令改正,处以五万元以上五十万元以下的罚款。

第二百零二条 公司在依法向有关主管部门提供的财务会计报告等材料上作虚假记载或者隐瞒重要事实的,由有关主管部门对直接负责的主管人员和其他直接责任人员处以三万元以上三十万元以下的罚款。

第二百零三条 公司不依照本法规定提取法定公积金的,由县级以上人民政府财政部门责令如数补足应当提取的金额,可以对公司处以二十万元以下的罚款。

第二百零四条 公司在合并、分立、减少注册资本或者进行清算时,不依照本法规定通知或者公告债权人的,由公司登记机关责令改正,对公司处以一万元以上十万元以下的罚款。

公司在进行清算时,隐匿财产,对资产负债表或者财产清单作虚假记载或者在未清偿债务前分配公司财产的,由公司登记机关责令改正,对公司处以隐匿财产或者未清偿债务前分配公司财产金额百分之五以上百分之十以下的罚款;对直接负责的主管人员和其他直接责任人员处以一万元以上十万元以下的罚款。

第二百零五条 公司在清算期间开展与清算无关的经营活动的,由公司登记机关予以警告,没收违法所得。

第二百零六条 清算组不依照本法规定向公司登记机关报送清算报告,或者报送清算报告隐瞒重要事实或者有重大遗漏的,由公司登记机关责令改正。

清算组成员利用职权徇私舞弊、谋取非法收入或者侵占公司财产的,由公司登记机关责令退还公司财产,没收违法所得,并可以处以违法所得一倍以上五倍以下的罚款。

第二百零七条 承担资产评估、验资或者验证的机构提供虚假材料的,由公司登记机关没收违法所得,处以违法所得一倍以上五倍以下的罚款,并可以由有关主管部门依法责令该机构停业、吊销直接责任人员的资格证书,吊销营业执照。

承担资产评估、验资或者验证的机构因过失提供有重大遗漏的报告的,由公司登记机关责令改正,情节较重的,处以所得收入一倍以上五倍以下的罚款,并可以由有关主管部门依法责令该机构停业、吊销直接责任人员的资格证书,吊销营业执照。

承担资产评估、验资或者验证的机构因其出具的评估结果、验资或者验证证明不实,给公司债权人造成损失的,除能够证明自己没有过错的外,在其评估或者证明不实的金额范围内承担赔偿责任。

第二百零八条 公司登记机关对不符合本法规定条件的登记申请予以登记,或者对符合本法规定条件的登记申请不予登记的,对直接负责的主管人员和其他直接责任人员,依法给予行政处分。

第二百零九条 公司登记机关的上级部门强令公司登记机关对不符合本法规定条件的登记申请予以登记,或者对符合本法规定条件的登记申请不予登记的,或者对违法登记进行包庇的,对直接负责的主管人员和其他直接责任人员依法给予行政处分。

第二百一十条 未依法登记为有限责任公司或者股份有限公司,而冒用有限责任公司或者股份有限公司名义的,或者未依法登记为有限责任公司或者股份有限公司的分公司,而冒用有限责任公司或者股份有限公司的分公司名义的,由公司登记机关责令改正或者予以取缔,可以并处十万元以下的罚款。

第二百一十一条 公司成立后无正当理由超过六个月未开业的,或者开业后自行停业连续六个月以上的,可以由公司登记机关吊销营业执照。

公司登记事项发生变更时,未依照本法规定办理有关变更登记的,由公司登记机关责令限期登记;逾期不登记的,处以一万元以上十万元以下的罚款。

第二百一十二条 外国公司违反本法规定,擅自在中国境内设立分支机构的,由公司登记机关责令改正或者关闭,可以并处五万元以上二十万元以下的罚款。

第二百一十三条 利用公司名义从事危害国家安全、社会公共利益的严重违法行为的,吊销营业执照。

第二百一十四条 公司违反本法规定,应当承担民事赔偿责任和缴纳罚款、罚金的,其财产不足以支付时,先承担民事赔偿责任。

第二百一十五条 违反本法规定,构成犯罪的,依法追究刑事责任。

第十三章 附 则

第二百一十六条 本法下列用语的含义:

(一)高级管理人员,是指公司的经理、副经理、财务负责人,上市公司董事会秘书和公司章程规定的其他人员。

(二)控股股东,是指其出资额占有限责任公司资本总额百分之五十以上或者其持有的股份占股份有限公司股本总额百分之五十以上的股东;出资额或者持有股份的比例虽然不足百分之五十,但依其出资额或者持有的股份所享有的表决权已足以对股东会、股东大会的决议产生重大影响的股东。

(三)实际控制人,是指虽不是公司的股东,但通过投资关系、协议或者其他安排,能够实际支配公司行为的人。

(四)关联关系,是指公司控股股东、实际控制人、董事、监事、高级管理人员与其直接或者间接控制的企业之间的关系,以及可能导致公司利益转移的其他关系。但是,国家控股的企业之间不仅因为同受国家控股而具有关联关系。

第二百一十七条 外商投资的有限责任公司和股份有限公司适用本法;有关外商投资的法律另有规定的,适用其规定。

第二百一十八条 本法自2006年1月1日起施行。

《公司法司法解释(一)》第一条 公司法实施后,人民法院尚未审结的和新受理的民事案件,其民事行为或事件发生在公司法实施以前的,适用当时的法律法规和司法解释。

《公司法司法解释(一)》第二条 因公司法实施前有关民事行为或者事件发生纠纷起诉到人民法院的,如当时的法律法规和司法解释没有明确规定时,可参照适用公司法的有关规定。

《公司法司法解释(一)》第五条 人民法院对公司法实施前已经终审的案件依法进行再审时,不适用公司法的规定。

附录 2:有限责任公司与股份有限公司区别

区别项	有限责任公司	股份有限公司
1. 设立条件	设立有限责任公司,应当具备下列条件: (一)股东符合法定人数; (二)有符合公司章程规定的全体股东认缴的出资额; (三)股东共同制定公司章程; (四)有公司名称,建立符合有限责任公司要求的组织机构; (五)有公司住所。【第 23 条】	设立股份有限公司,应当具备下列条件: (一)发起人符合法定人数; (二)有符合公司章程规定的全体发起人认购的股本总额或者募集的实收股本总额; **(三)股份发行、筹办事项符合法律规定;** **(四)发起人制订公司章程,采用募集方式设立的经创立大会通过;** (五)有公司名称,建立符合股份有限公司要求的组织机构; (六)有公司住所。【第 76 条】
2. 设立方式及流程	发起设立 **设立流程**:订立公司章程→股东缴付出→设立登记。【第 25 ~ 29 条】	发起设立,募集设立 **设立流程**:订立公司章程→发起人认购股份和向社会公开募集股份→召开创立大会→设立登记。【第 83 条、第 85 条、第 89 条】
3. 股东(发起人)人数	由**五十个以下**股东出资设立。【第 24 条】	有**二人以上二百人以下**为发起人,其中须有**半数以上**的发起人在中国境内有住所。【第 78 条】
4. 注册资本	在公司登记机关登记的全体股东**认缴的出资额**。【第 26 条】	发起设立:注册资本为在公司登记机关登记的全体发起人认购的股本总额。在发起人认购的股份缴足前,不得向他人募集股份。募集方式设立:注册资本为在公司登记机关登记的**实收股本总额**。【第 80 条】

续表

区别项	有限责任公司	股份有限公司
5.股权证明形式	**出资证明书**,出资证明书必须采取记名方式,股东以实际出资金额或出资比例行使股权。【第31条】	出资具有股份性,全部资本分成等额股份,表现形式为金额相等的**股票,股票比出资证明书更易于发行和转让**。【第86条】
6.公司章程	有限责任公司章程应当载明下列事项: (一)公司名称和住所; (二)公司经营范围; (三)公司注册资本; (四)股东的姓名或者名称; (五)股东的出资方式、出资额和出资时间; (六)公司的机构及其产生办法、职权、议事规则; (七)公司法定代表人; (八)股东会会议认为需要规定的其他事项。 **股东应当在公司章程上签名、盖章**。【第25条】	股份有限公司章程应当载明下列事项: (一)公司名称和住所; (二)公司经营范围; (三)公司设立方式; (四)公司股份总数、每股金额和注册资本; **(五)发起人的姓名或者名称、认购的股份数、出资方式和出资时间**; (六)董事会的组成、职权和议事规则; (七)公司法定代表人; (八)监事会的组成、职权和议事规则; **(九)公司利润分配办法**; **(十)公司的解散事由与清算办法**; **(十一)公司的通知和公告办法**; (十二)股东大会会议认为需要规定的其他事项。【第81条】
7.股东(发起人)未足额出资的责任	股东不按照规定缴纳出资的,除应当向公司足额缴纳外,还应当向已按期足额缴纳出资的股东**承担违约责任**。【第28条】	股份有限公司成立后,发起人未按照公司章程的规定缴足出资的,应当补缴;其他发起人**承担连带责任**。【第93条】
8.股东知情权范围	股东有权查阅、**复制**公司章程、股东会会议记录、董事会会议决议、监事会会议决议和财务会计报告。股东可以要求**查阅公司会计账簿**。【第33条】	股东有权查阅公司章程、**股东名册、公司债券存根**、股东大会会议记录、董事会会议决议、监事会会议决议、财务会计报告,对公司的经营提出建议或者质询。【第97条】

续表

区别项	有限责任公司	股份有限公司
9.组织机构设置	通过章程约定组织机构,可以只设执行董事、监事各一名,不设董事会、监事会。【第50条、第51条】	必须设立董事会、监事会,定期召开股东大会。【第108条、第117条】
10.股东(大)会职权	股东会行使下列职权:(一)~(十一) **对前款所列事项股东以书面形式一致表示同意的,可以不召开股东会会议,直接作出决定,并由全体股东在决定文件上签名、盖章。**【第37条】	有限责任公司股东会职权的规定,适用于股份有限公司股东大会。 **未规定**“对前款所列事项股东以书面形式一致表示同意的,可以不召开股东会会议,直接作出决定,并由全体股东在决定文件上签名、盖章。”【第99条】
11.股东(大)会会议召集和主持	董事会或者执行董事不能履行或者不履行召集股东会会议职责的,由监事会或者不设监事会的公司的监事召集和主持;监事会或者监事不召集和主持的,代表**1/10以上表决权**的股东可以自行召集和主持。【第40条】	董事会不能履行或者不履行召集股东大会会议职责的,监事会应当及时召集和主持;监事会不召集和主持的,**连续九十日以上单独或者合计持有公司百分之十以上股份**的股东可以自行召集和主持。【第101条】
12.股东(大)会会议通知时间	召开股东会会议,应当于会议召开**十五日前**通知全体股东;但是,**公司章程另有规定或者全体股东另有约定的除外**。【第41条】	召开股东大会会议,应当将会议召开的时间、地点和审议的事项于会议召开**二十日前**通知各股东;**临时股东大会**应当于会议召开**十五日前**通知各股东;【第102条】
13.股东(大)会表决程序	股东会的议事方式和表决程序,除本法有规定的外,**由公司章程规定**。 股东会会议作出修改公司章程、增加或者减少注册资本的决议,以及公司合并、分立、解散或者变更公司形式的决议,必须经**代表三分之二以上表决权**的股东通过。【第43条】	股东大会作出决议,**必须经出席会议的股东所持表决权过半数通过**。 但是,股东大会作出修改公司章程、增加或者减少注册资本的决议,以及公司合并、分立、解散或者变更公司形式的决议,必须经**出席会议的股东所持表决权的三分之二以上**通过。【第103条】

续表

区别项	有限责任公司	股份有限公司
14. 董事会成员人数	有限责任公司设董事会,其成员为**三人至十三人**;但是,股东人数较少或者规模较小的有限责任公司,可以设一名执行董事,不设董事会。【第 44 条】	股份有限公司设董事会,其成员为**五人至十九人**。【第 108 条】
15. 董事长、副董事长的产生	董事会设董事长一人,可以设副董事长。董事长、副董事长的产生办法**由公司章程规定**。【第 44 条】	董事会设董事长一人,可以设副董事长。董事长和副董事长由董事会以全体董事的**过半数选举产生**。【第 109 条】
16. 董事会议事方式、表决方式	董事会的议事方式和表决程序,除本法有规定的外,**由公司章程规定**。【第 48 条】	董事会会议应有**过半数**的董事出席方可举行。董事会作出决议,必须经全体董事的**过半数**通过。【第 111 条】
17. 监事会会议	监事会**每年度至少召开一次**会议,监事可以提议召开临时监事会会议。【第 55 条】	监事会**每六个月至少召开一次**会议。监事可以提议召开临时监事会会议。【第 119 条】
18. 股权(份)转让	股东内部自由转让;对外转让的,应当经其他股东过半数同意。同等条件下,其他股东有优先购买权。**公司章程对股权转让另有规定的,从其规定**。【第 71 条】	**股东转让其股份,应当在依法设立的证券交易场所进行或者按照国务院规定的其他方式进行**。【第 138 条】
19. 董监高借款限制	——	**公司不得直接或者通过子公司向董事、监事、高级管理人员提供借款**。【第 115 条】
20. 信息披露义务	经营事项和财务账目无需向社会公开。	财务状况和经营情况等要依法向社会公开披露。【第 145 条】

图书在版编目(CIP)数据

公司法学 / 梁开银, 彭真明主编. -- 2 版. -- 北京:
法律出版社, 2020
ISBN 978 - 7 - 5197 - 4244 - 7

Ⅰ. ①公… Ⅱ. ①梁… ②彭… Ⅲ. ①公司法 - 法的
理论 - 中国 - 教材 Ⅳ. ①D922.291.911

中国版本图书馆 CIP 数据核字(2020)第 024199 号

公司法学(第二版)
GONGSIFAXUE(DI-ER BAN)

梁开银　彭真明 主编

策划编辑 肖　越
责任编辑 肖　越
装帧设计 汪奇峰

出版 法律出版社
总发行 中国法律图书有限公司
经销 新华书店
印刷 天津嘉恒印务有限公司
责任校对 晁明慧
责任印制 胡晓雅

编辑统筹 法商出版分社
开本 710 毫米×1000 毫米　1/16
印张 23.75
字数 445 千
版本 2020 年 4 月第 2 版
印次 2020 年 4 月第 1 次印刷

法律出版社/北京市丰台区莲花池西里 7 号(100073)
网址/www.lawpress.com.cn
投稿邮箱/info@lawpress.com.cn
举报维权邮箱/jbwq@lawpress.com.cn
销售热线/400 - 660 - 8393
咨询电话/010 - 63939796

中国法律图书有限公司/北京市丰台区莲花池西里 7 号(100073)
全国各地中法图分、子公司销售电话:
统一销售客服/400 - 660 - 8393/6393
第一法律书店/010 - 83938432/8433　西安分公司/029 - 85330678　重庆分公司/023 - 67453036
上海分公司/021 - 62071639/1636　深圳分公司/0755 - 83072995

书号:ISBN 978 - 7 - 5197 - 4244 - 7　**定价**:69.00 元
(如有缺页或倒装,中国法律图书有限公司负责退换)